네트워크 시장과 정보재

Networked Markets and Information Goods

네트워크 시장과 정보재

Networked Markets and Information Goods

이 상 호 저

전남대학교출판부

머리말

21세기는 스마트(smart)한 시대이다. 스마트 시대의 대표적인 특성을 가늠하기 위해 스마트폰을 생각해 보자. 스마트폰의 가장 두드러진 특징은 언제 어디서나 네트워크와의 무선연결이 가능한 무소부재(ubiquitous)라는 점이다. 이는 디지털 정보가 컴퓨터를 통해 무선 네트워크로 연결되어 있기 때문에 발현되는 성질이다. 또한, 스마트폰은 디지털 기술이 융복합(convergence)되어 있다. 과거의 아날로그 시대에는 카메라, 녹음기, 전화, 메모 등의 기능이 따로 독립적인 제품으로 제공되어졌으나 스마트폰은 다중의 디지털 기능을 하나의 정보재(information goods) 상품으로 복합화하여 네트워킹(networking)하고 있다. 마지막으로 스마트폰은 상품의 결정체가 아니라 지속적인 진화의 과정 속에서 소비자의 창조적 혁신을 통해 고객화(customization)되어가고 있다. 개별 소비자는 앱(application)이라는 기능을 통해 자기 취향에 맞추어 추가 기능을 네트워크에서 다운로드하여 스스로 고객화하고 창조적인 상품을 지속적으로 개발해 간다.

스마트한 시대는 정보통신기술(information technology)의 발달과 인터넷의 확산으로 가속화되고 있으며 디지털 경제라는 새로운 경제 현상과 경쟁질서를 유발시키고 있다. 디지털 경제에서는 컴퓨터를 통해 경제주체들의 네트워크간 시장거래가 형성되어 있어서 생산과 소비의 경제활동시스템이 복합적으로 융합되어 연결되어 있다. 스마트한 디지털 경제의 경제적 특성은 생산과 소비에 있어서 수확체증 효과를 가져다주는 두 가지의 경제성으로 집약되어 설명할 수 있다.

먼저, 디지털은 과거 아날로그와는 달리 정보를 쉽고 정확하게 처리할 수 있고 반복적으로 사용하거나 복사해도 원래의 정보체계를 유지할 수 있다는 특징이 있다. 또한, 디지털 정보는 초기 고정비용이 커서 생산비용이 많이 들지만 한번 생산되면 매우 싼값에 재생산할 수 있는 이점이 있다. 이와 같이 상품의 생산량이 증가할수록 단위당 생산비용이 하락하는 현상은 비용체감 혹은 단위 비용당 생산량이 증가된다는 점에서 생산측면의 수확체증현상으로 일컬어진다. 생산측면의 수확체증현상은 산업경제에서도 대량생산을 통해 비용절감의 효과를 가져왔으나, 디지털 경제에서는 한계비용 제로(0)의 상황에서 무한복제를 통해 절대적인 영향력을 발휘하게 된다.

디지털 경제의 또 다른 특징은 네트워크의 효과가 있어서 네트워크를 구성하는 수요자의 숫자가 커질수록 규모의 확대를 증식시키고 네트워크의 가치를 커지게 하는 수요측면의 수확체증현상이 나타나고 있다는 점이다. 즉, 네트워크에 연결되는 가입자가 증가할수록 기존 가입자와 신규가입자간의 접속가능성이 기하급수적으로 확대되어 개인 수요자가 네트워크에 연결됨에 따라 얻는 이득 혹은 수요자간 부가가치창출이 폭발적으로 확대되는 특징이 일반적으로 나타난다.

디지털화된 정보재는 온라인 네트워크를 통해 거래비용을 최소화할 수 있을 뿐만 아니라 부가가치를 최대화할 수 있게 되어 기존의 시장을 몰락시키고 새로운 형태의 시장을 창출시키고 있다. 기존의 오프라인 공간을 중심으로 물리적인 상행위를 추구하던 경제주체들은 인터넷과 같은 온라인 정보통신망이 발전함에 따라 전 세계적인 네트워크를 저렴한 가격에 활용할 수 있게 되었으며, 다양한 네트워크간의 양방향 송수신이 가능하게 됨에 따라 디지털 정보의 부가가치가 글로벌화되고 있다. 예를 들어, 과거 아날로그 시대의 음반시장을 대체해 온 Sony의 워크맨(walkman)은 디지털 시대에 들어서서 mp3 플레이어와 i-Tunes의 등장으로 이젠 자취를 감추게 되었다. 이외에 인터넷 서점인 Amazon.com이나 포탈서비스업체인 AOL 등 온라인 서비스업체가 성공하는 사례나 최근 오프라인 기업들이 e-business 사업에 진출하는 현상은 네트워크의 부가가치 창출을 보여주는 또 다른 대표적인 사례로 손꼽을 수 있다.

이처럼 스마트한 디지털 경제에서는 디지털화된 상품이 네트워크효과에 의해 수요측면의 소비자 피드백을 증가시키고 이것이 생산측면의 비용체감현상을 추가로 유발시켜서 "디지털과 네트워크간의 상승작용"이 동시에 촉진되는 연결고리효과가 증폭되게 된다. 이로 인해 디지털화에 따른 생산측면의 수확체증효과와 네트워크화에 따른 수요측면의 수확체증효과가 양방향에서 확대 재생산되는 효과가 보편화되고 있다.

한편, 디지털 경제에서는 네트워크를 통해 디지털 상품을 직접적으로 거래하는 시스템이 활성화될수록 소비와 생산간 경계가 희미하게 되고 소비자 스스로가 자신의 정보를 제공하고 노출시킴에 따라 생산과 소비가 융합되는 형태가 확산된다. 소비자는 자신의 정보를 제공하는 것만으로 공짜로 서비스를 소비할 수 있다. 예를 들어, 전통적인 백과사전 시장에서 절대적인 위치를 군림하였던 브리태니카(Britannica)는 1992년 마이크로소프트사가 출시한 디지털형 CD 백과사전인 Encarta의 저가 보급으로 백과사전 시장의 선두자리를 빼앗기게 되었으며, 2000년대에 들어서서 인터넷이 범용적으로 확산되면서 온라인상에 Naver 지식인이나 Wikipedia의 등장으로 인해 백과사전 시장이 점차 사라지고 있다. 또한, priceline.com 등과 같은 다양한 역경매 시장의 등장으로 소비자의 필요와 요구에 따라 생산물의 특성이나 내용이 즉각적으로 변형되는 양상도 목격할 수 있다. 따라서, 디지털 산업의 수확체증현상은 생산과 소비의 두 축에서 동시에 발생하면서 아울러 생산과 소비의 융합도 동태적으로 가속화시키고 있다.

마지막으로, 디지털 경제에서는 다양한 디지털 업체들간의 연결과 네트워크화를 통해 적절한 정보공유 및 전략적 제휴를 도모함으로써 지렛대 효과(leverage effect)를 통한 수익효과를 얻을 수 있다. 디지털 기업들은 각 기업의 다양한 정보관리전략을 활성화하여 체계적인 정보창고를 구축할 수 있기 때문에 디지털 기업간의 결합과 정보공유는 대상 고객에 대한 추가적인 정보수집비용을 줄일 수 있다는 큰 장점이 있다. 또한, 일반적으로 특정 상품에 익숙해진 고객들을 대체성이 있는 다른 상품으로 교체시키기 위해서는 일정한 교체비용(switching cost)을 지불해야 하기 때문에 고객집단의 정보를 유인하거나 자기 선택적으로 고객이 자신의 정보를 노출하도록 하는 데는 한계가 있으며 교체비용을 제거하기 위한 지출도 막대하다. 그런데, 기존에 많은 고객을 확보하고 있는 디지털 기업과 연합하면 그 기업에 묶여있는 많은 고객들을 자사의 잠재고객으로 활용함으로써 잠금(lock-in)효과를 극대화할 수 있다. 예로, AOL의 경우 콘텐츠 제공업자를 네트워크 파트너로서 전략적 제휴를 맺어 자사가 이미 확보하고 있는 가입자의 정보를 공동으로 공유함으로써 지렛대 효과를 이용하여 성공적으로 잠금효과를 수익으로 연결시키고 있다.

결국, 디지털 경제에서 거래되는 정보재는 기존의 산업경제에서 거래되는 다른 상품에 비해 독특한 경제적 특징을 가지고 있어서 시장거래나 기업경영, 그리고 디지털 산업정책을 수립하는데 있어서 중요한 역할을 하게 된다. 예로, 생산측면에서는 초기 생산비용에 비해 재생산비용이 무시할 수 있을 정도로 적어 한계생산비용이 제로(0)에 가까워짐에 따라 정보재 시장에서 기업간 가격경쟁이 치열하게 되고 이를 극복하기 위한 다양한 상품경쟁이 발생하게 된다. 또한, 소비측면에서는 네트워크의 확대와 제휴를 통해 부가가치가 확대재생산되어 수익창출의 창구가 새롭게 열리게 됨에 따라 정보재 시장에서 기업간 결합이나 표준화를 통한 네트워크 경쟁이 더욱 치열하게 된다.

따라서, 다가올 스마트한 시대에 직면하여 인터넷이라는 네트워크 시장을 이해하고 디지털화된 정보재의 시장거래를 효과적으로 설명해야 할 필요성이 증대되고 있다. 디지털 경제를 이해하는 데 있어서 기존의 오프라인 시장거래에서 발견된 고전적 시장경쟁의 원리를 그대로 적용하는 데에는 한계가 있다. 본 저서는 경제학적 관점에서 과연 네트워크 시장과 정보재에 대한 경쟁원리를 어떻게 이해해야 할 것인지에 대한 도전과 기회를 제시하고자 한다.

본 저서는 디지털 경제를 분석하기 위해 네트워크 시장과 정보재의 경쟁원리로 나누어 정리한다. 제1부에서는 네트워크 시장을 분석하고 제2부에서는 정보재와 온라인 경쟁을 살펴본다. 먼저, 네트워크 시장에 대한 경제학적 이해에 있어서 크게 다섯 가지의 주제를 다루고자 한다. 제1장 [네트워크 시장의 분석]에서는 네트워크의 구성과 특성을 살펴보고 네트워크 시장균형과 경쟁과정 그리고 네트워크의 성장 등에 대해 논의한다. 제2장 [네트워크의 표준화]에서는 표준화의 경제적 의의를 살펴본 후 소비자의 선택과정을 통한 네트워크 시장에서 표준화 조정과정을 이해한다. 아울러 기업의 표준화전략에 대해서도 논의한다. 제3장 [네트워크와 경로의존성]에서는 교체비용의 의미와 요인을 살펴보고 잠금현상에 따른 경로의존성에 대해 이해한다. 아울러 기업의 고착화 전략에 대해서도 논의한다. 제4장 [네트워크와 접속]에서는 네트워크의 호환성을 소개하고 접속방식에 따른 경제학적 접속료 산정기준에 대해서도 논의한다. 제5장 [네트워크와 망중립성]에서는 망중립성을 둘러싼 사업자간 이해관계를 소개하고 정부규제의 후생효과를 논의한다. 아울러 양면시장의 특성과 망중립성과의 연계성을 이해한다.

다음으로 정보재와 온라인 경쟁에 대한 경제학적 이해에 있어서도 크게 다섯 가지의 주제를 다룬다. 제6장 [정보재의 분석]에서는 정보재의 특성과 경쟁원리를 소개한다. 제7장 [정보재와 가격차별전략]에서는 네트워크 시장구조에 따른 정보재 경쟁전략과 가격차별의 원리를 소개한다. 제8장 [정보재와 버저닝전략]에서는 버저닝의 개념과 유형을 소개하고 업그레이드와 묶음판매 등과의 연관성을 논의한다. 제9장 [온라인 경쟁과 거래비용]에서는 온라인과 오프라인의 거래비용의 유형별 차이를 이해하고 수평경쟁 혹은 수직경쟁에 따른 후생효과를 분석한다. 아울러 온라인 경쟁의 글로컬 전략과 환경후생과의 연계성에 대해서도 논의한다. 제10장 [소셜 네트워크 서비스와 빅데이터]에서는 온라인 커뮤니티의 역할과 소셜 네트워크의 진화과정과 경제적 의의를 이해한다. 또한, 빅데이터의 성장과 분석방법에 대해서도 논의한다. 마지막으로 맺음말에서는 디지털 경제에서 새롭게 도전받고 있는 글로컬 경쟁정책의 흐름과 방향에 대해 정리한다.

본 저서는 네트워크 시장을 경제학적 관점에서 이해하고 온라인 정보재를 시장에 효과적으로 제공하고자 하는 경영자와 사업가에게 유용한 통찰력을 제공할 수 있을 뿐만 아니라 대학에서 경제학이나 경영학을 전공하는 학부생 및 대학원생을 대상으로 강의하는 관련과목의 교재로도 유용하게 활용될 수 있을 것이다.

본 저서의 주된 내용은 작고하신 손용엽 교수님과 공저한 [사이버 시장의 경쟁원리(2001)]를 바탕으로 여러 가지 측면의 많은 부분을 보완하였다. 먼저, 네트워크 시장의 이해를 돕고자 네트워크의 물리적 구성과 특성을 소개하였으며, 네트워크 접속에 따른 경제적 성격과 접속료 산정기준을 구체적으로 논의하였다. 또한, 망중립성과 양면시장에 대한 논의를 새롭게 추가하였으며 최근 정보통신분야의 주요한 논쟁에 대해서도 사례를 통해서 소개하였다. 이외에 정보재 경쟁원리에 있어서도 비용적 측면과 수요적 측면이외에 제도적 측면을 보완하여 지식재산권과 정보보호에 대해 보완하였다. 특히, 디지털 경제의 핵심으로 부각되고 있는 온라인 경쟁에 따른 거래비용의 경제적 효과를 파악하는 부분과 소셜 네트워크 서비스와 빅데이터에 대한 논의를 새롭게 추가하였다.

[사이버 시장의 경쟁원리]가 21세기에 들어서면서 디지털 경제를 이해하기 위한 마중물로서 학술적 가치가 있었다면 본 저서는 지난 15년 동안 더욱 정교해지고 구체화되어가는 네트워크 시장에서의 경쟁원리를 종합적으로 정리하고 있다는 점에서 한층 업그레이드된 학술적 가치가 있다. 그렇지만, [사이버 시장의 경쟁원리]에서 제공하고 있는 디지털 경제의 전반적인 개요와 경쟁전략의 다양한 사례는 여전히 유효한 가치가 충분히 있다는 점에서 본 저서의 보완 서적으

로 활용되기를 기대한다.

본 저서는 21세기 스마트한 시대를 이해하기 위한 사회과학적 접근분석의 디딤돌이라고 생각한다. 향후 본 저서에서 분석한 네트워크 시장과 정보재의 온라인 경쟁에 대한 경제적 사고방식을 다양한 사회과학 분야에 접목하면서 확장적으로 응용하고 실증적으로 검토해 나가길 기대해 본다. 예를 들어, 법제도의 역할이나 행태경제학적 연구를 추가함으로써 내생적 네트워크에 대한 이해를 높여야 할 것이며, 커뮤니티 네트워크와 같은 대안적 사회경제 네트워크에 대한 연구를 추가함으로써 비효율적 시장실패를 극복할 수 있는 방안을 모색해야 할 것이다.

본 저서는 한국연구재단의 2012년도 인문사회분야 저술출판(저술성과확산)지원사업의 도움을 받아 수행되었으며, 전남대학교의 2014학년도 학술도서출판지원사업의 도움을 받아 출간하게 되었다. 저술하는 동안 전남대학교 경제학부에서 개설한 [디지털 경제학] 교과과정에서 현실적인 사례와 활용방안에 대한 학부생들의 열띤 토론과 발표를 통해 여러 가지 도움을 받았다. 특히, 조수미 박사의 세심한 배려와 협조가 없었다면 본 저서는 출간되기 어려웠을 것이다. 마지막으로 '학문의 길'이라는 고독한 인생에서 언제나 곁에서 삶의 원동력이 되어주는 가족과 동료 연구자들에게 이 자리를 빌어 고마움의 마음을 전하고자 한다. "오래도록 그리고 가슴깊이 감사합니다."

2015년 1월

이상호

목차

제2부 정보재와 온라인 경쟁

제1부 네트워크 시장

제1장 네트워크 시장의 분석

인간이 추구하는 경제적 활동은 다양한 형태의 네트워크에 의해 연결되어 있다. 네트워크라는 개념은 일찍이 교통로, 관로, 케이블망, 통신망 등의 물리적인 하드웨어적 구축물의 체계를 의미하는 것이었으나, 정보통신 소프트웨어가 발전하면서 동일한 망을 통해 연결된 서비스를 여러 명이 동시에 혹은 공유하여 사용하는 경우를 포함하게 되었다. 따라서, 물질적 개념에서 네트워크란 정보의 원활한 흐름을 보장하는 컴퓨터 및 정보통신 등의 수단이나 방법, 혹은 이것에 참가하는 집단을 나타내는 개념으로 정의할 수 있다. 그러나, 최근에는 네트워크 개념이 더욱 확장되어 물질적 체계뿐만 아니라 이를 매체로 하여 네트워크에 가입한 참가자가 사람, 물질, 금전, 정보 등을 서로 주고받는 운영조직, 그리고 비물질적인 종교나 언어, 문화, 약속의 체계 등 까지도 포함하게 되었다.

네트워크의 원활한 작동을 위해서는 기술적인 규격이나 표준 등이 필수적인 요소가 된다. 예를 들어, 특정 소프트웨어의 가치는 그것이 실행하는 업무의 가치뿐만 아니라 그 프로그램을 사용하는 사용자의 수(망외부성)와 그것을 실행시킬 수 있는 컴퓨터의 보급대수(표준화)에 의존하는 부분이 크다. TV의 경우 지역의 방송기술 기준과 합치

되어야만 가치가 있다. 또한, 100V 60Hz인 가정용 전기나 천연가스가 공급되는 지역에서는 이에 맞지 않는 기기는 유용성이 떨어진다. 더 나아가 추상적인 의미에서 사회보장제도, 의료보험, 생명보험, 교육제도, 법률체계 등은 동일한 법질서와 한국어라고 하는 표준적인 매개를 통하여 한국사회의 조직적 체계를 네트워크화하고 있다.

이하에서는 네트워크의 물리적인 구성과 특성, 그리고 네트워크 시장의 균형과 경쟁에 대해 설명하기로 한다.

1.1 네트워크의 구성과 특성

일반적으로 네트워크 산업은 정보통신뿐만 아니라 전기, 가스, 도로, 철로, 은행간 거래 등을 포함하는 것으로 현대 경제사회의 중요한 역할을 담당하고 있다.[1] 이들 네트워크 산업의 특성은 부분요소들이 서로 보완적인 역할을 담당하여 하나의 결합된 서비스를 생산한다는 점이다.

1.1.1 네트워크의 구성

네트워크는 마디(node)와 가지(link)로 구성되어 있다. 가지는 마디와 마디를 연결해주는 역할을 한다. 네트워크는 마디와 가지를 통해 하나의 완성된 서비스를 공급하기 때문에 네트워크는 서비스를 제공

---

1 2008년 미국 상무성의 자료에 따르면 물리적인 네트워크로 분류되는 산업은 2006년 미국 전체 GDP의 13.4%에 해당하며, 여기에는 전기, 가스, 냉난방 등과 같은 부대시설(2.1%), 도매 교역(5.8%), 물류 교통(항공, 철로, 지상수송, 트럭, 관로, 보관업 등 2.9%), 정보통신(2.6%) 등을 합친 개념으로 정의하고 있다.

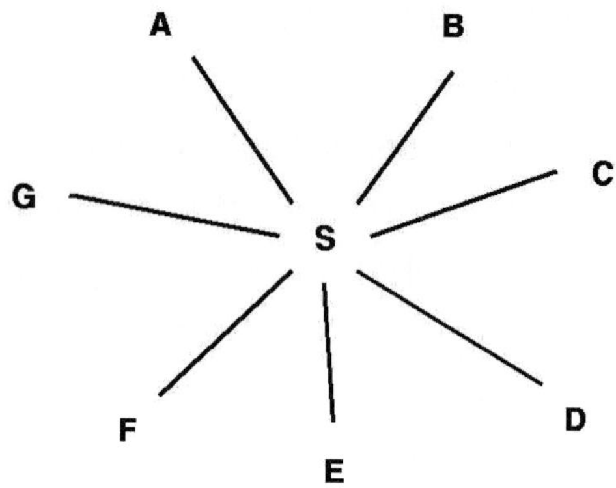

그림 1.1 별형태의 네트워크

하는데 있어서 서로 보완적인 역할을 담당한다. 이 과정에서 네트워크의 구성 형태는 정보의 전달과 소통에 중요한 영향을 미친다.

<그림 1.1>은 단순한 별(star) 형태의 네트워크를 표현하고 있다. 일반적으로 네트워크 구성은 그림에서 마디로 표현된 종료점(terminal node)들인 A지점과 B지점 혹은 C지점을 직접적으로 연결하는 점대점(point-to-point) 네트워크로 구성되기도 하지만[2], 일반적으로 <그림 1.1>과 같이 A지점과 B지점이 S라는 매개체를 중심으로 연결되는 허브와 가지(hub and spoke) 네트워크를 형성하는 것이 일반적이다. 예를 들어, 전화의 경우 A지점에서 거는 전화는 S지점의 교환기를 중심으로 AS와 BS를 통해 B지점으로 연결이 된다. 마찬가

---

2 <그림 1.1>에서 S라는 교환기 없이 A부터 G까지 하나의 단일선으로 연결된 반지(ring)형 네트워크도 생각할 수 있다. 이러한 경우는 교환비용이 많이 드는 반면, 가지를 통한 마디별 전송비용이 아주 낮은 경우에 나타나는 네트워크 형태로 마디간 일정한 회전이 필요한 지하철 수송이나 컴퓨터 신호 등에 유용하다.

지로 B지점에서 거는 전화도 AS와 BS를 통해 A지점으로 연결이 된다. 이처럼 AS와 BS는 서로 보완적으로 작용하여 하나의 서비스를 공급하게 된다. 이때, AB 혹은 BA의 양쪽으로 서비스가 이루어지는 경우 양방향 접속(two-way access)라고 부르고, AB는 연결이 되고 역으로 BA는 성립하지 않는 경우 일방향 접속(one-way access)이라 부른다. 인터넷의 경우 양방향 접속이 이루어지지만, TV나 라디오 등은 일방향 접속만이 이루어지는 예이다.

일방향이나 양방향의 속성은 서비스의 특성이나 네트워크의 소유구조에 의해 결정되는 것으로, 하나의 네트워크 내에서는 두 가지 속성이 모두 함께 작용할 수도 있다. 예를 들어 단순한 형태의 양방향 통신이 가능한 전화망을 그린 <그림 1.2>를 상정해 보자. 이 그림은 두 개의 허브와 가지 네트워크를 서로 연결해서 그린 그림으로, S_A와 S_B는 각각 A지역과 B지역의 교환기를 나타낸다. 그리고 A_i는 A지역의 가입자를 B_j는 B지역의 가입자를 각각 나타낸다. 이 상황에

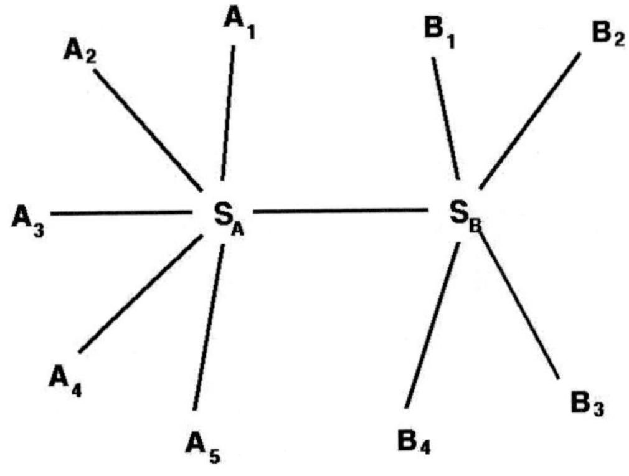

그림 1.2 양방향 통신의 네트워크

서 $A_iS_AA_k$와 $B_jS_BB_l$은 각자 지역에서의 시내전화를 나타내고 $A_iS_AS_NB_j$는 A_i에서 B_j로의 장거리 전화를 의미한다. 만약 한 사업자가 모든 네트워크를 소유하고 있는 경우 각각의 시내전화 서비스나 장거리 서비스는 모두 양방향 접속을 통해 이루어진다. 그러나, 만약 S_AS_B망은 다른 사업자가 소유하고 있다고 가정하면 즉, 시내망(두 개)의 소유자와 장거리망(한 개)의 소유자가 별개의 사업자라고 가정하면 결과는 다르다. 시내전화 서비스인 $A_iS_AA_k$와 $B_jS_BB_l$은 각각 양방향 접속을 통해 서비스가 이루어지지만 장거리 서비스인 $A_iS_AS_NB_j$는 사정이 다르다. 시내전화 서비스를 제공하는 사업자는 장거리망인 S_AS_B망에 접속을 할 필요가 없지만, 장거리 서비스를 제공하는 사업자는 각각 A지역과 B지역의 교환기인 S_A와 S_B에 접속해야만 서비스를 공급할 수 있다. 따라서, 장거리 사업자는 일방향 접속을 통해 서비스를 공급하게 된다.

한편, 일방향 접속을 이해하기 위해 <그림 1.3>은 하나의 출발점(original node)을 가지는 경우를 나타내고 있다. 이와 같은 형태는 나무(tree)형 네트워크라고 부른다. 이러한 형태는 중요한 네트워크의 형태 중에 하나로 순환(circle)이 이루어지지 않는다는 특징이 있다. 각 마디에서는 일정한 가지를 갖고 있는데 마디와 가지의 수에 따라 지수(exponential) 함수형태로 네트워크의 크기가 확장될 수 있다. 예를 들어, 나무형 네트워크에서 1개의 마디가 10개의 가지를 갖는다면 6단계를 거치면 100만개 이상의 가지가 형성된다.[3] 이러한 사실은 나무형 네트워크의 구조를 지닌 케이블 TV, 수도망, 전기망, 통신망 등이 얼마나 빨리 확장될 수 있는가를 단적으로 보여주고 있다. 특히,

3 $10^1+10^2+10^3+10^4+10^5+10^6=1,111,110$

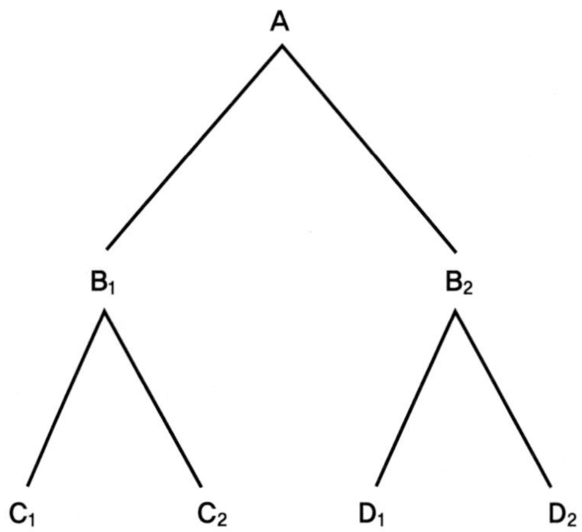

그림 1.3 나무형태의 네트워크

<그림 1.2>의 허브와 가지형 네트워크에서 각 마디마다 추가적인 가지가 연결된다면 서로 다른 두 개의 나무형 네트워크가 서로 접속되어 하나의 네트워크로 구성되어 있는 것으로 생각할 수 있다.

네트워크 산업의 발전과 더불어 네트워크 구축과 네트워크 구성요소간 접속에 있어서 몇 가지 경제적으로 의미 있는 사항들이 발생하고 있다. 먼저, 네트워크의 크기 및 소유구조 관계가 네트워크 서비스를 공급하는 데 중요한 결정사항이 된다. 이 경우 최적 네트워크의 규모에 대한 분석이 필요하다. 또한, 네트워크 구성요소간에 원활한 정보교환이 보완적으로 이루어지는가를 판별하는 호환성(compatibility) 문제, 접속료(access charge)의 설정문제, 보완성을 강화시키는 표준화 설정(standard setting)의 문제와 표준화 전쟁(standard war) 등이 경제적 논쟁거리가 될 수 있다.

1.1.2 네트워크 공급의 특성: 규모와 범위의 경제성

네트워크는 초기 투자비용이 많이 들지만 하나의 네트워크를 통해 다양한 서비스를 공급할 수 있다는 점에서 규모의 경제성과 범위의 경제성이 동시에 발생한다. 예를 들어, 철로망 구축비용은 막대하지만 종착역의 구별에 따라 다양한 수송서비스를 제공함으로써 서비스를 차별화할 수 있다. 여기서 규모의 경제는 생산량이 증가하면서 고정투자비용에 대한 단위당 평균비용이 체감하는 현상을 의미하며, 범위의 경제는 생산활동이 다양화되면서 공통투자설비의 활용도가 높아짐에 따라 소품종 생산에 비해 다품종 생산에 있어서 비용의 효율이 발생하는 현상을 의미한다. 따라서, 고정비용의 특성을 지니는 공통비용이 높은 네트워크 산업은 규모의 경제와 범위의 경제가 동시에 발생하게 된다.

네트워크 산업은 초기의 구축단계에 있어서 막대한 투자비용을 감당하기 위해 독점적인 대표적 사업자가 이를 담당하는 것이 일반적이다. 개발도상국의 경우 정부가 주도하여 도로망, 통신망, 철로망, 전력망, 항공망 등을 구축하는 사례는 흔하다. 선진국에서도 대개 하나의 사업자가 전체적인 사업효율성을 최대화하기 위해 전적으로 독점하여 운영해 왔다. 그 이유는 생산량이 증가할수록 평균생산비가 급속히 감소하는 생산비용의 특성에 기인한다. 통신산업의 경우 초기 통신망 투자비용은 천문학적인 고정비용투입을 요구하지만, 일단 초기 투자가 완료된 상태에서는 1명이 전화를 하든 100명이 전화를 하든 추가적으로 드는 한계비용은 큰 차이가 없다. 반면 100명을 제공하기 위한 평균비용은 1명을 제공하기 위한 평균비용의 1/100에 해당한다. 따라서, 규모의 경제성으로 인해 네트워크 상품은 시장의 지배적 사업자를 중심으로 독점화되는 경향이 많다.

한편, 최근의 정보통신 기술의 발전으로 다양한 대체기술이 개발되고 또 기존 네트워크에 부착하여 추가로 네트워크에 접속할 수 있게 됨에 따라 네트워크 자체의 자연독점성은 점차 상실되어 가고 있는 실정이다. 예를 들어, 무선기술의 발전으로 유선망을 대신한 새로운 대체망이 형성되고 있으며, 이에 따라 기존에 유선통신사업은 독점시장구조였지만 무선통신사업은 과점시장구조로 변해가고 있다. 또한, 무선인터넷의 발전으로 음성과 데이터 통신 뿐만 아니라 동영상이나 게임과 오락 등 통신과 방송이 하나의 네트워크로 통합되어 가고 있다. 이처럼 기존의 네트워크가 표준화되고 디지털화됨에 따라 추가적으로 자체 네트워크를 구축해 연결하거나 혹은 기존의 네트워크를 이용하여 새로운 부가 서비스를 창출하여 통합적으로 공급하는 사업자가 다양하게 나타나고 있다. 이러한 현상은 모두 기술개발에 의한 서비스 공급비용이 상당히 감소하고 다양한 융합서비스가 제공되었기 때문에 가능한 일이다.

1.1.3 네트워크 수요의 특성: 망외부성

네트워크 산업이 성장함에 따라 정보재의 이용이 일반화되고 인터넷 사용이 보편화되면서 망외부성의 현상이 발생한다. 망외부성이란 같은 종류의 서비스 이용자의 수가 많을 것이라고 기대할수록 서비스 이용가치가 높다는 수요측면의 외부효과를 의미한다. 따라서, 네트워크 서비스를 이용하는 이용자에게 있어서 서비스 본래의 유용성 뿐만 아니라 네트워크 전체의 규모가 가치화된다. 예를 들어 컴퓨터, 전화, 팩스, 소프트웨어 등의 통신상품들은 그 제품을 소비하는 소비자의 숫자에 의존하여 상품의 활용도가 결정된다. 만약 새로운 컴퓨터를 구입하고자 할 때 IBM과 Apple 가운데 하나를 선택하는 경우를 고려해보자. 이때 소비자에게는 하드웨어의 안정성, 학습의 용이성, 응용소프트웨어의 다양성 등 각 기종의 내재적 가치도 중요하지만, 그 이상으로 주위의 동료들이 어느 기종을 더 많이 사용하고 있는가 하는 점도 중요하다. 동일한 사양의 컴퓨터 이용자가 많으면 다른 소비자들과 파일을 공유하기에 편할 뿐만 아니라 소프트웨어 학습시 문의할 수 있는 전문가나 문제가 발생할 때 사후수리를 손쉽게 받을 수 있는 대리점의 숫자가 많을 것이기 때문이다.

이처럼 해당제품의 사용자가 많으면 많을수록 해당제품을 이용하는 효용이 증가하는 망외부성 현상은 직접적인 효과와 간접적인 효과로 구분된다. 직접적인 망외부성은 물리적으로 직접 연결된 네트워크 예를 들어, 전화나 팩스, 인터넷에 의해 발생하는 현상을 의미한다. 또한, 간접적인 망외부성은 다른 관련시장이나 활동에 영향을 주어 얻게 되는 이익이 커지는 현상을 의미한다. 예를 들어, 동일한 OS를 사용하는 프로그램이 업그레이드되거나 스마트폰에서 활용할 수 있는 어플리케이션이 증가하여 활용도가 높아지는 현상을 생각해 볼 수 있다.

구체적으로, 마디가 n개로 구성되어 있을 때, 하나의 마디에서 다른 마디로 일방향으로 연결될 수 있는 경우의 수는 $(n-1)$개가 된다. 따라서, n개의 마디에서 발생하는 일방향 연결의 수는 $n(n-1)$개의 잠재적인 서비스가 존재할 수 있다. 이때, 추가적으로 $n+1$번째 마디가 추가되는 경우를 생각해 보자. 이 경우 잠재적인 서비스의 수는 $(n+1)n$개로 늘어나게 된다. 따라서, 추가적인 $n+1$번째 마디의 증가로 순증가하는 서비스의 가치증가효과는 $(n+1)n-n(n-1)=2n$개의 새로운 서비스 수의 증가로 나타난다. 망외부성의 효과는 시장거래를 통하여 적절한 반대급부가 주어지지 않는 경우 시장실패를 유발하는 속성이 있다. 또한, 열등한 제품이라도 시장경쟁에서 성공할 수 있는 "경로의존성"의 이론적 근거로도 활용되고 있다. 예를 들어, 보다 나은 제품이 출시되더라도 기존의 고객들은 새롭고 우수한 제품으로 수요를 대체하는 데 드는 교체비용을 지불하지 않으려 하는 경향이 있어서 오히려 열등한 제품이 시장점유율을 높게 유지하고 오히려 성능이 좋은 우수한 제품이 시장에서 사라지는 경우를 생각해볼 수 있다.[4]

대표적인 시장실패로서 망외부성이 존재하는 경우, 서비스 시장에서는 일반적으로 서비스의 과소공급이 이루어지게 된다. 이러한 사실은 외부성의 효과를 다룬 경제이론의 간략한 그래프를 통하여 쉽게 확인할 수 있다. <그림 1.4>에서 시장수요는 사적 한계편익(Private Marginal Benefit: PMB)을 나타낸다. 만일 이 시장이 완전경쟁시장이라면 시장가격은 이 값이 공급곡선(S)인 한계비용(MC)과 일치되도록 서비스가 공급된다. 즉, $P = PMC = MC = S$이다. 그러나, 망외부성이 존재하는 경우 사회적 총 한계편익(SMB)은 사적 한계편익(PMB)보다 크게 된다. 즉, $SMB > PMB$이 성립한다. 따라서, 완전경쟁시장에서 공급되는 서비스양(Q^P)은 사회적으로 최적인 점(Q^S)보다 작게 된다. 또한, 이 시장이 독점시장이라면 시장가격은 $P > MC$에서 결정되기 때문에 독점시장에서 공급되는 서비스양(Q^M)은 완전경쟁시장에서 공급되는 서비스양(Q^P)보다 작게 되고 이는 사회적으로 최적인 점(Q^S)에 훨씬 미치지 못하게 된다. 따라서, 네트워크 산업에서는 망외부성을 내부화하는 방안이 중요해진다.

---

4 경로의존성에 의한 시장실패에 대한 논의와 사례는 제3장에서 논의하고 있다.

대체로 초기 투자비용이 막대하여 네트워크 공급에 있어서 규모의 경제성이 존재할 뿐만 아니라 네트워크 수요에 있어서 발생하는 망외부성을 내부화하는 과정에서 자연적인 네트워크 산업의 독과점적 구조가 형성된다. 이처럼 소수의 독과점적 사업자가 전체 네트워크를 소유하게 되는 경우에도 $SMB > MC$인 점에서 서비스 공급량이 결정되기 때문에 여전히 사회적으로 최적인 점(Q^S)보다 작게 공급되는 문제점이 존재한다. 따라서, 네트워크 산업에 있어서 사회 최적의 서비스 공급을 달성하기 위한 적절한 정부규제가 중요하게 부각된다.

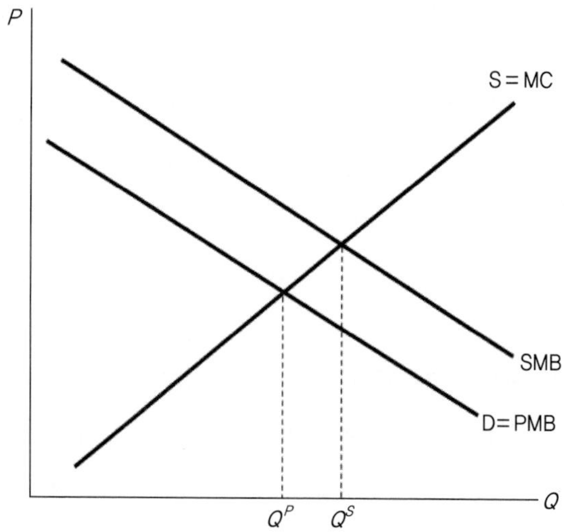

그림 1.4 망외부성과 과소공급

1.2 망외부성과 네트워크 시장의 균형

1.2.1 단일 네트워크

소비자가 단일 네트워크에 가입하는 시장의 기대균형을 분석하기 위해 다음과 같은 예를 들어보자. 네트워크가 제공하는 서비스로부터 얻게 되는 소비자의 개별효용이 서로 같지 않은 경우를 보기 위해 <그림 1.5>에서처럼 소비자 x가 $[0, 1]$의 구간에서 연속적으로 존재하고 있다고 하자. 여기에서 소비자 x가 네트워크에 가입한 후 네트워크 서비스로부터 얻는 효용은 $1-x$로 표기된다. 따라서, 0에 가까이 있는 소비자일수록 네트워크에 가입하여 얻는 효용이 1에 가까이 있는 소비자보다 더 크다. 소비자 중 네트워크에 가입한 소비자의 수를 n으로 표기하고, 소비자의 총효용은 네트워크 가입자 수에 비례해서 $n(1-x)$로 나타내기로 하자. 즉, 가입자 수 n이 주어져 있을 때, 0에 가까운 소비자일수록 1에 가까이 있는 소비자보다 더 큰 지

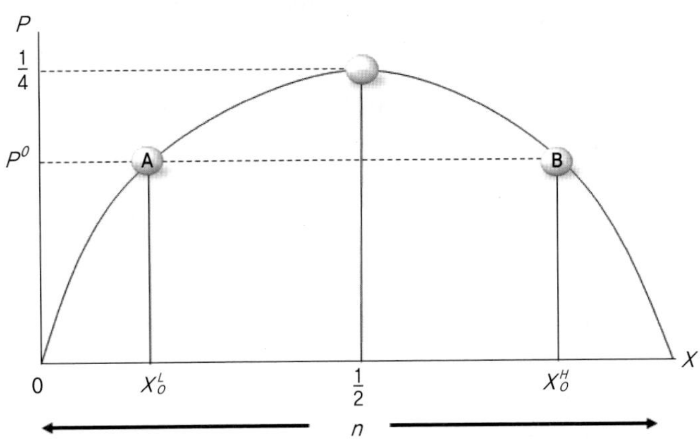

그림 1.5 네트워크의 균형

불의사를 지니고 있다. 또한, n이 클수록 소비자의 총효용이 증가하는 망외부성을 나타내고 있다. 이때, 한 소비자 x가 네트워크에 가입하려고 지불하는 금액을 p로 표기하면 네트워크에 가입한 소비자 x의 소비자잉여(순효용)는 $n(1-x)-p$로 나타낼 수 있다.

이제 단일 네트워크의 균형가격을 살펴보기 위해 네트워크에 가입하거나 혹은 가입하지 않거나 어떤 선택을 하든지 순효용이 같아서 선택에 있어서 무차별한 소비자의 위치 $\hat{x}$를 파악하기로 한다. 즉, $n(1-x)-p=0$이 성립하는 균형에서는 $n=\hat{x}$이 얻어지므로, $p=\hat{x}(1-\hat{x})$을 만족하는 $\hat{x}$점이 균형점이 된다. 즉, <그림 1.5>에서 p^0의 가격이 주어져 있을 때, 합리적 기대균형은 A점과 B점으로 두 개가 발생할 수 있음을 알 수 있다.[5] 여기서 합리적 기대균형이란 사후에 실현되는 가입율이 사전에 예상하여 기대한 가입율과 완전히 일치하는 상태를 의미한다.

소비자의 지불의사가 낮은 A점에서의 균형 가입자수를 $\hat{x}_0^L$로 표기하고, 소비자의 지불의사가 높은 B점에서의 균형가입자 수를 $\hat{x}_0^H$로 표기하기로 하자. 이때, A점은 불안정적인 균형점인데 반해 B점은 안정적인 균형점임을 알 수 있다. 왜냐하면 $\hat{x}_0^L$보다 약간 더 많은 소비자가 가입할 것으로 예측하는 경우 $\hat{x}_0^L$에 있는 소비자는 자신이 가입함으로써 p^0이상의 효용을 느끼기 때문에 A점을 이탈하려고 하지만, $\hat{x}_0^H$보다 약간 더 많은 소비자가 예측하는 경우 $\hat{x}_0^H$에 있는 소비자는 자신이 가입함으로써 p^0이하의 효용을 느끼기 때문에 B점을 이

5 가입률이 0인 점을 나타내는 세로축의 p^0값도 하나의 균형으로 볼 수 있다. 그러나, 이 경우에는 시장이 존재하지 않게 되기 때문에 논의에서 제외하였다.

탈하려고 하지 않는다.

여기서 $\hat{x}_0^L$는 네트워크 규모의 확대에 있어서 중요한 의미를 지닌다. 이는 p^0가 주어져 있을 때 네트워크의 임계가입자(critical mass)로 볼 수 있다. 즉, 네트워크의 규모가 임계가입자수를 넘지 않는다면 $\hat{x}_0^H$로 향하는 네트워크의 증가를 막게 된다. 그러나, 주어진 가격 p^0에서 임계가입자수를 넘어선 소비자의 증가는 $\hat{x}_0^H$로 네트워크의 규모를 확대 증가시키는 역할을 한다. 따라서, 같은 기대균형 사이에서도 네트워크의 규모가 클수록 수요측의 가입자가 누리는 잉여가 커진다는 점에서 망외부성이 존재하는 경우 수요측면에서 규모의 경제가 발생한다.[6] 한편, 만약 주어진 가격 p^0에서 가입자수가 임계가입자인 $\hat{x}_0^L$이하라고 예측된다면 어느 누구도 네트워크에 가입하지 않을 것이며, 이 경우 네트워크 서비스가 제공되지 않는 시장실패가 발생한다.

이제, 시장구조에 따라 사회후생의 변화를 살펴보기로 하자. 먼저, 단일의 네트워크가 완전경쟁적인 시장에서 공급된다면 서비스의 시장가격은 한계생산비용과 동일하게 된다. 즉, 서비스 공급에 따른 한계비용을 c로 놓으면, $p^0 = c$가 성립한다. 따라서, 완전경쟁시장에서는 네트워크 서비스 가입률이 임계치를 넘는다면 균형점에서 사회후생을 최대화하게 된다. 그러나, 임계치를 넘지 못한다면 서비스가 공급되지 않거나 혹은 과소 공급될 가능성이 존재한다.

그러나, 단일의 네트워크가 독점기업에 의해 소유되어 공급되는

6 수요측의 규모의 경제는 망외부성으로 인해 발생하는 것으로, 네트워크의 규모가 커짐에 따라 평균비용이 낮아지는 공급측의 규모의 경제와 대별되는 개념이다.

경우의 후생효과는 달라진다. 이윤을 극대화하는 독점기업의 가격설정 문제를 분석하기 위해, 분석의 편의상 네트워크 공급에 있어서 발생하는 한계비용이 0이라면 독점기업의 이윤함수는 $\pi(\hat{x}) = p(\hat{x})\hat{x} = (\hat{x})^2(1-\hat{x})$로 주어지고, 이에 대한 이윤극대화 일계조건 $2x - 3x^2 = 0$에서 이윤을 최대화하는 점은 $\hat{x} = 2/3$을 얻게 된다. 즉, 이윤을 극대화하는 독점기업은 소비자의 반(1/2) 이상은 가입하도록 하지만 전체 소비자(1)는 가입하지 않도록 독점가격 $p^0 = 2/9$을 설정하여 독점이윤 $4/27$을 얻는다. 따라서, 독점시장의 결과는 사회적 후생을 극대화하는 결과인 전체 소비자가 가입하도록 하는 점(한계비용이 0이기 때문)까지 소비자를 유도하지 못한다. 즉, 독점시장에서는 임계치를 넘는 가입자가 존재해도 네트워크 서비스의 과소 공급이 발생하게 된다.

1.2.2 두 개의 네트워크와 동질적 서비스

이제 두 개의 네트워크가 경쟁적으로 존재해서 소비자가 이 중에서 하나의 네트워크를 선택하는 경우 네트워크의 균형을 살펴보기로 하자. 구체적으로, X와 Y라는 2개의 네트워크가 존재하는데, 두 개의 네트워크는 소비자의 입장에서 동질의 서비스를 제공한다고 하자. 다만, 기업별로 비용구조가 달라, X 네트워크에서 한 소비자에게 서비스를 제공하는 데 따른 한계비용은 c_X이고, Y 네트워크에서 한 소비자에게 서비스를 제공하는 한계비용은 c_Y라고 하자. 또한, 이들은 완전경쟁적인 시장에 놓여 있어서 서비스의 가격은 한계비용과 일치한다고 하자.

분석의 편의를 위해 네트워크에서 제공하는 서비스에 대해 개별 소비자가 지니는 가치는 S로 일정하게 분포되어 있고, 이 값은 충분히 커서 소비자가 어느 네트워크에 가입하든지 발생하는 순효용은 0보다 크다고 하자. 즉, X 네트워크의 가입률을 x, Y 네트워크의 가입률을 y라 하면, $x+y=1$이 성립한다. 마지막으로, 한 소비자가 X 네트워크에 가입하여 얻는 효용은 그 네트워크에 가입률에도 영향을 받는 것으로 가정하고, X 네트워크에 가입하여 발생하는 서비스의 순효용은 $xS-c_X$이고, Y 네트워크에 가입하여 발생하는 서비스의 순효용은 $yS-c_Y$이라고 하자.[7] 따라서, 네트워크의 가입률이 증가함으로써 네트워크의 가치가 증가하는 망외부성 효과가 존재한다.

이러한 상황에서는 서로 다른 세 개의 균형이 존재한다. 먼저, X로의 통합균형을 생각할 수 있다. 즉, $x=1$, $y=0$가 하나의 균형이다. 왜냐하면, 균형에서 추가적인 소비자가 X 네트워크에 가입하는 경우 얻는 순효용은 $S-c_X$이고, Y 네트워크에 가입하는 경우 얻는 순효용은 $-c_Y$이므로 모든 소비자가 X 네트워크에 가입하게 되어 균형이 유지된다. 즉, 전원이 모두 X 네트워크에 가입되어 있을 때, X 네트워크에서 퇴출하려는 소비자가 없어서 X로의 균형이 유지된다. 이때, 소비자가 N명이 있을 때, X로의 통합균형에서는 $W_X=N(S-c_X)$만큼의 사회후생이 발생한다.

다음으로, Y로의 통합균형을 생각할 수 있다. 즉, $x=0$, $y=1$가 하나의 균형이다. 동일한 이유로 전원이 모두 Y 네트워크에 가입

7 개별 서비스에 대한 효용과 네트워크에서 발생하는 망외부성간의 연관성은 단일 네트워크의 경우와 마찬가지로 곱의 형태인 소비자 효용함수 xS로 표현하기로 한다. 그러나, 이들의 연관성을 합의 형태인 $x+S$로 표현해도 분석의 결과는 동일하다.

되어 있을 때, Y 네트워크에서 퇴출하려는 소비자가 없어서 Y 로의 균형이 유지된다. 이때, 소비자가 N명이 있을 때, Y 로의 통합균형에서는 $W_Y = N(S - c_Y)$만큼의 사회후생이 발생한다.

마지막으로, XY 의 분리균형을 생각할 수 있다. 두 개의 네트워크의 가입률이 $xS - c_X = yS - c_Y$를 만족시켰을 때, 모든 소비자는 두 개의 네트워크가 무차별하게 된다. 이 경우에도 현재 하나의 네트워크에 가입한 가입자들은 다른 네트워크로 바꿀 필요성이 없어진다. 따라서, 이러한 상황도 하나의 균형이 될 수 있다. 그러나, 이 균형은 불안정하다는 점을 유의해야 한다. 만약 어떠한 사정으로 x가 약간 증가하거나 혹은 y가 약간 증가한다면 XY의 분리균형은 변화가 발생하여 X로의 통합균형이나 Y 로의 통합균형으로 변화될 수 있기 때문이다. XY의 분리균형에서 발생하는 사회후생은 $W_{XY} = N[x(xS - c_X) + y(yS - c_Y)]$가 된다.

이제, 세 가지의 균형간의 사회후생을 비교해 보자. 이를 위해 $0 \leq c_Y \leq c_X$로 가정하면, 간단한 비교를 통해 $W_X < W_Y$와 $W_{XY} < < W_Y$가 성립하게 된다는 것을 알 수 있다. 즉, 한계비용이 가장 낮은 Y로의 통합균형이 사회후생을 최대화하는 것임을 알 수 있다. 그러나, 앞에서 보았듯이 X로의 통합균형도 안정적인 균형이라는 점에서 망외부성이 존재하는 경우 사회적으로 비효율적인 점이 균형으로 존재할 수 있게 된다. 이 같은 결론은 개인의 사적 동기만으로는 사회적으로 보다 나은 점으로 이행하지 않는다는 협조의 실패(coordination failure)를 나타내는 사례이다.[8]

---

8 Farrell and Saloner(1985)는 소비자가 보다 효율적인 시스템으로 이행하지 않는 효과를 과잉관성(excess inertia)라고 표현했다. 이 같은 예로는 QWERTY자판에서 Devorak자판으로 이행하지 않은 점 등을 들 수 있으

1.2.3 두 개의 네트워크와 이질적 서비스

마지막으로, 여러 개의 네트워크가 동시에 공존하는 현상을 설명하기 위해 사회에 두 가지 유형의 소비자가 있다고 가정하자. A 유형의 소비자는 m명이 있고 이들은 X 네트워크에서 얻는 서비스를 Y 네트워크에서 얻는 서비스에 비해 높게 평가한다고 가정하자. 반면, B 유형의 소비자는 n명이 있고 이들은 Y 네트워크를 X 네트워크에 비해 높게 평가한다고 가정하자. 구체적으로, A 유형의 소비자가 X 네트워크를 가입할 때 얻는 효용은 S_X^A, Y 네트워크를 가입할 때 얻는 효용은 S_Y^A이며, $0 < S_Y^A < S_X^A$이라고 하자. 반면, B 유형의 소비자가 X 네트워크를 가입할 때 얻는 효용은 S_X^B, Y 네트워크를 가입할 때 얻는 효용은 S_Y^B이며, $0 < S_X^B < \mathrm{S}_\mathrm{Y}^\mathrm{B}$ 라고 하자. 또한, 모든 소비자가 X 네트워크에 가입한 비율은 x로, Y 네트워크에 가입한 비율은 y로 나타내기로 한다. 분석의 편의상 네트워크 서비스 공급의 한계비용은 0이라고 가정하면 (아울러 완전경쟁적 시장을 가정하면 가격은 한계비용과 같아져서) 모든 소비자는 네트워크에 가입하고 순효용이 0이상이 발생하므로 $x+y=1$이 성립한다.

우선, 단일 네트워크로의 통합균형을 파악하기로 한다. X로의 통합균형에서는 $x=1$, $\mathrm{y}=0$이 되고, A유형의 추가적인 소비자는 X 네트워크에 가입하여 S_X^A의 효용을 누리는 반면, Y 네트워크에 가입하는 경우 0의 효용이 발생하므로 A유형의 소비자는 X 네트워크를 선택하게 된다. 또한, B유형의 추가적인 소비자는 X 네트워크에 가입

며, 경로의존성으로 표현되기도 한다. 이에 대한 논의는 다음 절에서 구체적으로 다루기로 한다.

하여 S_X^B의 효용을 누리는 반면, Y 네트워크에 가입하는 경우 0의 효용이 발생하므로 B유형의 소비자도 X 네트워크를 선택하게 된다. X로의 통합균형에서 발생하는 사회후생을 계산하면 $W_X = mS_X^A + nS_X^B$이다.

Y로의 통합균형에서도 $x = 0, y = 1$이 되고, 마찬가지로 A유형의 추가적인 소비자는 Y 네트워크에 가입하고 B유형의 추가적인 소비자도 Y 네트워크를 선택하게 된다. Y로의 통합균형에서 발생하는 사회후생은 $W_Y = mS_Y^A + nS_Y^B$이다.

이제, 두 개의 네트워크가 동시에 존재하는 XY 분리균형을 생각해 보자. 먼저, 이 경우에는 어느 유형의 소비자이든지 네트워크의 균형점에서 양쪽의 네트워크가 무차별하여 양쪽의 네트워크에 동시에 가입할 수 없게 된다. 왜냐하면 A유형의 소비자가 X와 Y의 네트워크에 대해 무차별한 경우는 $xS_X^A = yS_Y^A$이고, B유형의 소비자가 X와 Y의 네트워크에 대해 무차별한 경우는 $xS_X^B = yS_Y^B$이므로, 이 두 개의 식이 동시에 성립한다면 $\frac{x}{y} = \frac{S_X^A}{S_Y^A} = \frac{S_X^B}{S_Y^B}$이 되어야 하나, 이것은 $0 < S_Y^A < S_X^A$과 $0 < S_X^B < S_Y^B$의 가정에 의해 모순이다.

다음으로, XY로 분리된 네트워크의 균형점에서 A유형의 소비자가 모두 Y 네트워크에 가입하는 상황은 발생할 수 없다. 왜냐하면 만약 균형에서 A유형의 소비자가 모두 Y 네트워크에 가입한다면 $xS_X^A < yS_Y^A$ 가 성립할 것이고, 이 때 XY 분리균형에서 두 개의 네트워크가 공존하기 위해서는 대칭성에 의해 B유형의 소비자가 모두 X 네트워크에 가입해야 한다. 즉, $xS_X^B > yS_Y^B$이어야 하는데, 이 두 개의 식이 동시에 성립한다면 $\frac{S_Y^B}{S_X^B} < \frac{x}{y} < \frac{S_Y^A}{S_X^A}$이 되어야 하나, 이것

은 $0 < S_Y^A < S_X^A$과 $0 < S_X^B < S_Y^B$의 가정에 의해 모순이다. 마찬가지로 XY 분리균형에서는 B유형의 소비자가 모두 X 네트워크에 가입하는 상황은 발생할 수 없다.

그렇다면 XY 분리균형에서는 A유형의 소비자가 모두 X 네트워크에 가입하고, B 유형의 소비자는 X와 Y를 차별하지 않거나 혹은 모두 Y 네트워크에 가입하는 상태가 고려될 수 있다. 또한 역으로, XY 분리균형에서는 B유형의 소비자가 모두 Y 네트워크에 가입하고, A유형의 소비자는 X와 Y를 차별하지 않거나 혹은 모두 X네트워크에 가입하는 상태가 고려될 수 있다.

그런데, 어떠한 유형이든지 X와 Y 네트워크를 무차별하게 취급하는 경우는 불안정한 균형이다. 앞장에서도 보았듯이 약간의 작은 충격으로도 어느 하나의 네트워크에 집중하게 될 가능성이 있기 때문이다.

따라서, 안정적인 XY 분리균형에서는 A유형의 소비자 m명은 모두 X네트워크에 가입하고, B유형의 소비자 n명은 모두 Y 네트워크에 가입하는 상태가 된다. 즉, $x = \frac{m}{m+n}$이고 $y = \frac{n}{m+n}$이 된다. 결국, 안정된 네트워크가 두 개 동시에 공존하는 경우에는 전혀 다른 가입자가 하나의 네트워크에 포함되지 않으며 하나의 유형을 지닌 소비자는 양쪽의 네트워크에 가입하지 않게 된다. 이때, XY의 분리균형에서는 사회후생은 $W_{XY} = \frac{mS_X^A}{m+n} + \frac{nS_Y^B}{m+n}$이다.

마지막으로, 이 들 세 균형간의 사회후생은 유형별 집단의 숫자와 효용의 크기에 의존하여 결정된다. 예를 들어, $m = n = 1/2$인 경우에 $S_X^A - S_Y^B \geq \max[2S_Y^A, 2S_X^B]$가 성립하면 $W_{XY} > W_X$이고 $W_{XY} > W_Y$가 성립하여 XY 분리균형에서 사회후생이 가장 최대화된다.

1.2.4 균형분석의 정책적 시사점

네트워크의 균형분석을 통해서 나온 결과를 바탕으로 다음과 같은 몇 가지 정책적 시사점을 발견할 수 있다. 먼저, 개별 네트워크가 상호접속되어 단일의 대규모 정보통신 네트워크가 형성되는 경우를 종종 볼 수 있는데, 이와 같은 사실은 네트워크의 망외부성이 매우 크게 작용했기 때문이다. 따라서, 네트워크가 확장되는 시기에 있어서 네트워크의 통합현상은 일반적인 경제현상이다. 특히 망외부성이 강하게 작용하는 경우 "네트워크가 커질수록 더 좋다"라는 긍정적 피드백 원리가 상승작용을 일으켜 강자는 지속적으로 강해지고 약자는 지속적으로 약해지는 "승자독식"(winner-take-all)의 현상이 가속화될 것이다. 따라서, 네트워크의 통합으로 인해 시장구조가 승자에 의한 시장석권으로 귀결될 가능성이 높은 경우 시장의 독점화에 대한 경계와 이에 대한 공정경쟁제도의 확립이 중요해진다.

둘째, 네트워크 경쟁이 있는 경우 하나의 네트워크 서비스 제공자가 가지고 있는 가입자 수는 경쟁사업자에게 쉽게 이전되지 않을 것인데, 이런 현상은 네트워크 서비스 제공자의 자체 효율성에 기인한 것으로 판단하기 어렵다. 소비자의 교체비용에 따른 잠금현상으로 발생한 과잉관성이 영향을 미칠 수 있기 때문이다. 따라서, 새로운 신규기술로의 전이가 사회후생을 증가시킨다면 특허제도의 보완이나 기술정보에 대한 적절한 제공 등을 통해 시장내 경쟁체계를 확보하는 것이 중요하다.

마지막으로, 여러 가지 네트워크가 서로 복합적으로 분리되어 공존하는 경우 사업자들은 소비자에게 서비스의 이질성을 인식시키기 위해 다양한 제품차별화와 가격차별화된 서비스를 적극적으로 개발하게 된다. 또한, 네트워크간의 경쟁은 인터페이스 혹은 호환성 등의 기술력을 기반으로 범용성을 높여 망외부성을 극대화하는 고도의 특화된 네트워크로 분화될 것이다. 그러나, 네트워크 산업에서는 기업의 이윤동기만으로는 사회후생을 극대화하는 네트워크 균형이 달성되기 어려울 수 있으므로 소비자의 사용편익과 기업의 이윤을 조화시킬 수 있는 적절한 유인체계와 사회적 제도가 구비되어야 한다.

1.3 네트워크 시장의 성장과 경쟁

1.3.1 네트워크 시장의 성장

네트워크의 성장에 지대한 영향을 미치는 요소로는 망외부성이 중요하지만, 이와 아울러 상품의 출시와 소비자 선택에 의한 역사성과도 깊은 관련성을 지니고 있다. 일반적으로 네트워크 산업의 성장경로는 임계치에 다다르기 전까지는 완만하게 성장하다가 임계치를 지나는 순간부터 급속하게 성장하는 경로를 나타낸다. 예를 들어, 미국이나 일본의 팩스(FAX) 시장은 이러한 성격을 그대로 보여주고 있다.

스코틀랜드의 발명가 알렉산더 베인(Alexander Bain)이 팩스의 기초기술을 발명하여 특허를 받은 것은 1843년이었으며, 이후 미국의 AT&T가 팩스의 원리를 이용하여 유선사진서비스를 제공하기 시작한 것이 1925년도의 일이었다. 그럼에도 불구하고 팩스에 대한 소비는 거의 없다시피 하다가 1980년대 중반 불과 5년의 기간 동안 팩스에 대한 수요와 팩스기계의 공급은 급속히 성장하였다.

<그림 1.6>은 미국 팩스 시장의 성장과 가격변화를 보여주고 있다. 1987년이 미국 팩스 시장의 임계치인 기간으로 보이며, 이 임계치에 다다르기 전까지는 비록 한계비용은 지속적으로 떨어졌지만 상

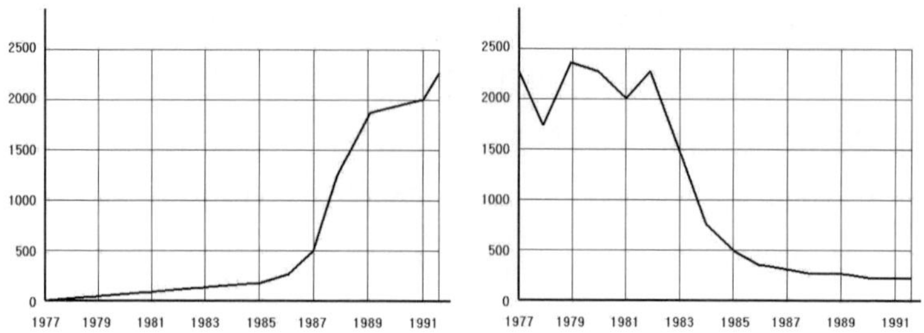

그림 1.6 미국 팩스 시장의 성장과 가격변화[9]

품의 가격은 상당히 높았다. 그러나, 1982년 이후 상품의 가격은 급속하게 하락하면서 이후 5년만에 임계치에 다다르는 양상을 보여주고 있다.

신기술에 의한 신상품의 도입이 바로 확산되지 못하고 일정한 임계치에 다다를 때까지 지체되는 현상은 다음과 같은 <표 1.1>의 2인 2전략 정규형 게임을 통해 살펴볼 수 있다. 두 소비자가 게임의 경기자로서 등장하고 시장에는 구기술 A와 신기술 B가 제공되어 있다. 각각의 소비자가 구기술 A나 신기술 B를 선택하는 경우의 소비자 후생은 다음과 같다.

표 1.1 신기술과 구기술의 선택게임

소비자 1 \ 소비자 2	구기술 A	신기술 B
구기술 A	a, b	c, d
신기술 B	e, f	g, h

9 출처: Varian(1999) 611쪽의 그림 34.4 참조.

망외부성이 존재하는 경우 동일한 네트워크에 가입하게 되는 경우 소비자 후생은 더 커진다. 즉, 구기술 A에 대해 $a > c, e$ 그리고 $b > d, f$가 성립한다. 또한, 신기술 B에 대해 $g > c, e$ 그리고 $h > d, f$가 성립한다. 따라서, 시장의 균형은 두 소비자가 모두 동일한 기술을 선택하는 (A, A) 혹은 (B, B) 전략의 조합이다.[10]

그러나, 사회 전체적으로 보아 시장균형의 평가는 달라질 수 있다. 만약 신기술 B가 더 적은 한계비용으로 더 좋은 상품을 공급하고 있다면 소비자 1의 경우 $g > a$가 성립하고 소비자 2의 경우 $h > b$가 성립한다. 즉, 두 소비자가 모두 신기술을 선택하는 (B, B)의 조합이 사회후생을 극대화하는 조합이다. 따라서, 시장균형에서 (A, A)가 선택된다면 구기술에 대해 소비자가 과도하게 고착화되어 있는 상태로 사회적으로 초과관성(excess inertia)이 존재하는 경우이다. 그러나, 만약 구기술 A에 비해 신기술 B가 더 높은 한계비용을 지불하거나 혹은 더 좋은 상품을 공급하지 못한다면 소비자 1의 경우 $g < a$가 성립하고 소비자 2의 경우도 $h < b$가 성립한다. 즉, 이 경우에는 두 소비자가 모두 구기술을 선택하는 (A, A)의 조합이 사회후생을 극대화하는 조합이다. 따라서, 시장균형에서 (B, B)가 선택된다면 신기술에 대해 소비자가 너무 과도하게 이전하고 있는 상태로 사회적으로 초과타성(excess momentum)이 존재한다고 할 수 있다.[11]

---

10 게임이론에서 Nash 균형은 한 쪽의 소비자가 구기술 A를 선택하면 다른 소비자도 동일한 구기술 A를 선택하는 것이 신기술 B를 선택하는 것보다 더 높은 효용을 가져다주기 때문에 (A, A) 조합이 균형이 될 수 있다. 마찬가지의 논리로 (B, B) 조합도 균형이 될 수 있다.

11 네트워크 시장에서 발생하는 초과관성(excess inertia)과 초과타성(excess momentum)에 대한 개념은 Farrell and Saloner(1985)가 사용한 용어이다.

1.3.2 네트워크 시장의 경쟁

전통적인 산업에서는 소수의 기업이 유사한 상품을 생산하면서도 오랜 세월동안 안정적으로 시장점유율을 확보하는 과점시장이 주종을 이루고 있다. 예로, 자동차, 철강, 석유, 화학산업 등은 시장상황과 기업별 전략의 차이에 따라 시장점유율이 다소간 변동할 수 있으나, 폭발적인 성장이나 하락현상이 거의 없는 안정적인 시장구조와 이에 따른 안정적인 고용구조를 확보하고 있다.

그러나, 네트워크 산업은 독점적이면서도 불안한 시장구조적 특징을 지닌다. 컴퓨터 하드웨어나 소프트웨어 등 지식정보를 기반으로 하는 네트워크 산업에서는 시장의 1등이 시장 전체를 지배하며 시장의 2등은 그다지 시장지배력이 없는 경우가 대부분이다. 또한, 시장지배적 기업이라고 하더라도 부단한 연구개발과 투자, 그리고 최적의 경영전략을 구사하지 않으면 단시간 내에 경쟁기업에게 시장을 내어줄 수밖에 없다. 이러한 네트워크 산업의 자연독점적 시장구조는 네트워크의 수요특징인 망외부성과 공급특징인 규모의 경제성이 복합적으로 작용하기 때문이다.

또한, 네트워크의 특징은 <그림 1.6>에서처럼 오랜 시간동안 잠복기를 거친 다음 임계치를 지나면서 갑자기 폭발적인 성장세를 보이는 경우가 많다. 이러한 폭발적인 성장을 가져오는 긍정적 피드백은 "강한 자를 더욱 강하게 만들고, 약한 자를 더욱 약화시키는" 상승효과를 동반한다. 컴퓨터 운영체계를 예를 들면, 다수의 컴퓨터 사용자가 MS사의 윈도우즈를 사용한다면 망외부성으로 인하여 현재 윈도우즈를 사용하는 사용자는 계속해서 윈도우즈를 사용하고자 할 것이고 다른 운영체계를 사용하는 사용자도 윈도우즈로 바꾸고자 할 것이다. 이렇게 해서 윈도우즈 사용자의 숫자가 증가할수록 나머지 사용자들에게 윈도우즈로 바꾸고자하는 유인은 더욱 커지게 된다. 한편, 윈도우즈를 사용하는 사용자의 숫자가 증가할수록 규모의 경제성으로 인하여 평균생산비가 하락하고 MS사의 이윤은 지속적으로 증가한다. MS사는 이윤의 일부를 제품개발 및 보완, 그리고 기술혁신에 투자하여 품질을 개선할 수 있다. 반면, 판매량이 적어 순이익을 얻기 힘든 경쟁사들은 연구개발에 투자할 여력이 상실된다. 따라서, 장기로 갈수록 MS사는 윈도우즈를 통해 운영체계시장을 석권하게 되고 나머지 제품들은 거의 시장에서 소멸된다.

결국 네트워크 산업은 승자가 모든 것을 석권하는 승자석권시장의 형태로 변모하게 된다. 그 요인은 이미 말한 바와 같이 규모의 경제성과 망외부성에 의한 긍정적 피드백이 존재하기 때문이다. 이와 같이 긍정적 피드백이 존재하는 시장에서는 초기의 사소한 차이나 전략적 우위가 장기적으로 시장석권이냐 아니면 소멸이냐를 결정하게 된다.[12]

이때, 긍정적 피드백이 강하게 나타나는 제품이 폭발적인 성장세를 타기 위해서는 일정 수 이상의 사용자가 확보되어야 한다. 여기서 폭발적인 성장세를 촉발하기 위한 최소한의 사용자 수는 앞에서 지적한대로 네트워크 성장의 임계치가 된다. 인터넷의 예에서도 볼 수 있듯이, 1990년 이전까지는 인터넷시장은 거의 잠복기에 불과했다. 최초로 전자우편이 전송되어 인터넷이 출발이라 한 시기는 1969년이었지만, 1980년대 중반까지는 극소수의 정보통신 기술자들만이 전자

12 초기의 사소한 변화가 큰 변화를 불러일으키는 현상을 다룬 이론을 카오스 이론(chaos theory)이라고 한다. Arthur(1994)는 경제학에서 망외부성이나 규모의 경제 등이 존재할 때 카오스 이론 현상이 나타난다는 것을 주장하였다.

우편의 존재를 알고 사용하였다. 그러나, 1990년대 이후 인터넷이 일반화되면서부터 인터넷시장은 폭발적으로 성장하기 시작하였다. 특히, 1995년부터 인터넷망의 사유화가 가능해짐에 따라 성장률은 급증하게 되었고, 2003년 무선 인터넷기술의 게이트웨이가 개방됨에 따라 이동 중에도 인터넷이 가능해지게 되어 폭발적인 성장을 하게 되었다.

예로, 2000년 12월말 전 세계적으로 약 3억 6천명에 이르는 인터넷 이용자가 있으며, 중국은 약 2,200만 명, 일본은 4,700만명, 한국은 약 1,900만 명이 인터넷을 활용하고 있는 것으로 파악되었다. 그러나, 2014년 6월 Internet World Stats의 발표에 따르면, 전 세계 인구 72억 명의 42.3%인 약 30억 명에 이르는 인터넷 이용자가 있으며, 중국은 약 6억 4천만 명(중국인구 13억명의 47.4%), 일본은 약 10억 9천만명(일본인구 12억 7천만명의 86.2%), 한국은 약 4,500만명(한국인구 4,900만명의 92.4%)이 인터넷을 활용하고 있는 것으로 보고되었다. 이러한 결과는 일정한 임계치를 지나고 난 다음 인터넷 사용자수 증가에 따른 수요측면의 망외부성이 공급측면에 있어서 인터넷 및 정보통신기술의 비약적인 발전과 상호작용하면서 긍정적 피드백을 불러일으킨 것으로 해석할 수 있다.

한편, 네트워크의 확장을 통한 망외부성의 확보는 네트워크 상품을 제공하는 기업에게 중요한 핵심전략이 된다. 앞에서 네트워크의 시장균형이나 네트워크의 성장에서도 보았듯이 소비자의 선택에 망외부성의 크기가 중요한 영향을 미치기 때문이다. 소비자들은 네트워크의 규모를 통해서 상품의 효용가치를 얻을 뿐만 아니라 상품의 신뢰성과 안전성 그리고 네트워크 그룹간 정보공유를 통해 정보탐색을 위한 거래비용을 줄일 수 있다. 따라서, 기업들은 네트워크의 임계치를 확보하기 위한 다양한 전략을 구사하게 된다.

일반적으로 기업들이 소비자의 네트워크 규모에 대한 기대심리를 자극하기 위한 전략으로 다음과 같은 것을 고려할 수 있다. 먼저, 초기에 저가로 상품을 공급하거나 아예 무료로 서비스를 제공하는 행위를 할 수 있다. 이러한 도입가격의 설정은 소비자를 단기간에 끌어들이기 위해 상품의 상대가격에 영향을 미치는 행위로 네트워크의 임계치를 빨리 확보할 수 있다. 예로, 이동통신사업자들이 고객을 확보하려는 경쟁을 치열하게 하면서 단말기를 무료로 제공하거나 가입비 면제 혹은 무료통화 등의 다양한 도입가격전략을 치열하게 동원하고 있는 것을 볼 수 있다. 이러한 도입가격전략은 가격차별화의 일환으로 볼 수 있으며 다양한 할인제도 및 묶음판매와 더불어 활용되고 있다.

다음으로 프리웨어(freeware)나 쉐어웨어(shareware) 등의 저가용 상품을 판매하여 시범적으로 사용하도록 하는 전략을 들 수 있다. 일반적으로 네트워크 상품은 경험재이기 때문에 소비자들은 구입을 하기 전에 많은 탐색비용을 지불해야 한다. 따라서, 정품을 판매하기 전에 기능면에서 이와 별반 차이가 없는 저가용 상품을 공급함으로써 소비자들이 정품을 사기 위한 탐색비용을 줄이도록 한다. 더군다나 소비자들이 저가용 상품을 소비함으로써 학습효과(learnig effect)를 얻거나 혹은 그 상품에 일정한 고착화가 일어난다면, 다른 상품을 사지 못하고 자사의 정품을 구입하게 될 가능성이 높아진다. 예를 들어 사용기간이 만료되면 사라지는 쉐어웨어의 경우 자신의 정보가 데이터베이스화되어 그 프로그램에 들어 있다면 소비자들은 정보의 교체비용을 고려하여 동일 제품의 정품을 다시 살 것이다. 또한, 일정한 기능에 익숙해져 있는 소비자는 자신이 운영하기 편한 프로그램을 구입하게 될 것이다. 결국 이들이 향후 망외부성을 확보할 수 있는 잠재적 고객으로 성장하게 된다.

자사의 상품을 주기적으로 변경시키거나 성능을 향상(upgrade)시킴으로써 자사의 상품을 구입한 소비자가 타사의 상품을 구입하지 못하도록 고착화시키는 전략을 쓸 수 있다. 정품 사용자에게만 제품을 업그레이드하는 비용을 싸게 하거나 혹은 다양한 종류의 응용상품을 개발하여 기존의 자사 상품과 보완적으로 사용하게 함으로써 고착시키는 방법을 선택할 수 있다. 뿐만 아니라 자사 상품의 업그레이드 판의 출시시기와 특징 등을 미리 사전예고(pre-announcement)하여 소비자들이 타사 상품에 현혹되지 않고 기다리도록 유도하기도 한다. 기업들은 이러한 전략을 통해 타사 제품으로 자신의 소비자가 이전하는 교체비용을 증대시킴으로써 현재 자사의 상품이 지니고 있는 망외부성을 유지할 수 있다. 또한, 한발 더 나아가 생각하면 자사 상품에 대한 충성도(loyalty)를 키우고 다른 소비자에게 파급되는 구전효과를 증가시켜 자사 상품의 명성을 유지할 수 있다. 이러한 전략은 미래 망외부성의 확장으로 이어진다. 자사의 상품을 새로이 출시하거나 성능을 향상시킴에 있어서 일정한 표준을 정해 소비자들이 쉽게 따르도록 하거나, 혹은 상품간 호환성을 일치시켜주거나, 다른 상품들과 범용성이 있도록 접속가능하게 하여, 망외부성을 극대화하기도 한다.

마지막으로 경쟁자를 수용하여 네트워크를 확장하려는 전략을 사용할 수 있다. 이러한 전략은 기업간 협조를 도모하는 것으로 기업간 경쟁전략에서도 중요한 요소가 될 수 있다. <그림 1.7>의 왼편 그림은 한계비용이 0일 때 기업이 자신의 네트워크를 독점적으로 운영하여 전통적인 독점이윤을 확보하는 경우를 나타낸다. 반면에 <그림

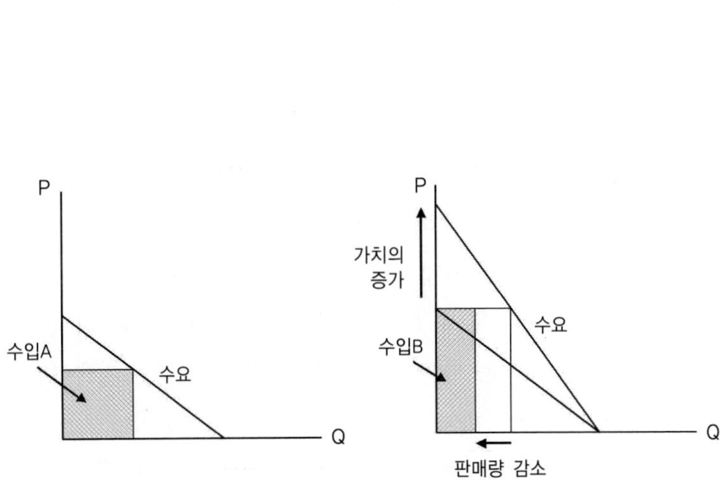

그림 1.7 경쟁자 수용을 통한 독점이윤의 비교

1.7>의 오른편 그림은 네트워크간 연결을 통해 두 기업이 망외부성을 극대화하는 경우 산업전체의 이윤과 전체이윤을 두 기업으로 나누었을 때 한 기업의 이윤을 나타내고 있다.

두 기업이 네트워크를 확장하면 망외부성으로 인하여 전체 수요가 증가하는데 오른편 그림에서 이것이 수요곡선의 이동으로 표시되어 있다. 이 두 그림에서 볼 수 있는 바와 같이 네트워크 상품을 생산하는 두 기업이 확장된 네트워크에서 얻은 산업전체이윤을 공동으로 나누었을 때, 이 개별기업의 이윤의 크기가 독점적으로 네트워크를 소유할 때 얻는 독점이윤의 크기를 능가할 수 있다. 만약 그런 상황이라면 기업은 당연히 네트워크간의 호환이나 결합을 시도하게 된다. 이때 기업들은 산업이윤의 크기와 경쟁에 따른 분배원칙에 의존하여, 이러한 전략을 상대 기업들과 경쟁하고 진입을 막기 위한 전략으로 활용할 것인지 아니면 공동적인 협조전략으로 활용할 것인지를 결정하게 된다. 즉, 경쟁효과(competitive effect)와 네트워크 효과(network effect) 간의 상대적인 효과의 크기에 따라 전략선택을 달리할 것이다. 이러한 네트워크간의 결합에 결정적인 영향을 미치는 요소가 호환성의 유지 및 접속가능성, 그리고 표준화의 설정 등이다.

네트워크 산업에서 경쟁하는 기업이 네트워크의 특성을 파악하여 선택할 수 있는 전략을 체계적으로 구분하여 살펴보기로 하자. 개별 기업의 입장에서 선택할 수 있는 경쟁전략은 크게 두 가지의 관점을 고려할 수 있다. 첫째는 자사 제품의 호환성을 결정하는 기술적인 문제이다. 호환이 불가능하다는 것은 자사 제품의 성능이나 기술적 우위를 이용하는 전략으로 해석할 수 있다. 둘째는 자사 제품에 대한 지식재산권이나 특허 등 배타적 사용권을 경쟁회사에게 개방할 것인가 아니면 폐쇄할 것인가를 결정하는 법적인 문제이다. 다음의 <표 1.2>는 호환과 성능, 그리고 개방과 폐쇄 전략에 따른 네 가지 경쟁전략을 나타내고 있다.

먼저, 개방된 전환전략은 전체적 네트워크의 확장을 위한 협조전략으로 해석할 수 있다. 이 경우는 소비자에게 있어서나 경쟁기업에게 있어서나 모두 바람직한 상황이 연출된다. 즉, 아무 기업도 신제품에 대한 독점권이 없어서 여러 기업들이 경쟁적으로 제품을 공급하는 한편, 각 제품들 간에 일정한 표준에 따라 호환이 가능하기 때문에 소비자에게는 교체비용이 거의 들지 않게 되기 때문이다. 이러한 전략의 사례는 여러 세대를 거쳐서 발전해 온 모뎀(modem)이나 팩스(fax)전화기, 그리고 TV 등을 들 수 있다. 이와 같은 개방된 전환

표 1.2 네트워크 시장에서의 기업 전략

	개방(Openness)	폐쇄(Control)
호환(Compatibility)	개방된 전환 (Open Migration)	통제된 전환 (Controlled Migration)
성능(Performance)	불연속 (Discontinuity)	기술우위에 의한 승부 (Performance Play)

전략에서는 수요에 의한 망외부성의 효과를 모든 기업이 공유하기 때문에 경쟁우위는 비용 측면에 의해 전적으로 결정된다. 따라서, 기업의 경영효율성, 규모의 경제, 비용절감을 위한 기술혁신 등 주로 제조능력에 기반을 두고 있는 기업이 구사하기에 적합한 전략이다. 휴렛패커드의 경우 뛰어난 공학기술과 제조능력을 바탕으로 개방된 전환전략을 구사하는 대표적인 기업으로 볼 수 있다.

반면, 기술우위에 의한 승부전략은 네 가지의 전략 가운데에서 가장 대담하고 위험한 전략으로 평가할 수 있다. 이 전략은 기존 제품과 전혀 호환이 되지 않는 새로운 차원의 기술을 지닌 제품을 출시하려는 기업이 자사의 제품에 대해 강한 지식재산권이나 독점권을 보유하고 있는 상황에서 나타난다. 이러한 전략은 기존 제품에 의해 발생하는 네트워크 효과를 무시하고 오로지 자사 제품에 의해 발생하는 네트워크의 효과를 최대한 확보하고 유지하기 위해 치열하게 경쟁하려는 전략으로 해석할 수 있다. 따라서, 대체로 기존 제품에 비해 월등히 우수한 획기적인 신기술을 개발한 기업에게 적합한 전략이다. 또한, 기존 제품과의 호환성이나 기존 고객에 대한 고려를 하지 않아도 되기 때문에 기존 사업자보다는 신규로 시장에 진입하는 기업이 구사하기에 적합한 전략이다. 대표적인 예로 1980년대 중반 닌텐도(Nintendo)가 구사한 닌텐도 오락시스템 판매 전략이나 아이오메가(Iomega)가 Zip드라이브 판매를 하는 데 있어서 사용한 마케팅 전략이 이에 해당된다.

한편, 통제된 전환전략이나 불연속 전략은 경쟁제품과의 경쟁과 협조를 적절히 혼합하고 있는 전략으로 이해할 수 있다. 먼저, 통제된 전환전략에서는 네트워크 제품을 이용하는 소비자가 기존 제품과 호환이 가능하면서도 성능은 다소 개선된 신제품을 사용할 수 있다.

그러나, 기존 제품과 신제품에 대한 특허는 특정회사에게 주어져 있어서 독점적인 네트워크 시장이 형성되어 있는 상황이 된다. 따라서, 이 전략은 특정 네트워크 시장에서 상당히 안정적인 시장을 독점적으로 점유하고 있는 기업이 보다 개선된 신제품을 고객들에게 판매하고자 할 때 전형적으로 사용될 수 있다. 대표적인 예로서 MS사의 Windows와 Intel사의 펜티엄 칩 즉, Wintel 시스템을 들 수 있다. 또한 흔히 볼 수 있는 대부분의 소프트웨어 업그레이드도 이러한 전략의 범주에 들어갈 수 있다.

마지막으로, 불연속 전략은 기존기술과는 호환이 불가능하지만 기술에 대한 접근이 개방되어 있어서 새로운 신규 제품이 다수의 공급자에 의해 동시에 출시되는 상황에서 사용된다. 대표적인 예로는 CD 오디오 시스템이나 3.5인치 플로피 디스켓을 들 수 있다. 이와 같은 불연속 전략은 개방된 전환전략처럼 생산기술에 있어서 효율적인 제조업체에게 유리한 전략이며, 아울러 네트워크 제품의 수요 측면에서 발생하는 망외부성을 적절히 관리해야 한다는 점에서 높은 부가가치를 제공할 수 있는 서비스업체에게 유리한 전략이다.

제2장 네트워크의 표준화

망외부성의 크기는 네트워크 상품간의 호환성 정도와 접속수준에 의해 결정되고, 네트워크의 호환성 정도는 두 네트워크간 표준화 전략이나 어댑터에 대한 기술의 발전정도에 의존한다. 예를 들어, 기업별로 제품의 크기나 기술적 표준이 달라 소비자가 한 가지 제품을 선택하는 데에 어려움이 발생할 수 있다. 따라서, 표준화는 제품과 서비스의 품질과 생산성 및 소비의 효율성을 증진시켜 시장거래의 활성화화 제품 생산의 공정화를 도모할 수 있다. 또한, 기업들은 네트워크 시장에서 거래되는 상품에 대한 표준을 확대하기 위하여 다양한 기술적, 제도적 표준화 전략을 활발히 모색하고 있다. 이러한 점에서 표준화에 대한 소비자의 선택 및 기업들의 표준화 경쟁전략과 표준화 전쟁에 대해 살펴볼 필요가 있다. 즉, 표준화가 어떠한 경로로 결정되는지, 그리고 표준화를 획득하기 위한 경쟁과 협조의 전략은 어떠한 것이 있는지 등을 알아볼 필요가 있다. 표준의 불일치가 있는 경우 네트워크 상품간에 원활한 시장거래가 이루어지도록 조정하는 방안을 살펴볼 필요가 있다. 이번 장에서는 네트워크 표준화의 시장선택과정을 살펴보고, 표준화의 설정에 있어서 기업간 협조 및 경쟁전략에 대한 게임상황을 논의하기로 한다.

2.1 표준화의 경제적 의의

우리가 일상에서 사용하는 언어에서부터 자동차, 컴퓨터, 인터넷, 그리고 스마트폰 등에 이르기까지 네트워크로 연결되어 있는 요소들에 있어서 표준화는 중요하다.[13] 표준화를 통해 상품간 호환이 가능해짐에 따라 서로 다른 이질적 상품에 대한 소비자의 거부감이나 불확실성이 제거되고 동일한 네트워크를 형성하여 동질성을 확보할 수 있다. 따라서, 표준화는 소비자의 망외부성을 확대시키고, 동일 표준을 지닌 새로운 상품에 대한 이전을 쉽도록 유도함으로써 기존 상품에 대한 소비자의 잠금현상을 줄이는 이점이 있다.

예로, 대중교통인 버스와 지하철간의 표준을 생각해 볼 수 있다. 버스카드는 지하철에서도 사용이 가능해져서 버스와 지하철간의 호환성이 커졌지만, 광주의 교통카드는 서울에서 무용지물이라서 사용에 불편함이 많다. 또한, 서울 지하철과 국철간에 서로 다른 전류방식을 사용하기 때문에 동일한 전철을 타고 있어도 서울역에서 용산으로 넘어오는 남태령 고개에서 객실 전등이 잠시 꺼지는 불편함이 발생하고 또한 전동차마다 교류를 직류로 바꿔주는 장치가 필요하다.

인터넷의 웹에 있어서도 마찬가지로 국제적 표준화가 중요하다. 예로, 한국이나 중국처럼 자국만의 문자를 쓰고 서구 국가들과 다른 인터넷 정책과 독특한 기술을 사용하는 국가들은 국제적 표준과 거리가 있다. 중국은 검열 규제를 따르지 않는다며 구글 검색 서비스를 차단했고, 한국은 한국에서만 쓰는 공인인증서제도 같은 독특한 전

13 역사적으로 중국 진시황이 바퀴, 도량형, 무기 등을 표준화하여 국부를 증진시킨 예가 대표적이다. 또한 우리나라 임진왜란이나 미국의 남북전쟁 당시 소총의 사용을 표준화하여 전쟁에서 승리할 수 있었다.

자금융거래 방식을 쓴다. 이러한 'NIH(여기서 만든 게 아니다: Not Invented Here) 신드롬'은 표준화의 장애가 되어 세계적인 네트워크의 망외부성을 제약하게 된다.

그러나, 표준화는 소비자들이 선택할 수 있는 제품의 종류와 다양성을 축소시키는 효과를 가져올 수 있다. 또한, 일단 표준이 정착되면 소비자들은 정해진 표준에 익숙해지고 고착됨에 따라 새로운 표준에 대해 소비자의 잠금효과가 발생한다. 즉, 한번 시장의 표준이 설정되고 나면 그 이후의 모든 혁신은 기존의 성립된 표준을 기초로 확장되는 경로의존성으로 인하여 다른 표준을 위한 새로운 기술혁신의 유인이 줄어들 수 있다. 더구나 표준이 특정기업에 의해 독점된 경우에는 독과점의 폐해도 심각할 수 있다.

이러한 점에서 네트워크 상품을 생산하는 기업에게 있어서 호환성을 유지하기 위한 표준화는 생존에 있어서 중요한 전략이 된다. 동일 표준을 지닌 상품에 대해서는 시장진입의 장벽이 낮기 때문에 산업계의 표준을 확보하려는 유인이 그만큼 강해진다. 더군다나 자사의 제품이 시장의 표준으로 확립되는 경우 새로운 진입기업에 대한 진입장벽이 두터워져 독과점적 이윤을 향유할 수 있다는 점이 크게 작용한다. 따라서, 현실적으로 우리는 새로운 표준을 확정하려는 기업과 기존 표준을 고수하려는 기업간의 표준화 전쟁을 자주 관찰할 수 있다.

한편 동일한 표준을 사용하려는 기업들 사이에서는 공동개발투자나 협약 등을 흔히 발견할 수 있다. 이 과정에서 독자적인 기술개발을 통해 자신의 것으로 표준화를 이룰 때 얻게 되는 표준의 이익은 상실된다. 그러나, 표준을 설정하게 되면 시장의 크기가 확대되어 공동의 이익을 창출할 수 있는 기회를 확보하게 된다. 물론 이러한 경우 시장내 가격경쟁이 치열하게 되고 네트워크 요소간 경쟁이 격렬해 질 것으로 예측할 수 있다.

2.2 소비자의 표준 선택

소비자가 네트워크 상품을 통해서 얻는 편익은 서로 다른 두 가지 가치의 합에 의해 발생한다고 가정한다. 즉, 소비자의 편익은 상품 자체에서 발생하는 자체 편익과 네트워크를 통해 동질성을 확보할 수 있는 네트워크 편익으로 구분할 수 있다. <그림 2.1>에서 보는 바와 같이 자체 편익은 그 상품의 시장점유율에 관계없이 일정한 반면, 네트워크 편익은 그 상품의 시장점유율에 비례하여 증가하는 관계를 가지고 있다. 따라서, 소비자가 누리는 총편익은 이들 두 편익의 합으로 나타낼 수 있다.

다음으로, 네트워크 상품을 공급하는 기업의 상품공급곡선을 살펴보기로 하자. 기업의 네트워크 상품의 생산비용은 <그림 2.2>에서처럼 P_1의 수평선으로 일정하다고 가정한다. 이때, 상품의 가격은

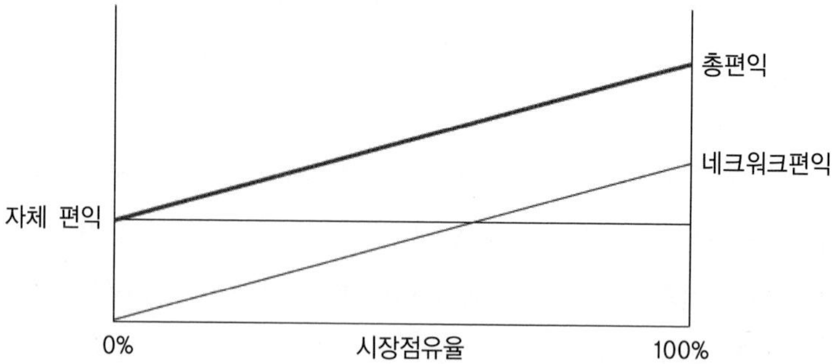

그림 2.1 네트워크 상품과 소비자의 편익

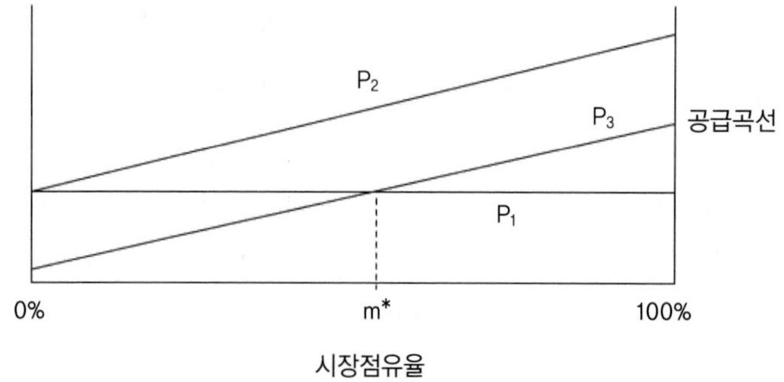

그림 2.2 네트워크 상품의 공급곡선

이 기업이 처한 시장구조와 경쟁전략에 의해 달라진다. 단순하게 완전경쟁시장을 가정하면 상품의 가격은 상품의 한계비용과 같아 일정하게 나타난다. <그림 2.2>에서 P_1이 그것이다.

그러나, 불완전경쟁시장을 가정하면 상품의 가격은 상품 생산비용에 비해 약간의 가격-비용간의 마진을 갖게 된다. 특히, 그 상품의 시장점유율이 증가할수록 소비자의 네트워크 효과가 커져서 소비자의 추가적인 가입률이 증가한다면 혹은 수요의 탄력도가 비탄력적이 된다면 상품의 가격은 한계비용보다 조금 높은 값에서 시작하여 시장점유율이 증가할수록 가격-비용의 간격이 커질 것으로 예측된다. <그림 2.2>에서 P_2은 이를 나타낸다. 마지막으로, 기업의 입장에서 시장점유율이 커질수록 가격-비용간의 마진이 커질 것으로 예측된다면, 이 시장으로의 초기진입을 용이하게 하기 위해 도입가격전략을 사용할 수 있다. 도입가격전략이란 초기에 가격을 한계비용이하로 저렴하게 공급하여 일정한 수요자를 확보한 후, 가입자가 임계치를 넘어서는 순간부터 적정한 마진을 부과하여 수익화하는 전략을 의미한다. 이 경우 <그림 2.2>의 P_3에서 보여주듯이 일정한 임계치 m^*를 기준으로 m^* 이하에서는 한계비용보다 낮은 가격에서 그리고 m^* 이상에서는 한계비용보다 높은 가격에서 가격을 설정하게 된다.

이하에서는 분석의 단순성을 위해 완전경쟁시장을 가정하여 진행하기로 한다. 주어진 가격수준에서 각 소비자의 소비자 잉여를 <그림 2.3>에서처럼 나타낼 수 있다. 즉, 소비자 잉여는 <그림 2.1>의 소비자의 총 편익에서 상품의 가격을 뺀 것으로 정의한다. 완전경쟁시장에서는 상품의 가격이 한계비용과 동일하게 일정하기 때문에 소비자 잉여는 총 편익의 기울기를 유지하며 그릴 수 있다.

이제, 소비자에 의한 표준의 선택과정을 살펴보기 위해 두 개의 네트워크 상품 A와 B가 공급되는 상황을 가정하자. 이 경우 <그림 2.4>에서 보는 바와 같이 상품 A의 시장점유율 m_A과 상품 B의 시장점유율 m_B는 서로 반대방향으로 나타낼 수 있다. 이때, $m_A + m_B = 1$. 이제, 소비자가 상품 A를 선택하는 경우의 소비자 잉여와 상품 B를

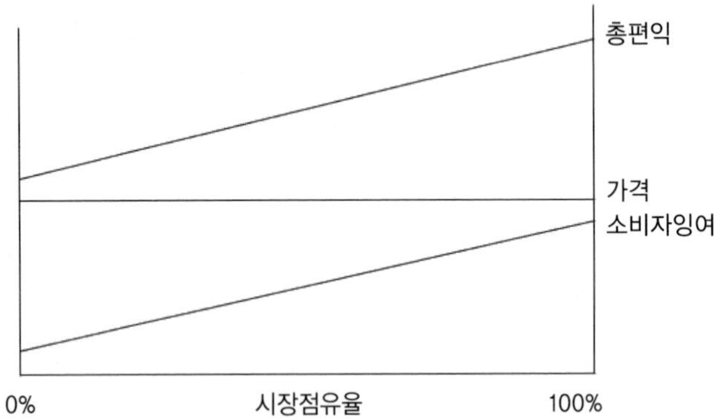

그림 2.3 네트워크 상품과 소비자 잉여

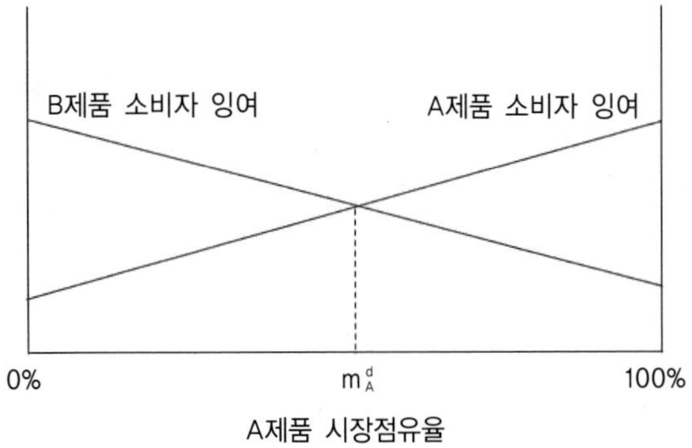

그림 2.4 두 제품과 소비자 잉여

선택했을 때의 소비자 편익을 그릴 수 있다. 따라서, 소비자는 그 상품의 시장점유율에 따라 상품 A 혹은 상품 B를 선택하게 된다. 즉, m_A^d를 기준으로 상품 A의 시장점유율이 m_A^d 이하라면 상품 B를 선택하고, 반대로 상품 A의 시장점유율이 m_A^d 이상이라면 상품 A를 선택하게 된다.

여기서 <그림 2.3>에서 분석한 소비자 잉여에 대해 다시 생각해 보자. 완전경쟁시장에서는 상품의 가격곡선은 바로 기업의 한계생산비용을 나타내기 때문에 모든 기업의 이윤은 0이 되고, 따라서 사회후생은 소비자 잉여와 동일하다. 즉, <그림 2.4>에서 모든 소비자는 상품의 선정에 있어서 m_A^d를 기준으로 결정하고, 이에 따라 표준화 선정에 대한 시장균형이 이루어진다. 따라서, 사회 후생을 극대화하는 상품의 선정기준은 역시 동일하게 m_A^d가 될 수 있다.[14]

---

14 이 경우 m_A^d에서 소비자의 선택이 결정되더라도 안정적인 균형점은 <그림 2.5>에서처럼 A와 B에서 두 개 존재하기 때문에 소비자의 선택이 사회후생을 극대화한다고 할 수 없다(이 점은 제6장의 2.2에서 분석한 바 있

그러나, 이러한 결과는 시장의 경쟁형태에 의존한다. 만약 앞에서처럼 불완전한 경쟁을 가정한다면 사회 후생은 소비자 잉여와 기업이윤의 합으로 정의할 수 있다. 따라서 소비자가 소비자 잉여를 최대화하도록 상품을 선정하는 기준은 사회 후생을 최대화하도록 선정하는 기준과 다를 수 있다. 이러한 경우는 <그림 2.5>와 <그림 2.6>에 각각 나타나 있다. 구체적으로, 이들 그림에서 사회 후생은 <그림 2.1>의 소비자의 총 편익에서 <그림 2.2>의 기업의 비용함수를 뺀 것이고, 소비자 잉여는 앞의 <그림 2.3>과 유사하게 소비자의 총 편익에서 상품의 가격을 뺀 것이다.

<그림 2.5>에서는 두 상품의 사회 후생의 크기가 동일하게 되는 시장점유율의 크기인 m_A^s가 m_A^d보다 작은 쪽에 위치해 있는 반면,

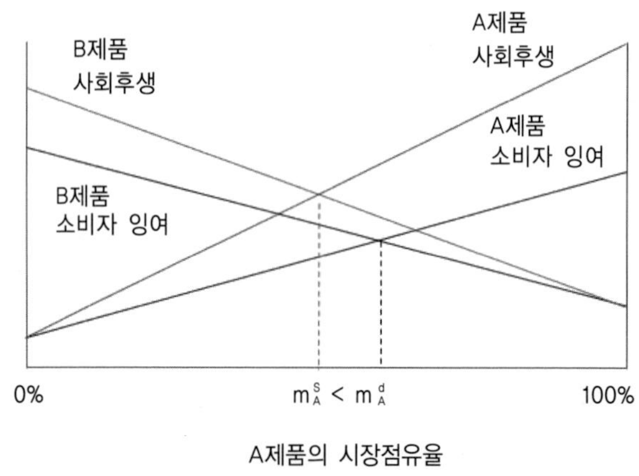

그림 2.5 상품 B에 대한 초과타성현상

다.) 따라서, 소비자 선택기준에 대한 논의는 사회후생 최대화를 달성하기 위한 필요조건이지 충분조건은 아니다.

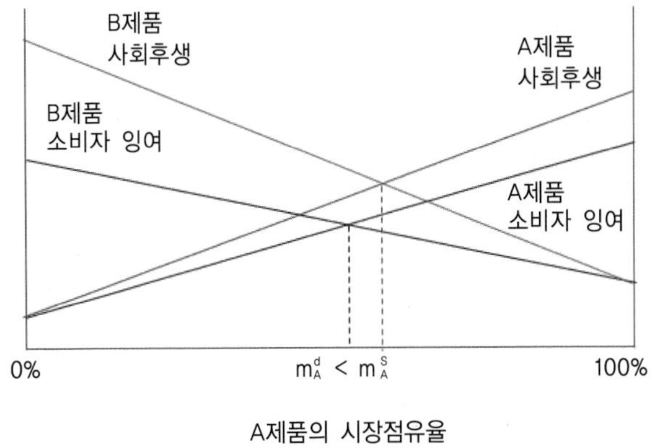

그림 2.6 상품 A에 대한 초과타성현상

<그림 2.6>에서는 m_A^s가 m_A^d보다 큰 쪽에 위치해 있다. 두 경우 모두 소비자의 선택 기준과 사회적인 측면에서 협조적으로 선정했을 때 바람직한 선정 기준간의 차이가 날 수 있음을 보여준다. 즉, <그림 2.5>는 m_A^s을 기준으로 상품의 선택이 이루어져야 사회적으로 바람직함에도 불구하고 이 점에서는 상품 B가 선택됨에 따라 상품 A가 선택되지 못한다. 따라서, 상품 A가 신상품이라면 소비자들은 상품 B에 대해 사회적으로 초과관성 현상을 보이며, 상품 B가 신상품이라면 소비자들은 상품 B에 대해 사회적으로 초과타성 현상을 나타내고 있다. 반대로 <그림 2.6>은 m_A^s을 기준으로 상품의 선택이 이루어져야 사회적으로 바람직함에도 불구하고 이 점에서는 상품 A가 선택됨에 따라 상품 B가 선택되지 못한다. 따라서, 상품 A가 신상품이라면 소비자들은 상품 A에 대해 사회적으로 초과타성 현상을 나타내며, 상품 B가 신상품이라면 소비자들은 상품 A에 대해 사회적으로 초과관성 현상을 나타낸다.

2.3 시장에서의 표준 선택

시장에서 일정한 표준이 선정되는 것은 소비자들 집단선택의 결과물이므로 소비자의 다양한 기호가 반영되어 시장의 표준이 집합적으로 결정된다. 따라서, 소비자 기호에 대한 분포가 어떻게 이루어졌는가에 따라 시장균형에서의 표준선택이 달라진다. 즉, 구체적으로 말하면 m_A^d 점에 대한 소비자의 분포에 따라 시장균형이 결정된다.

먼저, 소비자의 기호가 동일하여 모두 똑같은 m_A^d 점을 지니고 있다고 하자. 이 경우 상품 A에 대한 시장의 선택은 현시점에서 상품 A의 시장점유율에 의존한다. 즉, <그림 2.7>에서처럼 현시점의 시장점유율이 m_A^d 점 이상이라면 새로운 신규사용자는 모두 상품 A를 구입할 것이며, 그렇지 않은 경우에는 모두 상품 A를 구입하지 않게 된다. 이러한 소비자 선택은 <그림 2.7>에서 실선으로 나타나 있다. 따라서, 시장의 균형은 A, B, C의 세 점으로 나타난다. 이때,

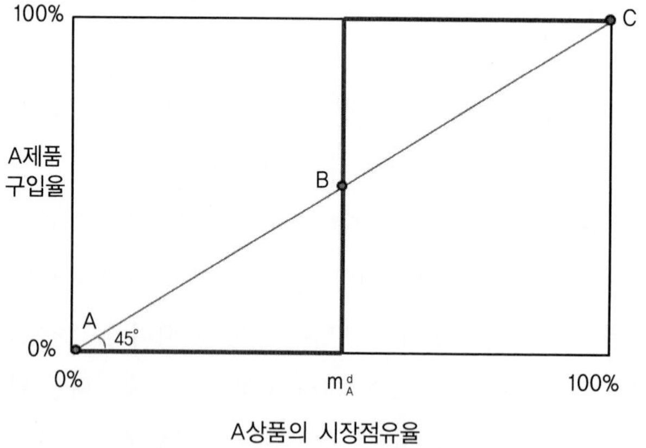

그림 2.7 시장의 표준 선택: 동일한 선호

균형점 A와 C는 모두 안정적인 균형점인데 반해 균형 B는 불안정한 균형점이다. 즉, 균형 B점에서는 두 상품간의 분리균형이 발생하지만 약간의 변동으로 상품의 시장점유율이 변화한다면 쉽게 이탈하게 된다. 또한, 균형점 A는 모든 소비자가 상품 A를 구입하지 않는 균형이고 균형점 B는 모든 소비자가 상품 A를 구입하는 균형으로 둘 다 안정적인 통합균형을 의미한다.[15] 따라서, 망외부성이 작용하는 네트워크 상품의 경우 어느 한쪽 시장으로 표준이 정착되는 시장석권(tippy market)의 결과 혹은 승자승의 결과(winner-take-all result)가 유도된다.

다음으로 m_A^d에 대한 분포가 <그림 2.8>의 점선처럼 0%와 100% 사이에서 균일분포를 띄고 있다고 가정하자. 이 경우 시장균형은 <그림 2.9>에서 45°선과 동일하게 그려진다. 따라서, 소비자의 분

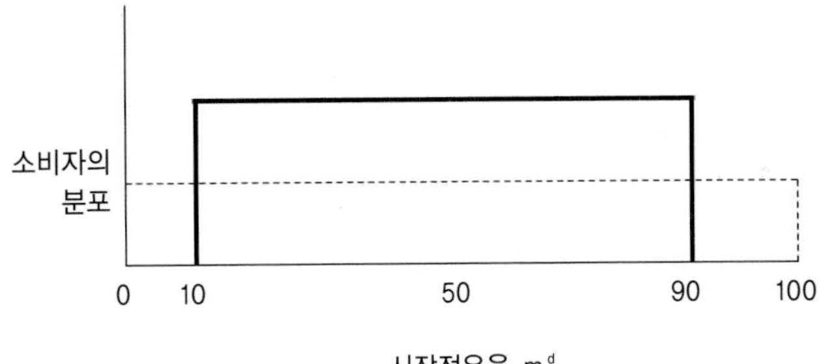

그림 2.8 소비자의 분포: 균일분포

15 이와 같은 결과는 1장에서 분석한 바와 같이, 두 개의 네트워크가 동질적 서비스를 제공하는 경우 XY 분리균형이 불안정하지만, X로의 통합균형이나 Y로의 통합균형은 안정적이라는 결과를 그림으로 그대로 나타낸 것이다.

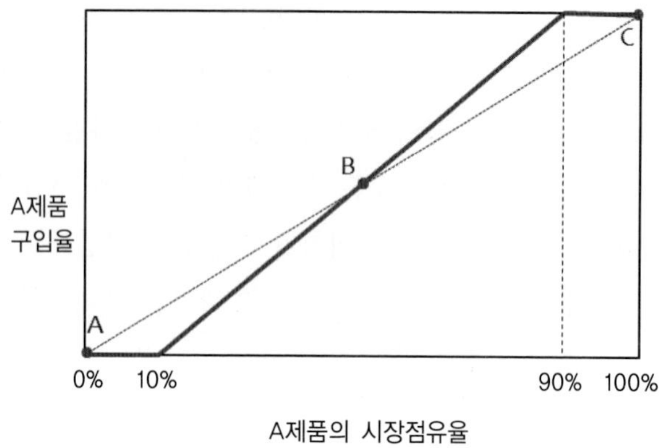

그림 2.9 시장의 표준 선택: 균일분포

포가 모든 시장점유율 구간에 대해 균등하게 분포되어 있다면 모든 상품이 일정한 시장점유율을 적절히 분배하는 안정적인 균형이 존재한다.

한편, <그림 2.8>의 실선처럼 m_A^d에 대한 분포가 10%와 90%사이에서 균일분포를 띄고 있는 경우를 가정할 수 있다. 즉, 소비자의 분포가 일정하게 균등하지만 시장점유율이 10%미만이거나 혹은 90%이상으로 극단에 처할 경우에는 특정 상품을 모두 구입하게 되는 경우를 생각해 볼 수 있다. 이 경우 소비자의 선택은 <그림 2.9>의 실선으로 나타나며, 이때의 균형은 역시 A, B, C의 세 점이다. A점과 C점은 앞과 동일하게 안정적인 시장석권의 통합균형을 나타내고, B점도 앞과 동일하게 특정 상품이 일정한 시장점유율을 유지하게 되는 분리균형이나 불안정하다.

마지막으로 소비자의 기호의 분포가 아주 특이한 경우를 상정해보자. 즉, m_A^d에 대한 분포가 <그림 2.10>의 실선처럼 띄고 있다고 가

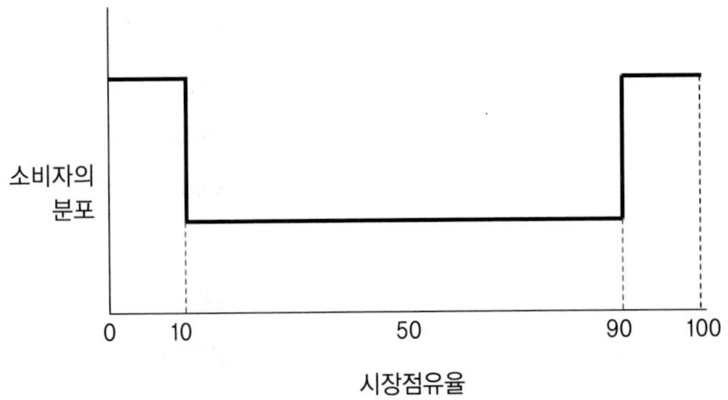

그림 2.10 소비자의 분포: 비균일분포

정하자. 이 경우는 특정 상품에 대해 강한 집착을 보이는 소비자 그룹이 형성되어 있을 때로 비균일분포를 나타낸다. 즉, 상품의 네트워크 편익보다는 자체 편익을 중요하게 생각하는 일단의 소비자가 존재하고 있는 경우이다.

이 경우 소비자의 선택은 <그림 2.11>의 실선으로 나타나며, 이 때의 균형은 A, B, C의 세 점이다. 이 때 A점과 C점은 앞의 분석과 동일하게 안정적인 시장석권의 통합균형을 나타내지만, B점은 앞의 분석과 다르게 특정 상품이 일정한 시장점유율을 유지하게 되는 분리균형으로 안정적이다. 즉, 네트워크의 편익이 전체 소비자의 기호에 모두 반영되지 않는 소비자가 존재한다면 시장균형에서는 분리균형이 안정적으로 나타날 수 있다. 그러나, 네트워크의 효과가 아주 크다면 B점은 점점 A점이나 C점으로 수렴하여 승자승의 법칙이 유효하게 될 것이다.

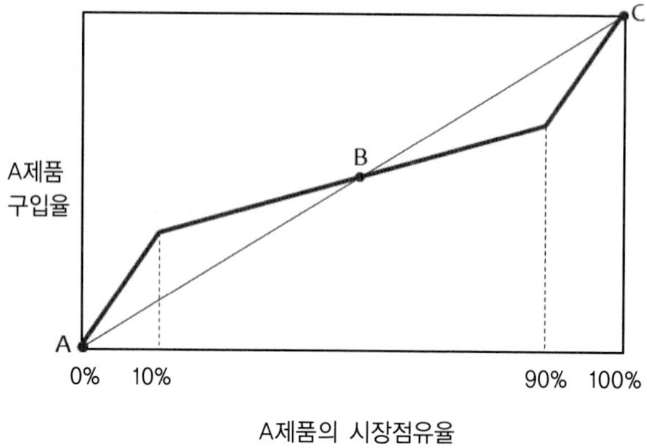

그림 2.11 시장의 표준 선택: 비균일분포

2.4 기업간 표준화 전략

2.4.1 표준화의 달성경로

표준화의 달성과정은 크게 세 가지의 경로로 구분할 수 있다. 첫째는 일련의 협상과정을 통해 명시적인 표준협약이 체결되어 공표되는 공식적인 표준화 협약(formal standard setting)의 경우이다. 국제표준화기구(ISO)를 통한 공식적인 표준화 제정이 대표적인 예이다. ISO를 통한 표준제정은 특허나 기술보다 국제적 경쟁에 더 중요하다는 사실 때문에 현재 선진 각국들은 표준의 선점을 위해 노력하고 있다. 예를 들어 미국, 일본, 유럽연합 등은 현재 ISO 산하 759개 기술위원회의 대부분에 가입해 결정권한을 가진 간사국으로 활동하고 있다.[16]

16 국제표준화기구인 ISO(International Organization for Standardization)는 1947년도에 설립된 비정부조직으로 전세계 140여 개국의 국가표준기관의 연합체이다. 상품 및 서비스의 국제간 교류를 원활하게 하고, 지식, 과학,

1980년대 초 유럽과 연합해 국제표준으로 채택된 마쓰시타의 VHS방식의 VCR이 소니의 베타방식을 압도한 사례나, 삼성전자가 세계 최초로 개발한 4mm 캠코더가 국제 표준에 실패해 사장된 것은 ISO의 중요성을 보여주는 대표적인 사례이다.

둘째는 지배적 수요자나 공급자에 의해 일방적으로 확정한 기술명세서가 광범위하게 받아들여져서 사실상의 표준으로 확립되는 경우이다. 그 대표적인 사례는 IBM사의 개인용 컴퓨터 개방전략을 들 수 있다. IBM사는 1981년 PC 시장에 진입할 때 BIOS를 제외한 모든 핵심부품을 외부에서 조달하는 사양 공개전략을 택했는데, 이후 수많은 IBM 호환 PC들이 생산됨으로써 IBM PC는 세계 PC시장의 사실상 표준으로 자리잡게 되었다. 이 경우 표준화 전쟁의 승리의 관건은 기술의 우위에 한정되지 않고 기술의 우위를 바탕으로 한 동맹세력의 규합, 그리고 시장확보에 대한 적극적인 공세전략에 놓여 있게 된다.

마지막으로는 시장에서 표준화 전쟁을 통한 경쟁과정의 결과로서 표준이 결정되는 경우이다. 이 경우는 개별 경제주체들의 독립적인 선택과정의 결과로 시장에 존재하는 많은 기술들 중에서 하나의 지배적인 양식이 출현하게 되는 적자생존식의 진화적인 표준화 과정을 겪게 된다. 특히, 기술의 변화속도가 빠르게 진행되는 시기에는 표준화 전쟁을 통한 시장의 선택이 표준 결정의 중요한 요인이 되기도 한다.

기술 및 경제활동분야의 협력발전이라는 관점에서 표준화 및 관련 활동을 증진시키기 위해 설립되었다. 2013년 12월 기준 ISO 기술위원회 총 743개 중 프랑스는 733개, 중국은 712개, 일본은 698개, 한국은 722개에 가입하고 있다.

최근 각국 정부나 사업자들은 기술변화가 빠른 시대적 특성에 비추어 표준 장악이 곧 성패의 열쇠가 된다고 믿고 있다. 이전과는 달리 제품을 생산하고 판매해서 얻는 수익보다 기술개발에 따른 로열티 수입이 더 크게 늘어나는 추세이기 때문이다. 이에 따라 전 세계적인 표준화 경쟁의 양상은 급박하게 전개되고 있다. 특히, 최근의 표준화 전쟁은 국제공인기관이 인정하는 공적인 표준(*de jure* standard)의 의미가 줄어들고, 대신 시장의 사실상의 표준(*de facto* standard)이 중요해지고 있다. 대부분의 기술표준이 시장장악력에 따라 자연스럽게 결정되는 방식에 의존하고 있기 때문이다.

2.4.2 표준화 선택의 조정게임

시장선택에 따른 표준화의 조정문제에 대해 구체적으로 살펴보기 위해 게임상황을 살펴보기로 하자. 시장에 두 개의 기업이 있고 이들의 표준화에 따른 비용이 기업간 차이가 있을 때, 기업들은 다음과 같은 표준화 선택의 조정문제에 직면하게 된다. 즉, 2인 2전략 정규형 게임에서 기업 1은 표준 A를, 기업 2는 표준 B를 선호하고 있다면 이들이 표준화 조정을 통해 얻는 이윤은 <표 2.1>과 같다.

여기서 이윤의 크기를 비교하는 데 있어서, 자신에게 유리한 표준이 선택되었을 때 더 큰 이윤이 보장된다고 가정하면 $a > g$와 $b <$

표 2.1 표준화 선택 게임

기업 1 \ 기업 2	표준 A	표준 B
표준 A	a, b	c, d
표준 B	e, f	g, h

h가 된다. 반면, 표준이 선택되는 경우가 표준화되지 않았을 때보다 더 높은 이윤을 보장한다고 가정하면, $e, c < g$ 그리고 $d, f < b$가 성립한다. 결국, $a > g > e, c$가 성립하고 아울러 $h > b > d, f$가 성립한다.

두 기업의 표준화 선택은 동일한 표준을 모두 선택하는 (A, A) 조합 혹은 (B, B) 조합이 균형이 된다. 이러한 균형의 예는 산업전체의 표준을 설정한 ATM사례나 수많은 전기제품(비디오, 오디오, 컴퓨터 부품 등)의 사례를 통해 확인할 수 있다. 그러나, 기업 1의 입장에서는 표준 A가 산업전체의 표준이 되는 것을 선호하고 기업 2는 표준 B가 산업전체의 표준이 되는 것을 원하기 때문에 표준화 선정에 있어서 상대방을 설득하려는 전략적 행위가 예상된다.

이러한 현상은 게임이론에서 성대결 게임(battle of sexes game)으로 묘사된다. 예를 들어, 서로 좋아하는 남자와 여자가 약속 시간을 정하여 데이트를 하기로 한 경우를 상정할 수 있다. 남자는 야구장에서 만나기를 바라고 여자는 미술관에서 만나기를 바라지만 사전에 약속 장소를 정하지 않았다고 하자. 서로 다른 장소에서 기다리다가 만나지 못하는 것보다는 자신의 선호와는 다르더라도 어떤 장소이든지 만나기만 한다면 이들은 둘 다 좋기 때문에 서로간에 조정이 필요한 이해관계의 공통성이 존재한다. 이때, 직관적으로 이들이 만날 가능성이 가장 높은 장소가 초점(focal)이 될 수 있다.[17] 예를 들어, 영화 시애틀의 잠 못 이루는 밤(Sleepless in Seattle)에서 남녀 주인공이 뉴욕의 Empire State Building에서 만나게 되는 장면은 서로간에 이해관

17 게임이론에서 초점은 Schelling(1960)에 의해 제시된 정성적 개념으로 Nash(1953)가 제시한 균형에 근거한 수리적 개념에 대응하여 직관적인 관점에서 Nash 균형을 정제화한 개념이다.

계가 교통되는 "이심전심" 현상이 실현된 것이다.

한편, 가정을 바꾸어 표준이 정착되는 것보다는 표준화되지 않고 서로 차별화함으로써 더 높은 이윤이 보장된다면, e > a와 c > g, 그리고 d > b와 f > h가 성립한다. 이 경우 두 기업은 서로 다른 표준을 선택하는 (A, B) 조합이나 (B, A) 조합이 균형이 된다. 이러한 균형의 예는 개인용 컴퓨터 시장에서 IBM사의 호환기종과 애플사의 매킨토시간에 벌였던 게임이나 자동차 시장의 차별화된 브랜드가 존재하는 사례를 통해 알 수 있다. 이 경우 차별화 전략을 극대화하여 상대방보다 우월한 위치를 점하려는 전략적 행위가 예상된다.

이러한 현상은 게임이론에서 겁쟁이 게임(chicken game)으로 설명된다. 미국의 1950년대 뮤지컬인 "Westside Story"에 보면 두 그룹의 십대들간에 누가 담력이 더 큰 지를 겨루는 상황을 묘사하고 있다. 각 그룹의 대표가 각자의 차를 몰고 직선거리의 양쪽 끝에서 전속력으로 마주보고 달려오는데, 둘 중에 충돌을 피하기 위해서 먼저 자동차 핸들을 트는 사람은 겁쟁이(chicken)로 낙인찍히는 반면 계속 직진한 사람은 영웅대접을 받는다. 이 경우 서로 상반되는 결과가 균형으로 발생하기 때문에 좀 더 유리한 입장을 고수하기 위해 상대방이 믿을 수 있는 공약을 함으로써 상대방에게 신빙성 있는 확신을 주는 것이 중요하다. 예를 들어, 자신의 자동차 핸들을 밧줄로 고정시키고 가속 페달 위에 무거운 돌을 얹어서 고정시키는 경우를 생각할 수 있다.

마지막으로, 균형이 존재하지 않는 상황을 가정해 볼 수도 있다. 즉, 기업 2가 일정한 표준을 정하려고 할 때 상대방 기업이 모방하여 동일한 표준을 따르려고 하는데, 이에 대해 기업 2가 다시 표준을 바꿔 차별화된 전략을 세우는 상황을 상정할 수 있다. 예를 들어 표에서 a > e와 d > b가 성립하고 g > c와 f > h가 성립한다고 가정하자. 기업 1은 기업 2가 표준 A를 선택한다고 예상하면 자신도 표준 A를 도입하고자 하나 기업 2가 이 사실을 알고 기업 1이 모방하려는 표준 A 대신 표준 B를 선택하고자 한다. 또한, 기업 2가 표준 B로 바꾸려고 한다는 사실을 기업 1이 안다면 다시 기업 1은 자신의 표준을 표준 A에서 표준 B로 바꾸어 기업 2와 동일한 표준을 유지하려고 하지만 기업 2가 또 다시 이 사실을 알아 기업 1이 모방하려는 표준 B 대신 다시 표준 A를 선택하고자 한다. 따라서, 이 경우는 불안정한 표준이 반복적으로 지속되면서 균형이 존재하지 않게 된다.

이러한 상황은 큰형(기업 2)은 혼자 놀고 싶은데 큰형과 놀고 싶어 졸졸 따라 다니는 동생(기업 1)과 비유되기 때문에 "성가신 동생(pesky little brother)" 현상으로 표현된다. 이러한 불안정한 표준에서는 기업 2는 지식재산권을 유지하기 위한 전략이나 다양한 업그레이드, 또는 기존 제품과의 차별을 통한 부분호환 등의 전략을 쓸 것이다.

2.4.3 표준화 전략의 분석

가. 동일 표준의 선택

첫 번째의 경우 a > g > e, c가 성립하고 아울러 h > b > d, f가 성립할 때, 두 기업의 표준화 선택은 동일한 표준을 모두 선택하는 (A, A) 조합 혹은 (B, B) 조합이 균형이다. 이러한 균형에서 자신이 선택하려는 표준체계가 산업의 표준으로 정착되도록 유도하기 위한 전략은 선제공격전략도 있으나 대개 기업간 설득이나 협상을 통해 추진하게 된다. 예를 들어 타사가 선호하는 기술력을 우선적으로 수용한다거나 타사의 구미를 당기는 다양한 거래조건을 제공할 수 있다. 특허에 대한 사용료를 낮춰주거나, 복합적인 표준을 개발하거나, 향후 공동 표준의 개발사업을 약속하거나, 적절한 정보공개를 허용하는 등의 방법을 취한다.

먼저, 상대방을 내 구역으로 끌어들이기 위해 공약의 사전이행이라는 선제공격의 전략을 구사할 수 있다. 예로, 경쟁사들과 협상을 진행하면서 동시에 공격적 마케팅으로 자기 고객을 확보하여 협상력을 높인다든지, 혹은 상대방 기술로 표준화가 될 경우에는 무용지물이 되어버릴 연구기술이나 생산설비에 미리 과감하게 투자를 한다든지 할 수 있다. 이 경우 공약의 이행과 신빙성의 문제가 관건이 된다.

반면에 상대방이 선호하는 표준의 사용을 동의하거나 혹은 반대로 상대방으로 하여금 내가 선호하는 표준을 사용하도록 유도하는 양보의 전략을 활용할 수 있다. 특허권이나 지식재산권을 각기 소유하고 있는 경우에는 쉽게 협상이 이루어지지 않을 가능성이 크며, 이 경우 특허 사용이 손쉽도록 유도하는 방법이 중요하다. 여러 경쟁기업에게 사용허가권을 저가에 제공하는 전략의 최대 장점은 소비자들 입장에서 동일 제품의 구매처가 여러 군데 생기기 때문에 특정 회사의 제품에 고착화될 가능성이 적어질 것이라는 확신을 준다는 점이다. 저가 라이센스 전략의 대표적인 사례로 인텔의 경우 자발적으로 AMD에 마이크로 프로세서의 디자인 사용특허를 제공한 일을 들 수 있다. 또, Unisys와 IBM간에 모뎀 압축표준에 관한 기술특허의 사용료를 줄여서 자사의 특허를 통해 네트워크를 공유할 수 있도록 장려한 사례를 들 수 있다. Unisys와 IBM은 모뎀 압축표준에 부합하는 기술특허권을 각각 나름대로 갖고 있었으나, 전세계 통신표준화기구인 CCITT가 과도한 로열티가 표준화에 저해가 될 수 있다는 의견을 내놓자 양사 모두 사용료를 대폭 하향 조정하였다. 따라서, 이 경우는 자발적인 전략이라기보다는 협의기구의 제안에 의해 강요당한 것으로 볼 수 있다.

또한, 기업간 표준화 선정을 용이하게 하기 위해 복합적인 표준을 제시하여 다양한 형태의 표준으로 단일화하는 전략을 사용할 수 있다. 복합표준은 여러 기술의 강점을 결합하여 우월한 제품을 만들어 낼 수 있는 장점이 있다. 또한, 한 기업에게 돌아갈 막대한 이윤과 경쟁우위를 여러 기업이 나눔으로써 개별 기업에 입장에서 위험회피와 아울러 협력을 쉽게 구할 수 있다는 장점이 이다. 예로, 최근의 유닉스 컴퓨터 제품공급자들인 IBM, HP, Sun Microsystems, Unix 시스템 연구소 등은 마이크로소프트사의 NT 서버에 대응하고자 동일한 표준을 개발하기로 합의한 바 있다. 또한, HDTV 개발에 있어서 모토롤라(Motorola)와 제니스(Zenith) 등 Grand Alliances는 FCC의 성능테스트에 대한 비용을 줄이고자 관련 기술을 연합하여 특허료를 분담하고 라이센스 수입을 나누기로 합의한 바 있다.[18]

HDTV 사례와 유사하게 공동개발을 위한 합작투자의 결성도 동일 표준의 선택을 위한 합리적인 전략이 될 수 있다. 가정용 비디오 시스템이 시장에 나왔을 때 일본의 소니사는 단독으로 베타방식을 개발하여 비디오 기기 시장의 독점을 꾀하였으나, JVC는 관련 제조업

---

18 HDTV 사례는 일본 MITI(정보통신부)가 NHK를 중심으로 하여 국가 주도적인 표준을 선정하였던 반면, 미국의 FCC는 산업계의 표준을 자체적으로 선정하여 개발하도록 유도했다는 점에서 두 국가간 산업정책간의 차이를 대별하는 사례로도 유명하다. 결과적으로 1979년 아날로그 방식을 채택하여 HDTV시장을 선점했던 일본의 산업정책보다는 1988년 디지털 방식으로 시장표준을 선정한 미국의 산업정책이 더 효과적인 것으로 판명되었다.

체들과의 연합을 통해 시장의 수익을 공동으로 분배할 수 있도록 유도함으로써 많은 제조업체들은 JVC에 의한 VHS 방식을 선호하게 되었다. 그 결과 비디오 기기 시스템은 VHS 방식이 석권하게 되었다. 이를 위해서 적절한 정보를 공개하고 관련기술에 대한 기술이전이 용이하도록 하는 것이 중요한 성공요소가 된다.

이외에 차세대 제품 개발을 자사가 직접 담당하지 않고 중립적인 기구에게 위임하는 방안도 중요한 양보전략이 된다. 이러한 경우 기회주의적인 상황이 제거됨으로써 표준이 개발된 이후에도 경쟁사들 간의 신뢰가 구축될 수 있다. 예로 유닉스 기반의 소프트웨어 개발을 담당시켰던 컨소시엄인 공개소프트웨어기구(Open Software Foundation)는 한 두 개 기업이 표준개발을 좌지우지하는 것을 사전에 차단하기 위한 전략의 산물이었다.

마지막으로 기술개발과 표준변경에 대한 정보를 경쟁 기업에게 시의적절하게 제공함으로써 경쟁사가 이러한 기술변화에 대처하도록 하여 상대방을 끌어들이는 양보전략도 고려할 수 있다.

나. 이종 표준의 선택

다음으로 e > a와 c > g, 그리고 d > b와 f > h가 성립하는 경우 두 기업은 서로 다른 표준을 선택하는 (A, B) 조합 혹은 (B, A) 조합이 균형이다. 이러한 균형에서는 차별화 전략을 극대화하여 상대방보다 우월한 위치를 점하려는 표준화 전쟁이 예상된다.

먼저, 기존의 구축된 네트워크에 대한 소비자의 관성을 기반으로 새로운 시장에서 표준을 미리 구축하려는 선점(preemption) 전략이 채택될 수 있다. 특정 기술이나 제품이 선점 우위를 갖은 다음에는 기술적으로 더 우월하거나 값이 저렴한 제품이 출현한다고 하더라도 시장판세를 뒤집기 어렵다. 따라서, 단시간 내에 누구나 관찰할 수 있도록 시장점유율을 높이는 것이 성공이 관건이 된다.

예컨대, 마이크로소프트사는 자사의 운영체계인 윈도우즈를 기반으로 응용프로그램 및 온라인 서비스 시장을 공략하고 있다. 인터넷 웹 브라우저에서 자사의 익스플로러(Explorer)를 넷스케이프(Netscape)사와 경쟁시키기 위해 윈도우즈 체계 내에 익스플로러를 장착시킴으로써 많은 윈도우즈 사용자들을 익스플로러의 사용자로 유도할 수 있었다. 또한, MSN의 온라인 서비스 가입자를 확보하기 위해 윈도우즈와의 호환기능을 강화시키고 있다. 한국에서는 다음(Daum)이 초기 한메일(Hanmail)이라는 이메일 가입자를 자사의 다른 서비스 상품으로 유인하기 위한 다양한 전략을 구사했었다. 이처럼 초기 주도권을 장악하려는 전략은 기존 제품에 대한 관성에 의해 발생하는 소비자의 교체비용을 최소화하도록 표준을 설정하게 한다.

망외부성을 확대하여 긍정적 피드백을 강화시키려는 기업들은 각자가 지배력을 갖고 있는 시장의 규모에 대해 소비자들이 낙관적인 기대를 갖도록 여러 가지 전략을 구사하게 된다. 그 중에서도 시장점유율이나 판매량에 대한 통계를 과도하게 부풀리는 경향이 있다. 신문사들이 대표적인 예로서 발행 부수와 구독률을 부풀리거나 열독률이라는 신개념을 도입해 소비자의 관심을 끌어들이려고 한다. 신문사는 주로 광고수입으로 영업이익을 내는데, 광고주들은 당연히 발행 부수가 많은 신문이나 소비자에게서 인기가 있는 신문을 선호할 것이다. 따라서, 발행 부수가 많은 신문에 더 많은 광고요청이 들어오고, 신문사는 광고의 수입으로 기사의 질을 높이고, 또 기사의 질이 좋은 신문은 더 많은 사람들을 구독하도록 함으로써 긍정적 피드백이 작용하게 된다.

초기 주도권을 장악하기 위해서 일반적으로 제품도입가격 혹은 시장침투가격(penetration pricing)을 구사한다. 제품도입가격이란 초기에 소비자들에게 매우 낮은 가격이나 공짜로 혹은 다른 제품을 끼워주면서까지 제품을 공급하여 임계치의 소비자를 단기간에 확보하려는 전략이다. 일단 임계치가 형성된 이후에는 굳이 가격을 저렴하게 책정하지 않더라도 망외부성과 긍정적 피드백으로 사용자들은 점차 모이게 된다. 1990년 초 Computer Associates사는 엄청난 수의 소프트웨어 CA Simply Tax와 CA Simply Money를 무료로 배포한 적이 있다. 또, 넷스케이프사는 인터넷 브라우저인 Navigator를 웹사이트에 올려놓고 무료로 내려받을 수 있도록 하였다.

다양한 응용상품이나 보완재를 개발함으로써 시장의 표준을 공고히 할 수도 있다. 예로 IBM은 초기 개인용 PC시장에 진입할 때 애플사와는 달리 개방체제를 지향하여 자사가 개발한 PC의 내용을 공개하고 어느 누구라도 IBM과 같은 기능을 하는 복제품을 만들 수 있도록 허용하였다. 이와 같은 개방전략으로 IBM은 PC시장에는 수없이 많은 IBM 호환기종이 나오도록 유도함으로써 PC시장을 석권할 수 있었다. 또, Wintel(윈도우즈+인텔) 시스템이 오래도록 컴퓨터 마이크로 프로세서 시장에서 독점력을 확보할 수 있었던 것은 윈도우즈 체제 내에 호환되는 다양한 소프트웨어가 공급되어 있었기 때문이다. 이로 인하여 모토롤라의 PowerPC 칩이나 Digital Equipment의 Alpha 칩이 마이크로 프로세서 시장에 진입하기 어려워졌다. 유사한 예를 컬러TV시장에서도 찾아볼 수 있다. 1940년대 미국의 CBS가 컬러TV 시장에 진입했으나 다양한 컬러TV 프로그램이 개발되어 있지 않아 실패하였다. 그러나, TV 수상기 제조업체인 RCA는 자사가 소유한 흑백TV에 대한 시장지배력을 기반으로 다양한 컬러TV 프로그램을 개발하여, 1950년대 RCA가 소유하고 있던 NBC를 통해 컬러TV시장을 석권하게 되었다.

표준화 전쟁의 또 다른 전략은 신상품 도입에 대한 예고를 통해 경쟁사의 시장 진입을 저지하고 자사의 소비자를 묶어둘 수 있다. 대표적으로 마이크로소프트사는 윈도우즈체계의 발전과정을 미리 공개함으로써 경쟁사의 네트워크 성장을 방해하기도 했다. 그런데, 이 전략은 자사의 상품의 성장을 방해할 수도 있다는 점을 주의할 필요가 있다. 즉, 자사 상품의 업그레이드가 예상된다면 소비자들은 구입을 머무르고 기다리게 되는 "오스본 효과(Osborne effect)"가 발생할 수 있기 때문이다. 따라서, 컴퓨터 하드웨어의 경우 신상품 예고제를 수행한다면 하드웨어 판매자들에게 불리하게 작용할 가능성이 많아 하드웨어 시장보다는 소프트웨어 시장에서 신상품 도입에 대한 예고제가 활성화될 것이다.

마지막으로, 적절한 시장 표준으로 성장하기 위해 제품도입가격 설정이외에 가격 공약을 통해 시장의 표준을 유지하기도 한다. 즉, 많은 소비자들로 하여금 특정 네트워크에 편입됨으로써 큰 편익을 얻으리라는 기대를 유도하기 위해서 장기간에 걸쳐 저가 판매를 공약하는 전략이 대표적이다. 예를 들어, 컬러TV의 경우 RCA는 NTSC 방식의 표준을 시장표준으로 주도하기 위해 현재 $1,000의 가격을 6개월 이내에 $500으로 낮추겠다고 공약하여 자사 상품의 확산에 대한 소비자의 기대효과를 유도하였다. 이러한 공표로 일부 소비자들은 가격이 하락할 때까지 더 기다리게 되는 부정적인 효과 즉, 오스본 효과도 있을 수 있다. 그러나, 컬러TV 프로그램이 거의 전무하던 시절에 잠재적 시청자와 방송국들이 컬러TV의 네트워크의 규모가 조만간 커질 것이라고 믿도록 유도했다는 점에서 긍정적인 효과가 있었다고 평가할 수 있다.

다. 표준의 불안정한 변화: 불균형

마지막으로 a > e와 d > b가 성립하고 g > c와 f > h가 성립하는 경우 불안정한 표준이 반복적으로 지속되면서 균형이 존재하지 않게 된다. 이러한 경우는 한 기업이 기술적 우위, 광범위한 고객의 확보, 강력한 브랜드의 명성 등을 가지고 있는 상황, 다시 말해 시장의 경쟁판도가 비대칭적인 상황에서 많이 관찰된다. 따라서, 지배적 선발기업인 기업 2는 후발기업인 기업 1을 따돌리려고 노력하는 반면, 후발 기업인 기업 1은 지배적 기업을 모방하거나 제품간 호환성을 유지하려고 노력하는 것이 일반적이다.

비대칭적 시장상황의 불안정한 표준에서는 자사의 지식재산권을 유지하기 위한 전략이 선발기업의 주요한 전략으로 등장하게 된다. 인텔은 마이크로 프로세서 기술에 있어서 "X86" 시리즈나 "Pentium" 시리즈에 대한 특허유지를 위해 강력한 특허의 보호전략을 사용하였다. 애플사도 자사의 운영체계에 대해 폐쇄체제를 주장함으로써 경쟁사가 다양한 응용프로그램을 개발하여 접근하는 것을 거부하였다.

이와 더불어 선발기업은 다양한 업그레이드 방식을 통해 타사 제품과의 차별화하고 호환-비호환 등의 전략을 사용한다. 이러한 전략은 사후시장(after-market)을 유지하기 위한 대표적인 전략이다. 코닥(Kodak)은 카메라 필름의 포맷에 대한 정보를 독점하여 자사 시장에 고착화된 소비자가 필름교체를 할 때 자사의 상품을 지속적으로 쓰도록 유인하였다. 그러나, 이러한 전략은 대부분 정부의 공개정책에 의해 수정되기 쉽다. 각국의 통신산업의 경우 시내망을 소유한 사업자는 장거리망의 경쟁사업자에게 접속을 허용하지 않거나 혹은 경쟁망과 접속할 때 기술적으로 품질이 떨어지도록 할 가능성에 대비해 동등한 접속을 통신법에서 규정하고 있다. 따라서, 일반적으로 완전비호환 대신 부분 호환을 선택하는 경우가 흔하다.

마지막으로 선발기업은 차세대에 있어서도 선두자리를 유지하기 위해 지속적으로 기술개발과 상품개발에 투자하게 된다. 특히 이 경우 자신의 고객들로 하여금 현재 소비하고 있는 지배적 제품과 호환성이 있는 더 우수한 차세대 상품으로 자연스럽게 전이할 수 있도록 유도하는 것이 중요하다. 이 전략으로 선발 기업은 기존에 확보하고 있던 고객들을 계속 붙잡으면서 신제품을 개발하여 경쟁사들의 고객 탈취의 의지를 꺾는 이중의 효과를 거둘 수 있다.

반면, 후발 진입기업은 기존기업의 명성과 망외부성을 활용하고자 적절히 호환이 가능한 상품을 개발하거나 혹은 지속적인 모방제품을 제시하는 전략을 취할 것이다. 마이크로소프트사는 운영체계에 있어서 IBM의 OS/2에 대응하고자 자사의 윈도우즈에 다양한 응용프로그램이 수행될 수 있도록 유도하고 있으며, 이에 대해 IBM사는 OS/2 운영체계에서 윈도우즈의 응용프로그램이 기능하도록 디자인하고 있다. 비슷한 이유로 Sun Microsystems는 윈도우즈상의 운영프로그램이 Sun이나 Unix 워크스테이션에서 기능하도록 호환성을 유지하고 있다. 이외에 자동차 시장에서 주도적 기업의 디자인이 주기적으로 바뀌고 이에 대해 추종적 기업들이 유사한 디자인을 이어서 사용하는 사례도 하나의 예로 들 수 있다.

또한 후발 진입기업은 자기 제품을 기존기업의 네트워크에 접근 가능하도록 어댑터나 인터페이스를 적극 개발하게 된다. 그런데, 후발 기업이 어댑터나 인터페이스를 사용하는 경우 지식재산권의 사용 여부가 중요하게 부각된다. Atari사는 닌텐도(Nintendo)의 지식재산권

행사로 인하여 닌텐도게임기를 작동시킬 수 있는 어댑터를 자신의 게임기에 정착할 수 없었기 때문에 게임시장에서 급속히 쇠퇴했다. Discover 신용카드회사는 세계적으로 가장 큰 네트워크를 갖고 있는 Visa카드의 발급권리를 갖고자 법적 투쟁까지 불사했으나 결국 패소했다.

어댑터 사용이 기술적으로나 법적으로 사용가능하다고 하더라도 이로 인해 제품의 성능을 저하시킬 수 있다는 또 다른 문제가 발생한다. 소프트웨어간에 사용되는 어댑터나 파일변환기능은 대부분 불완전하기 때문이다. 예로 훈글로 작성한 문서를 MS의 Word 문서로 변환하거나 그 반대방향으로 변환할 경우 수식이나, 표, 그림이 상당부분 깨어져 새로 입력해야 하는 경우이다.

마지막으로, 네트워크 산업에 있어서 후발 기업이 자사의 제품이 약세에 놓여 있는 상품이라는 신호를 소비자에게 심어주면, 이는 고객층을 더욱 감소시키는 효과를 초래한다. 예컨대, 후발 기업이 생존가격(survival pricing)을 통해 저가로 상품을 공급하여 고객을 확보하려는 전략을 구사할 수 있다.[19] 그러나 네트워크 산업에서 선발 기업의 상품이 임계치를 넘어간 이후라면 후발 기업의 생존가격전략은 오히려 자사 상품의 약세를 공공연하게 시장에 표출하는 결과를 초래하여 협상력이나 시장에서의 입지를 더욱 약하게 만든다.

---

19 생존가격은 시장침투가격과 구별된다. 둘 다 저가로 시장을 공세하는 전략이라는 점에서 전략의 형태상 유사하지만, 전자는 이미 시장판세가 불리하게 전개된 이후에 생존을 위하여 마지막 저가 전략을 구사하는 보수적 전략인 반면, 후자는 저가 공세를 통해 일정 규모의 고객을 확보하여 시장 석권을 노리려는 공세적 전략이라는 점에서 전략의 내용상 차이가 있다.

2.4.4 표준화 기술의 관리

한 기업이 기술을 개발하거나 개발한 기술을 산업계의 표준으로 설정하는 과정에서 표준화 기술을 어떻게 관리하느냐의 문제에 직면하게 된다. 즉, 공동으로 기술개발투자를 하거나 혹은 개발된 표준기술을 공개하여 경쟁기업들이 동일한 시장내에서 활동하도록 유도함으로써 시장영역을 확대할 것인지 아니면 독자적으로 기술개발투자를 하거나 혹은 개발된 표준기술의 특허권을 통제하여 경쟁기업들과 차별화된 시장에서 독점적 지위를 향유할 것인지 선택의 문제가 발생한다.

<표 2.2>에서 보는 바와 같이 공동의 표준을 설정하게 되는 경우 기술의 공개전략을 통해 망외부성이 확대되고 시장이 증대되어 전체적인 공동이윤이 증가되는 효과는 있으나, 네트워크 요소간 대체관계가 심해 시장내에서의 치열한 가격경쟁이 이루어질 것으로 예측된다. 따라서, 공개전략의 경우 시장이 형성된 이후의 경쟁상황을 대비해야 한다. 반면, 독자적 표준을 설정하게 되는 경우 특허의 보호전략을 통해 시장의 진입을 제거하고 독점적 지위를 확보할 수 있는 이점은 있으나, 시스템간 기술적 표준의 경쟁이 심화되어 시장쟁탈을 위한 치열한 상품 특성 경쟁이 이루어질 것으로 예측된다. 따라서, 기술의 보호전략의 경우 시장이 형성되기 이전에 자체 시장을 구축하기 위한 경쟁상황이 중요하게 된다.

이러한 점에서 네트워크 상품의 공개전략과 보호전략간의 상반관계를 고려하여 적절한 기술의 공개 및 보호의 정도를 결정해야 할 것이다. 네트워크 상품의 경우 생산의 한계비용이 거의 0에 가깝기 때문에 기업의 이윤극대화는 총수입의 극대화와 같아, 이윤의 크기는 네트워크 상품이 지니는 망의 크기에 전적으로 의존한다. 즉, 기본적

표 2.2 공동 표준과 독자적 표준의 비교

구분		공동 표준	독자적 표준
기술 전략		공개 전략 openness	특허의 보호 전략 control
경쟁 시장		시장내 경쟁 in the market	시장을 위한 경쟁 for the market
		시장의 형성 이후 after market	시장의 형성 전 before market
경쟁 요소		요소간 경쟁 component competition	시스템간 경쟁 system competition
		가격 경쟁 price competition	상품 특성 경쟁 feature competition

으로 네트워크 상품에 대한 기업의 총수입은 산업의 총부가가치에 대해 자사가 지닌 시장점유율의 곱으로 나타난다. 따라서, 시장의 확대가 일차적인 필요조건이고 아울러 시장에서 자사의 시장점유율을 증가시키는 것이 이차적인 충분조건으로 볼 수 있다.

<그림 2.12>를 통해 이와 같은 관계를 도식적으로 볼 수 있다. 먼저 독자적인 시장을 구축하게 되는 경우 그림 A의 빗금 친 면적에서처럼 일정한 시장에서 독점적 이윤을 확보할 수 있다. 반면 공개전략을 추진하는 경우 그림 B의 빗금 친 면적에서처럼 시장의 크기는 증가하지만 일정한 시장점유율에 해당하는 만큼의 이윤만을 차지하게 된다. 따라서, 그림 A의 빗금 친 면적과 그림 B의 빗금친 면적간의 상대적 크기에 의존하여 기술 전략을 선정해야 할 것이다.

한편, <그림 2.12>는 기술의 표준이 설정된 이후 불법복제에 대해 기술보호전략을 수행하는 경우에도 적용될 수 있다. 컴퓨터 프로그램이나 CD, 서적과 같은 디지털 상품은 다양한 정보기술의 발달로

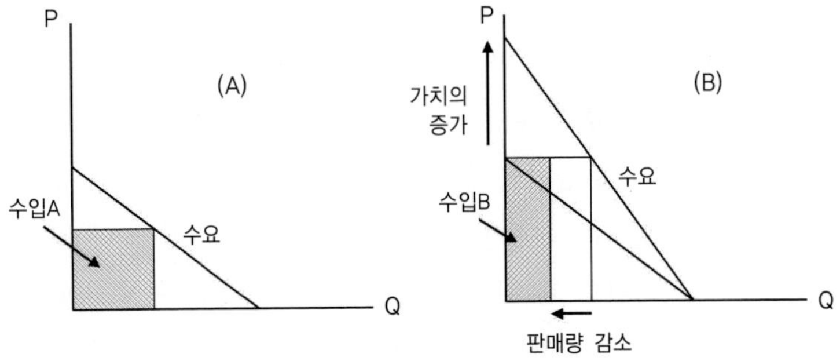

그림 2.12 표준화 기술의 관리

인해 쉽게 모방하고 복사하는 일이 빈번하게 발생한다. 많은 소비자들이 훈글 워드프로세서 등의 다양한 소프트웨어를 정품대신 복제품을 이용하여 사용하거나 최신 곡들이 MP3를 통해 인터넷 와레즈(Warez) 사이트[20]에서 무료로 다운로드 받는 일이 빠르게 확산되고 있다.

이러한 불법 복제물에 대해 어떠한 보호전략을 취할 것인지를 선택하는 문제에 있어서도 동일하게 <그림 2.12>에서 보는 바의 상반된 효과를 동시에 고려해야 한다. 불법 복제물의 제한은 독자적 시장을 확보하여 이익을 가져다주지만 불법 복제물의 확산은 자신의 기술표준이 확산되어 망외부성을 증가시키는 이익을 동시에 가져다주기 때문이다. 따라서, 네트워크 상품에 있어서 적절한 불법 복사물의 확산은 기업의 이윤극대화에 긍정적으로 작용할 수 있다.

---

20 와레즈(Warez)는 "Where is it"의 구어체적 표현으로 "인터넷에서 쓸만한 것을 찾아다닌다"는 의미를 갖고 있다. 그러나, 대개 정품 프로그램의 암호를 풀어 사용제한을 없앤 프로그램이나 디지털 음악파일 등을 무료로 내려받게 해 주는 사이트들을 말한다.

역사적 실례를 보더라도 이러한 사실은 입증된다. 18세기 영국에서 소설 서적의 가격은 일반 노동자의 주당 임금의 수준과 비슷하여 8만명 정도의 독자층은 주로 부유층이었으며 소설은 그들의 전유물이었다. 따라서, 그 당시의 서민의 문맹률도 아주 높았다. 그러나, 1741년 연애소설 "Pamela"가 출간되어 대히트를 치면서 이 작품을 불법으로 필사하여 읽는 서민들이 늘어나게 되었다. 당시 비평가들은 연애소설의 등장을 시간적 낭비라고 폄하했으나, "Pamela"의 성공 이후 유사 작품들이 활발히 출간되고 이러한 경향을 상업화하는 사람들에 의해 이동도서관이 등장함으로써 많은 서민들은 소설을 읽는데 시간을 소비할 수 있게 되었다. 당시 출판사에서는 이러한 복사본의 증가나 이동도서관의 임대사업은 서적의 판매량을 격감시킬 것으로 우려했으나, 결과적으로 이동도서관의 임대사업은 서민들의 문맹률을 격감시키는 데 결정적인 역할을 하였으며 1850년에는 독자층이 500만명을 육박하게 되었다. 그리고, 소설 시장이 성장하면서 책을 임대하는 대신에 구매하는 독자의 비율이 증가하여 출판사들의 대량생산체제를 가능하게 만들었다.

이와 같은 역사적 실례는 1980년대 비디오 기기 시장에서도 재현되고 있다. 1980년 초기 비디오 기기의 값은 $1,000, 비디오테이프는 $90에 이르러 부유층의 전유물이었다. 이 즈음에 주요 성인용 영화나 X등급의 비디오물이 (합법 혹은 불법적으로) 공급되면서 비디오 기기 및 비디오테이프를 $2~3에 임대해주는 사업이 Blockbuster등에 의해 활발하게 확장되었다. 초기에 영화수입의 저감을 우려한 할리우드는 이러한 비디오 임대사업을 못마땅하게 여겼다. 그러나 홈 비디오는 급격히 확산되었으며, 980년대 말에 이르러서 비디오 기기의 값은 $200이하로 떨어지고 미국인의 85%가 비디오 기기를 소유하게 되었다. 이에 따라 비디오 사업은 할리우드에게도 또 다른 이윤창출의 원천을 제공하였다. 1982년에 1,000만 달러를 들여 제작된 "ET"가 극장에서는 $4억 6천만의 수입을 올린 반면, 1983년 출시된 비디오는 개당 $20에 1,400만개가 팔려 $2억 8천만의 추가 수입을 가져다주었다. 이외에 1987년 홈비디오용으로 제작된 "Lady and the Tramp"는 $29.95에 320만개, 1991년 "Indiana Jones"는 $6에 600만개, 1996년 "Aladdin and the King of Thieves"는 $13에 1,000만개를 팔 수 있었다. 이젠 비디오 수입은 할리우드의 중요한 수익원이 되었다.

최근 인터넷의 확산으로 다양한 온라인 무료서비스가 확산되고 있다. 2010년 현재 우리나라 인터넷 사용자는 4,000여만명으로 전체 인구의 80%를 넘어선 것으로 보고되고 있다.[21] 1990년대 초반 인터넷 도입당시 인터넷 사용자들은 주로 50%이상의 시간을 성인용 음란사이트를 이용하는 데 활용하였다. 이로 인하여 인터넷의 부정적인 면이 강조되기도 했다. 그러나, 향상된 속도와 깨끗한 스캔 및 이미지와 동영상의 전송까지도 가능하도록 기술개발이 촉진되고, 또한 다양한 무료서비스가 확산되고 부가기능이 증가됨에 따라, 이제는 인터넷을 주요한 사업의 수익원으로 삼는 e-비즈니스가 기업의 절대적인 사업으로 등장하고 있는 실정이다.

물론 웹이란 표준을 통한 거래는 개방적이고 자유롭기 때문에 급속히 발전했지만 이렇게 누구나 접근할 수 있고 통제되지 않아 사이버 테러나 사생활 폭로의 부작용도 드러내곤 한다. 그러나, 네트워크

---

21 2010년 현재 세계 인터넷 사용자수를 보면 중국(4억명)과 미국(2.5억명)이 전체 인구의 35%를 차지하고 있고, 일본(1억명), 브라질(8천만명), 독일(6.5천만명), 영국(5천만명) 순으로 집계되며 한국은 11위로 기록되고 있다. http://marketshare.hitslink.com/ 참조.

경제에서는 이러한 부정적 개념 자체가 사회적으로 진화해야 한다. 예로, 사생활이란 지금까지 폐쇄적인 관점에서 자물쇠를 걸어 잠그고 지켜야 하는 개인정보로 받아들여졌지만, 웹이 보편화된 네트워크 경제에서는 개인정보가 공개적이어서 일명 '신상털기'를 통해 누구나 쉽게 얻을 수 있다. 또한, 우리는 G마켓이나 11번가 같은 쇼핑사이트에 정보를 남기고, 스마트폰으로 달리기 기록을 저장하면서, 건강사이트에 생활패턴을 남긴다. 이들 온라인 사업자들은 소비자의 정보를 가져가지만 사실 그 덕분에 소비자는 자신의 소비활동에서 만족감을 더 얻어가게 된다.

따라서, 네트워크 경제에서는 서로가 윈-윈하는 방향으로 사회가 진화하도록 유도해야 되며, 네트워크 자체가 문제가 아니라 네트워크에 개방된 정보를 잘못 쓰는 행위를 문제삼아야 하는 것이다. 이러한 점에서 네트워크 경제에서의 사생활 보호는 "공개된 정보에 대한 활용에 있어서 사회적 합의"라는 제도적 계약체계가 중요해진다. 따라서, 사이버 테러, 아동 포르노, 마약이나 불법무기 제조법, 동반자살 등 사회적인 문제가 되는 부분에 있어서 사회윤리적 관점에서 사회적 합의를 이루어 일정한 규제가 이루어져야 한다.

결국, 과거의 역사에서도 보았듯이 소비자의 편의성을 증대시키고 소비자의 흥미를 자극할 수 있는 상품이라면 일정한 기술의 공개를 통해 시장의 성장을 급속히 확산시킬 수 있다. 따라서, 표준화를 통한 적절한 공개와 사회적 합의에 따르는 적절한 통제전략을 강구하는 것이 네트워크 경제의 경쟁전략에서 중요하다는 사실을 새삼 강조할 필요가 없을 것이다.

제3장 네트워크와 경로의존성

본 장에서는 네트워크의 선택에 있어서 고려해야 할 중요한 경제적 개념으로서 교체비용과 그에 따른 잠금현상 또는 경로의존성에 대해 살펴보기로 한다. 그리고 고착화와 잠금현상에 직면한 소비자와 공급자의 관련전략에도 대해서 알아본다.

3.1 교체비용

먼저 교체비용에 대해서 이해하기 위해 다음의 사례를 생각해 보자. 집에서 사용하던 냉장고가 낡아서 새 것을 구입하고자 할 때 기존에 사용하던 상표를 꼭 사야할 이유가 없다. 삼성냉장고를 써왔다는 사실이 원인이 되어 LG냉장고를 사는 것을 제한하지 않는다. 그러나, 매킨토시 컴퓨터를 써 오던 사람이 컴퓨터가 낡아 새 것을 구입하고자 할 때 냉장고를 바꿀 때와 같이 마음에 드는 상표로 쉽게 바꿀 수 있는 것이 아니다. 먼저 컴퓨터를 바꾸기 위해서는 매킨토시 컴퓨터를 오랫동안 사용하면서 익힌 익숙한 작동기술을 버리고 새로운 방식을 익혀야 한다. 매킨토시 운용소프트웨어에서 작동하는 응용소프트웨어도 쓸모가 없게 될 것이므로 버려야 하고, 그것에 맞추어 산 프린터나 모뎀과 같은 기능부품들 가운데도 버려야 할 것이 많을 것이다. 더구나 중요한 것은 지금까지 매킨토시 컴퓨터에서 작업하여 보관하고 있는 많은 데이터나 정보들이 무용지물이 될 가능성이 높다. 또, 매킨토시 사용자들과 문서를 주고받는 일이 어려워지고 매킨토시 동호인들과 나누었던 친구관계도 유지하기 어렵게 된다. 이런 이유로 소비자는 IBM 호환기종을 구입하려는 생각이 있음에도 불구하고 고민에 빠지지 않을 수 없다.

또 다른 대표적인 예는 항공사의 마일리지(mileage) 제공서비스이다. 대부분의 항공사에서 제공하는 마일리지제도는 소비자의 높은 교체비용을 형성하려는 소비자 고착화 전략의 하나이다. 고객은 누적된 마일리지로 무료 항공권을 받거나 좌석 승급을 할 수 있다. 또한 총 누적 마일리지가 높아질수록 경품 제공, 수하물 초과 허용, 비즈니스 라운지 이용 허가 등 각종 혜택이 추가로 주어진다. 따라서 어떤 고객이 특정 항공사의 마일리지를 충분히 누적하면 다음 번 여행이나 출장 때에도 웬만하면 그 항공사를 이용할 유인이 크다. 예컨대, 대한항공 마일리지를 9만5천 마일을 갖고 있는 고객이 미국 출장을 계획하고 있는데 항공료를 알아보니 대한항공은 130만원이고 노스웨스트는 126만원이라고 하자. 이 고객이 이번 출장 후에 대한항공 누적마일이 10만 마일을 넘음으로써 누리게 될 각종 혜택이 4만원보다 크다면 그는 비싸더라도 대한항공편을 이용할 유인이 있다.

이와 같이 한 상품을 사용하던 소비자가 다른 제품으로 소비를 전환하고자 할 때 소비자가 부담하여야 하는 비용을 교체비용(switching cost)이라 부르고, 이 교체비용이 커서 기존에 사용하던 제품이나 그것의 업그레이드 제품을 계속 사용하는 현상을 잠금현상(lock-in effect)이라 한다. 위에 제시된 예는 약간 의도적인 면이 없지 않으나 네트워크에서 거래되는 정보재가 교체비용이 매우 크다는 특징을 가지고 있음을 충분히 보여주고 있다. 정보재들은 서로 보완적인 성격을 띤 많은 기능제품과 소프트웨어가 결합하여 하나의 시스템으로 작동하는 것이기 때문에 그 가운데 어느 것 하나를 바꾸려 하면 전체 시스템에 미치는 영향을 고려해야만 한다. 따라서 수요 전환을 위해서 소비자가 부담해야 하는 비용은 신규로 구입하고자 하는 상품의 시장가격 이외에 교체비용이 포함된 것이 된다.

교체비용에 따른 잠금현상은 여러 방면에서 나타나고 있다. 먼저 수요자가 공급자에게 고착된 예를 살펴보자. 미국의 대표적인 통신회사인 AT&T는 1984년 미국법원의 명령에 따라 몇 개의 지역전화회사인 RBOCs와 장거리전화회사만 가능한 AT&T로 분할된다. RBOCs의 하나인 Bell Atlantic은 1980년대 중반에 전화네트워크를 가동시키기 위하여 AT&T의 5ESS라는 디지털 스위치들을 30억 달러를 들여 설치하였다. 이들 스위치들은 각각이 수백만 달러 이상 나가는 제품인 변환장치와 다른 장치를 연결시키는 것인데, Bell Atlantic은 디지털 시대에 대비하기 위하여 다른 회사의 것을 피하고 AT&T의 제품을 구입하였다. 그런데, 이것이 1990년대 중반 이후 Bell Atlantic을 괴롭히는 가장 큰 골칫거리가 되었다.

여기서 문제는 5ESS의 환경설정 장치가 AT&T에 의해서만 통제되어 있었다는 점이다. Bell Atlantic이 새로운 능력을 추가하고자 하든가 새로운 장치에 적합한 인터페이스를 설치하고자 할 때, 또는 그것들을 업그레이드하려 할 때에 어느 것 하나도 AT&T의 협조없이 스스로 할 수 없음을 알게 되었다. 환경설정을 바꾸어야 하는데 그때마다 AT&T와 협의하여 새로운 환경을 수용할 수 있는 업그레이드된 스위치를 공급받아야 했다. AT&T가 환경의 용량을 바꿀 수 있는 컴퓨터 코드를 Bell Atlantic에게 제공하지 않기 때문이다.

반면, 환경설정 통제 스위치는 AT&T에게 지속적인 수익을 가져다 주는 값진 자산이다. 사실 AT&T는 통신주변장치를 Bell Atlantic 등 RBOCs 회사들에 팔아 큰 이익을 챙겼다.[22] AT&T는 여기에서 나아가 이들 전환스위치나 주변장치를 일정기간을 두고 업그레이드하거나 개선함으로써 고객들로 하여금 계속 자기 제품을 구입하도록 유도하고 다른 회사가 경쟁상품을 개발할 여지를 줄여나가는 전략을 취하였다. 이 과정에서 Bell Atlantic은 AT&T에 완전히 붙들려 불리한 위치에서 힘들어하고 있음을 한눈에 알 수 있다.

이러한 종속적 관계에서 벗어나기 위해 Bell Atlantic은 다른 제조회사 제품으로 스위치를 교체할 수도 있으나 그럴 경우 지금까지 투자한 주변기기나 프로그램들이 거의 쓸모가 없게 되어 그것들을 모두 같이 교체하기 위한 비용을 다시 부담해야 한다. 그뿐만 아니라 혹 있을지도 모를 시스템 자체의 혼란으로 인한 손실이라는 위험 부담을 져야 한다. 결국 이 부담을 회피하기 위한 하나의 방편으로 Bell Atlantic은 AT&T를 미국 법정에 고발하였다.

상품의 공급자가 수요자에게 고착된 예도 있다. 특정 수요자의 요구에 맞추기 위한 공급자가 투자를 한 경우에 그런 현상이 나타난다. 노동력의 공급자가 기업에 들어가 현장훈련을 많이 받은 상황을 고려해보자. 노동자는 취직한 회사에서 한눈 팔지 않고 열심히 훈련을 받고 일을 배워 유능한 사원이 되었다. 그러나, 이 사원의 능력향상을 위한 투자는 그 회사에 고유한 것으로서 다른 곳에서는 별로 가치

---

22 원래 벨(Bell)회사인 AT&T에서 분리된 지역전화회사(RBOC)를 Baby Bell이라 부른다. Nynex, Bell Atlantic, Southwestern Bell, Pacific Tel 등이 그것들이다.

가 없다. 이때 그 사원은 취직한 회사에 고착되고 만다. 회사가 원하는 것이면 싫더라도 거부하기 곤란하고 자신의 운명은 회사와 같아지게 된다. 그 회사를 그만두고 다른 회사로 옮아갈 수도 있으나 이때 자신의 기존 능력에 전혀 관심이 없는 회사에서 그는 초보자로서 다시 시작해야 하고 그에 따른 교체비용을 고스란히 본인이 부담해야 한다.

공급자와 수요자가 서로에게 고착되는 경우도 있다. 물동량이 큰 회사가 들어서면 흔히 철도회사는 그 회사로 인입선을 설치한다. 일단 인입선이 설치된 이후에는 철도회사는 그 기업 이외에는 그것을 이용하고자 하는 다른 고객이 있을 수 없으므로 자신의 고객에게 고착된다. 반면에 기업도 다른 철도회사가 접근하도록 새로운 인입선을 놓기에는 비용이 너무 크게 들기 때문에 기존의 철도회사에 고착될 수밖에 없다. 우리가 흔히 아는 마이크로소프트사의 운영체계인 Windows와 Intel사의 컴퓨터칩간의 고착은 Wintel이라는 신조어를 만들고 있다.

이외에 상표명에 특화되는 고착화도 고착화 유형의 하나이다. 1990년 초반까지 전세계의 여객용 및 화물용 항공기 제조산업은 Boeing과 Mcdonnell-Douglas 양사가 주도하는 과점산업이었다. 대부분의 항공사들은 이들 두 기업으로부터 항공기를 구입하여 운항하고 있었다. 그러다가 주요 항공사들이 동일 제조업체의 항공기를 구입하는 것이 유지관리와 승무원 훈련을 용이하게 하고 안전운항에도 도움이 된다는 사실을 인식하면서 판도가 달라졌다. 1990년대 중반 American Airlines, Delta, Continental 등이 향후 20년간 모든 기종을 Boeing에서 구입하기로 결정했다. Boeing은 비행기의 크기와 용도에 따른 다양한 모델을 생산하고 있었던 반면 Mcdonnell-Douglas는 그렇지 못했기 때문에 Mcdonnell-Douglas 기종으로 통일하기는 힘들었다. 항공사들의 Boeing으로의 자발적 고착화로 인하여 Mcdonnell-Douglas는 1996년 Boeing에 합병됨으로써 종말을 맞게 되었다.

우리 나라의 은행합병도 대표적인 고착화의 예가 될 수 있다. 우리 나라는 1997년말 국제통화기금(IMF)의 관리체제로 돌입함에 따라 1998년부터 금융 및 기업의 구조조정이 본격적으로 논의되고 은행간의 인수합병의 움직임이 활발해졌다. 이 과정에서 은행들의 전산망 시스템 통합문제가 발생하였다. 자동현금지급기, 예금출금, 은행간 금융거래 등 거의 모든 은행업무에서 전산망이 차지하는 비중은 절대적이므로 은행 전산망 시스템의 표준이 은행간 인수합병의 주요한 변수로 작용한 것이다. 예를 들어, 상업은행, 한일은행, 외환은행 등은 IBM체제의 전산망을 구축해 놓은 반면, 조흥은행, 보람은행, 하나은행 등은 Unisys체제의 전산망을 갖고 있었다. 이러한 상황에서 예컨데 상업은행과 조흥은행이 합병하기 위해서는 서로 다른 두 전산망을 통합해야 하는데, 전산망 통합에만 2년에 걸쳐 2,000억 원 이상의 비용이 드는 것으로 추정되었다. 반면 전산망 시스템이 같은 보람은행과 하나은행의 경우 통합하는 데에는 별다른 기술적 문제가 없었다. 결국, 1998년 1월에 상업은행과 한일은행이 합병하여 한빛은행으로 출범하였으며, 1999년 1월에는 하나은행은 보람은행을 인수하게 되었다.

이렇게 교체비용은 곳곳에 여러 형태로 존재하고 그에 따라 잠금현상도 다양한 형태로 존재한다. 거래상대방이 자신에게 고착되어 있을 경우, 그것은 자신의 이익으로 연결시킬 수 있는 귀중한 자산이다. 고착상태에 있는 상대방으로부터 그가 거래전환을 하기 위해서 지불해야 하는 교체비용만큼을 자신의 이윤으로 빼앗아 올 수 있다.

이런 관계 속에서 자신에게 고착된 고객이 많을수록 이윤의 크기가 그만큼 커질 수 있다는 것은 쉽게 이해할 수 있을 것이다. 충성된 고객기반이 바로 기업의 이윤의 기반이다.

이제 잠금현상이 자원배분에 미치는 영향에 대해 생각해보자. 먼저, 특정 제품의 구입자가 단 하나뿐인 공급특화의 경우 잠금현상은 과소투자를 초래한다. 완성차 제조업체인 기업 A가 자사의 고급차에 설치되는 전자제어장치를 부품업체 B로부터 납품 받기 원한다고 하자. 부품업체가 그 전자제어장치를 개발하기 위해서는 약 10억원의 연구개발비가 소요되는데, 그 전자제어장치는 기업 A의 고급차에만 장착되는 장비이기 때문에 다른 회사에게는 판매할 수도 없는 특화된 제품이라고 가정하자. 부품업체 B는 전자제어장치를 개발할 것인가? 이에 대한 대답은 부정적이다. 일단 부품업체 B가 10억원을 들여 전자제어장치의 대량생산에 돌입하면 기업 A는 B에게 제어장치의 한계생산비에 해당하는 가격만을 지불하고 구입하고자 할 것이다. 기업 B의 입장에서는 이미 개발은 해놓은 상태이고 다른 곳에는 팔 수도 없으니 '울며 겨자 먹기'식으로 한계생산비라도 받고 판매하는 편이 낫다. 즉, 기업 A에 의한 강탈(hold-up)이 발생하는 것이다. 그런데 기업 B는 이러한 미래 상황을 합리적으로 예측할 수 있으므로 처음부터 기업 A의 요청을 거부하게 된다. 그 결과 경제적으로 가치 있는 투자가 사회적 최적수준보다 과소하게 이루어지거나 혹은 전혀 이루어지지 않게 된다. 강탈에 의한 과소투자 문제를 해결하기 위해서는 사전에 양사간에 법률적 효력이 있는 계약을 맺는 것이다. 그러나 계약은 한시적으로 맺는 경우가 대부분이므로 계약기간이 끝나면 기업 A에 의한 강탈행위가 재개될 여지는 여전히 남는다.[23]

23 자산 전속성(asset specification)이 발생하는 경우에는 상대방의 기회주의적

디지털 시대가 진행됨에 따라 통신서비스 제공업체가 생겨나 세계적으로 이름이 있는 기업으로 성장하는 예가 많아지고 있다. 미국의 AOL, Hotmail이나 일본의 Softbank가 대표적인 것인데, Hitel이나 Daum과 같은 회사도 한국에서 유사한 위치를 점한다고 하겠다. 그런데, 이들 회사들은 고객기반을 넓히기 위하여 대단히 공격적인 전략을 취한다. 회원 자격을 무료로 주거나 일정기간 동안 무료로 이용할 수 있는 자격을 주는 방법으로 고객을 확보한다. 또, 가입회원에게는 전자우편(e-mail) 주소나 웹사이트(website)의 디렉토리를 무료로 제공하기도 한다. 무료로 회원자격을 주는 회사라 할지라도 그들의 대부분은 회사가 요구하는 정보를 제공하는 사람만 회원으로 가입하게 한다. 우리는 앞에서 이때 제공되는 간단한 고객 정보가 고객을 기업의 입장에서는 특성별로 고객을 분류하는 중요한 요소이며 이것은 바로 가격차별이나 효과적인 광고를 위한 귀중한 자료가 된다는 것을 알았다. 무료로 회원자격을 주는 통신서비스 제공업체가 자신의 웹사이트에 다른 회사의 광고를 삽입함으로써 수입을 얻지만 다른 한편으로는 고객에 관한 정보를 관심 있는 회사에 넘겨 그 대가로 수입을 얻는다.

그런데, 통신서비스 제공업체가 이윤을 얻을 수 있는 중요한 원천이 또 하나 있다. 바로 그 업체에 고착되어 있는 고객기반(install-based customers)이다. 특정 서비스 제공업체의 회원으로서 그 회사로부터 통신서비스를 받고 있는 고객은 다른 기업의 회원으로 가입함으로써 서비스 회사를 전환할 수 있다. 그럼에도 불구하고 고객은 쉽

행동이 예상되기 때문에 이에 대비한 계약이 완전하지 못하다면 원활한 시장거래가 이루어질 수 없게 된다. 이러한 거래비용을 줄이기 위해 조직화의 과정을 선택하게 된다.

게 회사를 옮기지 않는데 그것은 그에 따른 교체비용을 지불해야 하기 때문이다. 이미 기존에 이용하던 서비스의 내용과 자료의 편성에 익숙해져 있어서 다른 업체로 옮기면 이 모든 것을 새로 익혀야 한다. 더구나 전자우편 주소를 바꾸고 웹사이트마저 새로 만들어야 하는 경우에 고객이 감당해야 하는 비용은 더욱 커진다. 고객 하나 하나의 교체비용은 실제 돈 액수로 따지면 작을 수 있다. 그러나, 고객의 수가 많으면 교체비용의 전체 크기는 대단한 액수가 된다. 통신서비스 제공업체는 이 교체비용을 근거로 회비의 크기를 정하고 이를 근거로 이윤을 예측한다.[24]

만약 새로 진입한 경쟁기업으로 기존기업의 고객 모두가 이전하려 한다면 그때 소요되는 교체비용은 각각의 고객들이 부담해야 하는 교체비용의 총합이다. 그 교체비용은 물론 고객이 전부 부담하기도 하지만 진입기업이 고객의 이전을 유인하기 위하여 일부를 부담하기도 한다. 고객과 진입기업 사이의 분담율이 어떠하든지, 총교체비용은 기존기업 고객이 부담하는 비용과 진입기업이 부담하는 비용의 합이다. 이 상황에서 기존기업은 얼마만큼 회비를 회원들로부터 받을 수 있으며 이때 이윤의 크기는 어떻게 될까? 기존기업은 회비를 교체비용보다 크지 않은 범위에서 책정하면 고객들이 이전하지 않을 것이라는 것을 안다. 따라서 기존기업은 각 회원들에게 회비의 최대한을 교체비용과 같게 요구할 수 있다. 이때 기존기업의 총이윤은 위에서 고려한 총 교체비용에 기존기업의 비용우위 또는 질적 수준의 우위에서 비롯되는 이윤의 합이 된다.

따라서, 현재 확보한 고객의 수는 통신서비스 제공업체의 이윤기

---

24 서비스에 대한 회비는 없으므로, 회사는 광고의 양을 회원의 교체비용과 맞먹을 정도까지 확대할 수 있다.

반이다. 이 관계를 잘 알고 있는 통신서비스 제공업체는 가능한 모든 수단을 동원하여 회원을 보다 많이 확보함과 아울러 기존 고객을 지키기 위한 전략을 적극적으로 모색한다. 다른 회사로부터 고객의 이전을 유인하기 위해 교체비용을 대신 지불하기도 하며 각종 보완재나 소비자의 관심을 끄는 물품을 제공하여 전환을 유인한다. 이전에 통신서비스를 이용한 경험이 없는 사람들을 유인하기 위하여 회비를 일정기간 감면해주거나 경품을 주는 방식 등을 사용하기도 한다.

고객을 확보하기 위해 지불하는 이러한 지출은 장래의 이윤 획득을 위한 일종의 투자이다. 고객의 기반을 갖추기 위해 가격인하, 광고, 또는 R&D 사업에 드는 비용은 투자이며 이러한 투자는 이윤을 얻기 위하여 마땅히 이루어져야 한다. 이동통신업체들이 단말기 구입가격을 보조함으로써 고객을 유인하고 또 장거리 전화회사가 다른 회사로부터 이전하는 고객에게 교체비용에 해당하는 정도의 무료 장거리전화카드를 제공하는 행위들은 이와 같은 투자의 일종이다. 또, 확보된 고객이 계속 충성스런 고객으로 고착되게 하기 위한 전략도 소홀히 할 수 없다. 이러한 잠금현상의 관리에 대해서는 다음에 보다 자세히 살펴보기로 하고 여기에서는 고착을 강화하는 교체비용을 높이는 요소들에 대해서 좀 더 논의해 보기로 한다.

3.2 교체비용의 요인

네트워크를 기반으로 하는 정보재는 결합시스템으로 작동하기 때문에 다른 산업에 비해 고객의 잠금현상이 강하게 나타난다. 그리고, 고객의 교체비용은 바로 기업의 수입과 비례관계에 있다. 따라서, 어떤 기업의 가치를 간단히 계산하는 방식은 고착된 고객의 교체비용의 총합에다 기업 스스로가 비용이나 품질의 우위를 바탕으로 얻는 이익을 합하면 된다.

이러한 점에서 기업은 충성스런 고객을 많이 확보하는 한편 개별 고객의 교체비용을 높이는 것이 장기적으로 기업가치를 높이는 일이 된다. 기업은 충성스런 고객의 확보를 효과적으로 해내기 위해서 소비자의 교체비용을 높이는 수단을 다양하게 강구할 수 있다. <표 3.1>은 다양한 잠금전략에 따른 고착현상에 대해 소개하고 있다.[25]

가장 먼저 언급할 수 있는 것은 계약에 의한 고착이다. 사업상의 계약을 보면 일정 기간동안 물품이나 서비스를 계약상대방으로부터 구입한다는 조항들이 있다. 이제는 옛 이야기가 되었으나 IBM 메인 컴퓨터를 구입하면 데이터 입력에 필요한 천공기와 천공카드를 IBM 관련 업자로부터 구입할 것을 의무화하는 연계판매 계약을 해야 했다. 기계의 고장을 수리하는 서비스도 IBM 서비스 업체에서 일괄적으로 하도록 한다. 처음 제품을 구입하는 고객은 장비공급업체가 좋은 조건으로 소모품을 제공하고 믿을 만한 수리 서비스도 제공한다고 하면, 여기에 더해서 제품을 구입한 고객에게 할인요금을 적용한

표 3.1 고착현상을 발생시키는 요인

- 계약의 체결 (contractual commitments)
- 내구재 구입 (durable good purchases)
- 이용자의 훈련과 학습 (training and learning)
- 자료와 데이터베이스 (information and database)
- 특정화된 공급자 (specialized suppliers)
- 탐색비용 (search cost)
- 기업의 가격할인전략 (loyalty program)

25 자료: Shapiro and Varian(1999) <표 2.1> 참조.

다고 하면, 그것을 고맙게 여겨 이 사항들을 간략하게 명시한 계약서에 서명한다.

그러나, 고객들은 이와 같은 계약을 체결할 때 주의하지 않으면 안 된다. 바로 그 계약에 매달려서 손실을 입을 가능성을 사전에 검토하고 계약서에 서명해야 한다. 계약서에 가격만을 명시했을 경우에는 질적 수준이 형편없는 소모품이나 서비스가 제공될 가능성을 예상하고 그에 대비하는 조항들을 요구할 수 있도록 계약을 체결해야 한다. 또, 소모품의 양이나 수리기간 등을 되도록 작게 하여 계약을 필요에 따라 바꿀 수 있도록 하는 공개 선택적(open option) 계약이 좋다. 아울러 자동계약체결(evergreen contract)은 피하는 것이 좋다.

만약, 계약으로 인한 고착의 어려움을 겪고 있는 중이라면, 계약을 파기할 때 부담해야 하는 손실(여기에서는 이것이 교체비용이다)과 다른 거래처에서 얻을 수 있는 이익과를 비교하여 파기여부를 결정한다. Bell Atlantic이 AT&T와의 계약을 파기하는 대신 법원에 제소함으로써 고착으로부터 오는 손실을 줄이려 한 것은 다른 사업자로 옮길 때의 교체비용을 고려할 때 그것이 이익이 더 크다고 평가했기 때문일 것이다. 다른 사업자에게로 이전하는 경우 그 쪽으로의 고착의 가능성도 미리 고려하는 것이 필요하다. 이때, 대체 가능한 경쟁기업을 확보해 놓는 이중 원천(dual sourcing)의 전략을 활용하는 것도 좋은 방법이다.

기업의 입장에서는 이와 반대의 전략이 필요할 것이다. 고객의 요구가 최소가 되도록 제한해야 하며, 아울러 재계약이 자동으로 체결될 수 있도록 유도해야 할 것이다. 또한, 경쟁기업이 지불하게 되는 교체비용을 최대화하기 위해서는 소비자별로 계약일을 다양하게 달리함으로써 한꺼번에 기존의 고객기반이 교체되는 가능성을 예방해야 할 것이다.

둘째로 내구재에 의한 고착을 들 수 있다. 고가의 내구재를 특정 제품으로 구입했을 때 그 영향은 캔디를 특정 제품으로 구입하는 것과는 다르다. 내구재이기 때문에 소비자는 그 제품의 고유서비스를 장기간에 걸쳐 이용하게 된다. 따라서 어느 시점에 구입한 내구재가 그 제품의 수명이 다할 때까지 고객의 효용에 영향을 준다. 복사기를 하나 구입하면 오래도록 그 복사기에 사용가능한 복사용지만을 구입해야 하는 경우가 발생하는 데, 그것 때문에 고통을 감내해야 하는 경우가 흔하다. 예로, Iomega의 Zip driver를 사용하는 경우 다양한 백업용 기술상품이 시장에 출시되더라도 지속적으로 Zip driver용 디스켓을 구입해야 하는 경우가 발생한다.

또한, 대학에서 메인 컴퓨터를 어떤 제품으로 구입하느냐에 따라 다음에 소프트웨어는 물론이고 주변기기, 스위치, 근거리통신망의 인터페이스 등 다른 고가 장비의 구입범위가 제한을 받는다. 메인 컴퓨터를 판매하는 회사는 메인 컴퓨터 자체에 대해서는 낮은 가격을 제시하여 구입을 유도한다. 일단 고객이 자신의 제품을 구입하여 설치한 다음에는 메인 컴퓨터 공급기업은 관련 주변기기나 소모품, 응용 소프트웨어, 기존 부품이나 장치의 업그레이드 제품, 연결스위치, 그리고 사후서비스, 교육 등 다양한 형태의 사후시장에서 마음껏 이익을 누린다. 일정기간동안의 무료 보증기간이 있다 할지라도 그 기간 이후에는 높은 가격을 감수해야 한다. 동일한 기능을 수행하는 기계나 장치를 공급하는 다른 사업자가 있기는 하나 대부분의 경우 회사가 다르면 제품이 잘 맞지 않는다. 고객의 입장에서는 메인 컴퓨터 공급업자가 시장에서 성공적인 사업자로서 남아 있기를 바라는 것 이외의 별다른 방법이 없는 경우도 있다. 그 사업자가 제품 구입 당시에는 선두주자였으나 그 후 사업이 위축되어 관련 제품의 개발을 게을리 하고 질이 낮은 서비스를 제공하는 위치로 전락하면 고객의 손실은 더욱 커진다.

이와 같은 유형의 잠금현상을 피하기 위해서는 고객이 사후시장의 상황을 미리 고려하고 나서 구입결정을 해야 한다. 만약 사정이 비슷하다면 고객의 입장에서는 고착을 능동적으로 자신에게 유리하게 받아들이는 것도 고려해볼 만하다. 부품이나 소모품의 가격이나 품질 등 예측 가능한 사항에 관하여 장기계약을 함으로써 상대방의 일방적인 우위를 제한할 수 있다. 중고시장이나 임대시장을 통하여 내구재를 구입하거나 아예 기업간 합병하는 것도 효과적인 예방책이 될 수 있다. 통신서비스 회사인 AT&T는 과거 통신기기제조회사인 Western Electric(현재는 Lucent Technology)을 동시에 소유하게 된 이유도 이러한 고착에 의한 거래비용을 최소화하기 위한 전략이었다.

셋째, 이용자의 훈련과 교육이 고착의 원인이 될 수도 있다. 이용자의 교육은 특정 제품에 맞추어지는 경우가 대부분이다. 때때로 내구재의 공급업체가 교육을 직접 담당하기도 한다. 그러한 예는 기능이 복잡하여 작동이 쉽지 않은 기계와 컴퓨터 소프트웨어에서 쉽게 찾을 수 있다. 앞의 항공기 제작사의 예에서 상표명이 훈련과 교육에 영향을 미치게 되는 Boeing사의 전략이 대표적이다. 또, 워드프로세서나 오피스, 그리고 웹페이지 작성 프로그램이 고객의 사랑을 받기 위해서는 그것들을 사용할 줄 아는 고객이 있어야 한다. 따라서, 소프트웨어 공급업체들은 자기 제품의 사용법을 교육시키는데 열심이다.

제품을 출시한 초기에는 기업이나 대학의 전산책임자를 무료로 교육함으로써 성능의 우수성과 사용이 편의성을 홍보한다. 이를 통하여 그 기관에서 자사 제품을 구입하게 하는 것이 목표이다. 일단 구입한 뒤에는 그 기관의 실제 이용자에 대한 교육은 전산담당자가 할 것이기 때문에 염려할 필요가 없다. 이에 따라 컴퓨터 소프트웨어의 기술발전이 빨라짐에 따라 고객기관의 전산담당자의 인기가 높아졌다. 프로그램 소개를 위해서 그들의 시간을 할애 받아야 하는 제품공급자들이 급속히 증가했기 때문이다. 이미 훈련을 통해 특정 제품에 익숙해진 고객들은 다른 제품으로 이전하기를 꺼려한다. 새롭게 작동방법을 익혀야 하는데 여기에 시간과 노력이 많이 소요되기 때문이다. 이를 알고 있는 제품공급자는 업그레이드 제품이나 주변기기 등을 제시하여 이익을 얻는다.

이런 고착의 위험을 줄이기 위해서는 동일한 기능을 수행하는 다른 제품의 사용법을 같이 익히는 것이다. 이용자 개개인이 그렇게 하기는 힘들지라도 기관 전체에서는 비교적 쉽게 할 수 있다. 항공사에서 제작 회사가 다른 비행기를 일정부분 확보하는 것이나 대학에서 컴퓨터 운용소프트웨어를 다양하게 갖추어 놓고 각각의 동호회 활동들을 지원하는 것은 이런 목적에 부합한다.[26] 아울러, 유사상품간의 호환성이나 표준화에 대한 작업을 추구하는 것도 잠금효과에 중요한 영향을 미칠 수 있다.

넷째, 특정 형식으로 제작된 자료나 데이터 자체가 기계장치나 소

---

26 훈련에 의한 고착은 고가의 내구재에 의한 고착과 같이 하는 경우가 많다. 기술도입이라는 이름으로 후진국에서 선진국 기계설비를 들여오는 경우에 이 두 원인에 의한 잠금현상으로 후진국이 오래 동안 힘들어하는 예는 얼마든지 있다. 선진국에서는 때때로 후진국의 개발을 원조하는데 그때 후진국에 현금을 주는 것이 아니라 원조금액의 범위내에서 기계설비를 현물로 지원하는 것을 선호한다. 냉전상황에서 국방원조는 이의 대표적인 예이다. 사후시장을 고려한 일임은 말할 필요도 없다.

프트웨어를 고착시키는 원인이 되기도 한다. 엄청난 양의 자료들이 어떤 특정의 형식(format)으로 되어 있을 때 새로운 소프트웨어를 구입을 방해할 가능성은 얼마든지 있다. 특정 형식의 CD나 DVD, 또는 비디오테이프를 많이 가지고 있는 사람은 그것들을 운행시킬 수 있는 플레이어를 갖추어야 한다. 그러한 특정 형태의 자료를 꾸준히 모아가는 과정은 바로 플레이어를 다른 것으로 교체하기 어렵게 만드는 고착의 심화과정이다. 컴퓨터 소프트웨어나 그 소프트웨어에서 작업한 자료들, 그리고 동일한 포맷에서 작성된 데이터베이스는 그 양이 많아지고 완전한 구색을 갖추어 갈수록 이용자의 고착을 심화시킨다. 따라서, 사용한 시간이 길수록 자연스럽게 고착화되어 간다. 이때 자료나 소프트웨어의 형태가 특별할수록 고착은 더욱 심화된다.

따라서 자료나 데이터를 구입하거나 보관할 때 가능한 한 표준이 되는 포맷과 공개된 인터페이스를 사용하고 있는가를 유념해야 한다. 아울러 자료간의 호환성이나 데이터의 보전능력 등도 잘 고려해야 한다.

다섯째, 특수 기능을 가진 장비를 처음 만들어 공급한 업체는 장래에도 공급자로 다시 선정되는 경우가 많다. 유사한 장비를 만들 수 있는 능력을 가진 사업자가 처음에 구매자를 찾지 못하여 더 이상 존재하지 않게 되면 그 가능성은 더 높아진다. 이런 특수장비의 구매자의 교체비용은 기존 업체의 제품에 견줄만한 상품을 만들 수 있는 업체가 존재하느냐에 따라 달라지는데 그 가능성이 낮으면 구매자는 자연스럽게 판매자에게 고착되게 되고 그에 따라 다음부터는 판매자에게 협상력의 우위를 내주지 않을 수 없게 된다. 이렇게 특수공급자에게 고착되는 현상은 하나의 주문단위가 크고 계약의 만기가 긴 경우에 뚜렷이 나타난다.

예를 들어 방위산업을 생각해보자. 국방부가 구입하는 전투기나 함정은 고도의 기술이 요구되는 고가의 제품인데다 신제품을 개발하여 제품이 인도되는 데는 긴 시간이 요구된다. 더욱이 계약단위가 크고 계약이행에는 장시간이 걸리기 때문에 입찰에서 낙찰을 받지 못한 기업이 그 제품을 계속해서 개발하기를 기대하기는 대단히 어렵다. 판매도 확실하지 않는데 전문학적인 비용을 들여 특수 기능을 수행하는 장비를 개발하고자 하는 기업체는 많지 않을 것이다. 낙찰기업은 계약 이행과정에서 제품개발 및 기술개발을 계속할 것이고 수요자의 요구를 더 잘 알게 될 것이므로 다음 단계의 계약에서도 보다 유리한 입장에 설 것이라는 것은 쉽게 짐작할 수 있다. 이러한 사정을 알고 있는 처음의 낙찰기업은 다음의 입찰에서는 자신에게 보다 유리한 조건을 제시할 것이고, 구매자는 다른 적절한 경쟁업체가 존재하지 않는 상황에서 고착으로부터의 불이익을 감수하지 않을 수 없다.

일상생활에서도 이러한 전문화된 공급자에 의한 고착의 예는 흔하다. 주치의에 의한 치료, 전문 법률가나 회계사의 자문 등은 오래된 인간관계는 바탕으로 이루어지는 것이 대부분이기 때문에 자신과 자사에 대한 정보를 함께 공유하고 있는 것이 보편적이다. 이러한 경우 특정한 전문가에 대한 고착은 소비자의 입장에서 필연적이다.

이러한 유형의 고착화에 따른 불이익을 줄이는 방법은 이중 원천(dual sourcing)의 상태를 유지하는 것이다. 미국 국방부는 전투기나 함정을 주문할 때 개발단계에서는 두 기업에게 낙찰되게 하고 제작단계에서는 한 업체에 낙찰되도록 한다. 때로는 입찰에서 떨어진 업체에게도 자금을 지원하여 제품개발 능력을 유지하도록 한다. 실례로, NASA는 우주 항공기 개발과 제작에 대한 업체를 선정할 때

Lockheed를 사를 선택했지만, 추가적으로 Boeing사에 대한 제품개발 자금을 지원하는 정책을 사용하였다. 이러한 이중 원천은 장기적으로 기술경쟁을 촉진하고 개발된 제품에 대한 신뢰성을 높여 공급자에게도 이익을 준다. 또한, 어차피 전문가에게 고착이 된 경우라면 적절한 유인계약을 통해 그들의 독점적 협상력을 완화시키는 것도 중요하다.

여섯째, 탐색비용(search costs)도 고착을 강화한다. 한 소비자가 부담하는 탐색비용은 작을지 모르나 소비자의 수가 많으면 전체 탐색비용은 대단히 큰 액수가 된다. 수요를 전환하고자 하는 소비자는 몸에 밴 습관을 바꾸는데 따른 불안감 때문에 심리적인 비용을 치러야 하고 공급자를 찾는데 시간과 노력을 들여야 한다. 사실, 인터넷의 사용이 일반화됨에 따라 탐색비용은 감소하지만, 현재 거래처에 느끼는 소비자의 친근감이나 익숙함 등은 여전히 존재한다.

또한, 공급자도 광고나 저렴한 가격을 제시하여 고객의 관심을 끌어야 하고, 새로운 계정을 열고 위험을 감수하는 등의 비용을 대신 지불한다. 예를 들어 신용카드(credit card)계정 바꾸기를 꺼려하는 고객을 유인하기 위해 신용카드 발행은행은 직접적으로 편지를 보내거나 판촉행사를 벌인다. 이때 계정을 옮기는 사람 가운데는 신용 상태가 나쁘거나 계좌 개설 이후 한 번도 사용하지 않고 휴면계좌로 가지고 있을 가능성이 높은 사람들이 많을 것이기 때문에, 기업은 그것을 골라내는 비용도 치러야 한다. 따라서, 충성스러운 고객기반을 잘 관리하고, 신용평가를 적절히 해내는 정보탐색 및 평가의 기능을 확보하는 작업이 중요해진다.

마지막으로, 잠금현상은 제품의 특성이나 과거 사건의 결과로만 나타나는 것은 아니다. 기업들의 전략적인 행위로 인위적으로 나타나고 강화되기도 한다. 앞에서 예를 든 대표적인 가격차별화 현상인 항공사 마일리지제도는 다름 아닌 소비자의 교체비용을 높이기 위한 전략의 하나이다. 또, 물품구매 기록이나 사용실적 등을 바탕으로 주어지는 할인쿠폰도 소비자의 교체비용을 높인다. 최근에는 인터넷 이용이 활성화됨에 따라 탐색비용은 빠르게 감소하고 있는 반면에 인위적인 교체비용 증대 전략 역시 점점 다양해지고 광범위하게 행해지고 있다. 각 소비자와 실시간 의사소통이 가능하기 때문에 각 소비자에게 고유의 교체비용을 부과할 수 있고, 이것이 가격차별과 병행하여 시행하는 예도 많다.

한편, 다단계 전략(multiperson strategy)을 통한 소비자간 연계를 활용하는 것도 중요하다. 예로, 산부인과의 경우 무료로 육아법과 분유를 공급한다. 갓 태어난 신생아의 분유는 쉽게 바꾸는 것이 두렵기 때문에 처음에 어떠한 분유를 먹이느냐가 향후의 소비를 결정짓게 된다. 따라서, 분유회사들은 무료로 분유를 산부인과에 제공할 유인이 충분하다. 마찬가지 이유로 어린이집에 무료로 만화 비디오를 대여해주는 것도 고착화 전략의 하나이다. 어린이들이 특정 비디오에 등장하는 캐릭터에 고착화되는 순간 그와 관련한 다양한 부대상품 즉, 문방구, 운동화, 심지어는 식품에 이르기까지 여러 분야의 상품에서 수익을 올릴 수 있게 된다.

따라서, 이러한 고착현상을 최소화하기 위해서는 정보의 수집을 위한 전략적 제휴를 통해 공동구매를 하거나, 보완적인 제품을 생산하는 공급자와의 협조관계를 적절히 유지하는 것이 중요하다.

3.3 잠금현상과 고착화 관리

3.3.1 소비자의 고착화 관리

앞에서 살펴보았듯이 중요한 자료를 만들기 위하여 소프트웨어의 구입을 고려하는 사람이 염두에 두어야 할 것은 그것이 다른 포맷으로 쉽게 전환이 가능한지에 대해 면밀하게 검토하는 일이다. 포맷 전환이 가능한 소프트웨어들이 독점력을 가진 한 기업의 제품인지를 확인하는 것도 중요하다. Bell Atlantic이 독점기업인 AT&T와 스위치 장치의 구입계약을 체결할 때 이점을 소홀히 하여 그 뒤 수백만 달러 이상의 손실을 입었던 것을 기억할 필요가 있다.

따라서, 구체적인 투자가 이루어지기 전에 공급자로부터 가능한 한 많은 것을 얻어내야 하고, 계약기간 이후의 선택에서도 자율성을 확보하는 것이 중요하다. 소비자는 우선 구입을 고려하는 단계에서 협상을 통하여 가능한 큰 폭의 가격할인이나 교체비용의 대신 지급과 같은 양보를 공급자로부터 얻어내야 하는데 그것을 위해 소비자가 취해야 할 자세는 느긋한 마음가짐을 보이는 것이다. 현재 자신이 사용하고 있는 장치가 성능이 좋아 계속 사용할 수 있기 때문에 당장 교체할 필요가 없고 교체한다 해도 이익이 크지 않을 것이라는 점을 강조하고, 반면에 교체에 따른 비용이 크다는 것을 설득시킨다. 사원이나 고객의 재훈련이나 시스템의 교체로 인한 혼란 등도 제시한다.

다른 한편으로는 소비자 자신이 영향력 있는 구매자임을 보인다. 한번 시험적으로 사용한 다음 제품의 성능이나 서비스가 마음에 들면 앞으로 다른 사업장에도 확장할 것이며 미래에도 계속 반복 구입할 예정이라는 것을 밝힌다. 또, 한번 구입을 하고 난 뒤 다른 제품으로 다시 교체하는 것은 거의 불가능하다는 점을 알리는 것도 중요하다. 고착에 따른 위험성을 감수해야 한다는 고충을 말함과 동시에 앞으로 계속적인 구매의 가능성을 넌지시 알려주는 것이다.

아울러 다른 소비자에 미치는 영향이 클 것이라는 것도 강조한다. 예를 들어 전남대학교에 정식으로 납품한다는 것이 알려지면 광주권에서 그 기업이나 제품에 대한 신뢰가 높아져 기업이 이익을 보게 될 것이라는 것을 강조한다. 또, 학생이 대학에 다닐 때 사용했던 제품을 졸업한 뒤에도 구입하여 계속 사용할 가능성이 높다는 점을 들어 전남대학교에 좋은 조건으로 거래할 것을 촉구한다.

앞으로 닥칠 다양한 사고나 성능의 낙후 등으로 인한 손실로부터 보호해 줄 것과 무료 업그레이드나 특별 품질보증기간 등을 계약 당시에 명시하는 것도 중요하다. 그런데, 이런 계약은 선언적인 언어로 이루어져 나중에 실제로 계약의 준수여부를 확인하기가 어려울 경우가 많다. 계약서에 명시된 대로 무료수리는 해 주되 전문수리 담당자가 아니라 수리경험이 없는 신참을 배치하여 해주거나 업그레이드를 신제품 출시와 함께 해주지 않고 시간이 지난 다음에 해주는 경우가 발생할 수 있다. 따라서, 표면적으로는 계약을 이행하는 것처럼 보이지만 실제로는 많은 비용을 구매자도 부담하도록 할 수 있기 때문에 계약은 명시적으로 하는 것이 좋다.

더구나 미래 계약변경의 선택권을 구입자에게 두는 것이 매우 중요하다. 구입자가 필요하다고 판단할 때 서비스나 제품의 사용을 중단하고 다른 것으로 대체할 수 있는 권리를 구입자가 확보해두는 것이 대단히 중요하다. 따라서 처음부터 다른 구입처를 같이 교섭하여 일부를 다른 회사제품으로 구입하거나 중요부품 가운데 일부를 다른 회사 제품을 사용함으로써 언제라도 큰 어려움 없이 다른 제품으로 전환할 수 있음을 보인다. 만약 판매자가 잠금현상으로 인한 이익을 극대화하면서 구매자의 요구를 수용하지 않는 경우 실제로 교체를 감행하는 것이 장기적으로 이로울 수 있다. 다만, 이때 소비자가 제품교체에 따른 혼란 등과 같은 교체비용의 전반에 관하여 공급자보다 정확하게 아는 것이 필요하다.

마지막으로 소비자가 경계해야 하는 것은 조금씩 고착시키고자 하는 공급자의 전략에 말려들지 않는 것이다. 처음에 시험적으로 사용할 때는 별 것 아니지만 계속 사용하면서 편의성을 좇아 보완재의 구입을 늘리고 또 데이터와 자료를 생성하여 축적해가는 과정에서 고착의 함정에 보다 깊이 빠지게 된다. 따라서 보완재가 필요해서 구입하고자 한다면 처음 기본제품을 구입할 때의 전략을 그대로 가시 사용하여 판매자로부터 보다 많은 양보를 끌어내야 한다. 구입자와 판매자 사이의 거래에 관한 기록들을 구입자가 확보하거나 구입자에게 제공해주도록 하는 것도 교체비용을 줄이는 데 기여한다.

3.3.2 공급자의 고착화 관리

공급자들은 소비자들을 고착시켜 나가는 과정에서 보다 많은 소비자들을 자신에게 고착되도록 해야 한다. 이때 필요한 전략은 다음과 같이 크게 세 가지로 요약된다. 고객확보를 위한 투자 전략과 고객을 덫에 보다 깊게 빠지게 전략, 그리고 충성된 고객으로부터 보다 많은 이익을 얻어내려는 전략 등이 그것이다.

먼저 고객확보를 위한 투자 전략에 관하여 살펴보자. 앞에서 언급한 바대로 기업이 앞으로 얻어낼 수 있는 이익의 크기는 고객기반을 확보하기 위한 투자에 비례한다. 따라서, 고객기반을 확보하기 위한 투자에 앞서서, 먼저 고착 사이클의 전과정을 일괄하여 고찰한 다음 한 고객당 얻을 수 있는 미래이익의 현재가치가 어느 정도인가를 계산해낸다. 신규고객을 확보하는 투자이건 다른 기업으로부터 고객을 뺏어오는 투자이든 간에 모든 의사결정에 이것에 기본자료가 된다. MS오피스97을 출시하면서 MS사는 기존 자기 제품 사용자와 다른 기업의 제품 사용자, 그리고 처음으로 제품을 사용하고자 하는 사람들에게 다른 가격설정을 하여 고객기반을 늘리기 위한 가격차별전략을 실시했는데, 이 경우에도 기본적으로 고객 하나를 더 유치함으로써 수익이 얼마만큼 기대되는가 하는 자료를 바탕으로 고객특성별로 다른 가격을 설정한 것이다.

그런데, 여기에서 하나 주의해야 할 점은 이 기대수익은 일정한 간격으로 집계되는 회계자료를 통하여 계산해서는 안된다. 투자에 대한 수익이 회계연도로 계산되지 않고 고착 사이클 전 과정을 단위로 계산되어져야 하며 또 고객의 특성에 따라 각각 별도로 계산되어져야 하기 때문이다. 신규고객을 확보하기 위해서는 처음 단계에서 기업이 투자를 해야 한다. 따라서 처음단계의 수익은 마이너스가 될 가능성이 높다. 이렇게 하여 고착된 고객이 확보되면 다음 단계에서는 플러스의 이익을 얻는다. 만약 시장구조가 완전경쟁이면 고착 사이클 전체를 통한 평균이윤이 정상이윤 이상이 되어야 할 것이다. 정상이윤보다 큰 이윤은 상품차별화나 제품 성능의 우수성, 그리고 비용우위 등으로부터 발생하는데, 이것과 고착단계에서 일시적으로 생기는 정상이윤 이상의 이윤과 혼동을 해서는 곤란하다. 고착단계에서 얻는 이익은 고객기반 확보단계에서 손실을 감수하면서 행한 투자에 대한 반대급부이다. 그런데, 이러한 혼동은 일반인들만 하는 것이 아니라 독점당국도 혼동하는 경우도 종종 발생한다. 정상이윤보다 이윤이 크다는 이유로 시장지배력의 존재를 판단하는 사례가 종종 있는데 이것들이 이에 속한다.

판매자가 고객과 협상을 할 때도 고착 사이클을 염두에 두고 해야 한다. 제품의 가격이 높아 고객이 제품 구입을 부담스러워 하는 경우에 판매자는 제품은 싸게 팔고 대신 사후서비스 계약을 체결함으로써 이익을 실현할 수 있다. 때에 따라서는 제품 구입가격을 제품수명이 다할 때까지 나누어 내게 하기도 한다. 만약 고객이 고착 가능성을 무척 우려하여 소비자의 선택권을 인정하는 개방형 계약을 원한다면, 그것을 분명히 해주는 것이 좋다. 이때, 문제가 되는 사항에 관한 개방을 명시해주고 다른 것은 언급을 하지 말아야 한다. 이렇게 하는 것이 고객을 안심시켜 오히려 제품의 구입을 유도한다.

그러나, 시장점유율이 높다는 것 자체가 높은 교체비용을 의미하지는 않는다. 교체비용으로부터 이익을 얻을 것으로 기대하고 갖가지 좋은 조건을 제시하여 고객을 많이 확보했는데, 실제로 고객의 교체비용이 기대보다 낮아 고객이 얼마 후에 이전해버리는 현상이 발생할 수 있다. 만약 이런 현상이 발생하면 기업은 이윤을 확보할 기회를 영영 갖지 못한다. 고객의 교체비용이 기대했던 것보다 낮아지는 이유는 경쟁기업이 거의 교체비용이 들지 않는 호환성 소프트웨어를 개발하거나 고객의 교체비용을 전부 부담해주는 전략을 시행하기 때문이다. 예를 들어 인터넷 브라우저인 Netscape의 시장점유율은 MS의 Internet Explorer에 비해 압도적으로 높았으나 그것이 Netscape의 이익에 큰 보탬이 되지 못했다. 왜냐하면 Netscape 고객기반을 Explorer가 이용할 수 있었기 때문이다.

이런 이유로, 고객 확보단계에서 중요한 사항은 교체비용이 높은 고객과 영향력 있는 고객을 확보해야 한다는 점이다. 특히 교체비용이 높아질 가능성이 큰 고객을 확보하는 것이 중요한데, 그들은 흔히 기본 제품의 보완재 등을 계속적으로 구입하고자 하는 의사를 가지고 있다. 또, 영향력 있는 고객을 선별하여 그들에게 특별한 조건을 제시한다. 규모가 큰 기업이나 대량구매자는 영향력이 있다. 시장의 표준이 이들에 의해 정해질 수 있어서 이들의 중요성은 더욱 크다. 때로는 규모에 관계없이 지도적인 위치에 있기 때문에 영향력이 있는 경우도 있다. 예를 들어 대학의 전산실 운영책임자는 일반 교수들에 비해 컴퓨터 성능에 대해 잘 알고 있을 것으로 ale기 때문에 그가 개인용으로 구입하는 컴퓨터 브랜드는 우수할 것이라고 일반인들이 인식한다. 제품을 판매하는 기업의 입장에서는 영향력의 근원이 어디에 있든 영향력이 큰 사람에게 판매하는 것이 효과적이다.

상품을 구입하는데 여러 사람이 관계되어 있을 때 가장 직접적으로 구매의사를 결정하는 사람에게 보다 큰 이익이 돌아가도록 한다. 예를 들어 비즈니스로 회사공금을 사용하여 여행하는 여행자에게 항공사는 높은 마일리지를 주고 대신 항공료는 비싸게 책정한다. 또, 의료기기를 납품하는 회사는 의과대학의 특정 진료과 과장에게 좋은 조건을 제시한다. 과장의 해외 세미나 참석비용을 대신 내주기도 하고 때로는 연구비 등을 제시하여 그 회사의 시설장비를 구입하도록 유도한다. 앞에서도 보았듯이 분유회사는 산부인과 병원에 분유를 납품할 때 대단히 좋은 조건으로 한다. 왜냐하면 신생아가 병원에서 퇴원한 뒤에도 병원에서 먹었던 분유를 계속 먹이는 경우가 많기 때문이다. 다시 말해 연속해서 고착이 일어나는 경우 처음 단계의 고객에게 좋은 조건으로 거래함으로써 고착이 연이어 나타나도록 한다.

다음으로 고객이 자신의 상품으로 보다 깊게 빠져들게 하는 전략에는 어떤 것이 있는지 알아보자. 먼저, 소비자에게 가치 있는 것을 제시함으로써 점점 자기 제품에 빠져들게 한다. 정보상품의 경우 소비자에게 날로 유익한 정보를 주는 것이 하나의 방법이다. 업종별 상점의 주소를 알려주던 데이터베이스 업체가 차츰 상점의 위치를 알게 하는 지도를 제공하는 서비스를 도입하고 나아가서 주문, 결제, 운송, 때로는 자금조달 등에 관한 서비스를 제공함으로써 고객들이 계속해서 자기 데이터베이스를 이용하도록 유도한다.

또, 인위적으로 교체비용을 증가시키는 장치를 개발하여 충성도를 높이는 전략도 광범하게 사용된다. 마일리지 제도는 고객이 사용하면 할수록 고객에게 돌아가는 이익이 커지도록 고안되어 있어, 사용이 많아짐에 따라 고착도 더욱 깊어진다. 집에서 피자를 주문하면 쿠폰을 주고 그 쿠폰이 10개 이상 모이면 피자 하나를 공짜로 주는 것이 그 예이다. 그런데, 인터넷을 통한 주문이 늘어가면서 쿠폰을 모아 한꺼번에 큰 선물을 주는 제도가 훨씬 다양하게 사용되고 있다. 전혀 관련이 없는 상품들의 쿠폰도 모으게 되면 그에 합당하는 선물이나 물품의 구입권이 된다. 최근에는 인터넷 쇼핑몰에서 상품을 구입한 액수가 일정액 이상이면 그 점수만큼 그 쇼핑몰에서 현금과 같이 사용하도록 하고 있다.

아울러 다양한 상품차별화를 수행하는 것도 소비자의 탐색비용을 증가시키는 방법이 될 수 있다. 버저닝을 다양하게 하거나 다양한 업그레이드판을 주기적으로 생산함으로써 인위적인 충성도 제고전략들을 통해 전통적인 상품을 잠금현상이 강한 상품으로 성질을 바꿀 수 있다.

마지막으로 고착된 소비자로부터 보다 많은 이익을 빼오는 전략(leverage strategy)을 살펴보도록 한다. 한 고객으로부터 얼마만큼의 이익을 장래에 끌어올 수 있는가는 판매기업이 얼마만큼 공격적으로 고객에게 접근했느냐에 달려 있다. 충성스런 고객으로부터 이익을 실현하는 방법 가운데 가장 흔하고 효과적인 방법은 보완재를 개발하여 판매하는 것이다. 즉, 게임의 차원을 넓혀 범위의 경제성을 호가보하는 것이다. 예를 들어 신용카드회사들은 카드소지자가 물품을 구입할 때는 낮은 수수료를 낮게 받는 대신, 카드론에 대해서는 높은 이자를 받는다. 고객기반이 넓으면 보다 많은 사람들이 높은 이자율의 카드론을 사용할 것이기 때문에, 물품 구입에 따른 수수료는 받지 않거나 카드소지자에게 이용에 따른 혜택을 줌으로써 고객을 확보하고자 한다.

고객에 관한 정보를 많이 가지고 있는 PC통신업자들은 자기 데이터베이스에 다른 상품판매자들이 접근하여 이용하는 교차마케팅(cross marketing) 제도를 활용하여 수익을 올리고 있다. 월스트리트 저널이나 아메리카 온라인 같은 회사들은 자기의 고객들에게 요금을 받기 위하여 확보해 놓은 고객주소를 광고회사들에게 돈을 받고 접근하도록 허용한다. 우편번호만 알고 있다 해도 그것은 광고에 아주 좋은 정보이므로, 광고회사들은 그와 같은 정보를 돈을 주고 이용한다.

고착의 정도에 따라 고객을 분류하여 가격차별을 함으로써 이익을 크게 할 수 있다. 시사주간잡지의 경우 기존고객에게는 구독기간을 갱신할 때 처음으로 잡지를 구독하는 사람보다 높은 가격을 내게 한다. 약간 가격이 비싸더라도 그것을 이유로 다른 잡지로 옮기는 사람은 많지 않을 것이기 때문에 가격을 높게 책정하는 것이다. 만약 다른 잡지로 바꾸면 교체비용을 지불해야 하는 고객은 계속 그 잡지를 구독하게 된다. 사실 Business Week이나 Economist나 똑같이 경제전문지로서 크게 다를 바 없다. 다시 말해 기사의 내용을 보고 한 구독자가 다른 잡지로 옮기는 경우가 많지 않을 것이다. 그런데, 일단 어느 잡지를 구독한 사람은 쉽게 다른 잡지로 옮기지 못하고 만다. 일단 Business Week을 구독한 고객은 Economist를 보면 편제나 구성, 활자까지 어색하여 익숙한 느낌이 들지 않아 그 잡지를 차분하게 읽지 못한다. 그런 상황에서는 일년 구독을 바꾸기는 어려울 것이다.

탐색비용을 높이는 것도 고객을 붙잡아 놓고 자산의 이익을 크게 하는 방법이다. 자기 회사와 관련이 있는 웹사이트에는 쉽게 접근하도록 허용하고 다른 관련 회사를 찾는 것을 어렵게 하는 방법이 흔히 쓰인다. 또, 처음 서비스를 시작하면서 다른 경쟁업체가 진입할 것을 대비하여 고객들의 계약기간의 만료시점을 여럿으로 달리함으로써 진입기업이 고객을 한꺼번에 임계수준만큼 충분히 확보하는 것을 방지한다. 또, 시스템으로 작동하는 내구적 정보재의 수명을 달리 하여 고객을 붙잡아 놓고 이익을 취한다. 이때 시스템 가운데 하나가 낡았을 때 소비자는 다른 시스템으로 바꾸지 못한다. 왜냐하면 낡은 부품 이외의 장치들은 아직도 유용한데 시스템을 바꾸게 되면 그것들이 모두 쓸모없게 되기 때문이다. 계약기간이 끝나기 훨씬 전에 계약을 갱신하도록 요구하는 것도 같은 효과를 갖는다. 다른 업체를 찾아보지 않은 상태에서 계약기간을 겹치게 함으로써 계약이 계속 존속되도록 한다.

3.4 경로의존성

잠금현상으로 발생하는 경제적 속성을 경로의존성(path dependency)이라고 부른다. 경로의존은 이전에 결정한 사항 때문에 그 후에 후회하는 일이 발생할 수 있음에도 불구하고 초기부터 바른 선택을 제한받는 상황을 가리키다. 앞의 Bell Atlantic도 AT&T 5SS을 설치하기로 한 결정으로 10여년이 지난 후에 그로 인한 손실로 후회하고 있음에도 불구하고 더 큰 손실이 염려되어 붙잡혀 있는 상태인데, 그것을 잠금현상 또는 경로의존이라 부른다.[27]

경로의존에는 세 가지 형태가 있다. 일차경로의존은 앞으로 일어날 일에 대해 명확하게 알고 의사결정을 했지만 (예상했던 일이 그대로 실현된 후) 어느 시점에서는 그것을 후회하는 상황을 맞는 현상을 가리킨다. 예를 들어 자녀가 고등학교 다닐 때는 자녀들과 함께 살기에 편리하도록 큰 집을 샀다. 몇 년이 지난 후 자녀가 결혼하고 취직하여 집을 떠나가게 되는데, 그때가 되면 그 집은 부부만 살기에는 너무 크지만 그대로 살고 있는 경우에 처하게 된다. 이렇게 미래의 어느 시점에서 후회한다 할지라도 이것은 예측 가능한 일이었고 그것을 감안하여 큰 집을 구입하였다면, 그 구입행위는 최선이고 이것보다 더 나은 대안은 없다.

이차경로의존은 의사결정 당시에는 예측하지 못한 일이 시간이 지난 다음에 발생하여 후회하지만 바꿀 수 없어 매여있는 상태를 가리킨다. 예를 들어보자. 부부가 결혼하여 집을 샀는데 3년이 지난 후에 이혼하였다. 집을 살 당시에는 이혼을 예측할 수 없었기 때문에 이혼

27 Shapiro와 Varian(1999)은 교체비용으로 인하여 한 번 선택한 것에 그대로 매여있는 상태를 잠금현상으로 표현하고 경로의존이라는 용어는 사용하지 않는다. 이에 반해 Liebowitz와 Margolis(1999)는 잠금현상이라는 용어를 경로의존과 같은 의미로 소개하고 있으나 주로 경로의존이라는 용어를 사용하여 현상을 설명한다. 대체로 고착이라는 용어에는 개인별 교체비용이 강조되는 반면, 경로의존은 사회적인 측면에서 과거의 결정이 현재를 구속한다는 느낌을 준다. 또한, 고착이라는 용어는 모든 경로의존을 포함하지만, 경로의존이라고 쓸 때는 아래에서 설명하는 삼차경로의존에 초점을 두고 있다.

후에는 그것이 잘못된 결정이었다고 하나, 결정 당시에 주어진 정보에서는 그것은 최선의 결정이었다. 이때도 더 나은 대안이 없는 개선불가능한(not remediable) 선택이다.

그에 비해 삼차경로의존은 개선의 여지가 있는 실수를 내포하고 있다. 이혼할 줄 알면서도 집을 구입했거나, 컴퓨터가 좋은 것이 곧 나오므로 기다리는 것이 나은 줄 알면서도 컴퓨터를 구입한 것 등이 이에 속한다. 일차 및 이차 경로의존은 정보상품이 아닌 일반상품에서도 흔히 존재하는 것으로 새로울 것이 없다. 그러나, 삼차경로의존은 망외부성의 영향을 받는 것으로 정보상품에 나타날 가능성이 상대적으로 높다. 따라서, 여기에서는 삼차경로의존에 대해서 집중적으로 살펴보기로 한다.

망외부성과 규모의 경제가 동시에 존재하는 상품의 시장구조는 자연독점이 된다. 이러한 경우 사회 구성원의 적절한 개인적 선택이 사회적으로 잘못된 선택을 결정할 수 있다. 즉, 우수한 상품이 존재하는 데도 열등한 상품에 고착되는 경로의존현상이 나타날 수 있다. 여기에서 간단한 예를 제시해 본다.

어떤 상품에는 기술A와 기술B 두 종류의 기술이 채택가능한데 각각으로부터 얻어지는 후생은 다음의 <표 3.2>와 같다. 이 표에서 이용하고 있는 사람이 40명 이상일 때 분명히 기술B가 우수하다는 것이 잘 나타나 있다. 그러나, 처음 그 제품을 구입하는 사람은 단기적으로 기술A를 채택한 상품이 주는 후생 10이 기술B를 채택한 상품을 구입했을 때 얻을 수 있는 후생 4보다 더 크기 때문에 기술A가 채택된 상품을 구입한다. 그 다음 사람도 기술A를 선택할 것이고 그 다음 사람도 그럴 것이다. 망외부성에 의하여 기술A를 채택한 상품의 가치는 사용자가 많아짐에 따라 올라가는 반면 기술B를 채택한 상품을

표 3.2 기술별 가치

사용 고객수	0	10	20	30	40	50	60	70	80	90	100
기술 A	10	11	12	13	14	15	16	17	18	19	20
기술 B	4	7	10	13	16	19	22	25	28	31	34

자료: Arthur(1985)

구입한 사람은 없었기에 기술A로부터 얻어지는 후생과 기술B의 후생은 4에 그대로 머물러 있다. 이 과정은 계속되어 앞으로 모든 사람들이 기술A를 채택한 상품만을 구입할 것이므로 그 상품은 자연스럽게 시장을 모두 차지하게 된다. 분명히 기술B가 우수함에도 불구하고 사회는 기술A에 고착되는 것이다.

그러나, 사회 전체가 잘못된 상품에 고착된다는 경로의존성에 대한 설명이 타당하기 위해서는 여러 가지 제한점들을 파악해보아야 한다. 먼저 지적할 수 있는 것은 소비자가 심하게 근시안적이라고 가정하고 있다는 점이다. 미래에 대한 예측능력이 전혀 없이 당장의 이익만을 고려한다고 전제하고 있다. 소비자가 기술에 대한 약간의 예측능력이 있다고 한다면 이런 정보를 전문잡지에서 미리 알려줄 수 있고, 또 소매상이 미래의 이익을 위하여 올바른 정보를 소비자에게 알려 기술B를 구입하도록 한다면, 이와 같은 경로의존은 나타나지 않을 가능성이 있다. 현실적으로도 이러한 가능성은 충분히 있으며, 소비자는 언제나 주어진 정보에 기초하여 예측을 한다. 그 예측이 불완전한 것이라도 예측을 계속 수정하기 때문에 어떤 형태의 정보든지 추가로 주어진다면 그에 따라 자신의 구매행위를 달리 할 수 있다. 다만, 예측의 불안정성이 정보의 심각한 비대칭성에서 발생한다면 이러한 근시안적 결정이 경로의존성을 유발할 가능성이 존재한다는 것은 알 수 있다.

또한, Arthur(1985)는 소비자가 단 하나의 상품만을 구입하는 것으로 가정했지만, 다량 구매자가 있다면 사정은 또 달라진다. 자금력이 있는 투자자들은 기술B의 우위가 실현될 만큼의 물량을 한 번에 구입할 수 있다. 그리고 이 물량이 시장에서 충분히 소화가 된다면 자연적으로 시장에서는 기술B가 표준이 될 가능성이 있다. 예로, 팩스머신은 처음에 대기업에서 사내 문서전송용으로 유용성을 인정받아 이용되기 시작한 것이다.

이 모형의 또 다른 논의점은 기술B를 채택하여 상품을 만드는 회사가 처음부터 고객기반을 확보하기 위한 투자를 할 가능성이 있다는 것을 고려하고 있지 않다는 점이다. 고객기반이 많아지면 분명히 소비자들로부터 소비가 더 커질 것이라는 것을 확실히 알고 있는 기업가는 처음에 고객기반을 확보하기 위하여 가격을 낮추거나 공짜로 나누어줌으로써 손실을 감수한다. 이런 확신으로 금융기관을 설득하여 대부를 받아 초기의 손실을 메꾸는 방법도 얼마든지 가능하다. 물

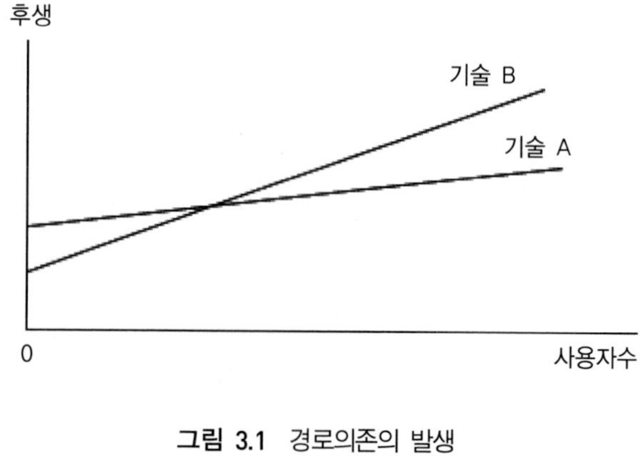

그림 3.1 경로의존의 발생

론 금융시장의 불완전성으로 정보의 비대칭성을 극복할 수 있는 적절한 신호체계가 구축되어 있지 않다면 역선택의 결과가 유발될 수 있다는 점에서 기업가의 활동에 대한 제약이 존재할 수도 있다.

이제 이러한 경로의존이 생기는 원인을 다른 측면에서 고찰해 보자. 경로의존은 사용자 수의 증가에 따라 망외부성이 더 강하게 나타나는 상품이 사용자 수가 작을 때는 더 형편없는 제품일 경우에 나타난다. 즉, <그림 3.1>에서 보는 바와 같이, 두 상품이 같은 시점에 나왔다고 할 때, 편익곡선이 서로 교차할 때만 경로의존의 문제가 생긴다. 편익곡선의 기울기는 바로 망외부성의 강도에 의해 결정되기 때문에 처음에 조악한 상품이 사용자 수의 증가에 따라 보다 강한 망외부성을 보인다는 것이 입증되어야 경로의존을 설명할 수 있다.

일반적으로 망외부성은 기술이나 포맷, 표준 등에 의해 확산속도가 영향을 받는 것은 사실이지만, 주어진 사용자수에서 한계적인 망외부성의 크기는 크게 달라지지 않는다. 이동전화의 경우 셀룰러 형식이냐 PCS 형식이냐에 따라 통화의 품질이나 기술적인 조건이 영향을 받기 때문에 망의 확산속도는 영향을 받을 것이다. 그러나, 일정한 사용자 수가 확보된 상태에서 추가적으로 사용자가 많아짐에 따라 발생하는 소비자의 한계적 망외부성의 편익은 소비자들에게 거의 같다. 동일한 형식의 비디오테이프의 이용자가 많아지면 돌려볼 수 있는 가능성이 커지는 것이 망외부성인데, 그 외부성은 한계적 크기는 비디오가 VHS 형식이든 베타 형식이든 달라질 이유가 없다. 따라서, 두 제품이 동시에 시장에 나왔다고 할 때 성능이 우수한 제품이 선택되지 않고 성능이 떨어지는 제품이 표준으로 자리잡을 가능성은 매우 낮다.[28]

---

28 완전정보하에서는 망외부성의 강도가 같은 경우에는 먼저 시장에 나온 제

마지막으로, 망외부성은 흔히 특정 상품의 이용자의 편익이 다른 이용자들이 누구인가에 상관없이 이용자 수에만 영향을 받는다고 전제한다. 그러나, 현실적으로 소비자들은 어떤 특성을 갖는 소비자가 자기와 같은 형식의 제품을 이용하는가에 관심이 높다. 예를 들어 다른 나라 사람들이 MS 워드를 사용한다 할지라도 한국 사람들은 한컴의 한글 소프트웨어를 주로 사용한다면 한국인은 비록 성능이 떨어진다 할지라도 한컴의 한글을 구입할 것이며 이에 따라 한국에서는 그것이 표준이 된다. 이것에서 유추하면, 특정집단이나 정부, 때로는 대기업이 특정의 것을 선택함으로써 전체가 선택을 잘못하는 경우가 발생할 수 있다는 점을 상기할 필요가 있다.

경로의존의 대표적인 사례로 자주 언급되는 것은 타자기 자판과 비디오 재생기다.[29] 여기서는 두 사례의 간략히 역사적 사실과 시사점만을 파악하기로 한다.

현재 영문 타자기의 표준은 소위 QWERTY 타자기이다. 이것은 1868년에 개발되어 1873년에 출시되었는데, 이것의 장점은 자주 사용하는 키가 서로 부딪히는 현상이 거의 일어나지 않는다는 것이다. 그런데, 이 타자기보다 손가락을 조금만 움직이고 더 빨리 많은 양을 타이프할 수 있다는 새로운 형태의 타자기가 1936년에 Dvorak교수에 의해 발명되었다. David(1985)에 의하면, Dvorak 타자기가 QWERTY 타자기보다 성능면에서 우수한데도 불구하고 시장에서 사라진 것은 잠금현상에 따른 시장실패, 즉, 경로의존 현상이라는 것이다.

품이 표준이 된다. 그러나, 불완전한 정보하에서 소비자의 미래 예측이 불확실한 상황에서는 생산자의 전략에 따라 초기 후생도 작고 망외부성의 강도도 작은데도 불구하고 표준이 될 가능성은 있다.

29 자세한 사례는 손용엽·이상호(2001) 참조

비디오 재생기도 소니사에서 1975년에 출시한 Betamax가 성능이 우수함에도 불구하고 같은 시기에 JVC에 의해 출시된 VHS에게 시장을 내주었다. VHS는 성능면에서 뒤떨어지지만 과거부터 사용해온 U-matic 테이프를 사용할 수 있도록 개발되었기 때문에 그것을 교체비용 지불 없이 사용할 수 있는 VHS에 고착되었다는 것이다.

그러나, 잠금현상에 의한 시장실패인 경로의존성에 대한 반대의견도 만만치 않다. 소비자들이 자신들에게 주어진 정보를 바탕으로 판단할 때 분명히 우수한 대체재가 있는데도 불구하고 열등한 제품을 사용하는 비합리적인 선택이 지속된다고 하는 경로의존성은 합리적인 선택을 그 근간으로 하는 경제학 이론체계에 대한 위협이 된다. 따라서, 그것을 그대로 받아들이기 전에 사실이 정말로 어떤 모습이었는지를 분명히 확인할 필요가 있다.

Liebowitz와 Margolis(1999)에 따르면 경로의존성의 예로 자주 거론되고 있는 타자기와 비디오 레코드는 일반적으로 알고 있는 바와는 다르다. 이 상품들이 시장지배적 상품으로 살아남은 것은 시장의 평가에 근거한 성능면에서 우수한 제품이었기 때문이다. QWERTY 방식의 타자기가 Dvorak 방식에 비해 성능이 떨어진다는 것은 미국 해군에서 실시한 성능시험에서 입증된 것이라고 알려져 있는데, 그 실험과정이나 결과에 대한 확실한 자료가 없고 다른 실험에서는 오히려 반대의 결과가 나오는 등 성능에 관한 일관된 평가가 나타나 있지 않다.[30]

또한, 비디오 레코드의 경우에도 소니사에서 주장하는 바와 같이

30 그러나, QWERTY 타자기가 잘못된 선택일 가능성은 전혀 없는 것은 아니다. Dvorak타자기에 비해 먼저 나왔기 때문에 성능이 열세임에도 불구하고 소비자들이 그 상품에 고착될 가능성은 유추할 수 있다.

베타맥스가 소비자의 평가나 성능면에서 월등히 우수한 것이 아니었다. 두 제품간에 실제적인 기술상 차이는 크지 않았는데, 다만 베타맥스는 고화질의 성능을 지녀서 기술적으로 더 나은 것으로 평가되는 반면, VHS는 정상적인 속도에서 2시간 동안 진행(play)할 수 있는데 반하여 베타맥스는 1시간밖에 할 수 없었다. 당시에 영화가 대부분 1시간 반 이상을 소요했기 때문에 진행시간이 긴 VHS가 오히려 소비자에게 선택되고 베타맥스는 외면당했다.

한 상품에 익숙해져 있는 소비자가 성능이 유사한 다른 제품으로 바꾸려면 교체비용을 지불해야 하기 때문에 시장에서 기존 상품에 집착하는 현상이 나타나기도 하지만, 때때로 새로운 상품이 기존 제품을 누르고 시장지배적인 위치를 차지하기고 한다. 신규기업이 잠금현상으로부터 오는 불이익을 줄이기 위해서 기존 제품과 호환이 가능한 제품을 개발하는 경우가 많지만, 때로는 기존 제품과 호환되지 않은 상품을 출시하여 정면승부를 가리고자 하는 경우도 있다. 이때, 신규제품의 성능의 우수성이 교체비용을 훨씬 능가한다면 소비자들도 교체비용을 기꺼이 지불하고 새로운 상품으로 수요를 전환하여 새 제품이 시장지배적인 위치에 서게 된다. 즉, 혁명적인 방법으로 압도적인 성능을 지닌 기업만이 시장에서 적절한 평가를 받게 되어 성공을 거둘 수 있게 된다.

제4장 네트워크와 접속

4.1 네트워크의 호환성

네트워크상의 호환성이란 서로 다른 공급자에 의해 공급된 부품이나 하부시스템이 하나로 결합되었을 때 동일한 효과를 발휘하여 별다른 오류가 없이 작동되는 네트워크의 기계적 특성을 의미한다. 네트워크 산업처럼 수많은 부품들로 이루어진 조립제품이나 다수의 하부시스템들을 결합하여 시스템 제품을 제공하는 산업의 경우 부품들간 혹은 시스템들간의 호환성의 문제는 중요하다.

4.1.1 호환성의 개념과 분류

두 개의 서로 다른 상품이 동일한 네트워크상에서 마치 하나의 상품처럼 조합되어 서로 같이 작동하는 경우에 호환성을 갖추었다고 할 수 있다. 예를 들어, MS워드로 작업한 문서가 훈글에서도 동일한 특성과 기능을 지닌 채 사용될 수 있다면 MS워드와 훈글은 서로 호환성이 있다고 할 수 있다. 또는 컴퓨터 문서작업을 하는데 있어서 QWERTY 자판을 사용하든지 드보락 자판을 사용하든지 상관없이 원하는 대로 내용을 동일하게 문서화할 수 있다면 두 자판 간에는 호환성이 있다.

이러한 호환성의 현상은 일반적인 사회생활에서도 흔히 접할 수 있는 것들이다. 동일한 언어를 사용하고 있어서 나의 말이 상대방의 말과 통화하는 데 아무런 지장이 없을 때, 지하철 패스만 구입하면 1호선 지하철이나 2호선 지하철을 동일한 선로에서 갈아탈 수 있을 때, 비디오 테이프나 CD들이 제조업체에 관계없이 동일한 비디오 기기나 오디오 기기에서 작동할 때, 이들 상품들은 호환성을 지니고 있다고 한다.

또한, 하나의 정보재가 서로 다른 네트워크 체계에서도 운영이 가능할 경우에도 호환성이 있다고 부른다. 예를 들어, 윈도우즈 2010에서 작업한 Excel 문서가 윈도우즈 2003에서도 동일한 기능과 특성을 지닌 체 사용될 수 있다면 Excel 프로그램은 윈도우즈 2010과 윈도우즈 2003사이에 호환될 수 있다. ATM 현금카드의 경우에도 사용자가 어느 은행의 카드를 가지고 있든지 상관없이 모든 ATM 기계에서 현금을 인출할 수 있다면 그 현금카드는 호환성을 지니고 있다. 교통카드의 경우 서울에서 사용하는 교통카드로 부산이나 광주 등에서 제약없이 사용할 수 있다면 교통카드는 범용성을 지니게 된다.

일반적으로 호환성은 두 가지 방법에 의해 달성이 가능하다. 하나는 표준화(standardization)에 의한 방법이고 다른 하나는 어댑터(adaptor) 혹은 인터페이스(interface)에 의한 방법이다. 만약 두 상품이 동일한 표준을 사용한다면 두 상품은 일정한 특성을 서로 공유하고 사용하게 된다. 두 상품 간 완전한 표준화가 이루어졌다면 그들 두 상품은 완전히 호환이 가능한 동일한 기능과 특성을 지닌 상품이라고 할 수 있다. 이들은 다만 제조업체나 디자인 등과 같은 기능외적인 점에서만 차이가 날 뿐이다. 따라서, 호환성은 상품간의 표준화 정도에 전적으로 의존된다는 것을 알 수 있다.

한편, 호환성의 달성 수단으로서 어댑터를 사용하는 경우에는 일방향(one-way) 어댑터와 양방향(two-way) 어댑터로 구분할 수 있다. 일방향 어댑터는 A상품에서 B상품으로의 호환은 가능하지만 그 반대방향으로는 호환이 이루어지지 않는 장치를 말한다. 반면에 양방향 어댑터는 A상품에서 B상품으로는 물론이고 B상품에서 A상품으로 호환이 가능하게 하는 장치이다.

서로 다른 상품이더라도 동일한 표준으로 작동되거나 혹은 양방향 어댑터가 작동하는 경우 두 상품의 일정한 특성은 동일하게 파악될 수 있는데, 이런 경우에 완전 호환(full compatibility) 혹은 양방향 호환이라 한다. 반대로 서로의 표준이 틀려 전혀 같이 사용할 수 없는 경우에는 완전 비호환(total incompatibility) 혹은 양방향 비호환이라 한다. 예를 들어 가정용 홈비디오의 경우 VHS방식과 Beta방식은 크기나 운영체계가 달라 서로 완전 비호환의 상황에 놓여져 있다. 또한, IBM 컴퓨터는 컴퓨터 성능을 증가시키기 위해 기존의 7bit시스템을 8bit 시스템으로 변환시킴으로써 특정 프로그램이 매킨토시 컴퓨터 및 다른 컴퓨터에서 전혀 호환될 수 없게 되었는데, 그 프로그램은 두 컴퓨터 운영체계의 비표준화로 인해 완전 비호환의 상황에 놓여 있게 된 것이다.

실제로 기술적인 차이나 혹은 다른 경제적인 차이에 의해서 완전 호환이 이루어지거나 완전 비호환이 이루어지는 경우가 있기는 하나, 그보다는 일정한 정도의 호환만이 가능한 불완전 호환 혹은 부분 호환이 일반적이다. 특히 동일한 제조업체 또는 동일한 표준기술을 사용하고 있는 기술집단이라 할지라도 기술의 발달 등으로 인해 새로운 제품을 출시하게 될 때 기존의 상품이 가지고 있는 특질을 전부 반영할 수 없는 경우가 흔히 있게 된다.

MS사의 운영체계를 그 대표적인 예로서 생각해 볼 수 있다. 초기에 도스(DOS) 시스템에서 윈도우즈(Windows)체계로 운영체계를 바꾸면서 도스 상에서의 기능은 윈도우즈 상에서 많은 부분 호환이 가능했으나, 윈도우즈 상에서 개발된 다양한 프로그램은 도스 상에서는 사용이 불가능한 경우가 많다. 이러한 경우에 부분적인 호환 혹은 일방향 호환만이 가능하게 된다. 또한, 동일한 윈도우즈 시스템이더라도 버전의 차이에 따라 호환이 불가능한 다양한 어플리케이션이 존재한다. 실제로 1990년대 중반이후 윈도우즈 체제가 정착되면서 지속적인 기술개발을 통한 새로운 업그레이드 버전상품들이 쏟아져 나왔으며, 어플리케이션들 간에 구 버전의 기능을 신 버전은 지니고는 있으나, 구 버전에서는 신 버전에서 작동하는 특정 기술이 작용하지 않는 경우가 흔하다. 이러한 부분 호환의 예는 소프트웨어 상품에 있어서 여러 곳에서 찾아볼 수 있다.

개념적으로 부분 호환은 두 상품간 호환성의 방향에 따라 전방 (혹은 상방) 부분 호환(forward or upward partial compatibility)과 후방 (혹은 하방) 부분 호환(backward or downward partial compatibility)으로 구분할 수 있다. 먼저, 후방 부분 호환은 상품의 업그레이드 과정에서 기술적으로 진화되는 과정에서 발생하는 현상으로, 새로운 버전의 상품을 구입하였을 때, 구 버전 혹은 저급용 상품은 신 버전 혹은 고급용 상품에서 호환하여 사용 가능한 반면 신 버전 혹은 고급용 상품은 구 버전 혹은 저급용 상품에서 호환되지 않아 사용할 수 없는 경우를 나타낸다. 이와는 반대로 전방 부분 호환이란 업그레이드 과정에서 기술적인 단절이 이루어지는 현상으로, 새로이 구입한 상품은 구 버전의 상품들을 사용하는 소비자가 동일한 호환성으로 똑같이 사용할 수 있지만 구 버전에서 작업한 내용들은 신 버전에서는 호환되어 사용할 수 없는 경우를 나타낸다. 즉, 신 버전 혹은 고급용 상품을 구 버전 혹은 저급용 상품에서 호환되게 사용할 수 있지만 구 버전 혹은 저급용 상품은 신 버전 혹은 고급용 상품에서는 호환이 불가능한 경우를 나타낸다. 대체적으로 후방 부분 호환은 기술적으로 가능하지만 전방 부분 호환은 불가능한 경우가 흔하며 그 이유는 신 기술의 개발에 따른 기술적 차이 때문에 발생한다.

그러나, 기술 외적인 차이 즉 경제적 차이가 부분 호환 현상을 가속화시키기도 한다. 예를 들어 구 버전의 기능에서 신 버전의 기능을 사용할 수 있도록 재조정하는 기술은 가능하더라도 교정비용이 지나치게 많아 기업의 이윤획득에 도움이 되지 않는다면 그러한 현상은 일어나지 않는다. 또한, 많은 소비자가 구 버전을 가지고 있더라도 일방향 호환(후방 부분 호환만 가능하도록 함)만을 유지하는 것이 신 버전의 판매량을 증가시키는데 기여할 수 있다면 부분 호환의 경영 전략은 기술 외적인 경제적인 이유에서 기업이익에 도움이 될 수 있다.[31] 즉, 소비자의 입장에서는 신 버전이 도입되었을 때 구버전을 버리고 신버전을 따라가는 데에는 여러 가지 교체비용을 지불해야 한다. 그러나, 하방 부분호환이 가능하다면 이러한 교체비용을 최소화할 수 있다. 더군다나 상방 부분호환이 되지 않는다면 구버전을 가지고서는 신버전에서 발생하는 망외부성의 효과를 포기해야 한다. 또한, 심리적으로도 사회적인 변화의 추세에 따라가지 못한다는 추가적인 비용을 지불해야 된다.[32]

31 망외부성이 있는 내구재를 생산하는 독점 기업이 전략적으로 후방 혹은 전방 부분 호환을 선택하게 되는 논의는 Lee(2006a), Lee and Niem(2010) 참조.

4.1.2 호환성의 경제적 편익

호환성은 망외부성을 확대하고 규모의 경제성을 달성할 수 있다는 점에서 소비자와 생산자 모두에게 편익과 비용을 동시에 가져다준다.

먼저, 소비자가 얻는 편익은 크게 세 가지로 생각할 수 있다. 첫째, 네트워크 산업에서 호환성에 의해 네트워크의 규모가 커지므로 소비 측면의 망외부성이 커지게 된다. 자신이 거래하지 않는 은행의 현금 인출기를 통해서 현금서비스를 받게 되거나, 자신이 가입한 이동통신회사와 다른 이동통신회사에 가입한 소비자가 동일한 번호로 아무런 불편이 없이 전화통화가 가능한 경우 소비자의 편익은 훨씬 증가하게 된다.

둘째, 부품간 호환성의 확립은 소비자로 하여금 제품이나 서비스 선택에서 다양성을 누릴 수 있게 한다. 소비자는 다양한 공급자들로부터 호환 가능한 부품들을 조합하여 자신이 가장 선호하는 제품이나 서비스 유형을 선택할 수 있다. 따라서, 부품 간 혹은 시스템 간 호환성의 달성은 수요자의 선택가능집합을 확대하고 결과적으로 소비자 후생을 증진시킨다.

마지막으로, 특정 제품을 구입할 때 소비자가 지니는 위험부담이 줄어든다. 예컨대 전기어댑터가 발달되어 있는 상황에서는 전기제품을 구입할 때 110볼트 콘센트 제품인지 220볼트 콘센트 제품인지 일일이 신경 쓰지 않아도 전기 제품의 사용가능성을 확보할 수 있다. 또, 자신이 구입한 제품의 공급자가 시장에서 퇴출되더라도 애프터서비스나 단종에 따른 제품교체의 위험을 부담할 필요가 없다.

---

32 독점기업이 두 개의 버전을 시장에 제공할 때, 경제적인 이윤동기에 의해 상방 부분호환 대신에 하방 부분호환을 선택하는 과정에 대한 분석은 이상호(1999)를 참조할 수 있다.

그러나, 표준화를 통한 호환성의 달성으로 단기적으로는 소비자의 선택가능성을 확대할 수 있지만 장기적으로는 오히려 소비자의 선택 가능집합을 줄일 가능성이 있다. 표준화를 통해 이미 망외부성이 극대화되어 있는 시점에서는 기존의 표준화된 제품과 호환성은 없으면서 성능이 아주 우수한 새로운 제품이나 시스템의 출현을 제약할 수 있기 때문이다. 또, 어댑터에 의한 호환은 어댑터를 구입해야 하는 비용과 아울러 어댑터의 기술적 불완전성이나 부분 호환성으로 인하여 일정한 비용이 초래될 수 있다.

한편, 공급자의 경우도 호환성이 이루어짐에 따라 몇 가지의 편익과 비용이 동시에 발생한다. 첫째, 호환성이 확립되면 생산측면에서 규모의 경제가 실현된다. 호환성이 없는 두 개의 제품 간에 호환성이 달성되면 각각의 제품 네트워크가 하나로 연결되어 시장이 확대되고 이에 따라 각 기업들은 그에 따라 생산에서의 규모의 경제적 효과를 누릴 수 있다.

둘째, 호환성의 성립은 공급자간의 경쟁양상을 변화시키고 부품 간 보완효과가 강화되어 단기적으로는 경쟁을 완화시킬 수 있다. 예컨대 호환성이 성립되기 전에는 시장의 표준화를 선점하려는 시스템 간 표준화 전쟁이 발생할 수 있으나, 호환성의 상황에서는 시스템 간 경쟁보다는 통합시스템을 구성하는 부품간의 부분 경쟁으로 이행된다. 이때 만약 경쟁기업들이 서로 다른 부분에서 각자의 독자적 기술적 우월성을 지니고 있다면 부품 간 경쟁보다는 부품 간 협조와 보완이 주는 편익이 더 클 것이다. 그러나, 장기적으로는 기술적 통합이 이루어짐에 따라 공급 부품간의 경쟁관계가 치열해질 수 있다.

4.1.3 호환성의 선택

호환성의 선택을 통해 망외부성이 결정되는 과정을 보기 위해 수직적 네트워크 구조인 다음의 <그림 4.1>을 살펴보자. B_1과 B_2를 각각의 네트워크라고 하면 A_1과 A_2는 각각 자신의 네트워크에서 활용되는 프로그램이라고 볼 수 있다. 따라서, (A_1, B_1) 및 (A_2, B_2)는 각각 수직적 구조를 지닌 보완적 상품을 나타낸다.

호환성 선택을 위한 표준기술은 공개되어 있고 특정한 기술수준의 도입비용이나 두 네트워크 간 조정비용이 존재하지 않다면, 수직적 체계인 (A_i, B_i)의 호환성에 대한 유인은 상호보완적 요소의 결합을 통해 발생하는 수요의 크기에 의존된다. 완전 호환의 경우에는 A_1과 B_2 또는 A_2와 B_1이 결합하여 보완적 상품을 만들어 낸다. 그러나, 이러한 완전 호환은 (A_1, B_2)와 (A_2, B_1)의 보완적 상품을 통해 수

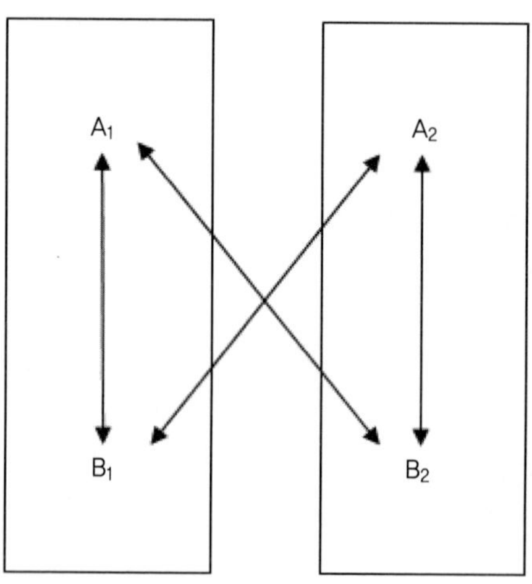

그림 4.1 복합적 호환성

요를 증가시키는 네트워크 효과뿐만 아니라 각각의 요소 간 경쟁을 증가시키는 경쟁 효과를 지니고 있다. 따라서, 상반된 두 가지의 효과 중에서 네트워크의 효과가 경쟁효과를 압도하는 경우에 한해 완전 호환이 이루어진다. 그러나, 네트워크의 효과가 경쟁효과를 미치지 못한 경우에는 완전 비호환이 이루어진다. 물론 네트워크 효과와 경쟁 효과는 호환체계를 바탕으로 한 두 수직적 구조 사이의 가격변화에 따른 수요의 반응 즉 수요탄력성의 크기에 의존한다. 일반적으로 완전 호환일 때가 완전 비호환일 때에 비해 수직적 구조에서 일어난 가격변화에 따른 수요의 변화가 민감하게 나타난다. 소비자는 가격이 오른 수직적 구조에서 가격이 오르지 않은 다른 수직적 구조로 네트워크 효과를 포기하지 않고 쉽게 대체하기 때문이다. 따라서, 완전 호환일 때 균형가격은 완전 비호환의 경우보다 낮다.

반면, 만약 두 수직적 체계 간의 기술수준이 차이가 있거나 네트워크 간 조정비용에 차이가 있다면, 두 기업 간 호환성에 대한 유인은 서로 차이가 난다. 예를 들어, (A_1, B_1)의 수직적 구조는 (A_2, B_2)의 수직적 구조와의 결합을 요구하는 반면 (A_2, B_2)의 수직적 구조는 (A_1, B_1)의 수직적 구조와 결합을 원하지 않을 때, 두 수직적 구조 간에 호환성에 대한 갈등이 발생할 수 있다. 따라서, 두 수직적 구조 간에는 호환에 대한 유인의 정도에 차이가 발생하여 부분 호환의 형태가 나타날 수 있다. 이때 부분 호환에 대한 유인의 정도는 자신의 상품 (A_1, B_1)을 유지하는 것과 부분 호환 상품 (A_1, B_2)으로 교차하는 경우에 따른 네트워크 효과와 경쟁 효과의 비교를 통해 결정된다. 또한, 보완적 상품의 품질은 각 보완요소의 개별적 품질의 최하값에 전적으로 의지한다. 즉, (A_1, B_1) 상품의 품질과 A_1 및 B_1 각각의 구성요소들의 품질 간에는 저품질 요소의 제약에 의해 $Q_{A_1B_1} = \min(Q_{A_1}, Q_{B_1})$의 관계식이 성립한다. 따라서, 두 수직적 체계간의 기술수준의 차이는 구성요소 간 품질차이를 반영하므로, 상대 네트워크 구성요소와의 품질 차이가 보완적 상품을 비대칭적으로 교차하려는 부분 호환 결정에 영향을 미친다.

마지막으로, 두 개의 네트워크가 완전히 호환 가능하다면 균형의 결과가 어떻게 달라지는지를 살펴보기로 한다. 먼저, 앞의 1.2.2에서 분석한 것과 같이 동질적인 네트워크 서비스 모형을 고려해 보자. 만약 완전 호환이 이루어진다면 각 소비자는 어떤 네트워크에 가입하더라도 망외부성을 동일하게 누릴 수 있다. 따라서, 각 소비자는 가격이 싼 곳만을 선택하여 가입을 할 것이며 $c_X = c_Y$가 성립하지 않는 한 $S - c_X < S - c_Y$인 경우에는 Y로의 통합균형 즉, $x = 0$, $y = 1$만이 균형이 된다. 그러나, 만약 두 네트워크의 한계비용이 동일하다면 즉, $c_X = c_Y$가 성립한다면 소비자의 입장에서 어느 망이나 무차별하게 여기게 된다. 따라서, X로의 통합균형과 Y로의 통합균형뿐만 아니라 XY의 분리균형도 모두 존재하게 된다. 이때는 사회후생도 어느 경우나 모두 동일하게 된다. 결국, 표준화의 정착을 통해 완전 호환이 이루어진다면 시장균형은 사회후생을 극대화하는 방향으로 결정된다. 그러나, 표준화에 따른 부대비용을 고려하거나 시장의 불완전 경쟁을 고려한다면 그 결과는 달라질 수 있다.

다음으로, 앞의 1.2.3에서 분석한 것과 같이 이질적인 네트워크 서비스 모형을 고려해 보자. 이 경우에도 각 소비자는 어떤 네트워크에 가입하더라도 망외부성을 동일하게 누릴 수 있다. 따라서, 각 소비자는 자신의 기호를 가장 잘 충족시켜주는 네트워크 서비스를 선택하게 된다. 즉, A 유형의 소비자가 모두 X네트워크에 가입하고, B 유형의 소비자는 모두 Y네트워크에 가입하는 상태가 된다. 결국, 이질적인 서비스를 제공하는 네트워크가 여러 개 동시에 공존하는 경우에는 특성이 다른 가입자가 하나의 네트워크에 포함되지 않으며 하나의 유형을 지닌 소비자는 양쪽의 네트워크에 가입하지 않는 XY의 분리균형만이 존재하게 된다. 이때 사회후생을 나타내는 식은 $W_{XY}=mS_X^A+nS_Y^B$인데, 이것은 X로의 통합균형이나 Y로의 통합균형이 주는 사회후생보다 더 크다. 그러나, 이질적인 서비스를 제공하는 네트워크의 경우에서도 표준화의 정착을 통해 완전 호환이 이루어진다면 시장균형은 사회후생을 극대화하는 방향으로 결정된다. 물론 이때에도 표준화에 따른 비용이나 시장구조의 불완전성 등에 따라 그 결과는 달라질 수 있다.

4.2 네트워크의 접속

우리나라 상호접속기준(3조 1항 1목)에 의하면 네트워크의 접속이란 사업자 또는 서비스 유형이 다른 통신망 상호간에 전기통신역무의 제공이 가능하도록 전기통신설비를 물리적, 전기적, 기능적으로 연결하는 것을 말한다. 기술의 발전에 따라 네트워크에 접속(interconnection)하는 방법은 케이블이나 전화선 등의 유선망 뿐만 아니라 무선 인터넷이나 위성 등의 무선망을 이용할 수 있기 때문에 네트워크가 발전함에 따라 수평적인 네트워크 간의 접속과 관련한 다양한 문제가 발생한다. 구체적으로, 최종 네트워크의 필수설비(necessary facility)에 대한 접속의 가능성과 차별성의 여부, 접속의 개방(open access)이나 망세분화(unbundling)에 대한 접속조건의 설정문제, 최적 접속료(optimal access charge)의 설정과 네트워크 사용의 효율성과의 관련성 등이 중요한 경제적 논점으로 부각하고 있다.

접속이 중요한 이유를 세 가지로 정리할 수 있다. 첫째, 이용자의 편익을 증대시킬 수 있다. 이용자는 통신망간 끊김없는 연결(seamless connectivity)에 의해 언제 어디서 누구와도 통화할 수 있다. 즉, 이용자는 자신이 가입한 사업자의 가입자 수가 증가하면 효용이 증가하는 네트워크 효과를 향유하며 설령 가입자가 다른 사업자의 가입자라고 하더라도 접속에 의해 통화가 가능해져 네트워크 효과 증가된다. 둘째, 시장의 성장을 가능하게 한다. 신규사업자는 가입자 수가 적은 시장 초기에 가입자 기반(an installed based of subscribers)이 큰 기존사업자와의 접속에 의해 네트워크 효과를 향유하면서 성장할 수 있다. 이동통신사업자는 사업 초기 네트워크 효과를 향유하기 위해 자발적으로 접속하게 되며 이동통신사업자와 시내전화사업자와의 접속에 의해 유선전화에서 이동전화로 거는 전화(이하 LM (Land-Mobile)시장이 성장할 수 있다. 셋째, 유효경쟁 체제가 확립된다. 접속이 이루어지지 않는 경우 이용자는 네트워크 효과가 보다 큰 기존사업자의 서비스에 가입하려는 유인이 크며 이로 인해 신규 사업자는 가입자를 확보하기 어려워 사업을 지속할 수 없는 쏠림(tipping) 현상이 발생할 수 있다. 그런데, 규제기관이 통신사업자의 상호접속을 사전규제하는 이유는 상호접속과 관련한 시장지배적사업자의 불공정 행위를 미연에 방지하기 위해서이다.

이하에서는 네트워크 접속의 성격에 따라 일방향 접속과 양방향 접속으로 구분하여 살펴보고자 한다.

4.2.1 일방향 접속(중계접속)

일방향 접속이란 가입자망을 보유한 시내사업자의 망내 또는 망간 발착신되는 호를 중계하는 장거리(시외 또는 국제) 전화사업자의 접속을 말하는 것으로 중계접속이라 한다.

<그림 4.2>는 일방향 통신에 대한 접속상황을 나타낸 것이다. 최종 소비자인 단말에서 발신과 착신이 이루어지는 지역망은 모두 독립망을 지닌 독점기업이 소유하고 있으며, 장거리망은 중계망으로 운영되고 있다. 이 경우 지역망이 있어야만 장거리망 서비스가 완료될 수 있기 때문에 지역망은 병목설비(bottleneck facility)라고 부른다. 이 경우 지역망을 병목설비로서 소유한 독점기업은 중계망인 장거리망을 접속시켜줄 것인지 아니면 접속을 배제할 것인지를 결정하게 된다. 이 같은 결정은 접속을 통해 얻는 네트워크효과와 경쟁효과의 상대적인 크기에 의존한다. 망외부성이 커져 산업 전체의 이윤이 커질 수 있다면 독점기업은 접속을 용인하여 접속료 수입을 확보할 것이고, 반대로 경쟁효과가 더 크다면 독점기업은 접속을 거부하게 된다.

그러나, 일반적으로 많은 국가에서 정보통신산업을 주관하는 정부의 정책담당자들은 병목설비를 공개하여 공개접속(open access)이 가

그림 4.2 네트워크 접속: 일방향 접속

능하도록 강제하는 정책을 사용하고 있다.[33] 미국의 경우 1996년 통신법(Telecommunications Act)의 제정을 통해 지역망에 대한 공개접속과 비차별적 접속을 보장하고 있으며, 다른 선진국이나 우리나라도 공정한 상호접속을 경쟁법으로 보장하고 있다. 예를 들어, 지난 2000년 미국 법무부는 컴퓨터 운영체계 사업자인 MS사에 대해서 소스 코드(source code) 공개에 비협조적이었다는 점과 이를 반경쟁적으로 활용했다는 점을 들어 분할명령을 내린 바 있다. 이에 대응하여 병목설비를 지닌 독점기업은 접속배제의 전략보다는 접속료의 설정에 유리한 위치를 차지하여 접속료 수입을 극대화하려는 전략을 취하기도 한다.

기업의 자율권을 보장하고 아울러 경쟁을 활성화시킴에 따라 기존 네트워크에 대한 접속의 문제와 적절한 접속료의 설정에 대한 논의는 네트워크 시장이 확대됨에 따라 정보통신산업의 중요한 정책적 이슈가 되고 있다.[34] 미국의 경우 통신법을 통해 시내망 독점을 완화시켜 시설기반진입(CATV, CAP, AT&T 등), 재판매진입, 혼합진입(세분화된(unbundled) 망요소의 이용) 등의 유형으로 경쟁을 도입한 바 있다.

그러나, 자율화의 진전은 규제제도 폐기와 표준적 경쟁 정책으로의 전환을 의미하지는 않는다. 경쟁도입정책은 공동사용의 이점이 있는 병목설비에 대한 네트워크 간의 접속 문제를 유발시켜서 사업

---

33 미국의 FCC(Federal Communication Commission), 영국의 OFTEL(OFfice of TELecommunication), 그리고 일본의 MPT(Ministry of Post and Telecommunication) 등이 대표적인 선진국의 정보통신산업 정책담당 규제기구이다.

34 정보통신산업에 있어서 유인규제개혁의 원리와 다양한 접속료 수준에 대한 이론적 논의는 Laffont and Tirole(2000), 김희수 외(2000), 이상호 외(2000) 등을 참조할 수 있다.

자간 갈등이 발생하기 때문이다. 즉, 진입기업의 접속료가 생산비용의 절반정도에 이르고 기존기업 수입의 30% 정도가 접속료 수입에 이를 만큼 규모가 크기 때문에, 접속료에 대한 배분문제를 경쟁기업과 조절해야 한다는 점에서 협상하기 어려운 점이 많다. 이러한 점에서 규제자가 접속료 수준을 정하더라도 로비와 정치적 개입이 강하게 작용할 가능성이 높다. 아울러, 접속료 수준을 결정하는 데 있어서 적절한 접속료 수준을 설정하거나 기업의 순응정도를 감시하기 위해서는 정보제약을 해소할 수 있는 유인방안이 고려되어야 하는 현실적 제한이 존재한다. 따라서, 정보획득비용의 절감과 정치적 개입의 감소에 따른 편익을 고려해야 할 필요성이 있다.

한편, 접속료 수준은 기존기업의 네트워크 하부구조의 투자수익에 결정적인 영향을 미친다. 정태적 관점에서 보면 네트워크가 설치된 이후에는 접속료를 줄여 경쟁을 활성화시켜야 하지만, 동태적 관점에서 보면 네트워크를 설계할 당시에 사전적으로 접속료를 높여 네트워크 하부구조를 구축시켜야 하므로, 네트워크의 최적 활용에 대한 상반관계가 존재한다.

장거리 전화를 제공하는 신규사업자는 기존 (유선) 사업자의 가입자망을 투입물로 이용하여 이 사업자와 소매시장에서 경쟁을 한다. 이들간의 경쟁은 기존 사업자는 투입물과 서비스를 동시에 제공하는, 즉 도소매를 수직결합하여 판매하는 반면, 신규 사업자는 기존 사업자로부터 투입물을 구매하여 서비스를 제공하여야 한다는 측면에서 비대칭적 경쟁이다. 이때 사업자간 접속을 규제기관이 규제하지 않고 협상에 일임하거나 사업자가 제공하는 소매서비스는 대체재이고 시장이 포화된 상황(한 사업자가 소매 서비스 한 단위를 제공하게 되면 다른 사업자의 한 단위 서비스는 제공되지 못하는 경우)을 가정한다면 기존 사업자는 접속수익과 소매수익 크기에 따라 접속을 결정할 것이다. 기존 사업자는 신규 사업자에게 접속(도매) 서비스를 제공할 수도 있고 자신이 이를 이용하여 직접 소매 서비스를 제공할 수도 있다. 전자의 경우는 접속이윤을, 후자의 경우는 소매 이윤을 얻게 된다. 즉, 기존 사업자가 신규 사업자에게 접속 서비스를 제공할 것인지에 대한 판단은 접속이윤과 소매이윤의 상대적 크기에 좌우된다.

기존 사업자가 신규 사업자에게 접속 서비스를 제공하지 않는 현실적 이유는 신규 사업자의 규모가 너무 작아 협상 또는 접속 절차상에서 발생하는 비용이 접속수익보다 크거나 접속 서비스를 제공하는 경우 소매 시장에서 신규 사업자와의 경쟁 과정에서 수요 대체가 급격히 발생하여 소매이윤을 상실할 가능성이 클 것으로 예상하기 때문이다. 실제로 통신시장의 소매이윤이 도매이윤보다 클 가능성이 크다.

일방향 접속하에서 기존사업자에게 접속 의무를 부여하는 이유는 기존사업자가 보유한 가입자망과 유사한 망을 신규 사업자가 구축하는 것이 실질적으로 불가능하다는 필수설비(essential facilities) 또는 애로설비(bottleneck facilities) 개념에 기반(MCI vs AT&T 판례, 1983)한다. 독점사업자가 관련 설비를 통제하며, 경쟁사업자가 관련 설비의 실질적이고 합리적인 생산이 불가능하며 독점사업자가 경쟁사업자에 대한 엑세스를 거부하거나 독점사업자가 경쟁사업자에게 실제로 필수설비를 제공할 수 있다. 미국의 경우 신규 중계 사업자 MCI가 Graham Bell에 의한 전화기 발명과 이에 따른 특허권을 배경으로 끊임없는 인수합병을 통해 독점적 지위를 굳혀간 기존 유선종합 사업자 AT&T와의 접속을 관철하기 위해 법적 투쟁 과정에서 정립된 경우를 볼 수 있다. 가입자망의 전국적 구축은 우리나라를 포함한 선진국에서 조차 100여 년의 세월이 소요되었다. 따라서 신규사업자가 이를 재생하는 것은 시간과 비용 측면에서 불가능하다. 가입자망이 필수설비이고 기존 사업자가 신규 사업자에게 접속서비스를 제공하지 않는다면 신규사업자는 소매서비스를 제공할 수 없고 따라서 소매시장에서의 경쟁은 활성화되지 못할 것이다.

4.2.2 양방향 접속(직접접속)

양방향 접속이란 가입자망(엑세스망)을 보유한 시내 또는 이동통신 사업자간에 이루어지는 접속을 말하는 것으로 직접접속 또는 독립망간 접속이라 한다.

양방향 접속은 가입자망을 보유한 사업자간에 이루어지는 접속이므로 일방향 접속에서와 같은 필수설비 문제는 발생하지 않는다. 실제로 이동통신사업자는 이동통신기술에 의해 가입자선로를 무선채널로 대체함에 따라 상대적으로 적은 시간과 비용으로 통신망을 구축하여 서비스를 제공한다. 양방향 접속은 대상 사업자간에 상호 접속료 정산이 이루어지고 통화호는 사업자의 가입자 간에 이루어지는 망내통화(on-net calls)와 상이한 사업자의 가입자간에 이루어지는 망외통화(off-net call)로 구분되는 등 일방향 접속보다 복잡한 양상을

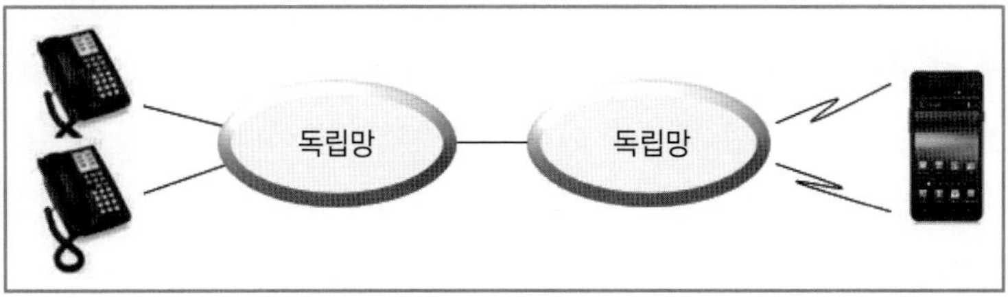

그림 4.3 네트워크 접속: 양방향 접속

띤다. 양방향 접속에서 일방향 접속의 필수설비에 대응하는 개념은 착신 독점성(termination monopoly)이다. 이는 한 사업자의 가입자가 다른 사업자의 가입자에게 전화를 걸면 착신 사업자의 통신망 이외에는 호를 연결한 대체수단이 존재하지 않는다는 측면에서 착신 사업자는 독점력을 지닌다는 것을 의미이다. 물론 가입자망을 가진 사업자간에도 중계 형태의 접속인 간접접속(indirect access)이 있으나 활성화된 사례를 찾기는 어렵다.

양방향 네트워크 사업자간 접속의 경우 독립망을 독점적으로 보유한 사업자는 서로 접속서비스 대가인 접속료를 인상시키고 이를 요금에 반영하여 이윤을 최대화하려는 유인을 갖는다. 따라서, 양방향 접속을 하는 유무선 사업자간의 접속을 규제하고 있다. 첫째, 일반적으로 선진국의 유선사업자는 이미 전국적인 가입자망을 구축하였고 노후화된 네트워크의 대체체가 이루어지고 있기는 하지만 망 구축비용은 상당 부분 감가상각이 이루어져 통신망을 계속 업그레이드하고 있는 이동통신 사업자보다 접속료 수준이 상당히 낮기 때문에 유무선 사업자간의 접속료는 불균형을 이루고 있다. 둘째, 이동통신시장은 다수의 사업자가 경쟁하고 있고 따라서 기존 유선 사업자가 대부분의 시장점유율을 차지하고 있는 유선시장보다 경쟁적이라고 할 수 있으며, 이동통신사업자는 미래의 수익원인 가입자를 유치하기 위해 기본료를 낮춘다. 예를 들어 단말기 보조금 등을 지급하고 있다. 셋째, 풍선효과를 들 수 있다. 이동통신사업자는 이용자가 자사의 서비스에 가입하게 되면 발신에 의한 소매수익뿐만 아니라 다른 이동통신 사업자의 가입자로부터 착신이 이루어져 접속수익도 발생한다. 이중 일부를 기본료를 낮추는데 이용한다. 결국 이동망 접속료는 LM 요금에 반영되어 유선 가입자가 부담하게 되나 이는 이동통신시장에서 사업자가 가입자를 유치하기 위한 보조금으로 활용됨에 따라 유선부문에서 무선부문을 보조하는 자원왜곡이 발생하게 된다.

4.2.3 접속료 산정의 기준

선진국에서 현재까지 진행된 접속료 수준에 대한 실무적 수준의 지배적 패러다임은 현재발생기준의 회계적 자료에 의거한 생산원가 산정방식에서 장기증분원가 방식을 적용한 접속료 설정이다. 장기증분 원가방식(Long-Run Incremental Cost)이 등장한 원인은 기존의 접속료 산정원칙이었던 공통원가 배분방식이 가지고 있는 자의성과 비합리성으로 인해 기존기업의 수익 보존이나 진입기업 보호를 통한 경쟁유인의 저하가 문제되었기 때문이다. 장기증분원가를 측정하기 위해서는 경제적 평가나 혹은 공학적 모형을 통한 비용최적화 모형을 찾고 이에 더해 경제적 감가상각이나 장기적인 미래 요소사용의 정도를 예측하는 미래지향적 기법이 요구된다.

가. 공통원가 완전배분방식(Fully Distributed Cost: FDC)

접속료는 중간재로서 한 사업자가 최종이용자에게 통신서비스를 제공하기 위해 통신회선설비를 이용한 접속대가이다. 가장 대표적인 전통적인 방법으로는 회계학적인 관점에서 일정기간 발생한 비용을 모든 서비스에 대해서 접속료와 서비스 가격에 완전 배분하는 방식이 있다. 이는 공통비용을 분배하는 방식으로 통화량, 수입, 제조원가 등을 기준으로 활용할 수 있다. 예를 들어, 총산출량에서 각 서비스가 차지하는 비중을 기준으로 하는 상대가치법, 각 서비스가 차지하는 수익의 비중을 기준으로 하는 총수익법, 직접원가가 차지하는 비중을 기준으로 분배하는 귀속원가법 등이 대표적이다.

공통원가 완전배분방식의 장점은 취득 가능한 단순정보에 의해 간단한 배분방식을 활용한다는 점에서 비용산출이 용이하며, 원가규모의 산출이 쉽다. 그러나, 원가대상과 발생원가간의 인과관계를 반영하지 못하고, 정확한 원가산출이 어렵다는 점에서 공통비 배분에 따른 원가의 왜곡이 발생한다. 또한, 접속서비스 이용자에게는 접속제공자사업자의 비효율성에 따른 추가적인 원가부담의 요인을 발생시키고, 접속서비스 제공자에게는 미래자료를 활용할 수 없다는 점에서 투자 의사결정을 왜곡함으로써 비용최소화에 대한 유인이 없어진다. 따라서, 1990년대에 들어서서 공통비용을 최대한 발생 원인에 근거하여 효율적으로 배분하고자 하는 경제적 시도가 추진되었다.

나. 장기증분 원가방식(Long Run Incremental Cost: LRIC)

경제학적 관점에서 장기증분 원가방식은 장기적으로 산출물을 일정량 증가시키기 위하여 소요되는 증분비용 또는 역으로 총산출물에서 그와 동일한 양의 산출물을 감소시킴으로써 사용되지 않아도 될 회피원가에 근거해서 접속료를 산정하는 방식이다. 이 방식은 경제학의 장기적 한계비용의 개념을 통신사업에 적용한 개념으로 영국과 미국을 위시로 1990년대 중반부터 현실에 적용되기 시작하였다.

장기증분 원가방식의 장점은 회계학적 기준에 의한 공통원가방식의 불안정한 적용가능성을 회피하도록 하고, 생산의 한계적 관점에서 접속료를 산출한다는 점에서 생산 및 진입에 대한 의사결정을 내리는데 가장 정확한 신호를 제공해준다. 따라서, 진입자에게는 시장진입에 따른 정확한 손익판단의 기준을 제공하고, 기존 사업자에게는 서비스 생산과 원가의 인과관계를 정확히 파악함으로써 효율성 동기를 부여한다. 이로써 효율적인 통신망 구축 유도, 효율적 상호접속 촉진, 사업자간 정산 용이성 등의 장점을 제공하게 된다. 그러나, 장기증분 원가방식의 개념은 경제이론적 개념에서 출발하고 있기 때문에 현실적용에 있어서 판단기준에 따라 회계적 비용과 경제적 비용을 혼돈할 수 있는 가능성이 존재한다. 즉, 기업의 직접비용을 정확히 파악하려는 기술적 어려움이 존재하고, 독점시장에서 발생 가능한 기존 기업의 이익이 반영되지 않음으로써 전략적인 비가격경쟁이 발생할 수 있다.

따라서, 현실적으로 장기증분 원가방식으로는 공통원가를 회수하기 어렵기 때문에 미국과 영국에서는 일정한 보전율인 마크업(markup)을 반영하는 Top-down 방식이나 Bottom-up방식을 개발하고 있으나, 모형설계에 있어서 기술적 문제와 판단의 자의성 문제가 유발되고 있다.

다. 효율적 요소가격방식(Efficient Component Pricing Rule: ECPR)

효율적 요소가격방식은 Baulmol and Willig(1994)에 의해 제안된 경제적 방식으로, 접속료를 독점기업의 가격과 경쟁부문에서의 한계비용의 차액, 즉 접속제공의 한계비용과 경쟁부문의 단위당 순이익의 합으로 결정하는 방법이다. ECPR하에서의 접속료 산정의 기준은 완전경합시장에 있어서의 평균증분(한계)비용이 기준이 되어야 하며, 다른 기업에게 중간재를 공급하는 기업에게는 중간재 공급으로 인해 희생되는 이윤 기여분(사업자의 기회비용) 만큼을 회복할 수 있도록 가격 설정의 재량권이 부여되는 방식이다.

효율적 요소가격방식은 접속에 따른 직접적인 한계비용을 측정하여 접속료에 반영한다는 경제적 특성이외에 접속제공의 기회비용을 추가적으로 반영한다는 점에서 잠재적 기업에게 정확한 신호를 제공한다. 또한, 기존기업의 수지균등 조건하에서 기존기업보다 효율적 비용 조건을 가진 진입기업만이 시장진입을 행할 수 있으며, 진입은 기존사업자의 영업이익에 관한 한 중립적이므로 기존기업이 불공정 접속 등을 이용하여 공정경쟁 환경을 저해할 유인이 없다. 그러나, 신규진입이 이루어졌을 때의 가격경쟁 효과를 반영하지 않는다는 점에서 기존 가격의 경직성이 존재하며, 진입자는 잣대경쟁자로서의 역할만을 담당함으로써 고정비용 등에 대한 기존기업의 비효율성이 존재하게 되어 기존사업자의 독점적 이익을 기회비용으로 보아 신규사업자에게 부담하게 결과를 초래할 수 있다.

한편, ECPR의 문제점을 극복하기 위한 개념으로 시장결정식 효율적 요소가격방식(Market-determined Efficient Component Pricing Rule)이 Sidak and Spulber(1998)에 의해 제안되었다. 이는 ECPR이 시장의 경쟁효과를 반영하지 않고 설정함으로써 발생시키는 비효율성을 보정하고자, 경쟁 대안에 대한 반응을 반영하여 직접적 경제비용(기존기업의 단위당 접속에 대한 증분비용)과 기존사업자의 세분화된 투입물에 대한 기회비용의 합으로써 네트워크 요소가격을 설정한다. 이러한 시장결정식 효율적 요소가격방식의 장점은 ECPR이 지닌 특성과 동일하게 신규 진입자가 기존사업자보다 더 효율적이라면 진입자는 기존사업자를 대체할 수 있어 동태적 효율성을 달성시키며, 사적 기회비용(기존기업의 기회비용)에서 사회적 기회비용(시장의 기회비용)의 차이를 보전하지 않아 독점적 이윤을 보장하지 않게 된다. 그러나, ECPR처럼 잠재적 진입기업의 고정비용이 고려되지 않아 신규진입에 대한 유인이 정확하지 않고, 세분화가 이루어지지 않는 필수설비(bottleneck)에서 발생하는 비효율성은 여전히 신규사업자에게 부담하게 결과를 초래한다.

라. 램지가격방식(Ramsey Pricing)

램지가격방식은 후생경제학적 분석에 기초하여 출발하는 개념으로 평균비용 또는 고정비용을 보상해 주면서 사회후생을 극대화할 수 있는 요금체계를 설계하는 방식이다. 즉, 각 서비스의 요금마진율이 그 서비스의 수요탄력성의 역수에 비례하도록 설정되어, 수요탄력성이 큰 서비스의 요금은 한계비용에 가깝게 설정되어야 하며, 수요탄력성이 작은 서비스의 요금은 한계비용보다 상당히 높게 설정되어야 한다.

램지가격방식의 장점은 경제적 개념에 가장 충실하게 적용되는 접속료 책정방식으로 시장의 수요를 반영하여 비용조건을 조정함으로써 사회적 후생을 극대화할 수 있다는 점이다. 그러나, 수요와 비용에 대한 방대한 정보량을 필요로 하기 때문에 비현실성이 존재하며, 정태적 수요조건에 기반하여 접속료를 책정함으로써 장기투자나 동태적 규제분석에 적절하지 못한 점이 있다.

한편, 램지가격방식의 현실적인 적용을 위해 총가격상한제방식(Global Price Cap)이 Laffont and Tirole(1996)에 의해 제안되었는데, 이는 접속료에 대한 중간재 가격을 최종재 가격과 동일한 가격상한제의 집계에 포함시키는 방식이다. 즉, 가격상한제의 가중치를 적절히 평가하여 접속료와 최종재 가격을 동일한 가격상한 내에서 조절함으로써 수요조건을 반영하는 가격설정범위내에 공통비용을 회수할 수 있도록 유인하게 된다.

총가격상한제방식의 장점은 수요와 비용에 대한 정보제약을 많이 줄이고도 램지가격방식의 특성을 유지할 수 있다. 즉, 정태적인 관점에서 시장의 수요와 비용조건을 동시에 반영한 사회적 후생을 극대화한다. 그러나, 총가격상한제방식은 램지가격방식에서 간과하고 있는 장기투자나 동태적 규제분석에 적절하지 못하며, 경쟁자를 약탈하거나 수요를 제한하여 접속료 가격을 높이고 최종재 가격을 낮추려는 전략적 행위가 발생가능하다.

마. 접속료 책정방식의 비교

각각의 접속료 책정방식이 지니고 있는 경제적 특징은 <표 5.1>에 제시되어 있다. 공통원가방식은 회계적 접근방식이라는 점에서 장기증분원가방식과 차이가 있으며, 효율적 가격방식과 램지요금방식은 접속원가뿐만 아니라 사용량에 근거하여 일정한 추가보상을 한다는 점에서 장기증분 원가방식과 차이가 있다.

이들 접속료 책정방식의 차이점을 이해하기 위해 일방향 통신에

표 4.1 접속료 책정방식의 비교

<table>
<tr><th>종류</th><th>개념
(접속료 범위)</th><th>장점</th><th>단점</th><th colspan="2">특징</th></tr>
<tr><td>공통원가
완전배분방식
(FDC)</td><td>회계학적으로
모든 비용을
완전배분</td><td>비용 및 원가
산출이 용이함</td><td>원가대상과
발생원가간
인과관계를
가지지 못함</td><td colspan="2">회계적
접근방식</td></tr>
<tr><td>장기증분
원가방식
(LRIC)</td><td>한계생산비
(접속비) 혹은
한계생산회피비용</td><td>경쟁시장의
한계적 특성을
가장 정확히
반영함</td><td>기업의 경제적
비용 회수
어려움</td><td>진입
기업
유리</td><td rowspan="3">경제적
접근
방식</td></tr>
<tr><td>효율적
요소가격방식
(ECPR)</td><td>접속제공 직접비
(+) 접속제공
기회비용</td><td>기존사업자의
영업이익에
중립적인 진입</td><td>기존기업의
비효율성
유지</td><td>기존
기업
유리</td></tr>
<tr><td>램지요금방식
(Ramsey
Pricing)</td><td>접속제공 직접비
(+) 접속수요의
변화분</td><td>사회적 후생
극대화</td><td>동태적
효율성의
문제</td><td>사회
최적</td></tr>
</table>

근거한 간단한 경제적 모형을 통해 접속료 결정방식을 검토하여 비교하기로 하자. 먼저, 발신과 착신이 이루어지는 지역망은 모두 독점기업이 소유하고 있으며, 지역망을 잇는 장거리 망은 독점기업(q_1)과 경쟁적 진입기업(q_2)에 의해 운영되고 있다고 하자. 지역전화서비스를 위해 사용되는 전화망의 사용량을 q_0로 놓으면, 지역망의 총사용량은 $Q = q_0 + q_1 + q_2$로 정의될 수 있다. 분석의 편의상 장거리사업은 비용불변산업을 가정하여 장거리 사업자의 비용은 기존기업 c_1q_1, 진입기업 c_2q_2로 놓기로 한다. 반면, 지역망 비용은 규모의 경제가 존재하며 $c_0Q + k_0$로 놓기로 한다. 즉, k_0는 지역망의 고정비용을 의미하며 한계비용 접속에 따른 적자분에 해당한다. 그리고 지역망 서비스 가격은 p_0, 장거리망 서비스 가격은 각각 p_1, p_2로 놓기로 한다. 또한, 장거리 진입자가 지역망에 접속하는 데에 따른 접속료는 a로 놓기로 한다. 따라서, 만약 장거리 진입자가 시장지배력을 소유하고 있지 않다면 경쟁가격 $p_2 = a + c_2$이고 경쟁적 진입기업들의 이윤은 정상이윤 수준이 된다.

먼저, 원가 기준방식인 공통원가 배분방식을 고려해 보자. 이는 과거에 일반적으로 널리 사용되는 방법으로 공통비나 결합비용을 임의의 적절한 회계적 원칙에 따라 배분하는 방법이다. 예를 들어, 지역망 총사용량에 비례하여 공통비를 배분하는 방법을 생각해 보면, $p_0 = 2c_0 + k_0/Q$, $\mathrm{p_1 = (2c_0 + k_0/Q) + c_1}$, $\mathrm{a = 2c_0 + k_0/Q}$이다. 따라서, 지역망 서비스 사업의 순수입은 $B_0 = (p_0 - 2c_0)q_0$, 장거리 서비스 사업의 순수입은 자사 서비스 운영에 따른 순수입 $B_1 = (p_1 - 2c_0 - c_1)q_1$과 접속료 순수입 $B_2 = (a - 2c_0)q_2$이 된다. 따라서, 순수입의 합이 고정비용을 충당할 수 있는 수준이 되어

$B_0 + B_1 + B_2 = k_0$이 성립한다.

다른 원가기준방식인 장기증분원가방식은 실제 발생한 회계학적 비용보다는 생산 효율적인 경제학적 비용에 근거하여 접속료를 산정하려는 방법이다. 예를 들어, t시점에서의 접속료를 그 시점에서 발생할 수 있는 장기증분비용으로 설정하게 된다. 즉, 생산(비용) 효율적인 방법에서 발생한 한계비용 c_0와 고정설비 k_0에 대해 이자율 r과 기술진보율 x, 그리고 장비의 감가상각율 δ로 조정하게 된다. 따라서, 접속료는 $a = 2c_0 + k_0(r + x + \delta)$로 설정할 수 있다. 이 경우 완전정보하에서는 기술진보에 대한 정확한 예측을 할 수 있고, 경영효율성과 아울러 정책의 일관성이 유지된다면 모든 고정비용 k_0는 지역망 총사용량 Q에 대해 적절히 가변비용으로 처리될 수 있으므로 $r + x + \delta = 1/Q$로 배분하여 조정한다면 각각의 서비스 사업의 순수입이 고정비용을 충당하여 $B_0 + B_1 + B_2 = k_0$가 성립한다.

한편, 사용량 기준방식을 적용하여 효율적 요소가격원칙을 고려할 수 있다. ECPR은 접속에 따라 발생한 직접적인 한계비용과 기존기업의 수익손실분을 접속료에 산정하는 방식이다. 즉, 경쟁으로 인한 장거리 사업의 손실분을 접속료로 보상하려는 제도로 $a = p_1 - c_1$이 된다. 진입기업이 장거리 사업에 진입하여 기존기업은 단위통화당 $p_1 - (2c_0 + c_1)$만큼 기회수익을 상실하게 되고 아울러 접속을 통해 $2c_0$만큼 직접적인 한계비용이 발생하기 때문이다. 예로, 영국의 Oftel의 경우 ECPR원칙을 응용하여 접속료를 $a = 2c_0 + k_0 B_1/q_1$ $(B_0 + B_1 + B_2)$로 설정하는 Oftel Rule을 적용한 바 있다. 이 경우 독점기업의 수지보전이 이루어지도록 규제된다면 서비스 수입에서 $B_0 + B_1 + B_2 = k_0$가 성립하므로 $a = 2c_0 + B_1/q_1 = p_1 - c_1$이 되어 ECPR과 동일한 결과를 갖게 된다.

마지막으로, 램지가격방식은 예산제약이 있는 경우 자원배분의 효율성을 달성하기 위한 가격체계로, 이는 제약하에서 사회후생을 최대화시키는 차선의 가격원칙을 접속료 산정원칙으로 사용하려는 방식이다. 예를 들어, 지역망 서비스의 소비자 후생을 $S(p_0)$, 장거리망 서비스의 소비자 후생을 $S(p_1, p_2)$로 놓고, 독점기업 및 진입기업의 이윤의 합을 $\pi(p_0, p_1, p_2) = (p_0 - 2c_0)q_0 + (p_1 - c_1 - 2c_0)q_1 + (p_2 - c_2 - 2c_0)q_2 - k_0$로 놓는다면, 전체 산업에 대한 정상이윤의 제약하에서 사회후생 $S(p_0) + S(p_1, p_2) + \pi(p_0, p_1, p_2)$를 최대화하는 문제를 생각할 수 있다. 이 경우, 수리적 해를 구하면, $(p_0 - 2c_0)/p_0 = \lambda/(1+\lambda)\widehat{\eta_0}$, $(p_1 - c_1 - 2c_0)/p_1 = \lambda(1+\lambda)\widehat{\eta_1}$, 그리고 $(p_2 - c_2 - 2c_0)/p_2 = \lambda/(1+\lambda)\widehat{\eta_2}$가 최적해가 된다. 여기서, λ는 예산제약의 잠재가격이고, $\widehat{\eta_i}$는 초탄력성(superelasticity) 즉, 상품간 대체와 보완의 관계를 포함하는 수요탄력성을 의미한다. 따라서, 차선의 Ramsey 접속료를 장거리 시장의 경쟁가격에서 구하면 $a = p_2 - c_2 = 2c_0 + \lambda p_2/(1+\lambda)\widehat{\eta_2}$로 표현된다. 이때, 접속제공의 비용이 동일하고, 진입자는 시장지배력이 없고, 경쟁적인 부문에서 동일한 수요와 비용을 갖는다면, $c_1 = c_2$가 되고, 이는 $p_1 = p_2$가 되기 때문에 램지 접속료 가격구조는 ECPR을 만족하게 된다. 따라서, 완전정보하에서 일정한 시장의 수요조건과 비용조건을 일치하게 되면, 장기적으로 램지접속료는 접속의 장기증분원가와 동일하게 된다.

결국, 제반 접속료 산정원칙들이 각기 차이점을 가지고 있지만, 적절한 규제환경에 대한 가정하에서 경제이론적으로는 동일한 효과를 가져올 수 있다. 그렇지만, 현실적으로 정보제약과 기업이윤에 대한 규제제약으로 인해 서로 다른 경제적 귀결이 나타날 수 있다. 예를 들어, 현실적으로 여러 가지 규제적, 기술적, 그리고 경영상의 제한적인 요소들로 인해 장기적으로도 불완전한 경쟁이 지속된다면 차선의 입장에서 장기증분원가에 기준한 접속료 설정방식은 다른 경제적 기준의 접속료 수준과 다르게 될 것이므로 여러 가지 비효율성을 초래할 것으로 예측된다. 따라서, 최적 접속료의 수준은 사용량 기준방식의 램지방식에서도 보았듯이 접속의 한계비용에 일정한 마크업을 인정해주는 형태를 띠고 있다는 점에서 효율성을 극대화하기 위한 최적 접속료에 대한 접근은 장기증분원가에 기준하되 일정한 보상을 어떠한 기준에 의해 적절히 보완할 것인가에 초점이 모아져야 할 것이다. 이 경우 시장수요(시장지배력, 차별화의 정도, 경쟁력의 정도 등)의 여건과 기존기업의 수입여건, 그리고 경쟁기업간 기술력의 차이 등이 적절히 감안되어진 형태를 띠어야 할 것이다.

대부분의 국가에서는 초기단계에서 공통원가 배분방식을 적용하였으나, 기존사업자의 사업여건이 성숙되고 과거투자에 의한 매몰비용이 상당부분 회수되어감에 따라 한계비용방식을 현실적으로 적용할 수 있는 장기증분 원가방식을 도입하거나 본격적으로 연구를 하는 것이 일반적인 추세이다. 예로, 미국이나 영국처럼 통신선진국의 경우 자국의 경쟁상황이 활성화되어 있어서 효율적인 접속료 수준을 설정하는 것이 통신산업의 효율성을 극대화하는 데 있어서 중요한 논쟁이 되고 있다. 이러한 논의는 통신산업의 규제개혁에 의해 가속화되었으며, 특히 개방경제체제에서 자국의 기업이 세계적 기업으로 성장하는 데 있어서 효과적인 경쟁을 수행하기 위한 세계적인 글로벌리제이션의 주도적 논리로 성숙하고 있다. 반면, 일본의 경우 자국내의 통신사업자들의 요구 이외에도, 미국의 압력에 의해 장기증분

원가방식 도입으로의 이동속도가 더하여졌다. 또한, 일본의 경우에 장기증분 원가모델을 형성함에 있어 일본 특유의 높은 지가를 충분히 고려하고 있으며, 미국의 경우를 보더라도 지역마다 사용하는 모델이 차이를 보이고 있다는 점에서 그 원인과 분석체계를 살펴볼 필요성이 있다.

현재 우리나라의 통신시장은 국내 사업자간 기술력이나 사업경쟁 정도가 성숙해가는 시점이어서 접속료에 대해 체계적인 분석을 하고 다양한 사업자의 이해관계를 반영할 수 있는 체제를 형성하는 것이 중요하다. 최근의 이동통신서비스의 발전은 양방향 접속의 논의를 활성화시키고 있다는 점에서 일방향 접속과는 달리 양방향간에 상호 보완적인 역할을 지원하는 장기증분 원가방식이 적용되고 있다. 특히, 외국의 경우를 보면 해당 사업자의 연구결과들을 분석 비교할 중립적인 연구기관이 존재했었고, 이들을 중재하고 통합하여 보다 나은 모델을 형성할 수 있는 발판을 마련하였다는 점에서 눈여겨 볼 필요가 있다.

제5장 네트워크와 망중립성

네트워크 시장이 성장함에 따라 정보재와 같이 디지털화된 재화가 발전하고 있으며 사용자 또한 증가하고 있다. 이러한 수요를 충족시키기 위한 다양한 미디어 컨텐츠가 개발됨에 따라 네트워크 투자자와 네트워크 사용자간 괴리가 나타나고 있다. 특히, 이들은 인터넷 발전에 대한 의견의 차이를 나타내고 있으며, 핵심적인 논쟁에 놓여 있는 것이 망중립성 논쟁이다. 본 장에서는 망중립성의 정의 및 개념에 대해 서술하고, 망을 소유하고 있는 망사업자와 망임대사업자간의 이해관계를 살펴 본 후, 요금이나 품질측면에서 망중립성 규제의 후생효과를 살펴본다. 그리고 망중립성의 사례분석으로 알뜰폰을 살펴보기로 한다.

5.1 망중립성의 정의와 의의

망중립성(Network neutrality)이란 모든 네트워크 사업자는 모든 콘텐츠를 동등하게 취급하고 어떠한 차별도 받아서는 안된다는 개념으로 정의된다. 이 용어는 1990년대 초 미국에서 통신사업자(Common Carrier)와 ISP의 규제체제를 정립하기 위한 컴퓨터 조사(Computer

Inquiry)에서 처음 언급되기 시작했다. 이후 1993년 2월 EU가 정보사회보고서(Information Society Bangemann Report)에서 망규제(Network Regulation)는 상호접속 및 상호운용성을 요구한다는 내용으로 사용하기 시작하면서 널리 확산되었다.

구체적으로 망중립성은 누구나 동등하게 네트워크에 접속할 수 있어야 하고, 모든 콘텐츠가 동등하게 접근할 수 있어야 한다는 원칙으로 비차별성(Non-discrimination), 상호접속(Interconnection), 접근성(Accessibility)등의 개념을 근간으로 한다. 또한 인터넷 접속제공사업자(Internet Service Provider, 이하에서 ISP라 한다)들이 네트워크를 지나가는 모든 트래픽을 평등하게 처리해야 하며, 요금을 달리하는 차별화된 전송은 하지 말아야 한다는 것으로 인식되고 있다.

우선 비차별성(Non-discrimination)은 모든 트래픽은 물론 네트워크 사업자를 포함해 네트워크상에서 동일하게 취급받아야 한다. 이른바 비트 동등성 원칙(Bit Parity Rule)이다. 즉, 모든 비트를 공정하게 취급해야 하며 특정 트래픽을 처리하기 위해 우선순위(prioritized)를 부여하면 안된다. 또한 상호접속(Interconnection)은 네트워크 사업자가 다른 어떤 네트워크 사업자와도 상호접속을 허용하고 요구하는 의무와 권리를 가진다는 원칙이다. 심지어 경쟁업체의 망이라도 합리적인 요금으로 상호접속을 허용해야 하며 상호접속을 통하여 트래픽이 원활히 소통될 수 있도록 하는 여유용량(sufficient excess capacity)을 확보해야 한다. 결국, 상호접속의 권리가 없다면 망(network)도 없다. 마지막으로 접근성(Accessibility)은 사람을 비롯해 모뎀, 라우터 교환기 등 모든 최종이용자(end user)가 다른 어떤 최종이용자와도 연결될 수 있어야 한다. 즉, 소규모 콘텐츠의 일부분, 전자우편 하나라도 망에 접속할 수 있어야 하며, 궁극적으로 어떠한 트래픽도 해당 통신망의 어떤 지점에서라도 시작할 수 있고 도달될 수 있어야 한다는 것을 의미한다.

인터넷 사용 초기에는 개방형 망구조 및 통신망간 무정산(Bill and Keep)을 기반으로 발전하였기 때문에 망중립성의 개념은 당연한 것으로 인정되었다. 즉, 인터넷 발전의 초기에는 보편적 서비스 지침에 있는 규정들이 망중립성 규제를 위한 기본적인 툴로 기능할 수 있으므로 추가적인 입법을 통해 규제할 필요성이 없다고 하였다. 그러나 인터넷의 급성장으로 인터넷 사업자들은 타사업자와의 상호접속(Interconnection)이 없이도 인터넷 연결성(Internet Connectivity)을 확보할 수 있었기 때문에 기존의 인터넷 접속체계 및 정산구조에는 문제점이 발생하기 시작한다. 망중립성(Network Neutrality)의 개념은 인터넷 망에서 소통되는 트래픽 또는 사업자를 항상 균등하게 처리하도록 강제하는 것이 인터넷의 발전에 바람직할 것인지의 문제를 유발시키고 있다.

역사적으로 볼 때, 망중립성은 21세기에 유행한 보편적 서비스의 21세기형 논리이다. 1900년대 초기의 정보통신산업에 있어서 네트워크의 확장은 "보편적 서비스"라는 이념에 근거하여 정부는 네트워크 간의 결합과 공적 목적에 의거한 독점적 공급을 정당화하였다. 또한, AT&T의 경우 지역전화 사업자들이 자사의 장거리 전화망에 접속하는 것을 불허했는데, 주된 논리는 열등한 기술에 기초한 독립 전화사업자들이 접속할 경우 AT&T망 체계의 통합을 저해한다는 주장이었다. 1913년경 AT&T는 자신의 시장봉쇄(Market foreclosure)전략에 의하여 힘없는 기업으로 전락한 여러 지역전화 사업자들을 싼값에 인수함으로써 독점화에 성공하게 되었다. 당시 AT&T의 경쟁회사 인수와 독점화를 주도한 회장의 논리는 "언제, 어디서나, 누구에게든" 통화를 할 수 있도록 한다는 보편적 서비스(Universal service)를 구현한다는 차원에서 미국 정부에 의해 묵인되었다. 그러나, 기술의 발전과 더불어 네트워크 경쟁체제가 진행되면서 사적 투자를 통한 네트워크가 등장하게 되었다. 2000년대에 들어서서 사적인 네트워크를 공익의 목적을 위해 공정하고 중립적으로 활용할 수 있는지의 여부가 새로운 이념적 쟁점이 되어가고 있다.

과거 산업사회의 공통설비는 대체로 국가의 기간산업으로서 분류되어 사회적 기반시설로 인식되고 이에 따라 정부재원에 따른 적절한 투자계획과 활용계획에 의해 영향을 받았다. 반면, 정보사회의 네트워크 공통설비는 민간자본에 의한 네트워크 시설투자에 의해 기술적인 영향을 받게 된다. 또한 네트워크 설비를 지닌 민간사업자들은 시장지배적 위치를 차지하고 있으며, 민간자본에 의해 운영된다는 점에서 기존의 산업사회에서 공통설비를 활용하는 정부 규제적 내용과는 소유권 차원에서 근본적인 차이가 있다. 즉, 망중립성 개념은 과거 산업사회의 독점사업자의 입장에서는 보편적 서비스를 제공하면서 망의 확대를 추구할 목적으로 활용되었지만 경쟁체제로 진입하면서 기존망이 진입사업자에게 무임승차의 논리로 활용하기 위한 목적으로 사용되고 있다는 점에서 기존사업자와 진입사업자간에는 갈등이 존재하게 된다. 독점체제에서는 공기업 소유인 무선망에 대한 공동활용이 장려되었는데 사적소유로 전환되면서 공동활용에 대한 충돌이 발생하기 시작하였다.

5.2 망사업자와 망임대사업자간의 이해관계

망중립성을 포괄적으로 정의하면 인터넷 데이터 패킷은 모두 동등하게 취급하는 것이다. 망중립성의 개념은 인터넷 도입 초기에 망사업자의 자연독점 성향으로 인한 차별화 행위와 불공정 거래를 차단하려는 노력에서 시작되었다. 이는 누구든지 네트워크에 접속하고 콘텐츠에 접근함에 있어서 네트워크 통제권을 보유한 사업자에게 차별을 받지 않아야 한다는 망운영의 원칙을 의미한다. 즉, 누구든지 망에 접속하여 차별을 받지 않고 망을 이용할 수 있으며 망 생태계내에서 공정하게 경쟁할 수 있는 권리를 갖게 된다는 것이다.

그러나 망중립성은 이해관계자에 따라 다르고 그 구체적인 기준은 아직까지 마련되어 있지 않다. Bonneau *et al.*(2011)의 연구에서 망중립성 문제가 원만히 해결되면 망사업자와 콘텐츠 사업자는 서로 이로운 거래관계를 맺게 되고, 차세대 인프라 구축을 위한 상당한 투자가 이루어진다. 또한 이용자 측면에서도 인터넷 접속 품질의 향상, 웹상에서의 표현과 혁신의 자유 증진, 프라이버시의 보호 등이 이루어지게 되고 궁극적으로 망중립성이 동태적으로 보존되고 강화될 뿐만 아니라 규제의 필요성도 감소하게 된다. 그러나 망중립성 문제가 조화롭게 해결되지 못하는 경우에는 인프라에 대한 과소투자가 망중립성을 심각하게 잠식하고 소수의 수직통합된 거대기업이 인터넷을 통제하며, 수동적인 이용자들은 콘텐츠에 대한 보편적 접근을 박탈당하고 경제적 효율성을 달성하기도 어려워진다.

망중립성에 대한 찬반론의 관점에서 볼 때, 망중립성의 찬성론자들은 주로 망을 소유하고 있지 않은 콘텐츠 사업자로 망중립성으로 네트워크 끝단에서 콘텐츠 사업자(Contents Provider: CP)의 혁신을 기대할 수 있고, 이용자의 후생도 증가할 것으로 본다. 반면 망중립성 규제의 반대론자들은 ISP사업자(Internet Service Provider: ISP)로 다량의 트래픽을 유발하는 CP사업자에 의해 초래된 비용을 회수하지 못하는 한, 코어 네트워크(core network) 부문의 투자혁신이 저해된다고 보고 있다. 즉, 망사업자의 입장에서 망중립성 정책으로 인한 사회후생 손실과 투자유인 감소를 우려하고 있다. 그러나 이미 구축된 망을 통해 추가적인 서비스를 제공함으로써 사업을 영위하는 CP 사업자는 망중립성 규제를 하지 않을 경우 망사업자가 추가요금을 부과하면 손실을 볼 수 있기 때문에 CP사업자의 입장에서는 망중립성 규제에 대한 당위성을 주장하고 있다. 이하에서는 망중립성 정책을 각 이해관계자의 입장에서 살펴보기로 한다.

먼저, 망중립성 규제에 찬성하는 입장은 망중립성 규제로 인하여 시장확대, 다양한 콘텐츠 개발, 네트워크 혁신, 그리고 망에 대한 R&D 투자가 이루어질 것으로 기대한다. 이들이 주장하는 망중립성 규제로 인한 사회후생 측면은 먼저, 망에 대한 서비스 품질(QoS)을 반영하여 사회후생과 망시장 및 콘텐츠 시장을 확대하여 분석한다. 이 모형에서 망중립성 정책은 사회후생을 개선시키고 ISP와 CP 사이의 간접적 네트워크 효과 차이가 망시장과 콘텐츠 시장의 확대에 긍정적인 영향을 미치게 된다. 또한 망중립성 정책이 사회후생과 CP의 콘텐츠 개발을 높이는 유인으로 작용하며 ISP가 CP에게 접속료를 징수하지 못하게 하는 망중립성에 대한 비가격(제로가격) 관점에서의 잠재적인 편익을 제시하였다.[35] 그러나 van Schewick (2007)은 네트워크 혁신과 관련하여 망중립성 정책이 CP의 혁신을 증가시켜 사회후생을 증가시키지만, ISP의 망투자는 위축시킨다는 점을 확인하였다.

---

35 제로가격 규제(zero-price regulation)는 CP에게 보조금을 지불하는 효과가 있어서 CP의 진입을 촉진하고 사회적으로 유용한 콘텐츠의 생산을 촉진하는 긍정적인 효과가 있다. 이런 점에서 망중립성은 CP와 망사업자간 망 이용대가를 포함한 동등접속(equal access)에 관한 문제로 보고 있다. 좀 더 자세한 사항은 김도훈(2009), Lee and Wu(2009) 참조.

둘째, 망중립성 규제에 대하여 혁신인센티브가 망중립성에 미치는 영향을 정학모델과 동학모델을 나누어 분석할 수 있다.[36] 먼저, 동학모델에서 망중립성 규제는 네트워크 사업자가 접속에 대해 요금을 많이 혹은 적게 부과할 수 있도록 한다. 또한 콘텐츠의 우선 전송에 대한 권리를 판매하게 함으로써 네트워크 사업자에 대한 인센티브에 영향을 미친다. 즉, 망중립성하에서 ISP의 투자유인은 파라미터값에 따라 달라지며 이윤율이 높은 프리미엄 콘텐츠를 제공하는 사업자의 이윤도 파라미터값에 따라 달라진다. 하지만 이윤율이 낮은 콘텐츠를 제공하는 사업자의 이윤은 망중립성 규제를 하는 경우에 이윤이 더 증가하거나 같게 되며, 소비자의 잉여는 망중립성 규제가 있는 경우에 더 증가한다. 특히, 망중립성 규제가 복점인 콘텐츠 제공사업자의 R&D 투자에 미치는 효과를 분석해 보면 이윤율이 높은 콘텐츠 제공자의 가 망중립성 규제하에서 더 많은 R&D 투자를 한다. 한편, CP의 경우에는 ISP가 투자이익을 가져갈 것이라는 우려로 비용 절감과 품질 개선과 같은 투자 유인도 저해될 수 있다고 본다.

셋째, 소비자의 관점에서 CP와 ISP간의 상호작용으로 망중립성을 살펴볼 수 있다. CP는 소비자의 클릭으로부터 발생하는 광고수입에서 이윤이 발생하며, 네트워크 투자와 관련된 양면시장 모형을 통해 망중립성을 설명할 수 있다. 이때 발생하는 후생효과는 파라미터의 값에 따라 다르지만, 광고료와 이용자의 가격민감도를 나타내는 파라미터의 비율이 낮거나 높은 경우에는 양측 모두에게 이용료를 부과하는 경우가 사회후생을 증가시킨다.

---

36 Choi and Kim(2010) 참조. 이 논문에서 망중립성의 개념은 ISP가 CP간에 콘텐츠 전송속도를 차별할 수 없으며(비차별원칙), 콘텐츠를 전송하는 행위에 대해 이용료를 부과할 수 없다는 것(비가격원칙)으로 정의하고 있다

넷째, 독점 및 복점의 망사업자가 존재하는 경우 망중립성 정책이 사회후생을 증가시킨다. 망중립성 규제가 없는 경우 ISP로 하여금 오히려 속도가 느린 망에서 인위적 혼잡을 발생시켜 속도가 빠른 망을 더 가치있게 보이도록 할 유인이 있다. 또한 CP에게 차별적 가격을 부과하는 것은 망사업자가 이들 트래픽을 계속 모니터링해야 함을 의미하기 때문에 투자에 집중할 수 있는 자원을 분산시킬 뿐만 아니라 CP의 퇴출 및 이용가능한 서비스의 감소로 인하여 이용자 후생 또한 저하될 것이다. 즉, 망사업자인 플랫폼을 중심으로 콘텐츠를 제공하는 CP와 소비자가 연결되어 있고, CP와 소비자간에 양의 교차 외부효과(cross-group externalities)가 존재하는 경우 망사업자들이 모든 CP에 대해 동일한 망이용대가를 부과하게 하는 망중립성 규제정책이 사회후생을 증대시킨다.[37] 즉, 망중립성을 위반함으로써 가능할 수 있는 양면시장 가격설정을 소비자와 CP간의 상호그룹 외부성의 이질성이 발생하는 양면간의 상호작용에 초점을 맞추고 있다. 특히. 망중립성 규제를 연구하기 위해 Armstrong의 논문을 확장함으로써 모델을 구축하였으나 망중립성을 모형화할 때 고려해야 할 QoS(Quality of Service) 요소가 결여되어 있다는 점을 한계로 지적할 수 있다.

마지막으로 망중립성 규제를 혼잡(congestion)에 초점을 맞춰 분석할 수 있다. CP가 선호하는 접속을 하기 위해서는 ISP에게 요금을 지불하면 혼잡을 피할 수 있다[38]. 망중립성하에서 ISP는 항상 사회적으로 최적 수준의 네트워크 투자를 하지만 망중립성 규제가 없는 경우

37 이 연구에서 망중립성은 콘텐츠의 동등접근의 개념으로 사용하고 있으며 플랫폼이 복점인 경우 각각의 플랫폼이 모두 서비스에 필요한 필수설비를 가지고 있는 망사업자로 간주하고 있어 플랫폼간의 상호접속 문제는 고려하고 있지 않다.

38 Cheng *et al.*(2011) 참조

에는 최적수준보다 과소 또는 과다 투자를 한다는 점에서 망중립성이 투자유인을 제공할 수 있다. 또한 망중립성 규제가 있는 경우에 비하여 망중립성 규제가 없는 경우에는 ISP는 CP사업자에게 네트워크 사용료를 부과함으로써 이윤을 증대시킬 수 있으나, CP사업자의 이윤은 감소한다.

그러나, 망중립성 규제에 반대하는 입장은 소비자 가격 인상, 우선순위 부여, 소비자 잉여와 망사업자의 이윤으로 망중립성 규제로 인한 사회후생을 설명하고 있다. 먼저, 소비자측 ISP가 CP에게 추가요금을 부과하는 것을 금지하면 추가요금 부과 대신 ISP는 소비자 가격을 인상하는 방법을 통해서 동일한 이윤을 얻을 수 있다. 2011년 망중립성 규제가 법제화된 네덜란드의 경우, ISP사업자인 KPN은 망중립성 규제가 법제화된 이후 매출보전이 어려울 것으로 예상하여 데이터 요금제를 인상하였다. 소비자측 ISP가 완전경쟁인 경우 소비자 가격이 인상되면 소비자의 수가 감소하게 되어 CP의 잉여도 감소하게 된다. 이때 CP는 이러한 소비자 수 감소를 막기 위해서 소비자에게 가격인상의 부담을 보전해 주게 되므로 결국 소비자 가격 인상의 부담이 CP에게 귀착된다. 하지만 소비자측 ISP가 독점이나 복점인 경우에는 제로가격 규제로 인해 CP에게 추가요금 부과를 할 수 없게 되는 경우 소비자 가격의 상승정도가 CP에 부과하고자 하는 추가요금보다 작게 된다.

다음으로, 네트워크 혼잡을 가정함에도 불구하고, 망중립성이 다양한 등급의 효용함수에 대한 대역 세분화와 우선순위에 대하여 후생을 개선한다. 먼저 대역에 대한 투자 인센티브는 ISP가 가격을 차별할 때 더 커지며, 대역에 대한 투자는 망중립성 정책으로 인해 후생손실이 발생한다. 아울러 수직적으로 차별화되고 동질적인 소비자가 CP와 접속을 할 때, 우선순위를 부여하는 것이 바람직하다.[39] 여기서 망중립성은 ISP가 가격을 설정하는데 있어서 최선형(best-effort) 서비스 전송에 우선순위 접속을 제공하는 fast-lane을 구축할 수 없다는 것을 의미한다. 이때, 혼잡도가 발생하는 경우 망중립성을 지키는 것보다는 망중립성을 지키지 않는 것(우선순위를 부여하는 것)이 사회후생을 증가시킨다.

마지막으로 비가격원칙과 비차별원칙을 정부의 정책방향으로 설정하고, 소비자 잉여와 사회후생을 도출한 결과 비차별원칙을 지키는 것이 언제나 사회후생을 극대화시킨다. 즉, CP사업자에게 추가요금을 부과하더라도 모든 CP사업자에게 서비스를 제공하는 것이 더 좋다는 것이다. 이는 본원적 의미의 망중립성에서 벗어나는 개념이다. 그러나 사회후생이 극대화되지 못한 현재의 정책하에서 사회후생을 더 크게 하는 정책으로 변경하려면 소비자 잉여와 이동통신사의 이윤 보장 중 하나를 포기해야 한다고 지적하면서 현재보다 더 높은 사회후생을 정책목표로 설정할 때, 소비자 잉여와 이동통신사의 이윤을 모두 보장하는 정책은 존재하지 않는다.

5.3 망중립성 규제의 후생효과

망중립성 규제에 대해 찬성하는 입장에서는 망중립성 규제로 인하여 CP의 혁신증가 및 다양한 콘텐츠 개발을 높이는 유인으로 작용한다고 보는 반면 반대론자의 입장에서는 망중립성이 사회후생에 부정적인 영향을 미치며 주로 ISP사업자의 망투자 유인 감소와 네트워크

---

39 Economides and Hermalin(2012), Kramer and Wiewiorra(2010) 참조

용량 부족을 초래할 것이라고 본다. 이하에서는 망중립성 규제의 도입이 사회후생에 미치는 영향에 대해 요금과 품질, 그리고 투자유인 측면으로 나누어 사회후생이 어떻게 달라지는지를 살펴보기로 한다.

먼저 비가격원칙하에서 부과된 요금과 관련하여 망중립성 규제를 하면, 즉 망사업자에게 추가요금을 부과하는 것을 금지하는 경우 ISP는 간접적으로 소비자 가격을 인상하게 되고 이것이 CP에게 전가되어 소비자와 CP에게 부담을 줄 수 있다. 요금측면에서 망중립성 규제는 ISP의 추가요금 부과를 금지하기 때문에 소비자 가격의 인상으로 반영되고 CP에게 전가되어 후생 손실로 연결될 수도 있다. 한편 망중립성 규제가 CP사업자에게 보조금을 지불하는 효과가 있어 CP의 시장진입을 촉진하고 유용한 콘텐츠 생산을 촉진하기도 한다. 따라서 요금과 관련하여 망중립성 규제가 CP사업자의 진입과 콘텐츠 개발을 촉진하기도 하지만 오히려 망중립성 규제로 인하여 CP사업자에게 추가적인 부담이 부과될 수도 있다.

다음으로 소비자들이 서비스를 이용하는 중요한 요인으로 생각하는 비차별원칙 즉, 품질(QoS) 측면에서 살펴보기로 한다. 각 ISP 사업자(망사업자)의 경우 2000년대 중반 이전에는 망사업자가 운용할 수 있는 용량이 실제 소비자 수를 초과하지 않았기 때문에 이 당시에는 망중립성 규제에 대한 논란이 없었다. 그러나 2000년대 중반이후 유튜브(Youtube) 등의 대용량 콘텐츠로 인한 트래픽 부하가 크기 때문에 망의 용량상 망에 접속할 수 있는 소비자의 수가 초과한 것으로 간주할 수 있으므로 이런 경우 망중립성 정책은 사회후생 손실을 가져온다. 트래픽 부하가 심한 경우 망중립성 규제정책을 실시하게 되면 사회후생에는 부정적인 영향을 미치기 때문에 이 경우 합리적인 망이용에 대한 대가를 지불하게 하는 것이 더 바람직하다. 이는 망중립성 규제정책에 반대하는 것으로 해석할 수 있다. 즉, 콘텐츠에 대한 트래픽 부하가 발생하여 망이용의 대가를 부과하는 것은 CP사업자에게 추가적인 비용을 발생시키므로 CP의 사회후생은 감소한다.

또한 네트워크 품질과 관련하여 망중립성 규제를 하지 않게 되면 저품질의 서비스를 제공하는 CP사업자는 시장에서 배제될 수 있다. 그러나 중간품질의 서비스를 제공하는 사업자는 망중립성 규제를 하게 되면 고품질의 서비스를 제공할 수 있게 된다. 반면, 고품질의 서비스를 제공하는 CP사업자는 망중립성 규제를 하게 되면 망중립성 규제를 하지 않는 경우와 비교하여 품질을 낮춰서 제공을 하게 되어 전체적으로는 망중립성 규제를 하는 경우 후생은 증가 또는 감소할 수 있으나 감소할 개연성이 더 높다. 그러나 CP사업자의 입장에서는 망중립성 규제를 하지 않을 경우 저품질 서비스를 제공하는 사업자가 시장에서 배제될 수 있었으나, 망중립성 규제를 하게 되면 비차별의 원칙하에서 이들 사업자에게도 서비스를 제공할 수 있는 기회가 부여된다는 측면에서 CP사업자의 경쟁을 확대하게 된다. 망중립성 정책은 서비스 품질을 반영하는 경우 사회후생과 망시장 및 콘텐츠 시장 확대에 영향을 미친다.[40]

마지막으로 투자유인 측면이다. 네트워크 용량과 관련하여 망중립성이 투자유인을 제공할 수 있다. 망중립성 규제를 하지 않으면 독점적 ISP사업자가 네트워크에 최적수준보다 과소 또는 과다 용량을 유지하기 때문에 CP사업자에게 네트워크 사용료를 부과해야 한다. 즉, 망중립성 규제를 하지 않으면 ISP사업자의 이윤은 증대시켜 주지만 최적수준의 네트워크 용량을 유지할 수 없기 때문에 네트워크에 대한 투자부담을 CP사업자에게 부여하면서 CP는 손실을 입을 수 있다.

---

40 김성현·김아람(2008), Hermalinand Katz(2007)

네트워크 투자 유인 측면에서 망중립성 규제를 하지 않게 되면 ISP사업자가 CP 사업자에게 네트워크 사용료를 부과하게 되고 이는 CP의 손실로 이어진다. 반면 망중립성 규제가 복점인 콘텐츠 제공사업자의 R&D 투자에 미치는 효과를 분석한 결과 망중립성하에서 이윤율이 높은 프리미엄 콘텐츠를 제공하는 제공자의 이윤은 파라메터 값에 따라 달라지기 때문에 이윤율이 높은 프리미엄 콘텐츠를 제공하는 제공자의 경우 망중립성 규제하에서 더 많은 R&D 투자를 한다. 즉, 이윤율이 낮은 콘텐츠를 제공하는 제공자는 망중립성 규제를 하는 경우 이윤이 증가하거나 같게 되고 소비자잉여도 증가하며, 프리미엄 콘텐츠를 제공하는 이윤율이 높은 제공자 역시 망중립성 규제하에서 더 많은 R&D 투자를 하게 된다.

5.4 알뜰폰에 대한 사례분석

본 절에서는 우리나라의 경우 이동통신사의 망을 빌려 영업하는 알뜰폰(MVNO) 사업자의 경우, 이동통신사의 서비스나 요금제에 의존하여 경쟁가격을 결정하기 때문에 망을 소유하고 있는 기존 이동통신사업자의 행태에 따라 두 기업간에 가격경쟁이 활발히 이루어지지 않고 있다. 독점체제에서는 공기업 소유인 무선망에 대한 공동활용이 장려되었는데 사적소유로 전환되면서 공동활용에 대한 충돌이 발생하기 시작하였다. 따라서 이하에서는 대표적인 사례로 알뜰폰에 대해 살펴보고자 한다.

5.4.1 알뜰폰의 정의 및 유형

우리나라의 경우 가상이동망사업자(Mobile Virtual Network Operator: MVNO)는 알뜰폰[41] 사업자로 부르는데, 이들은 일반적으로 주파수와 무선국을 보유하지 않고 이동망사업자의 망을 이용하여 독립적인 브랜드와 요금체계를 갖고 이동통신서비스를 제공하는 사업자를 의미한다. 여기서 이동망사업자(Mobile Network Operator: MNO)는 자기 이동전화 서비스 지역에 들어온 알뜰폰 가입자를 인식하고

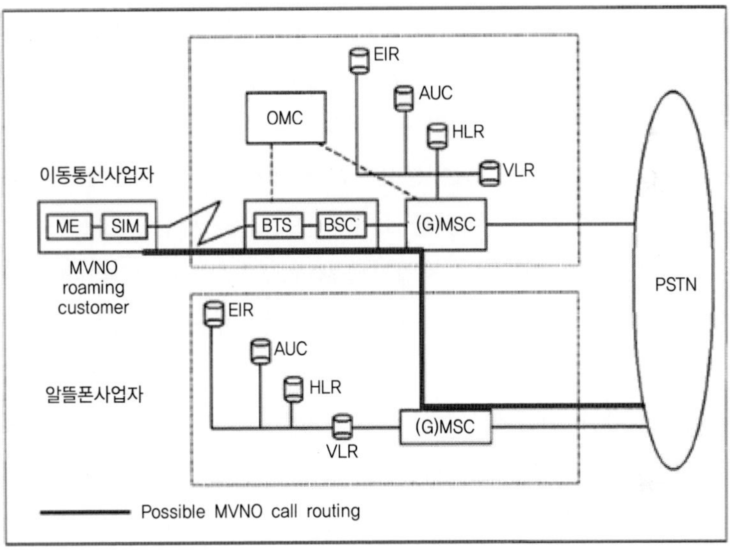

* MSC(Mobile Switching Center): 이동단국 교환기

그림 5.1 알뜰폰의 망구성도

---

41 알뜰폰이란 MVNO라는 어려운 이름을 대중에게 친숙하게 전달하기 위해 방송통신위원회가 2012년 6월에 시민공모를 통해 채택한 이름으로, 알뜰폰은 MVNO 사업자를 가리키기도 하고 MVNO 사업 자체를 지칭하며, 이동통신재판매사업자가 망을 소유하고 있는 이동통신사업자로부터 망을 빌려 자체 브랜드로 제공하는 이동통신서비스를 말한다. 이러한 알뜰폰 시장이 활성화되면 이들 사업자들을 기존 통신사로 의식하게 되어 전체적인 요금인하와 효율성 향상으로 이어질 수 있다.

요청된 호처리를 위해 무선액세스망 등 자기망의 일부를 제공한 후 알뜰폰 사업자에게 호를 넘겨준다. 아래의 <그림 5.1>은 알뜰폰의 망구성도를 보여주고 있다.

그러나 세계적으로 공통된 MVNO에 대한 정의는 존재하지 않으며 국가별로 약간 차이는 있다. 정보통신산업의 국제기구인 ITU(International Telecommunication Union는 이동통신서비스를 제공하지만 자신의 무선주파수를 가지고 있지 않은 자로서 독자적인 번호와 가입자 식별 모듈(Subscriber Identification Module: SIM)카드를 발행할 수 있는 사업자를 MVNO사업자로 정의한다. 미국 FCC(Federal Communications Commission)는 설비기반 제공자들로부터 도매로 통화량(airtime)을 구입하고 이것을 소매가격으로 재판매함으로써 이용자들에게 서비스를 제공하는 사업자를 MVNO사업자로 정의한다. 영국 Ofcom(Office of Communications) 경우 무선주파수를 소유하지 않고 있지만, 무선 가입과 호서비스를 제공하는 모든 조직은 MVNO사업자에 해당한다. 일본 총무성은 이동망사업자가 제공하는 이동통신서비스를 이용하여 이동통신서비스를 제공하는 전기통신사업자로, 해당 이동통신서비스와 관련되는 무선국을 스스로 개설하지 않고 있는 사업자를 MVNO사업자로 본다. 그러나 홍콩의 OFTA(The Office of the Telecommunications Authority)는 이동전화사업자의 무선통신설비를 이용하거나 상호접속하여 무선서비스를 제공하는 사업자로서 무선통신설비 외의 다른 설비를 모두 갖춘 사업자만이 MVNO사업자에 해당한다.

이처럼 각국별로 MVNO사업자를 구분하는 법적 양식은 다양하지만, 대체로 공통점은 우리나라와 마찬가지로 기존의 이동망사업자의 네트워크를 활용하기 때문에 MVNO사업자의 서비스 품질수준은 이동망사업자의 네트워크 접속품질의 수준에 의존한다는 점이다.

또한 알뜰폰은 이동망사업자의 무선통신설비에 대한 의존도에 따라 대체가능한 설비를 독자 구축하는 형태에서 전적으로 의존하는 형태까지 다양한 유형이 존재할 수 있다. 첫째, 완전 MNVO(Full MVNO)는 무선접속 부문과 같이 최소한의 설비만 이동망사업자 보유 설비를 이용하고 나머지 부분은 독자적으로 구축하여 이동망사업자와 대등한 수준의 이동통신서비스를 제공하며 직접 상호접속점을 보유하고 있는 유형이다. 둘째, 부분 MVNO(Enhanced Service Provider)는 이동망사업자 보유설비의 상당부분을 사용하고 부가서비스 등의 제공을 위한 자체 설비를 일부 보유하여 이동통신서비스를 제공하며 독자 브랜드 및 요금제를 보유하고 있으며 상호접속은 이동망사업자 의존하는 유형이다. 셋째, 단순 무선재판매(Service Provider)의 경우 대부분의 설비를 이동망사업자에 의존하고 이동망사업자와의 계약에 따라 가입자 모집을 하며 재과금을 대행하는 형태로 이동망사업자가 넘겨준 CDR(Call Data Records)를 이용하여 과금하는 유형이다.

5.4.2 알뜰폰의 경제적 특징

21세기에 들어서서 산업사회에서 정보경제로 이행해가면서 네트워크 설비를 통한 망의 효과가 중요한 경제적 요인으로 작용함으로써 네트워크 필수설비에 대한 공동사용이나 남용행위에 대한 사회적 관심이 증가되고 있다. 정보경제에서는 동일한 네트워크를 통해 서로 다른 다양한 정보재 서비스가 제공되기 때문에 네트워크의 접속이나 공동사용이 경쟁제품이나 서비스의 품질에 중요한 영향을 미친다.[42] 특히, 인터넷 기반의 패킷기반망은 음성, 영상 등을 실시간으로

서비스를 제공할 경우 속도저하나 전달지연에 따른 품질저하로 인하여 서비스 활성화 저해될 수 있다. 정보통신산업의 가장 대표적인 서비스인 이동통신서비스의 품질은 무선네트워크의 공동사용 여부가 결정적이다. 또한, 포털서비스나 온라인 콘텐츠 서비스의 품질은 인터넷 네트워크의 전송속도에 의존하여 결정된다. 따라서, 정보사회로 이행되어 가면서 네트워크 설비의 공동활용은 독과점 서비스의 품질결정에 있어서 중요한 경제적 요인으로 작용하고 있다.

과거 산업사회의 공통설비는 대체로 국가의 기간산업으로서 분류되어 사회적 기반시설(SOC)로 인식되고, 이에 따라 정부재원에 따른 적절한 투자계획과 활용계획에 의해 서비스에 대한 품질수준이 결정되어져 왔다. 반면, 정보사회의 네트워크 공통설비는 민간자본에 의한 네트워크 시설투자에 의해 기술적인 영향을 받게 된다는 점에서 산업사회의 공통설비와는 큰 차이가 있다. 또한, 네트워크 설비를 지닌 민간사업자들은 시장지배적 위치를 차지하고 있으며 민간자본에 의해 운영된다는 점에서 기존의 산업사회에서 공통설비를 활용하는 정부규제적 내용과는 소유권 차원에서도 근본적인 차이가 있다. 따라서, 사적 소유를 지닌 네트워크 공통설비에 대한 보편적 접근에 있어서 정부가 적절한 표준기준을 제시해야 하며, 시장지배적사업자가 이 기준을 따를 수 있도록 품질기준이 효과적으로 설계되어야 할 필요가 있다. 기업들이 정부가 제안한 기준을 순응하다면, 정부당국의 의도대로 높은 품질의 상품이나 서비스가 제공되어 경쟁효과가 최대화되고 국민의 후생에 유익한 영향을 줄 것으로 기대되기 때문이다.

---

42 정보경제로의 이행에 따라 등장하고 있는 정보재에 대한 개념과 다양한 경제적 사례에 대한 분석은 손용엽·이상호(2001) 참조.

5.4.3 해외 주요국의 알뜰폰 규제 현황

유럽과 북미의 경우 이동통신시장은 이미 1차 성숙기가 지났다고 할 정도로 많은 성공사례와 실패사례가 누적되어 있다. 유럽과 미국에서 MVNO가 성공적으로 정착할 수 있었던 첫 번째 이유는 MVNO가 시장에 진입할 당시 각국의 이동통신 보급률이 낮았다는 것이고(<표 5.1> 참조), 두 번째 이유는 선불시장의 활성화이다.

유럽 및 북미의 경우 2000년대 초반 이동통신 보급률을 보면 대부분 90% 미만이다.[43] 이런 시장에서는 사람들의 기본적 수요 때문에 이동통신 사업자든 MVNO든 상관없이 어느 정도 수평적인 경쟁을 할 수 있다. 또한 저가요금제를 상징하는 선불요금이 활성화된 시장에는 저가요금제를 표방하는 MVNO의 자연스러운 수요가 형성된다. 그러나 이들 나라의 경우도 이동통신 보급률이 100%를 상회하기 시작하면 MVNO의 경쟁력이 떨어지기 시작했다. MVNO는 시장경쟁력을 갖추기 위해 요금인하를 시작했고 이동통신사 역시 시장이 포화된 상태에서 경쟁력을 갖추기 위해 요금인하를 시작하면서 양자간

표 5.1 유럽 및 북미의 주요 MVNO 진입 당시 이동통신 보급률

국가	이동통신 보급률	MVNO 진입시기
스웨덴	91%	2003년
핀란드	81%	2002년
독일	59%	2000년
덴마크	58%	2000년
영국	41%	1999년

43 우리나라는 MVNO가 본격적으로 시장에 진출한 2011년에 이미 이동전화 보급률이 102%를 넘어섰다.

에 출혈적인 경쟁이 벌어졌다.

이동통신사업자와 무한 요금인하 경쟁을 벌이면 결국 자신에게도 손해가 되기 때문에 유럽의 일부 MVNO는 틈새시장을 파고드는 이른바 'MVNO 2.0' 전략을 취했다. 콘텐츠로 특화한 모바일 ESPN은 스포츠 모바일 콘텐츠 상품을 출시하였고, 디즈니는 애니메이션 등 가족형 콘텐츠에 주력했다. 앰피드 모바일(Amp'd Mobile)은 젊은층을 대상으로 데이터서비스 상품에 집중했으며 카짓(Kajeet)은 시장을 더 세분화해 어린이 계층을 타겟으로 한 상품을 출시했다. 지터버그 Jitterbug는 노년층을 상대로 응급구조 서비스가 가능하도록 커다란 통화버튼을 장착한 단말기를 출시하였다. 하지만 이들 대부분은 출혈적인 휴대폰 보조금 지급, 오프라인 매장 확보 등의 마케팅 및 유통비용 등에 무리하게 투자하면서 대부분 사업에 실패하였다.

현재 미국의 가장 성공한 MVNO 중 하나인 트랙폰(Tracfone)은 멕시코 계열인 모회사와의 관계를 통해 미국내 노동자층의 25%를 차지하고 있는 히스패닉 계층을 집중 공략 대상으로 삼고 있다. 전국적으로 히스패닉 계층을 유치하기 위해 트랙폰은 전국망을 소유한 버라이즌에서 망을 임대하고, 전국 유통망을 갖고 있는 월마트와 협정을 맺어 서비스를 실시하고 있으며 전체 미국 이동통신 시장의 7%(가입자수 2,200만명)를 점유하고 있다.

유럽은 EU라는 지역공동체 내에서 자유로운 국가 이동이 가능하기 때문에 인당 이동전화 회선을 2회선 이상 보유한 비중이 높고, 또한 미국 이상으로 한 국가 내의 인종 분포가 다양해 MVNO가 활성화될 수 있는 환경이 조성되어 있기 때문에 스페인과 이탈리아는 MVNO 시장이 뒤늦게 시작됐음에도 급속하게 성장할 수 있었고, 반대로 단일 민족국가인 아일랜드는 MVNO가 가장 비활성화된 국가가

되었다.

일본의 경우 통신, 방송, 우정 등의 업무를 담당하고 있는 일본 총무성(Ministry of Internal Affairs and Communications)은 번호이동성과 같은 경쟁촉진제도가 있음에도 불구하고 이동전화시장은 여전히 경쟁이 미약한 과점체제라고 하였다. 이에 총무성은 2002년 "MVNO 가이드라인"을 발표해 이동전화시장의 경쟁 활성화를 도모하고자 했고 MVNO 사업 진행에 있어 전기통신사업법 및 전파법의 적용관계를 명확히 하였다. 이 가이드라인의 특징은 규제에 초점을 두는 대신 MVNO 실시에 관련된 제반 법률의 적용관계를 명확히 해 투명하게 경쟁시키는 것이다. 총무성은 또한 MVNO의 다양한 비즈니스 모델이 등장할 것을 고려하여, 그 유형을 열거하지 않고 MVNO에 대한 총체적 정의만을 규정하였다. 동 가이드라인을 통해 MVNO 참여 절차, 이동망사업자와의 계약관계, 다른 사업자와의 접속관계, 이용자와의 계약관계, 로밍 등에 대해 규정했으나, 2006년 MVNO의 진입 촉진을 위해 가이드라인의 개정 필요성이 제기되어 2007년 2월 개정된 가이드라인을 발표하였다. 개정된 가이드라인에서 총무성은 이동망사업자에게 망제공을 의무적으로 하도록 할 경우 이동망사업자의 투자의욕이 저하될 것을 우려해 양자간 협상으로 계약을 유도하기로 했으며, 이동망사업자와 MVNO간 계약은 당사자의 협의를 따르게 했다. 도매대가 또한 당사자가 자율적으로 결정하도록 했으나, 분쟁이 발생했을 경우에는 총무성이 조정할 수 있게 하였다. 실제로 2007년 일본 총무성은 NTT Docomo와 JCI 사이의 분쟁이 발생했을 때 Cost Plus에 기반을 두고 대가를 산정하도록 조정한 바 있다.

5.4.4 국내 알뜰폰의 규제현황

우리나라의 이동통신시장을 중심으로 망을 소유한 기존기업(이동망사업자)과 기존기업의 망을 빌려 서비스를 제공하는 알뜰폰사업자가 서비스를 경쟁적으로 제공하는 경우를 분석대상으로 하고 있다. 특히, 망을 소유하고 있는 기존기업의 망서비스 품질 인하 유인을 살펴보고 이에 대한 정부의 최저 서비스 품질수준에 대한 규제의 필요성을 검토해보고자 한다. 이에 대한 이해를 돕기 위해 이하에서는 국내 알뜰폰의 시장 및 규제 현황을 살펴보기로 한다.

우선, 유럽의 알뜰폰에 대한 이동통신시장 점유율을 살펴보면, 노르웨이 25.3%, 독일 23.6%로 상당히 높은 20% 이상의 점유율을 차지하고 있으며, 네덜란드 13.4%, 영국 12.0%로 10% 이상의 점유율을 차지하고 있다. 그러나 우리나라는 2010년 전기통신사업법에서 시장지배적 사업자의 망에 대한 도매제공 의무조항이 신설되었고, 2011년 7월 실제로 서비스가 시작되었음에도 불구하고 지난 3년 동안 알뜰폰에 대한 시장점유율은 7.6% (2014년 10월말 기준)이며, 가입자수는 432만명(2011년에는 40만명)에 불과하다.[44] 즉, 우리나라의

표 5.2 이동통신사업자의 자사망 및 알뜰폰 시장점유율

(단위: %)

	SKT	KT	LGU+	합계
이동망사업자	46.4	26.9	19.1	92.4
MVNO (알뜰폰)	3.6	3.4	0.6	7.6
합계	50.0	30.1	19.9	100

자료: 미래창조과학부, 무선통계 가입자 현황(2014년 10월말 기준)

[44] 알뜰폰 2년, 안뜨는 이유 있다, 한겨레신문, 2013.7.16일자

경우 유럽과는 달리 알뜰폰 시장에서의 경쟁이 통신시장 전체에는 유의미한 영향을 끼치지 못하고 있는 셈이다.

한편, 녹색소비자연대가 스마트폰 사용자를 대상으로 한 설문조사 결과에 따르면 소비자는 약 10년 동안 변하지 않았던 이통3사에 대한 시장장악으로 요금인하가 이루어지지 않고 있기 때문에 이동통신 시장에 더 많은 알뜰폰 업체들이 진입하기를 바라고 있다. 조사 결과 신규 사업자의 진입이 통신비 절감에 도움을 줄 거라고 생각하는 소비자가 42.2%를 차지하였다. 그러나 시장수요가 충분하지 않은 상황에서도 알뜰폰 업체들은 휴대폰 제조사에 출하물량을 보증하기 어렵고, 자금력이 부족하기 때문에 소비자에게 보조금을 지급하기도 어렵다.[45] 또한 이동통신사처럼 전국 곳곳에 직영점과 대리점의 매장을 확대하는 것은 자본과 인력 문제 때문에 거의 불가능하며, 보조금 지급 여력의 부족으로 판매점에게 알뜰폰 업체에서 출고한 휴대폰을 유통시키기도 어렵다.

결국, 우리나라에서 알뜰폰이 활성화되지 못한 이유는 다음과 같이 네 가지를 들 수 있다. 첫째, 알뜰폰 사업자가 서비스를 제공하는 데 있어서 기존사업자의 선발진입에 대한 이익과 이동망사업자의 명성(brand royalty), 그리고 과다광고로 인해 이동통신서비스 시장으로 진입하는 데 따른 진입장벽(barriers to entry)이 높다. 현재 통신시장은 통신 3사(SKT, KT, LGU+)가 주도하고 있다. 특히, 국가에서 관리

45 한국의 MVNO들도 약 100개의 MVNO가 있는 일본처럼 해외 제조사로부터 휴대폰을 직접 구매할 수 있다. NTT도코모로부터 망을 빌려 쓰는 소피아 홀딩즈Sophia Holdings는 중국 화웨이로부터 스마트폰을 직접 조달하고 있으며, 역시 도코모로부터 망을 임차해 쓰는 알스트림Rstream은 대만의 제조사로부터 스마트폰을 조달하고 있다. 하지만 한국인은 익숙하지 않은 브랜드에 대해 선호도가 매우 낮은 편이다.

하는 주파수 자원은 통신사업의 필수자원이며 이동통신서비스를 위한 한정된 공공자원으로 사실상 통신시장에서의 진입장벽의 역할을 한다. 따라서 알뜰폰 활성화를 위해 통신3사에 주파수를 할당할 경우 알뜰폰 활성화 조건(예를 들어, 공개망접속 기준)을 부여할 필요가 있다.

둘째, 이용자가 이동통신서비스 제공사업자를 선택하는데 있어서 알뜰폰 사업자로의 교체비용이 높기 때문에 알뜰폰 업체가 차지하는 시장점유율은 매우 낮고 이에 따라 가격경쟁이 활성화되지 못하고 있다. 특히, 기존사업자의 단말기 보조금 정책과 비가격 경쟁 측면에서의 제약이 원인으로 작용한다. 즉, 이용자가 기존기업의 상품을 사용하고 있는 경우 요금이 더 저렴한 알뜰폰과 같은 상품이 출시되어도 기존사업자로부터 받는 단말기 보조금 정책으로 인하여 고착화되어 있어 알뜰폰으로 교체되기 어렵다. 또한 기존 사업자의 상품을 사용하다가 알뜰폰 상품을 이용하기 위해서는 알뜰폰의 구입비용뿐만 아니라 사용에 익숙해질 때까지 숙지해야 하는 습득비용과 같은 교체비용으로 인해 소비를 쉽게 이전하지 못하는 고착화(lock-in) 현상 등으로 인하여 국내에는 알뜰폰이 활성화되지 못하고 있다. 따라서 알뜰폰의 활성화를 위해서는 이통3사의 단말기 보조금 전략을 제한하거나 소비자의 교체비용을 줄이기 위해 위약금 제도의 개선이 필요하다.

셋째, 이동통신서비스 사업자가 이동통신단말기 유통시장에서 시장지배력을 지니고 있기 때문에 경쟁이 제한적으로 이루어지고 있다. 우리가 소비하는 이동통신서비스는 단말기와 함께 소비되어 최종서비스로 제공된다. 그러나, 현재 우리나라의 단말기 유통시장은 주요 통신사들이 지배하고 있으며, 이들 사업자들은 단말기 업체들과 협조적 밀착관계를 유지하고 있다. 즉, 삼성과 LG와 같은 단말기 업체들은 통신사의 대리점에서 자신의 단말기를 유통시킬 수 있다. 따라서, 알뜰폰 업체들은 단말기 공급과 보조금 사용에 있어서 이동통신사와 공정경쟁을 위한 경쟁조건(level of playing field)이 다르다. 한편, 최근에는 이동통신사와 단말기 업체간에 대등한 경쟁관계가 형성됨에 따라 단말기 업체들의 협상력이 커져가고 있다. 특히 편의점, 홈플러스에 이어 대형마트 1위인 이마트가 알뜰폰 사업을 시작하였으며, 정부에서 추진하는 알뜰폰에 대한 유통채널로 우체국이 채택되었다.[46] 그러나, 정부가 추진하는 우체국을 통한 유통채널로는 한계가 있기 때문에 정부가 규제를 완화함으로써 알뜰폰을 활성화시킬 필요가 있다.[47] 따라서, 알뜰폰시장이 활성화되기 위해서는 통신사 대리점을 통한 단말기의 유통뿐만 아니라 단말기 업체들이 자사의 대리점에서 직접 단말기를 유통하고 통신서비스를 선택할 수 있도록 확대해야 한다.

---

46 2013년 9월 기존통신사보다 30% 저렴한 알뜰폰이 전국 우체국에서 본격적으로 판매되기 시작함에 활성화될 것으로 기대된다. 알뜰폰 사업자는 현재 총 6개로 LG텔레콤 U플러스 통신망을 이용하는 스페이스네트, 머천드코리아, KT올레 통신망을 사용하는 에넥스텔레콤, 에버그린모바일, SKT 통신망을 이용하는 아이즈비전, 유티컴즈가 있다.

47 최근 알뜰폰 활성화를 위한 통신시장의 변화로 국내 최대 할인마트인 이마트가 SKT의 망을 빌려 '쇼핑할인 알뜰폰' 서비스를 제공할 예정이다. 이마트 제휴카드로 결제하거나 이마트 상품을 구매할 때마다 통신비를 할인한다. 즉, 알뜰폰을 통해 쇼핑함에 따라 통신비를 할인해 주기 때문에 알뜰폰 활성화의 계기가 될 수 있을 것이다. 홈플러스 역시 2013년 3월부터 KT망을 빌려 '플러스 모바일 알뜰폰' 서비스를 제공하고 있으며, 2012년에는 GS25, 세븐일레븐과 같은 편의점에서도 알뜰폰 서비스를 제공한다.

마지막으로 알뜰폰이 활성화되지 못한 이유로 휴대전화 본인인증 문제[48]를 들 수 있다. 2013년 2월 인터넷에서의 주민등록번호 수집·이용을 금지한 '정보통신망 이용촉진 및 정보보호 등에 관한 법률'(정보통신망법) 개정안이 시행됐다. 이에 따라 이용자들은 주민번호 대신 휴대전화와 범용공인인증서 등으로 본인인증을 받아야 모바일 애플리케이션을 내려받거나 각종 서비스를 이용할 수 있는데 알뜰폰 업체들은 통신 3사와 달리 휴대전화 본인인증 서비스를 제공할 수 없다. 본인확인기관으로 등록하기 위한 조건이 매우 까다롭기 때문이다. '자본금 80억원 이상', 전문기술인력 8명 이상 배치 등 23가지 요건에 대해 휴대전화 본인확인 기관 지정요건을 충족시키지 못하기 때문이다. 따라서 기관지정에 대한 조건을 완화함으로써 알뜰폰을 활성화시킬 필요가 있다.[49]

이와 같이 우리나라는 이동통신사의 망을 빌려 영업하는 알뜰폰 업체들의 경우 이동통신사의 서비스나 요금제에 의존하여 경쟁가격을 결정하기 때문에 망을 소유하고 있는 기존기업의 행태에 따라 두 기업간에 가격경쟁은 활발히 이루어지지 않는다.[50] 또한, 가격경쟁을

---

48 본인인증이란 모바일 소액결제, 홈페이지 가입, 콘텐츠 구매 등에 사용되는 본인 확인 서비스를 말한다.

49 물론 알뜰폰을 본인확인기관으로 지정하기에는 개인정보보호라는 걸림돌이 있어서 신뢰하기 어려운 일부 알뜰폰 업체가 쉽게 개인정보를 얻게 되는 문제가 발생할 수 있다. 이런 문제를 인식하여 2013년 10월, 방송통신위원회는 최근 알뜰폰 가입자가 본인확인서비스를 편리하게 이용할 수 있도록 보완조치(알뜰폰 본인인증 서비스 규정안)를 마련하였다.

50 CJ헬로 모바일은 KT의 LTE망을 임대하고 있기 때문에 일반적으로 알뜰폰에 대한 통신요금이 기존 이동통신사 대비 30~40% 저렴한 것과 달리 헬로LTE 요금이 이동통신사의 LTE 요금과 차이가 없는데 CJ헬로 모바일은 KT의 LTE망 임대비용 때문으로 풍부한 콘텐츠와 최신 단말기로 고객

하게 되면 기존기업은 사회적으로 바람직한 서비스 망의 품질수준보다 더 낮은 품질 수준으로 진입기업에게 망서비스를 제공하려고 할 것이다. 이런 경우에 정부가 망의 품질수준에 개입하여 망중립성을 담보하기 위해 접속 품질 수준을 규제할 필요성을 갖게 된다.

5.5 양면시장

5.5.1 양면시장의 정의와 특징

최근 정보통신기술과 인터넷의 발전, 인터넷 사용자의 증가 등에 따라 인터넷 오픈마켓, 인터넷 포털, 디지털 콘텐츠(MP3·영화 등) 다운로드 사이트, 앱스토어 등 양면시장에 속하는 새로운 형태의 비즈니스 모델이 지속적으로 등장하고 성행하면서 양면시장에 대한 관심과 중요도가 크게 증가하고 있다.

양면시장(two-sided market)이란 서로 다른 두 타입의 이용자 집단이 플랫폼을 통하여 재화나 서비스를 교환하는 등 상호작용을 하는 시장을 말한다.[51] 여기서 플랫폼이란 서로 다른 이용자 그룹이 상호작용을 원활하게 할 수 있도록 제공된 물리적, 가상적, 또는 제도적 환경을 일컫는다. 플랫폼을 제공하는 사업자는 양측 또는 어느 한쪽의 이용자에게 플랫폼 이용료를 부과함으로써 수익을 창출한다. 예

을 유치하는 전략을 사용하고 있기 때문이다(LTE망도 이젠 알뜰폰시대 <MVNO>, 중앙일보, 2012.8.30.일자).

51 일반적으로 시장이란 수요자와 공급자가 재화 또는 서비스를 거래하는 물리적, 개념적 공간을 말한다. 반면 양면시장에서 "시장"이라는 용어는 서로 다른 이용자 집단이 상호작용하는 물리적, 가상적 플랫폼을 제공하는 재화 또는 서비스를 지칭하는 것이다.

를 들어 인터넷 어플리케이션과 콘텐츠의 경우 망사업자의 망서비스를 통해서 이용자와 연결되기 때문에 양면시장에 해당된다고 볼 수 있다. 이 경우 인터넷 어플리케이션 제작자나 콘텐츠 제공자도 망사업자로부터 일종의 보조금을 받고 수익을 내고 있기 때문에 망사업자의 비용을 분담할 필요가 있다.

이러한 특성을 보이는 가장 대표적인 예는 '신용카드 서비스'이다. 특정카드에 가입하고 재화 구매의 결제수단으로 사용할 것인지의 여부를 결정할 때, 소비자는 그 카드를 수용하는 가맹점의 수를 고려할 것이다. 반면 상인은 특정 카드를 수용(accept)할지의 여부를 결정할 때 그 카드로 결제하고자 하는 소비자의 수를 고려할 것이다. 즉 특정카드의 플랫폼에 참여할 때 발생하는 편익은 상대편 이용자 집단의 규모에 의존한다.

만약 플랫폼 사업자가 가맹점 수수료(merchant fee)를 인상하면 그 카드를 수용하는 가맹점의 수가 감소하게 되며 양면시장의 특성인 교차 네트워크 외부성에 따르면, 카드소지자의 수도 감소하게 된다. 이와 같이 양면시장에서 한 측면의 이용자 그룹은 다른 측면의 이용자 그룹에게 보완재로서의 역할을 하게 된다. 이와 같은 양면시장의 예는 우리 주변에서 흔히 발견할 수 있다. 미디어(콘텐츠 제공사업자와 시청자, 광고주와 시청자), 쇼핑몰(상점과 소비자), 결혼 중개소(남자와 여자) 등이 이러한 특징을 나타낸다.

양면시장의 가장 두드러진 특징은 한 측면의 이용자가 얻는 편익은 다른 측면의 이용자의 수 또는 소비량의 직접적 영향을 받는다는 것이다. 이를 "교차 망외부성"(cross network externality)이라고 한다. 양면시장은 시장 일면의 효용이 다른 일반의 크기에 영향을 받는 교차 망외부성이 존재하기 때문에 최적가격 결정이나 시장지배력 등에 관한 논쟁이 단면시장(one-sided market)과는 다르다.

양면시장 관점에서 망중립성의 문제는 인터넷 네트워크 비용 즉, 플랫폼 비용을 누가 부담해야 하는가 하는 요금구조의 문제로 해석된다(Waverman, 2007). 인터넷 서비스는 플랫폼의 양측에 단순히 발신자와 수신자가 존재하는 것 이상으로 한 측은 콘텐츠를 제공하는 콘텐츠 사업자, 다른 측은 콘텐츠를 이용하는 이용자로 구분되는 특징이 있다. 따라서 콘텐츠 사업자와 이용자 양측에 대해 인터넷 접속 제공사업자가 어떠한 요금구조를 설정해야 하는가 하는 양면시장 이유가 대두되며 이러한 이슈를 둘러싼 이해관계자간 갈등관계를 망중립성 논쟁으로 볼 수 있다.[52]

5.5.2 양면시장에 대한 경제학적 논의

양면시장에 대한 이론적 연구는 2000년대 초반부터 활발히 진행되기 시작하였다. 특히 Caillaud and Jullien(2003), Armstrong(2006), Rochet and Tirole(2006) 등의 논문이 발표된 이후 양면시장에서 최적가격(가격수준 및 가격구조)에 대한 이론 논문들이 발표되었다. 다른 한편으로 Evans(2003)이나 Wright(2003c) 등은 양면시장의 경쟁적 효과에 관한 내용을 발표하였다.[53] 이들 연구결과에 따르면 서로 다른

---

52 콜롬비아 대학의 팀우(Tim Wu) 교수에 의하면 망중립성 정책에 대한 논의의 기반은 단대단(end-to-end) 연결 원칙을 주장한다. 동시에 양면시장의 논리에 대해 어플리케이션 제작사, 콘텐츠 제공자 등 망사업자 이외의 스마트 생태계 이해관계자들이 교차 네트워크 외부성을 통해 보조금의 수혜를 누리는 경우가 인정된다고 할지라도 망사업자의 패킷감시기술(DPI: deep packet inspection) 등에 따른 가격 차별화 정책으로 인한 가치 교환(trade-off)이 존재한다.

53 양면시장에 대한 일반적 이론 이외에도 특정 양면시장에 대한 연구도 활

두 이용자 그룹이 존재하고, 이들 간의 상호작용을 원활하게 하여 주는 플랫폼이 존재하며, 양(+)의 교차 망외부성이 존재하는 양면시장에서는 다음의 3가지 결과가 성립한다.

첫째, 각 측면에 부과되는 최적가격은 양 측면의 수요의 가격탄력성, 교차 망외부성의 강도, 각 측면의 산출량(output) 변화를 반영하는 한계비용에 의존한다. 둘째, 한 측면의 한계비용의 증가가 동일한 측면의 가격을 반드시 상승시키지는 않는다. 각 측면에 부과되는 가격의 비율은 수요의 가격탄력성의 비율에만 의존하고 한계비용에는 의존하지 않는다.[54] 셋째, 한 측면에 부과되는 가격이 한계비용보다 낮아질 수 있으면 어떤 경우에는 가격이 음수가 되는, 즉 보조금을 지급하는 경우가 발생할 수도 있다.[55] 예를 들어 club의 경우 여성에게는 입장료를 무료로 하거나 때로는 사은품을 주기도 한다. 신용카드의 경우 카드회원에게 가입비, 연회비를 면제하여 주고 멤버쉽, 마일리지, 캐쉬백 보너스(cashback bonus) 등을 제공하는 것도 이에 해

발히 진행되었다. 신용카드 서비스에 대해서는 Baxter(1983), Gans and King(2003), Rochet and Tirole(2002), Schmalensee(2002), Wright(2003a, 2003b, 2004) 등 참조. 미디어 산업에 대해서는 Ferrando *et al.*(2004), Reisinger(2004), Kaiser and Wright(2004) 등 참조. 전기산업에 대해서는 Jullien(2004) 등 참조.

54 Rochet and Tirole(2003)은 수요함수를 $D_T = D_1(p_1)D_2(p_2)$로 정의할 경우, 균형에서 $\frac{p_1}{\eta_1} = \frac{p_2}{\eta_2}$이 성립함을 보였다.

55 Parker and Van Alstyne(2002), Schmalensee(2002) 등에 따르면 양면시장에서 B면이 A면에 미치는 교차 네트워크 외부성이 커지면 커질수록 B면의 가격은 하락하고, A면의 가격은 상승하게 된다. 따라서 교차 네트워크 외부성의 강도에 따라 한 측면에 부과되는 가격이 한계비용보다 낮아질 수 있다.

당하는 예이다.

이와 같이 양면시장에서는 기존의 전통적 경제이론이 적용되지 않거나 수정이 필요하기 때문에 반독점 정책을 수행할 경우에도 주의가 필요하다. 예를 들어, 한 측면에 부과되는 가격이 한계비용보다 낮은 것은 시장지배적 사업자가 경쟁자를 배제시키기 위해 약탈가격을 책정한 결과가 아니라, 양면시장의 특성을 반영하여 이윤극대화 가격을 책정한 결과이기 때문이다.

양면시장에 대한 정의와 특정시장이 양면시장인지 아닌지의 여부를 판단하는 기준을 제시하고 있는 논문은 그리 많지 않다. Evans(2003)와 Evans and Schmalensee(2008)는 양면시장의 "필요조건"으로 다음의 세 가지 조건을 제시하였다. 첫째, 상호연결을 필요로 하는 둘 이상의 상이한 고객군이 존재하여야 한다. 둘째, 한 면의 고객군은 다른 면의 고객군의 규모가 클수록 더욱 높은 효용을 얻어야 한다. 셋째, 높은 거래비용으로 인하여 서로 다른 고객군들이 자체적인 노력으로 직접 거래하는 것이 불가능하기 때문에 플랫폼을 이용하여야 거래가 성립된다. Rochet and Tirole(2004)은 양면시장을 가격구조에 중점을 두어 정의하였다. Rochet and Tirole은 서로 다른 두 그룹의 소비자가 존재한다는 사실만으로는 양면시장을 정의하는 것이 불충분하다고 하였다. Rochet and Tirole은 만약 플랫폼이 한쪽 측면에서는 가격을 인상하고, 다른 측면에서 동일한 만큼의 가격을 인하하더라도 플랫폼을 통한 거래량을 변화시킬 수 있다면 이 시장은 양면시장이라고 정의하였다. 이상규(2010)는 서로 다른 두 이용자 그룹이 존재하고, 이들이 상호작용하는 플랫폼이 존재하며, 한 측면이 다른 측면에게 최종재를 제공하고, 교차 네트워크 외부성의 존재하며, 서로 다른 두 이용자 그룹 간의 부수적 지불(side-payment)이 불가능하여 교차 네트워크 외부성을 내부화할 수 없는 시장을 양면시장이라 정의하였다.

또한 최근 많은 연구자들은 양면시장모형(two-sided model)으로 망중립성에 대한 사회후생효과를 분석하고 있다. 양면시장모형은 ISP 사업자가 CP와 이용자 양측에 이용료를 부과함으로써 교차 망외부성(cross-group externalities)을 내부화하고, CP사업자에게 차별화된 서비스를 제공함으로써 얻는 이윤의 일부를 서비스 이용자의 이용료를 인하시키는데 사용함으로써 사회후생을 증가시킬 수 있다고 본다. 기본적으로 양면시장모형은 양측 모두에게 요금을 부과하기 때문에 망중립성 규제에 반대하는 입장에서 출발한 모형이다. 김성현·김아람(2008)은 IPTV시장의 특성을 양면시장모형으로 설명하고 있는데 망중립성에 대한 규제정책의 효과는 일률적으로 나타나는 것이 아니라 시장의 경쟁정도에 영향을 받는다고 하였다. 이들은 망의 용량(capacity)에 제한이 존재하여 망에 접속할 수 있는 최대한의 소비자의 수가 정해져 있을 때 플랫폼에 가입하려는 소비자의 수가 망의 용량 제한보다 작은 경우는 망중립성 규제 정책이 사회후생을 증가시키지만, 망의 용량을 초과하는 경우에는 과도한 경쟁으로 인해 망중립성의 의무화가 사회후생을 감소시킨다고 하였다.[56] 따라서 망중립성을 근거로 한 프리미엄망에 대한 동등접근보다는 합리적인 망이용대가 산정과 적정수준의 접근 개방을 논의하는 방향으로 전환되어

---

56 CP는 ISP에게 접속회선 용량에 비례하여 망 이용대가(전용회선료)를 지불해 왔으며, 구매용량 범위내에서 CP는 자유로운 트래픽 송수신이 가능하였다. 트래픽 패턴을 살펴보면, 대부분 CP의 경우 최번시 트래픽이 비교적 일시적으로 나타나고, 최번시 트래픽 발생 시점도 사업자마다 달라 ISP는 CP가 구매하는 망용량의 실제 트래픽 점유율이 100%에는 못미치는 평균적 점유량을 기준으로 망을 설계하고 이용대가를 설정하고 있다.

한다고 분석하고 있다.

양면시장모형을 사용하여 ISP가 CP에게 추가요금을 부과할 유인과 사회후생효과를 살펴본 강사웅(2011)[57]의 연구에서는 소비자 시장의 경쟁정도에 따라 사회후생이 달라진다. 즉, 소비자 시장이 경쟁적이면 ISP는 추가요금을 부과할 유인이 없지만, 정부가 적절한 범위내에서 장려하면 사회후생이 증가한다. 그러나 소비자시장이 꾸르노 복점이면 ISP는 이윤이 감소함에도 불구하고 추가요금을 부과하는 상황이 나타날 수 있기 때문에 이런 경우 망중립성 규제를 할 필요가 있다고 주장한다. CP에게 추가요금을 부과할 때, CP시장의 경쟁의 정도에 따라 망중립성 규제효과가 달라진다.

오픈소스(open source)와 개방형 프로그램의 예를 들어 양면시장을 설명하고 있는 연구는 Haigu(2006)의 연구가 있다. 그는 양면시장에서 플랫폼이 개방적으로 운영되는 경우와 폐쇄적으로 운영되는 경우 경제적 후생을 비교분석하였다. 폐쇄적 플랫폼의 경우 독점가격의 책정으로 양측의 후생손실(deadweight losses)이 발생할 수 있지만, 플랫폼 운영자가 이윤극대화를 위해 생산측면에서 간접적 네트워크 효과와 직접적 경쟁효과를 부분적으로 내재화하기 때문에 사회후생이 증가하는 효과가 존재하게 된다. 따라서 직관적으로 개방적 플랫폼이 폐쇄적 플랫폼보다 효율적이라고 말하는 것과 반대로 때로는 폐쇄적 플랫폼이 개방적 플랫폼보다 사회적으로 더 바람직하다는 점을

---

57 본 논문은 초고속 인터넷 서비스 이용자들이 요금과 품질을 서비스 이용 결정하는 중요한 요인으로 생각하고 CP사업자는 자신들이 제공하는 콘텐츠에 따라 수평적으로 차별화되어 있다고 가정한 모델을 분석하고 있다. 여기서 소비자들에게 인터넷 접속 서비스를 제공해주는 시장을 소비자 시장으로 CP들에게 인터넷 접속 서비스를 제공해주는 시장을 CP시장으로 정의하고 있다.

보였다. 즉, 개방형 플랫폼은 플랫폼간 경쟁으로 인해 간접적 네트워크 외부성과 플랫폼내 경쟁효과를 내부화하지 못하기 때문에 사회적으로 바람직하지 못한 결과를 야기할 수밖에 없다. Haigu는 망중립성 규제가 반드시 효율적이지는 않으며, 독점 사업자가 플랫폼을 폐쇄적으로 운영하더라도 교차네트워크 외부성을 내부화하는 경우 오픈 플랫폼보다 사회적으로 효율적일 수 있음을 지적하였다.

한편, Hermalin and Katz(2007)는 인터넷 서비스 이용사업자와 CP 사업자를 연결하여 주는 플랫폼을 운영하는 사업자(ISP)를 양면시장의 관점을 이용하여 분석한 결과, 망중립성 정책이 사회후생을 낮출 가능성이 비교적 높다. 특히 수직적으로 차별화된 콘텐츠를 제공하는 이질적 콘텐츠 제공사업자가 존재하는 경우에 대한 망중립성 효과를 분석한 결과, 망중립성 규제가 없으면 ISP가 수직적으로 차별화된 다양한 서비스를 제공할 수 있지만, 망중립성 규제하에서는 단 하나만의 서비스를 제공할 수 있다고 규정하고 있다. 특히, 망중립성 규제가 없으면 저품질(low-quality) 서비스를 구매하여 콘텐츠를 제공하는 CP사업자는 시장에서 배제되고, 중간품질(mid-quality)의 서비스를 구매하여 콘텐츠를 제공하는 CP사업자는 망중립성 규제하에서는 고품질의 서비스를 사용하게 되므로 규제의 수혜자가 되며, 고품질(high-quality)의 서비스를 구매하여 콘텐츠를 제공하는 CP사업자는 망중립성 규제하에서 보다 낮은 품질의 서비스를 사용하게 된다. 따라서 망중립성 규제로 인한 사회전체적인 후생은 증가하거나 감소할 수 있으나 감소할 개연성이 더 높다고 분석하고 있다.

마찬가지로 이상규(2012)는 우리나라의 경우 초고속 인터넷이 품질에 따라 수직적으로 차별화되어 있어 요금과 품질에 따라 사용여부를 결정하는 이용자, 다양한 콘텐츠를 제공하는 수평차별화된 콘텐츠 제공사업자, 콘텐츠 제공사업자에게 프리미엄 서비스와 최선형 서비스를 제공하는 초고속 인터넷 사업자로 구성된 양면시장 모형을 이용하여 망중립성 규제가 사회후생에 미치는 영향을 분석하였다. 분석결과, 망중립성 규제의 도입은 초고속 인터넷 서비스 제공사업자가 콘텐츠 제공사업자에게 제공하는 인터넷 접속 서비스에 대한 자유로운 가격책정을 제한함으로써 초고속 인터넷 제공사업자의 이윤을 감소시킨다. 뿐만 아니라 최선형 서비스를 이용하여 콘텐츠를 제공하는 사업자의 수와 총이윤도 감소시킨다. 반면, 프리미엄 서비스를 이용하는 콘텐츠 제공 사업자의 수와 총이윤은 증가한다. 즉 프리미엄 서비스를 이용하여 콘텐츠를 제공하는 사업자를 제외한 모든 경제주체의 후생을 감소시킨다고 하였다.

5.5.3 양면시장과 망중립성

2000년대 중반 이후부터 망중립성을 둘러싼 통신사와 CP·포털·제조사간 갈등이 격화되었다. 통신망과 통신서비스가 가지는 독특한 성질은 '망중립성' 논의를 더욱 복잡하게 만든다. 이는 망중립성이 기본적으로 '양면시장' 속성을 가진 통신시장에서 시작되었기 때문이다. 이미 언급한 것처럼 양면시장의 가장 큰 특징은 '교차 망외부성'에 있다. 교차 망외부성으로 인해 양면시장에서의 가격형성 구조는 단면시장과 상당한 차이를 보인다. 예를 들어, 신용카드 시장에서 이용자들은 거의 무료에 가까운 비용으로 카드를 이용하지만, 신용카드 가맹점들은 카드 결제에 따른 수수료를 부담하고 있다. 이는 신용카드 이용자 확보에 따른 교차 망외부성 효과가 크기 때문에 발생한 가격구조이다. 이용자의 편익을 가맹점이 부담하는 형태로 시장이 작동한다.

따라서 망사업자의 네트워크가 CP와 이용자를 연결하는 매개자 혹은 플랫폼으로 역할을 한다는 관점에서의 양면시장모형을 제시하고 그 균형조건들이 망중립성 이슈에 시사하는 바를 살펴보자. 통신시장에서 통신서비스를 제공하는 플랫폼 사업자는 통신사가 되며, 이용자와 CP 등은 두 개의 상이한 이용자 그룹으로서 이 시장에 참여한다. 통신사들은 CP들이 제공하는 다양한 콘텐츠로 인해 이용자들을 유인할 수 있었다. 또, 이용자의 유입은 더 많은 CP들의 참여를 독려하도록 작용한다. 통신시장은 그 동안 이용자와 CP 사이에서 발생하는 교차 망외부효과가 서로를 공생적으로 발전시키는 방향으로 작용하고 있다.

양면시장은 <그림 5.2>에서 보는 바와 같이 사업자가 두 종류의 서로 다른 이용자 그룹에게 플랫폼을 제공하는 구조로 나타난다. 양면시장에서 플랫폼 사업자의 역할은 양측의 거래 또는 상호작용이 발생할 수 있는 환경과 편의를 제공하는 것이고 그에 상응하는 플랫폼 이용료를 양측 또는 어느 한 측으로부터 받게 된다. 따라서 양면시장이 성립하기 위해서는 플랫폼의 매개를 통하지 않고서는 양측 이용자 그룹의 상호작용이 현실적, 경제적으로 불가능해야 한다.

그러나 통신시장에서의 요금구조는 이용자가 대다수를 부담하는 형태로 구성된다. 네트워크를 이용하는 CP들도 망이용대가를 지불했

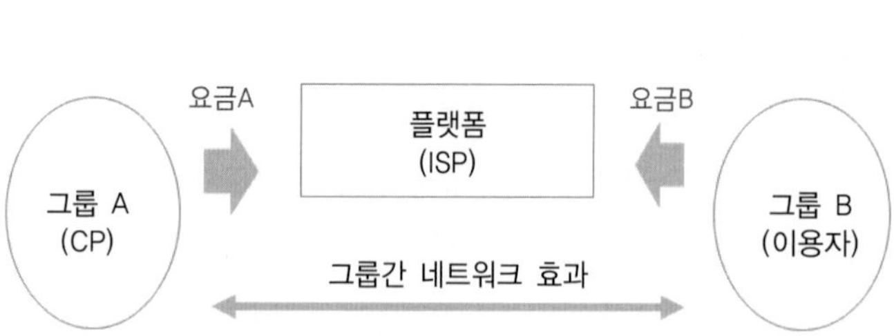

그림 5.2 양면시장 관점에서 본 플랫폼

지만, 높은 설비투자를 유발하는 가입자망에 이르는 구간 접속에 대해서는 별도의 과금이 이뤄지지 않았다. 이는 통신시장이 가진 양면시장 성격을 고려할 때, 이 같은 과금 행태가 시장 성장에 실질적인 도움을 줬기 때문이다.

이 같은 상황에서 망중립성 논의가 최근 촉발된 이유는 통신사들이 처한 환경이 과거와 달라졌기 때문이다. 최근까지 통신시장은 지속적 성장을 거듭해 왔다. 반면, 현재 통신시장 규모는 가입자 포화에 따라 정체 양상을 보이고 있다. 더불어, CP들의 콘텐츠를 안정적인 네트워크 환경에서 제공하기 위한 투자비는 증가하는 추세를 보이고 있다. 향후 활성화가 예측되는 '스마트 TV' 등은 통신사들의 수익과 비용간 '디커플링(decoupling)' 현상을 유발시킬 것으로 예상된다.[58] 이로 인해 과거 인터넷 발전의 근간을 이뤘던 요금구조, 대부분의 통신비용을 이용자측에서 지불하는 형태가 지금에도 유지돼야 하는 것인가에 대한 논의가 진행되고 있다.

양면시장 측면에서 통신사가 CP나 제조사들에게 주장하는 투자비 분담 요구는 통신시장 상황 변화에 따른 새로운 과금체계 모색으로 볼 수 있다. Rochet and Tirole(2006)은 양면시장의 필요조건으로 양측 그룹에 부과하는 요금구조 변화에 따라 시장거래량과 효용 등이 변화해야 한다는 점을 지적했다. 이 같은 면을 고려하면 그 동안 인터넷 패러다임을 주도해 왔던 이용자 과금 행태의 변화, 즉 망중립성 철회는 통신시장 전반에 큰 변화를 가져다 줄 것으로 예상된다. 2000

58 스마트폰이 보급된 이래 모바일 데이터 트래픽은 지속적으로 증가하고 있지만 각 통신사들의 설비투자 규모는 평균증가율 수준을 유지하게 되면서 트래픽 증가 대비 네트워크 투자의 불균형 현상이 발생하고 있다. 이러한 추세가 지속될 경우 향후 2–3년 내에 통신사업자 네트워크 회선 당 비용이 수익을 초과하는 현상을 디커플링이라 한다.

년 중반 이후 관련 논문들이 등장하고 있지만, 아직 양면시장 관점에서 망중립성 이슈를 분석한 학자들 사이에서도 과금 체계 변경을 통한 사회 효용 증감에 대한 일관적인 입장은 정립되지 않은 상태이다.

기존의 인터텟 시장체계에서 인터넷 이용자가 접속서비스 이용요금을 통해 네트워크 비용을 주로 부담하였다. 콘텐츠 사업자는 하나의 이용자로서 접속비용은 부담하였지만 실질적으로 많은 네트워크 비용이 발생하는 가입자망 부분은 거의 무료로 이용해왔다. 이는 가입자망을 통과하는 다양한 종류의 트래픽의 제공주체를 일일이 식별하여 과금하는 것이 쉽지 않은 인터넷의 개방적 네트워크로서의 특성에 기인하는 측면도 있다. 그러나 최근에는 기술 및 시장환경의 변화에 따라 통신사업자들이 콘텐츠 사업자의 트래픽으로 인해 발생하는 네트워크 비용 및 콘텐츠 수익에 상응하는 망이용 대가의 지불을 요구하는 사례가 발생하기 시작하였다. 이는 인터넷의 차별적이고 개방적인 이용을 추구하는 망중립성 원칙이 위협받는 상황으로 인식을 확산시키게 되었다.

양면시장 이론의 관점에서 망중립성을 접근하기 위해서는 요금체계의 효율성에 초점을 두고 망중립성하의 요금체계가 경제적으로 효율적인 시장성과를 가져다주는지에 대한 고민이 필요하다. 기본적으로 망중립성 원칙이 현재까지 인터넷의 운영에서 보여준 효율성과 성과는 양면시장의 논리에 의해 설명될 수 있다.

제2부 정보재와 온라인 경쟁

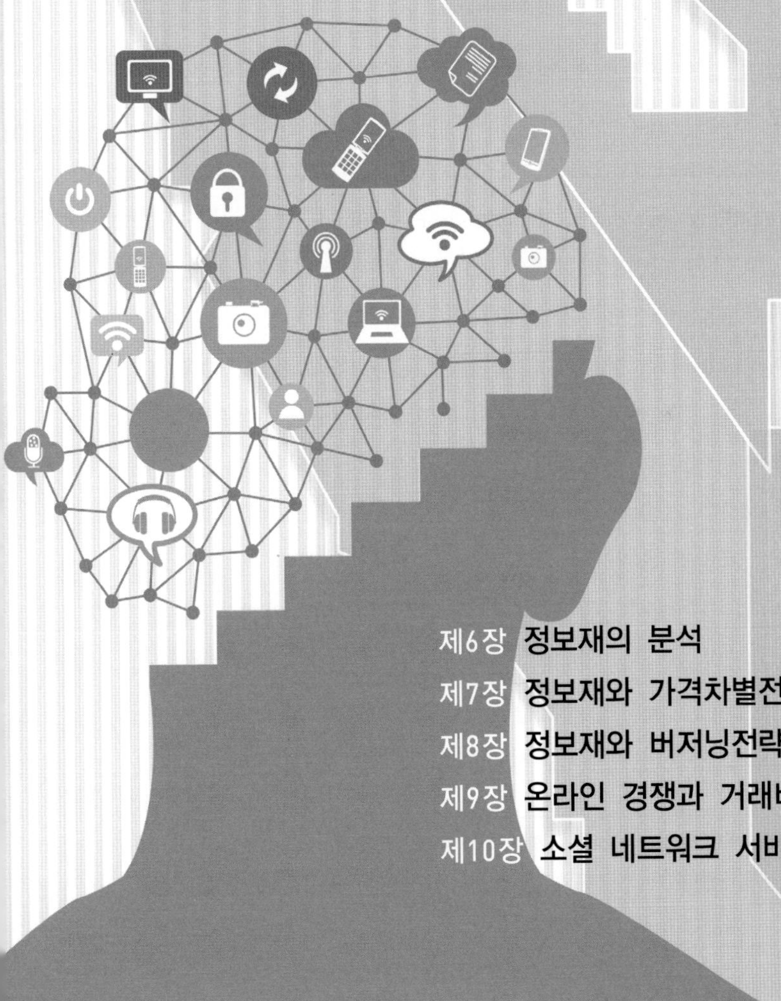

제6장 정보재의 분석

디지털 산업이 발전하게 됨에 따라 온라인상에서 디지털 기술을 기반으로 다양한 정보재가 거래되고 있다. 디지털 경제에서 거래되는 정보재(information goods)는 디지털화하거나 혹은 컴퓨터화가 가능한 것(anything that can be digitalized or computerized)을 전부 포함하는 개념이다.[59] 디지털화될 수 있는 모든 것이란 정보가 실제로 디지털화되어 있는지의 여부가 아니라, 디지털화될 수 있는지의 여부를 나타낸다. 따라서, 정보재는 책, 신문, 영화, 음악, 광고, 방송, TV 프로그램 등의 콘텐츠가 일차 대상이 되고, 향후 이들을 컴퓨터가 읽을 수 있는 형태로 디지털화한 것 등을 포함해서 정의할 수 있다. 또한, 미래 디지털 기술이 진화함에 따라 음원과 영상이외에 맛이나 냄새, 그리고 물질적 혹은 감성적 느낌까지도 디지털화가 된다면 디지털 시장이 온라인에서 구현할 수 있는 경제는 오프라인상의 아날로그 시장 이상의 것이 될 것이다. 이외에 정보재는 디지털 재화(digital good)를 포괄하는 동시에 정보를 담을 수 있는 정보그릇(information carrier)으로서 컴퓨터 운영 및 지원 소프트웨어, 접속기술과 프로그

59 정보재의 개념과 특성에 대한 경제학적 논의는 Shapiro and Varian(1999)에 의해 소개되었다.

램, 그리고 각종 데이터베이스도 포함한다.

정보재는 지금까지 존재했던 다른 상품에 비해서 독특한 특성이 있다. 예를 들어, 초기 생산비용에 비해 재생산비용이 무시할 수 있을 정도로 작아 한계생산비용이 0에 가까운 특성 때문에 정보재 시장은 시장가격이 한계비용에 수렴하는 완전경쟁시장이 되지 못한다. 오히려 상품가격은 생산비용에 근거하지 않고 소비자의 편익에 근거한 상품차별화와 가격차별화가 활발하게 진행된다. 혹은 단일상품에 대한 시장가격은 한계비용에 근접하더라도 기업의 수익을 창출하기 위한 또 다른 창구로서 다양한 버전과 기능을 지닌 상품차별화 시장이 활성화된다. 또한, 정보재는 경험재로서 수요 측면에서 망외부성(네트워크 효과)과 잠금현상이 강하게 작용하기 때문에 표준화나 호환성에 우월성이 있는 특정 사업자에게 고착화되는 독점구조로 수렴할 가능성이 높다. 따라서, 정보재의 시장거래에서 자원배분의 비효율성(시장실패)이 초래되는 과정과 이에 대한 적절한 규제정책적인 치유책을 마련할 필요가 있다. 본 장에서는 디지털 시장에서 거래되는 정보재가 지니는 일반적인 특성과 경쟁전략을 살펴보기로 한다.

6.1 정보재의 경제적 특성

6.1.1 경험재로서 정보재

일반적으로 상품의 특성은 소비자가 지닌 정보수준에 따라 크게 탐색재(search good), 경험재(experience good), 신뢰재(credence good) 등으로 구별된다. 탐색재는 소비자가 특정한 제품을 구매하기 전에 사전조사과정을 통해 특성을 파악할 수 있는 상품을 말한다. 예를 들어 생선, 야채, 고기, 의상, 가구 등은 탐색재의 성격이 강하다. 소비자가 구매 이전에 상품을 직접 관찰하거나 주어진 정보를 이용하여 상품의 특성을 쉽게 파악할 수 있기 때문이다.

반면 경험재는 재화를 구매하거나 실험적으로 사용하여야만 특성을 알 수 있는 상품을 말한다. 소프트웨어의 경우 간단한 기능은 설명서를 통해 짐작할 수 있지만, 프로그램을 구체적으로 사용해보지 않고서는 그 성능과 유용성을 정확히 알 수 없다. 탐색재의 경우 단순광고나 판촉 등을 통해 정보가 알려질수록 재화의 수요를 진작시킬 수 있지만, 경험재의 경우에는 정보 제공보다는 소비자의 만족을 유도하고 상품에 대한 애착(royalty)을 심어주는 것이 중요하다.

마지막으로 신뢰재는 재화를 구매하여 경험을 하여도 그 재화의 특성을 정확히 파악할 수 없는 상품을 말한다. 의료서비스나 교육서비스의 경우 소비자가 서비스를 소비한 다음에도 자신이 받은 서비스가 어느 정도의 특성을 지니고 있는지에 대해 정확히 알 수 없다. 이 경우 상품에 대한 신뢰와 믿음이 중요한 요소가 된다.

정보재는 소비자가 경험하기 전까지는 상품의 특질을 파악할 수 없다는 점에서 경험재에 속한다. 따라서, 정보재를 생산 공급하는 기업에게 있어서 되도록 많은 소비자가 사용하도록 하여 구전효과를 증가시키고 망외부성에 따른 소비자의 만족도를 최대화하여 자신의 상품에 충성하도록 유도하는 등의 전략은 매우 중요하다. 따라서, 기업의 측면에서는 정보재 공급에 있어서 소비자의 만족을 위한 경험의 관리가 가장 중요한 핵심요소가 된다. 반면에 소비자의 측면에 있어서는 경험을 통한 정보의 획득과 부가가치의 창조가 이루어짐에 따라 정보재에 대한 지속적인 애착과 충성심이 유발된다.

경험재로서의 정보재가 지니는 특성적 제약은 소비자와 생산자간에 정보의 비대칭성(informational asymmetry)이 존재한다는 점이다. 정보의 비대칭성은 시장거래의 비효율성(시장실패)을 유발하게 되는데, 이를 해결하는 사회경제적 장치는 다양한 기업의 전략과 소비자의 대응전략으로 나타난다. 예로, 정보의 유형이나 속성에 대한 비대칭성으로 말미암아 정보재를 구입하는 과정에서 사전적으로 발생하는 역선택(adverse selection)의 문제가 있다. 기업들은 소비자가 처한 역선택의 위험을 극복할 수 있도록 정보재에 대한 일정한 경험을 샘플로 제공함으로써 신호(signaling)를 보내거나 반대로 다양한 선별(screening)의 과정을 통해 정보의 진위여부에 대한 적절한 평가를 수행하게 된다. 미리 보기나 브라우징(previewing and browsing)을 통해 일반적인 특성을 사전에 경험하게 하는 전략, 일단 사용하고 사후에 평가하게 하는 전략(reviews and evaluations) 등이 대표적이다. 또한, 정보재를 구입하고 계약한 이후에 발생하는 도덕적 해이(moral hazard)의 문제도 있다. 특히, 정보재는 내구성을 지니고 있기 때문에 일정한 계약조건하에서 소비가 안정적으로 이루어질 수 있도록 정보재의 지속적인 관리가 중요해진다. 장기간 정보재를 거래하는 기업들은 도덕적 해이의 문제를 해결하기 위해 다양한 유인체계 및 신뢰를 형성하는 전략을 취한다. 예를 들어, 브랜드의 충성도 관리와 브랜드명의 명성을 쌓는 전략(reputation and brand identity) 등이 대표적인 것들이다.

6.1.2 규모의 경제를 지닌 정보재

컴퓨터 소프트웨어나 서적, 음반, 영화 등 정보재는 초기에 상품의 내용을 창작하고 상품의 형태를 구성하는데 많은 비용이 소요되는 반면에, 완성된 제품을 재생산하는 데 드는 비용은 무시할 정도로 작다. 영화를 예로 들면, 스티븐 스필버그의 쥬라기 공원은 영화를 제작하는데 수억 달러를 들였다. 그러나 그 영화의 상영을 위한 필름이나 DVD를 여러 개 생산하는 비용은 초기의 영화제작비용에 비해서는 아주 작은 몇 백 달러에 불과하다. 특히 가정에서 상영하도록 되어 있는 비디오테이프나 DVD를 복제하는 데는 몇 달러 정도만 들이면 된다. 서적도 마찬가지의 특성을 갖는다. 소설 작품 하나를 구상하고 만드는 데는 작가의 시간과 노력이 많이 소요된다. 만약 작가가 유명한 작가라 한다면 시간당 기회비용이 높을 것이기 때문에 한 작품을 만드는데 드는 비용은 가히 천문학적이다. 그러나, 그 내용을 담은 책의 낱권을 제작하는 비용은 아주 작다. 낱권 제작비용은 저자의 유명도와 상관없이 복사제본비만 들기 때문에 같은 양을 제작할 때 언제나 같다. 더욱이 유명도가 있는 저자의 책은 판매 부수가 많을 텐데, 예를 들어 10만권의 수요가 예상된다고 하면, 그를 충족시키기 위하여 인쇄를 거듭할 것이고, 그에 따라 낱권 제작비용은 유명도가 높은 저자의 책일수록 더욱 낮아져 복사하는 비용과 비슷해진다.

이와 같은 규모의 경제적 성질을 지닌 상품을 거래하는 산업을 비용체감산업이라고 부른다. 이것은 상품생산에 대한 고정비용이 막대한 반면 가변비용은 미미하여 생산량이 증가할수록 단위당 평균비용이 감소하는 산업을 의미한다. 전통적인 산업경제에서는 생산설비 등의 장치비용이 많이 들어가는 전기, 철도, 통신, 석유화학 등의 산업이 대표적인 예이다. 구체적으로 비용함수를 통해 그 특성을 살펴볼 수 있다. 비용함수는 일반적으로 생산량(Q)과 생산비용(C)간의 관계를 나타내는데, 생산량은 생산요소인 노동 L과 자본 K의 투입결과로 산출되는 것이다. 즉, $C=wL+rK$로 나타낼 수 있다. 이때, w

는 임금이고 r은 자본 단위당 이자율을 나타낸다. 따라서, 평균비용은 $C/Q=(wL+rK)/Q$로 나타낼 수 있다. 여기서, 노동과 자본의 투입을 각각 α배만큼 증가시킬 경우에 생산량이 얼마나 늘어나느냐에 따라 평균비용이 증가하거나 혹은 감소할 수 있다. 따라서, 비용체감의 경우에는 생산량이 증가가 α배 이상으로 증가하는 경우를 의미하게 된다는 점을 확인할 수 있다. 결국, 정보재가 비용체감의 특성(규모의 경제성)을 지니고 있다는 것은 수확체증의 성질을 지니고 있다고 바꾸어서 말할 수 있다.

영화마 필름, 비디오테이프, 그리고 낱권으로 된 책과 같이 복제생산된(reproduced) 정보재는 사재화(private good)이다. 복제상품이 모든 기업에 의해 자유롭게 생산된다고 하면 시장균형가격은 한계비용인 제로에 가깝게 되어야 한다. 그렇지만 그렇게 되면 그로부터 이윤이 생기지 않아 정보상품 자체의 생산이 불가능하게 된다. 따라서, 정보재 가격은 재생산에 필요한 한계비용 수준에 의해서 결정되어야 하는 것이 아니라 소비자의 지불의사에 따라 가격이 설정되어야 한다.

가격이 재생산비용보다 높은 수준에서 선택되어 유지되기 위해서는 복제 생산된 정보재의 공급업체에게 시장지배력이 보장되어야 한다. 만약 정보재의 원본과 복제생산이 한 기업에 의해 이루어진다면, 원본 개발을 위한 초기 투자비용이 큰 데 비해 복제의 한계생산비용이 제로에 가깝기 때문에 자연독점이론에서 설명되어지는 바와 같이 정보재 시장은 자연스럽게 독점화되기 쉽다. 컴퓨터 소프트웨어 시장에서 지배적인 기업 제품이 시장을 거의 석권하는 현상은 이와 관련이 깊다. 또, 기업간 자발적인 협의나 정부의 강제력으로 얻어진 표준을 중심으로 시장독점력을 창출되기도 한다. 그것도 어려운 상품은 정부가 독점력을 법으로 보장한다. 창의력이 요구되는 제품에 지식재산권을 법적으로 보장하는 이유가 여기에 있다.

정부가 법적인 장치를 통하여 기업에게 독점력을 확보해 주지 않는다 할지라도 기업은 초기에 상품을 출시한 기업이 다른 경쟁상품이 나오기까지 시장에서 비용우위를 바탕으로 한 독점적인 이익을 실현하기도 한다.[60] 이 경우에도 유사제품을 제작하는 시간까지 독점력이 행사되어야 하고 그 동안에 이윤 확보가 가능해야 새로운 정보재가 개발되어 공급될 수 있을 것이다.

정보재를 재생산하는 공급업체가 일단 시장지배력을 확보하면 가격은 이제 단위상품의 한계생산비용에 의해 결정되지 않고 소비자의 편익에 따라 정해지게 된다. 그런데, 소비자는 동일하지 않고 다양하기 때문에 이윤을 보다 많이 확보하고자 하는 기업은 소비자에게 단일 가격을 부과하는 것에 만족하지 않는다. 복제된 정보재를 생산하는 기업은 정보의 비대칭의 상황에서 보다 많은 이윤을 획득하기 위하여 다양한 형태로 상품을 차별화하기도 한다. 이에 따라 재생산된 정보재 시장에서는 소비자의 기호를 반영한 다양한 형태의 버저닝과 묶음판매를 행사하여 소비자의 자기선택을 유인함으로써 이윤극대화를 꾀한다.

6.1.3 범위의 경제를 지닌 정보재

직접적인 범위의 경제는 한 기업내에서 이루어지는 경제성을 가리킨다. 예를 들어 전력산업과 난방업은 서로 별개의 산업이다. 그런데 화력발전소에서 터빈을 돌려 전기를 생산하면서 부산물로 나오는 높

---

60 Liebowitz(1982)는 비용우위를 통한 시장 선점으로 독점이윤을 실현하는 것 이외에 다른 법적인 제한을 통해 독점을 보장하는 것은 오히려 효율적인 자원배분을 해칠 뿐이라고 주장한다.

은 온도의 증기는 지역난방에 이용될 수 있다. 한 기업이 전력생산과 난방서비스를 동시에 생산하면 별도로 각각을 생산하는 것보다 비용이 절감된다. 이처럼 별개의 산업들이 공정상 연결되어 있거나 한 산업의 부산물의 다른 산업의 원료가 될 때 그것들을 동시에 생산함으로써 비용을 절감하거나 더 높은 가치의 상품을 생산한다. 이러한 현상을 범위의 경제라 부른다. 또한, 범위의 경제에는 전에 없던 전혀 새로운 상품(또는 서비스)이 생산되는 경우도 추가할 수 있다.

정보재는 독자적으로 발전한 음악, 영화, 방송, 통신, 오락, 컴퓨터 산업, 소프트웨어 산업, 나아가 콘텐츠 산업 등이 서로 연관되면서 비용을 절감할 수 있을 뿐 아니라 대단히 가치가 높은 상품과 서비스를 만들어 낸다. 음악과 정보산업이 연결되어 디지털음악을 만들어 냄으로써 보다 정확하게 음을 보관하고 질적 저하 없이 재생산하며 다양한 형태로 음을 수정하고 조합한다. 과거에는 음의 수정이나 조합을 위해서는 다시 연주를 해야 했으나 이제는 다시 연주하지 않고도 컴퓨터에서 해 낼 수 있을 뿐 아니라 악기로 낼 수 없는 음을 만들어 낼 수도 있다.

음악을 유통하는 경로에서도 범위의 경제가 나타나 소비자가 보다 저렴한 가격을 지불하고 많은 음악에 쉽게 접근하는 것이 가능하게 되었는데, 이것도 음악이 정보산업과 연결됨으로써 나타난 범위의 경제 가운데 하나이다. 카세트나 CD를 구입한 사람만이 특정 음악을 소비하는 형태에서 벗어나 인터넷을 통하여 음악이 가정으로 전달되는 비중이 늘어간다. 특히 MP3나 냅스터(Napster) 같은 음악녹음 프로그램이 인터넷을 통한 음악의 무료복사를 가능하게 함에 따라 많은 소비자들은 과거보다 훨씬 적은 비용을 들여 보다 많은 음악과 접하게 되었다.[61] 방송의 한 수단으로 이용되던 케이블 TV는 이제 쌍방향 통신 수단으로 이용되어 인터넷을 통한 상품탐색, 주문, 불만사항 전달 및 해결 등의 수단으로 발전되어 간다.

통신산업은 정보산업과 연결되면서 문자정보, 화상정보 등이 기존의 음성정보와 함께 전달하는 장치가 되었다. 스마트폰 시대가 열리면서 이동중에 온라인 게임을 즐기는 사람들이 늘어가고 있으며, 방송도 스마트폰을 통해서 시청하는 것도 가능해졌다. 이와 같이 여러 형태의 정보가 디지털화되면서 별개의 정보산업들이 상호연결되어 가치를 높이고 비용을 절감하며 또한 과거에 존재하지 않았던 상품이나 서비스를 생산해낸다. 방송과, 서적출판, 신문, 잡지의 발행 형식이 바뀌고 현상은 이제 흔한 일이 되었다.

더구나, 정보통신산업의 동시 발전은 주변의 다른 많은 산업에도 긍정적인 영향을 준다. 직접적인 상품의 판매이외에 상품광고, 주문, 사후서비스, 상품비교 등에서 획기적인 발전의 기회가 열리고 있으며 그에 따라 마케팅과 자재조달, 제품개발 방식의 변화를 촉진시킨다. 최근에는 게임과 영화에서 나오는 다양한 캐릭터 상품들이 온라인과 오프라인에 소개되어 정보재의 범위의 경제가 확산되기도 한다. 예를 들어, 어린이들 사이에 선풍적인 인기를 끌고 있는 Walt

61 네티즌들간의 자유로운 파일교환의 상징적인 냅스터는 숀 패닝이라는 대학생이 취미로 개발한 인터넷 서비스이다. 이용자들은 자신이 갖고 있는 음악 압축파일 MP3의 목록을 공개하여 다른 사람으로 하여금 이 목록을 검색하여 자신이 원하는 것을 내려받을 수 있다. 이러한 MP3.com이나 냅스터의 활동으로 이윤의 저하를 경험한 음반회사들은 이러한 행위가 창작물에 대한 저작권 침해행위라고 하여 각각의 회사를 법원에 제소하였다. 이것은 범위의 경제 현상의 하나로 나타난 음악유통경로의 변혁이 기존 제도적 장치와 충돌하는 하나의 예이다. 이처럼 디지털 경제에서는 새로운 제품이나 서비스의 출현이 기존의 법적인 장치와 충돌하는 경우가 자주 발생하게 된다.

Disney의 곰돌이 Pooh나 Lion King, 그리고 일본의 Pocket Monster나 Digimon 등은 이미 영상산업 자체의 수입이외에 다양한 캐릭터 상품, 만화, 티셔츠, 각종 문방구류에 이르기까지 다양한 산업에 걸쳐 부가가치의 사슬을 형성하고 있다.

이처럼 상호간에 서로 연관된 여러 산업들은 동일한 생산과 소비의 네트워크 내에 묶어둠으로써 상호이익을 누릴 수 있다. 이런 네트워크 현상을 넓은 의미의 범위의 경제라 할 수 있다. 기존 산업경제에서 활용되었던 범위의 경제는 산업의 집적화 및 클러스터 이론에 의한 지리적 인접성을 강조하여 통합된 시스템을 상정하고 있다.[62] 예로, 섬유산업과 의류산업, 염색산업, 디자인산업 등이 지리적으로 인접한 곳에 위치함으로써 각 산업들이 독자적으로 발전하는 것보다 발전의 속도가 빨라지는 경우가 많다. 그러나, 디지털 경제에서는 네트워크의 연결성을 강조하기 때문에 범위의 경제의 확장성은 폭발적으로 확대될 수 있다.

6.1.4 공공재로서의 정보재

공공재는 사적 재화와 달리 소비의 비경합성과 비배제성을 가지고 있는 상품을 일컫는다. 먼저, 정보재는 원본 또는 타이틀이 원작자에 의해 개발 또는 창작되면 그것을 복제생산기업이 대량으로 복제하여 소비자에게 공급한다. 또한, 정보재는 기술적으로 디지털화되어 있어서 변환가능성과 업그레이드가 용이하기 때문에 일단 기본적인 원본이 창작되면 이를 변형하거나 이와 유사한 상품을 개발하는 작업은

---

62 국가경제의 발전전략을 제시한 Krugman(1991)의 산업집적이론과 Porter (1999)의 클러스터이론은 공통적으로 공간의 집적효과와 연계성을 강조하고 있다. 지역개발혁신의 이론에 대한 소개는 이상호(2002) 참조.

한계적으로 아주 적은 비용으로도 해낼 수 있다. 따라서, 정보재는 복제생산의 한계비용이 거의 0이고 아울러 추가적인 변형에 따른 한계비용이 미비하기 때문에 정보재 원본에 대한 수요는 비경합성을 보인다. 예를 들어 박경리씨가 쓴 『토지』는 일단 창작이 이루어신 다음에는 여러 출판사에서 동시에 인쇄하여 일반 소비자에게 판매되는 것이 기술적으로 얼마든지 가능한 일이다. 이러한 정보재 원본의 소비에 있어서의 비경합성은 정보재 자체가 지니는 상품의 특성으로 어떠한 사회경제적 장치로 보완될 수 있는 것은 아니라는 점에서 정보재 원본은 공공재이다.

또한, 정보재는 공급자가 상품을 제공함에 있어서 본질적으로 소비자를 구분하여 배제할 수 있는 성질을 갖지 못한다. 디지털화된 형태의 정보재는 네트워크를 통해 확산이 가능하고 아울러 쉽게 변형하거나 다양한 형태로 파급될 수 있어서 일반적으로 상품의 유통에 제한을 가하기가 어려운 것이 현실이다. 다만, 보안기술이나 지식재산권(Intellectual Property Rights: IPRs)에 대한 법적 제도를 강화함으로써 정보재의 비배제성의 성질을 일정부분 제한할 수 있다. 또한, 정보재의 공공재적 성격을 해결하기 위한 다른 방안으로 배제가능한 사적 재화와의 끼워팔기를 통하여 정보재의 배제성을 실현하기도 한다. 이러한 점에서 정보재는 순수공공재와 차이가 난다.

공공재적인 성격을 갖는 정보재 원본을 원하는 누구나 복제하여 판매한다면, 다시 말해 복제된 정보재의 시장구조가 완전경쟁적이라면, 복제생산비용이 0이므로 정보재의 소비자 가격은 0이 될 것이다. 이로부터 얻어지는 이윤도 역시 0이 되어 정보재원본에 대한 공급은 사라지고, 더 이상 정보재 원본을 개발하거나 창작하기 위한 수고를 기대할 수 없게 된다. 따라서, 정보재 원본의 생산을 위한 자원투입은 사라져 정보재는 사회적인 최적수준에 비해 심하게 과소 생산되게 된다. 즉, 사회적인 자원배분의 비효율성이 나타난다.

이러한 자원배분의 비효율성은 정보재 원본과 복제상품을 동일 기업이 생산하게 되면 자연독점이 이루어져 어느 정도 완화된다. 또한, 지식재산권, 상표권, 특허제도 등과 같은 법적 제도로 복제생산의 독점을 인정하는 것도 가능하다. 이들을 통해 독점력을 보장함으로써 복제상품의 시장에서 양의 이윤이 얻어지는데 그것은 바로 정보재 원본을 구입하는데 사용되어 가치 있는 정보재가 지속적으로 공급되도록 유인하는 재원으로 사용된다.[63] 그러나, 동태적인 연구개발의 효율성을 극대화하기 위해서 지식재산권이 갖는 독점력을 일정부분 제한하는 방안도 필요하다. 이때 지식재산권의 인정 연한(length), 질적 수준(height), 적용범위(breadth) 등이 중요한 문제가 된다.

한편, 일반적으로 국가소득수준에 따라 지식재산권 보호와 경제성장과는 서로 다른 인과관계가 있다는 점에서 국가간 형평성의 문제가 야기된다. 즉, 경제성장기에 있는 개발도상국에서는 지식재산권에 대한 제약이 느슨하여 불법생산과 대량소비가 활발하게 진행되고 이로 인해 경제성장이 가속화되는 경향이 있다. Park and Ginarte(1997)은 국가별 지식재산권의 보호정도를 측정한 후 연구개발(R&D) 투자가 높은 나라일수록 지식재산권에 대한 보호가 강화되는 경향이 있다고 주장하였다. 또한, 경제성장과 지식재산권의 관계를 파악하고 선진국에 있어서 R&D 투자와 지식재산권의 양의 상관관계가 존재함

---

63 지식재산권을 다루는 경제학자들은 정보재 원본의 공공재적인 성격과 재생산 상품의 사적 재화적인 성격을 들어 정보재에 대해 지식재산권 설정함으로써 독점시장을 보장하는 것이 재생산시장을 완전경쟁시장으로 두는 것보다 사회적인 효율성이 높아진다는 것을 주장한다. 대표적인 학자로 Liebowitz(1982) 참조.

을 밝혔다. 따라서, 세계 경제가 개방화되면서 자유무역협정(Free Trade Agreement: FTA)가 활발해짐에 따라 선진국과 개발도상국간의 지식재산권 보호에 대한 논쟁은 가열되고 있다. 특히, 정보재의 경우 지리적 제약이 없는 네트워크상에서 순식간에 거래된다는 점에서 공공재적인 성격이 강한 정보재에 대한 지식재산권 보호논쟁은 국가간 분쟁으로 발생하고 있다.

6.1.5 망외부성을 지닌 정보재

외부성이란 경제학에서 시장거래를 통해 내부화하지 못하는 경제적 가치를 의미하는 개념이다. 즉, 어느 한 경제주체가 자신에게 최선의 선택을 할 때 그 영향이 다른 경제주체에게 경제적인 반대급부 없이 주어지는 현상을 의미한다. 외부성 가운데는 좋은 외부성과 나쁜 외부성이 있는데, 그 어느 것이나 자유로운 시장내에서 내부화되지 않으면 자원의 비효율적인 배분을 가져온다. 이것을 외부성에 의한 시장실패라 부른다. 흔히 좋은 외부성을 유발하는 경제활동은 사회적인 최적수준보다 적은 자원이 배분되어 과소 생산되고, 공해와 같이 나쁜 외부성을 유발하는 경제활동은 사회적인 최적수준보다 활발하여 과잉 생산되는 특성을 보인다.

외부성 가운데는 경제활동에 참가하는 경제주체의 수에 따라 그 크기가 결정되는 것들이 있다. 이처럼 소비자의 수가 증가함에 따라 그 가치가 증가하는 현상을 네트워크 효과(network effect)라고 부른다. 먼저 부정적인 외부성 가운데 경제주체의 수에 영향을 받는 것을 살펴보자. 같은 제품을 사용하는 사람 수가 증가하면 그 제품의 사용가치가 항상 증가하는 것은 아니다.[64] 예를 들어, 공동물건은 누구나 험하게 사용하므로 남용되기 쉽다. 어떤 임자 없는 연못이 있다고 하

자. 그 연못에서는 낚시꾼들에게 입장료를 부과하지 않기 때문에 낚시꾼들은 입장료를 받는 연못보다 더욱 자주 그 연못에서 낚시를 하게 될 것이다. 보다 많은 낚시꾼들이 연못을 사용함으로써 그 연못에 사는 물고기 수는 빠른 속도로 감소하여 연못의 가치는 현격하게 떨어진다. 이와 같은 현상을 공유지의 비극(tragedy of commons)이라 부른다.[65]

다음으로 고객의 수가 증가함에 따라 그 가치가 올라가는 긍정적인 네트워크 효과에 대하여 살펴보기로 하자. 물리적으로 직접 연결됨으로써 발생하는 외부효과를 직접적 네트워크 효과라 부르는데 여기에는 전화망, 철도망, 팩스, 인터넷 등이 속한다. 그리고 컴퓨터 하드웨어 및 소프트웨어 시장, 그리고 자동차 시장에서와 같이 이용자 수가 증가함에 따라 경험을 가진 사람의 증가와 편리한 프로그램의

---

64 비록 사람 수가 증가하여 손실이 다른 사람에게 미치는 경우라도 항상 사회적인 자원 배분의 비효율을 가져오는 것은 아니다. 동일한 시장에 공급자가 늘어나면 기존 기업의 이윤은 크게 감소한다. 이윤의 감소분은 독점이윤을 기업 수로 나눈 정도로만 줄어드는 것에 그치지 않고 그보다 더욱 큰 폭으로 감소한다. 이런 현상을 금전적 외부효과(pecuniary externality)라 부른다. 그러나, 금전적인 외부효과는 사회적인 관점에서 보면 이롭다. 그리고 기존 기업의 손해는 그대로 소비자의 이익이 되기 때문에 시장실패를 초래하여 자원의 비효율적인 배분에 이르게 하는 외부성의 범주에는 속하지 않는다.

65 공유지의 비극은 소유권이 설정되지 못한 공공재에 대한 죄수의 딜레마(Prisoner's dilemma) 문제라고 볼 수 있다. 죄수의 딜레마는 모든 경제주체가 공동의사결정을 내린다면 최선의 결과를 얻을 수 있지만, 각자 개별적인 의사결정을 내리게 되면 최선의 결과를 얻지 못하게 되는 상황을 일컫는다. 사적 재화의 경우에도 죄수의 딜레마는 발생할 수 있으며, 공공재의 경우 소비의 비경합성과 비배제성으로 인해 무임승차(free rider)의 문제가 발생하고 이로 인해 죄수의 딜레마 문제가 심각해지게 된다.

개발, 그리고 서비스 이용의 편리성 등의 이익을 얻을 수 있다. 이처럼 다른 관련 시장이나 활동에 영향을 주어 얻게 되는 이익을 간접적 네트워크 효과라 한다. 동일한 사건에서도 이 두 사항이 동시에 나타날 수 있다. 동일한 소프트웨어(예로 OS와 같은 운영소프트웨어)를 보다 많은 사람들이 사용하면 문서를 주고받는 것이 편리하게 되고, 또 한편으로는 OS의 이용자가 늘어감에 따라 더 편리한 응용소프트웨어가 개발되어 편의성을 높여준다. 이때 전자는 직접적 외부효과 현상이고 후자는 간접적 외부효과에 해당한다.

따라서, 정보재의 경우에 생산, 소비하는 데 있어서 외부성이 발생된다. 네트워크 내부에서 발생하는 수신외부성과 망외부성 등의 긍정적인 효과뿐만 아니라 가용자원의 한정으로 발생하는 혼잡성(예로 동일 주파수내)도 함께 유발한다.

예를 들어, 전화는 혼자 가지고 있으면 쓸모가 없는 물건이다. 누군가가 전화망에 가입해 있어 통화하고자 할 때 전화를 걸어 통화할 수 있을 때 비로소 그 가치가 실현된다. 사실 전화의 가치는 전화망에 가입한 사람이 많으면 많을수록 커진다.[66] 이처럼 같은 상품을 사용하는 고객 수가 많아짐에 따라 그 상품을 사용함으로써 편의의 증가나 효용의 증가를 가져다주는 상품은 전화 뿐만은 아니다. 컴퓨터 소프트웨어, 자동차, 팩스 머신 등 그 예는 다양한 영역에 걸쳐 있고 또 그 수가 많다. 이런 네트워크 효과 가운데 시장기능을 통하여 적절한 경제적 반대급부가 주어지지 않아 시장실패를 유발하는 것을

[66] MetCalfe의 법칙에 따르면 네트워크의 규모가 커짐에 따라 네트워크의 가치는 기하급수적으로 증가한다고 주장하였다. 즉, N명의 소비자가 동일한 네트워크에 가입하게 되는 경우 네트워크의 가치는 N(N−1)/2로 측정될 수 있다.

망외부성이라 부른다.

사실 망외부성이라는 용어는 1980년대 후반부터 활발하게 사용되었다. 1970년대 초반에는 이 현상을 소비의 상호의존성이라는 용어로 이 현상을 표현하였고 소비부문에서 나타나는 규모의 경제로 이해하였다. 예로, Artle과 Averous(1973)은 통신서비스로부터 효용이 다른 가입자의 수에 영향을 받는다고 밝히고 통신서비스는 자원배분에서 공공재와 같은 성격을 갖는다는 점을 밝혔다.[67] Rohlfs(1974)는 통신서비스에 대한 가입자는 인구가 일정할 때에도 계속 늘어날 수 있음을 보였는데, 이를 위해서는 초기에 고객이 최소한 임계수준 이상이 되어야 함을 지적하였다. 가격이 낮을수록 임계수준도 낮아지기 때문에 통신서비스 공급자들은 임계수준의 고객을 확보하기 위하여 초기에 한계비용 이하의 가격설정이 합리적이라는 점을 증명하였다.

망외부성은 정보재의 이용이 일반화되고 인터넷 사용이 증가함에 따라 정보사회의 특징적 현상으로 받아들여지고 있다. 미국경제가 1990년대 이후 장기호황을 누리고 있는 원인 가운데 중요한 요소로서 정보사회에서 나타나는 망외부성과 규모로부터 수익증가라는 데 많은 사람들이 공감한다. 이런 현상을 배경으로 정보재에서 나타나

67 Squire(1973)는 전화와 관련하여 두 가지 외부성이 있음을 지적하였는데 먼저 걸려오는 전화를 수신자가 비용부담 없이 받음으로써 얻는 이익과 다음으로 신규가입자가 늘어감에 따른 통화 가능성이 증가하여 얻는 기존가입자의 효용향상 등이 그것이다. 그는 이론적인 모형을 통하여 사회 최적의 통화료는 통화비용에서 걸려오는 전화로부터 얻는 효용을 뺀 값이고, 전화시스템 가입료는 전화 설치비용에다 걸려오는 전화로부터 얻는 효용을 더하고 기존가입자가 신규가입자로부터 얻는 잉여를 뺀 수준이라고 밝혔다.

는 망외부성과 규모의 경제를 수용하여 경제학의 이론체계를 완전히 전환해야 한다는 주장도 제기된다. 규모로부터 수익감소라고 하는 Arrow–Debreu의 신고전파 경제학의 이론체계로는 규모로부터 규모의 증가가 일반화된 정보사회의 경제현상을 더 이상 설명하기 어렵다는 것이다.

망외부성이 정보재 시장에서 나타나는 중요한 현상이지만 그것이 그의 고유한 현상은 아니다. 이미 철도망이나 도로망, 그리고 전신망 등에서 경험한 적이 있다. 그리고 망외부성을 사용자의 수가 증가함에 따라 소비자의 이익이 증가하는 현상 전반을 지칭하는 것으로 받아들이는 것은 용어의 과장된 사용이라는 경고도 없지 않다. 사실 소비자의 수가 증가함에 따라 가치가 증가하는 네트워크 효과는 일반적으로 광범하게 나타나는 현상이다.

그러나, 네트워크 효과의 대부분은 시장경제 내에서 가격에 반영되고 거래과정에서 내부화되어, 시장의 거래과정에서 적절히 해소되어 자원배분의 효율성을 해치는 것은 많지 않다. 위에서 언급한 바와 같이 표면적으로는 외부성으로 보이지만 실제로는 시장에서 내부화되는 금전적 외부성도 많다. 직접적 외부효과의 대표적인 예로 거론되는 전화서비스의 네트워크 효과도 전화회사가 독점기업이면 전화회사가 전화가입비를 높게 책정함으로써 내부화된다. 또, 간접적 외부효과 가운데는 관련 상품의 수요증가가 가격상승으로 이어져 시장에서 적절히 보상이 주어지는 경우가 허다하다. 이에 따라, 망외부성은 광범하게 존재하는 네트워크 효과 가운데 시장실패를 가져오는 직접적 혹은 간접적 망외부성의 일부분만을 지칭하는 것이 타당하므로, 망외부성라는 용어를 신중하게 사용해야 할 일이다.

정보재의 외부성은 정의상 시장실패에 따른 비효율적인 자원배분을 초래하므로 이 문제를 해결하여 정보재의 효율적인 자원배분을 위해서는 다양한 법적 제도와 규제 제도가 강구되어야 한다. 외부성 문제의 해결을 위한 전통적인 경제학 접근방법으로는 피구(Pigou)적 접근방식과 코스(Coase)적 접근방식이 있다. 전자는 적절한 조세를 부과하여 가격체계 내에서 외부성을 내부화하는 방안이며, 후자는 소유권의 설정을 통해 권리를 인정하고 그에 대한 책임을 부여하자는 방안이다. 특히, 코스정리에 따르면, 외부성을 유발하는 것에 대해 소유권이 적절히 설정되면 외부성은 시장거래에서 자연히 내부화된다. 외부성을 발생시키는 상품의 독점생산자가 소비에서 생기는 외부성을 내부화하는 예는 전화회사의 예에서 볼 수 있다. Katz와 Shapiro(1985)는 이러한 외부성을 '후견인이 있는(sponsored)' 외부성으로 불렀다. 일반적으로 다른 외부성을 정부가 개입하여 조세를 부과하거나 지시와 통제로 내부화하는 것으로 알려져 있는데, 네트워크와 관련된 외부성도 정부가 개입함으로써 초기 사용을 촉진하는 지원금 등으로 내부화가 어느 정도 가능한 것들이 있다.

6.2 정보재의 경쟁원리

6.2.1 비용측면: 높은 원본비용과 낮은 복제비용

정보재는 디지털로 제공되기 때문에 원본을 생산하는 데에 드는 초기 고정비용은 큰데 반해 추가적인 복제에 따른 한계비용은 매우 작다. 또한, 초기 고정비용은 특정 정보재의 콘텐츠를 개발하는 비용이기 때문에 매몰비용(sunk cost)의 성격이 강하다. 예로, 마이크로소프트사의 '윈도우즈'와 같은 컴퓨터 운용 소프트웨어나 한글과 컴퓨터사의 '훈글'과 같은 응용 프로그램은 초기에 컴퓨터 소프트웨어를 개발하는 데 있어서 많은 연구비용과 테스트비용이 든다. 그러나, 이들 소프트웨어를 컴퓨터에서 복사하는 비용은 아주 작다. 컴퓨터에 여유공간이 있다면 복사하는 비용은 복사에 소요되는 시간에 불과하다. 또, CD로 된 백과사전이나 MP3 음악, 비디오나 동영상, 웹 페이지 등도 마찬가지로 처음 제작하는 비용은 대단히 크지만, 그것을 복제하는 비용은 거의 들지 않는다.

이와 같은 정보재의 대표적인 특징 즉, 한계 생산비가 작고 생산량에 관계없이 추가생산 단위당 비용이 일정 수준을 유지하는 특성 때문에 유사한 정보재의 모방이 용이하며, 이에 따라 복제생산을 하고자 하는 신규기업이 진입할 때 진입장벽이 거의 존재하지 않는다. 따라서, 만약 정보재 시장에 경쟁이 도입되면, 정보재의 가격은 낮아지게 되고 그렇게 되면 정보재를 개발하여 생산을 주도했던 기업은 초기에 지불해야 했던 고정비용을 회수할 수 없게 된다. 따라서 정보재를 개발한 기업은 그 상품이 경쟁화되는 것을 막기 위한 다양한 가격차별화전략이나 상품차별화 전략을 취하게 된다.

따라서, 정보재는 다른 일반 상품처럼 생산비용을 근거로 가격을 결정하는 것이 아니라 고객의 가치(value)에 따라 상품의 특성 및 가격을 설정하는 경향이 나타난다. 초기 도입가격을 책정하는 등의 가격차별화를 하거나 무료 배포하거나 혹은 보조금을 지급하여 보다 많은 소비자가 정보재를 경험하게 만든다든지, 동일한 정보재를 지역이나 시간대 등을 달리하여 재판매하는 상품의 차별화를 시도하게 된다. 따라서, 정보재의 시장구조는 지배기업이 우위를 누리는 형태이든가 차별화된 유사한 상품들이 제한적으로 경쟁하는 형태를 갖게 된다.

기존 산업경제의 오프라인 시장거래에서는 경쟁우위를 확보하기 위해서 노동이나 자본의 활용을 최대화하는 생산측면의 효율적인 자산관리체계가 중요했다. 그러나, 네트워크를 이용하는 디지털 경제에서의 온라인 시장거래에서는 고객정보에 기초하여 개별고객의 요구에 맞는 재화나 정보를 제공하는 것이 중요하다. 생산과 소비의 융합을 통해 상품을 공급함으로써 생산과 소비의 수확체증현상을 확보하는 것이 인터넷 산업에서 적절한 경쟁우위를 갖기 위한 필수전략이 되기 때문이다. 따라서, 디지털 경제에서는 자본, 노동, 토지보다 고객의 정보를 관리하고 활용하는 것이 가장 중요한 핵심경영전략이 될 수 있다. 다시 말해, 고객에 대한 정보를 자산으로서 관리하고 활용하는 전략적 고객정보관리를 통해 고객을 세분화하고 그에 맞는 차별화된 제품과 서비스를 제공해야만 온라인 시장거래에서 이윤창출효과를 극대화할 수 있다. 예를 들어, 연간소득 1억원 이상의 사업가로 결혼적령기의 자녀를 둔 고객, 연간소득 3천만원대의 회사원으로 유아를 자녀로 둔 고객 등과 같이 고객의 소득수준이나 고객 성별, 가구구성원, 직업, 구매 행태 등으로 고객을 분류해 그에 맞는 상품정보를 공급하고 또한 피드백을 받는 시스템을 생각할 수 있다.

경제적 관점에서 고객정보관리전략은 서로 다른 선호를 가진 고객별로 자사의 제품을 적절히 차별화된 특성과 가격으로 판매하려는 가격차별화 및 상품차별화 전략의 일환으로 볼 수 있다. 원래 가격차별화는 시장지배력을 갖는 기업이 생산기술적 차원에서 (기회)비용상 차이가 존재하지 않음에도 불구하고 고객들의 수요조건에 따라 가격 및 비용간의 차이(Mark-Up)를 달리하는 전략적 행위이다. 현실적으로 고객정보 수집력에 따라 가격차별화의 정도와 유형은 다양하게 나타나지만, 이론적으로 보아 대체로 다음의 세 가지 형태로 구분할 수 있다.

먼저, 기업이 각 고객별로 개인 정보를 거의 완전하게 파악할 수 있는 완전가격차별을 들 수 있다. 이러한 형태는 고객 개인의 사적 정보를 활용하여 개개인별로 접촉을 통해 가격을 흥정한다는 점에서 개별화된 가격체계(personalized pricing scheme)를 지니고 있는데, 다른 어느 가격차별화와 비교해서 가장 가격차별화의 정도가 심하다는 점에서 일차 가격차별이라고도 부른다. 특히, 스마트폰과 인터넷의 발전은 이러한 개별화된 가격체계를 십분 활용할 수 있는 물리적인 토대를 구축하고 있다는 점에서 일대일 마케팅(one-to-one marketing)이나 점접촉(point contact) 등의 개념으로 변형되어 활용되고 있다.

둘째, 각 소비자 개인별 정보를 완전하게 파악할 수는 없지만 소득이나 구매량 등 일정한 세부기준에 의해 소비자 집단을 구분할 수 있으며, 구분된 집단의 내적인 정보수준을 일정부분 이용하여 가격을 차별하는 현상을 들 수 있다. 즉, 집단별 소득수준의 차이, 집단별 소비량 차이, 집단별 재화품질에 대한 지불의사금액의 차이 등 직접적으로 쉽게 접근하기 어려운 정보를 활용한다는 점에서 이차 가격차별로 부른다. 예를 들어, 슈퍼마켓의 다량 소비자에 대한 할인판매, 여행사의 마일리지 확보에 대한 추가 서비스 제도, 고가 상품 소비자에 대한 우대제도 등을 들 수 있다.

마지막으로, 소비자 집단별 내적 정보의 획득이 어려운 경우, 직접적으로 손쉽게 얻을 수 있는 외적 정보에 의존하여 가격을 차별하는 삼차 가격차별을 들 수 있다. 예를 들어, 성별의 구분, 연령에 따른 노인이나 어린이의 구분, 사용시간대에 따른 구분, 사업형태에 따른 구분 등에 따라 할인하거나 가격차이를 유지하는 전략이다. 이러한 삼차 가격차별은 요구되는 정보량을 손쉽게 얻을 수 있다는 점에서 일상적으로 널리 사용되는 고객관리기법이라 할 수 있다.

가격차별화의 정도는 기업의 고객관리능력과 정보수집력에 의존하기 때문에, 정보수집과 보관 그리고 처리의 비용이 상대적으로 컸던 산업경제에서는 개별화된 가격차별화보다는 외형적 특성에 의거한 삼차 가격차별화가 일반적인 현상으로 목격되었다. 그러나, 정보재를 거래하고 네트워크의 효과가 발생하는 디지털 경제에서는 개별화된 가격차별을 수행할 수 있는 물리적, 기술적 가능성이 확대되고 있다. 기업전략의 차원에서 기업이 디지털화와 네트워크화를 이용하면 고객에 대한 가격차별화를 효과적으로 이룰 수 있는 가능성이 몇가지 측면에서 존재한다.

우선 기업이 가격차별화를 시행하기 위해서는 고객 계층에 따라 적절한 시장의 분할이 가능해야 한다. 그리고, 분리된 각 고객들간의 수요형태 및 수요의 탄력성에 대한 정확한 정보를 기업이 수집할 수 있어야 한다. 이러한 점은 기업이 시장을 분할하여 가격을 차별하는데 드는 정보수집 및 가격차별 전략비용이 이로 인해 얻게 되는 수익의 증가분보다 작아야 한다는 점을 의미하기도 한다. 물론 가격차별화를 심화시킬수록 고객 집단에 대한 정보를 수집하는 비용이 체증할 가능성이 있는데 이것은 대부분 일회성의 고정비용 요소를 가지고 있어, 수집된 정보를 저장하는데 비용이 크지 않는 한 그 정보는 지속적으로 활용되어 이윤의 증대가 꾸준히 발생한다는 점에서 기업들의 가격차별화 전략은 상당한 매력을 가지고 있는 것은 사실이다.

그러나, 디지털 경제에서는 네트워크의 융합화와 발전, 그리고 스마트폰과 같은 기술혁신을 통한 양방향 무선통신의 활성화로 고객의 정보를 수집하고 저장, 처리하여 활용하는 데 효과적인 방법들이 다양하게 개발되고 있다. 즉, 일반적인 일방향 광고와는 달리 시공간에 따른 제약없이 고객과의 대화를 통해 고객의 불만이나 욕구를 추출해내고 이를 정보화할 수 있다. 즉, 디지털 정보의 재생산비용이 거의 들지 않는다는 점에서 생산자가 지닌 특유의 정보를 거의 무료로 고객에게 제공함으로써 고객과의 긴밀한 유대관계를 확보할 수 있다. 이때, 고객을 가입자로 온라인 등록하게 하거나 또는 기업이 요금청구서를 보내게 될 때 필요한 일정한 정보를 고객에게 요구함으로써 고객 고유의 개인 정보, 즉 성별이나 나이, 주민등록번호, 직업, 가족관계, 주소, 전화번호, 소득, 신용카드 정보 등을 필요한 만큼 확보하게 된다. New York Times나 Wall Street Journal과 같은 큰 신문사에서는 이러한 가입자 정보를 고객마케팅에 적극적으로 활용하고 있다. 특히, 최근에 W3그룹이 개발한 기술에 따르면, 고객 스스로가 자신의 정보를 관리하고 활용할 수 있도록 공개적인 표준이 개발됨으로써 고객들 스스로가 자신이 선택하여 자신의 정보를 창출하고 이용하도록 함으로써 고객에 대한 정보 공유가 확대된다. 뿐만 아니라, 자신의 개인 정보를 보호할 수 있는 기술적, 제도적 보완이 지속적으로 이루어짐에 따라 고객들의 적극적인 정보노출을 유도할 수 있는 실정이다.

또한, 고객들의 온라인상 구매행태를 자동으로 추적하고 고객유형별 구매습관을 지속적으로 기록하고 분류하는 정보관리기술을 활용할 수 있다. 즉, 상품에 대한 고객들의 내적 욕구를 유형별로 분류하거나 고객들이 스스로 정보를 유출하는 자기선택적 과정을 통해 특정의 고객들을 구분할 수 있다. 이는 불특정다수에게 정보를 노출하는 전략과는 다르며, 기업이 목표로 선정한 특정고객에게 정보를 주입시킴에 따라 정보제공과 구매의 연결효과를 극대화할 수 있다. 예를 들어, 고객들로 하여금 그들이 요구하는 탐색항목들에 대한 질문(users' queries)을 온라인으로 받아 고객들의 구매동기와 구매조건들에 대한 정보를 수집하거나, 고객들이 온라인 상에서 탐색하고 돌아다니는 경로(clickstream)나 관심항목을 자동적으로 추적하여 각 고객별 관심사나 구매행태를 분류하고 분석하는 자료로 활용한다. 이 방법은 고객의 컴퓨터내에 고객의 정보를 cookies 화일의 형태로 저장해 놓았다가 기업의 서버와 연결될 때 유기적으로 작용하도록 함으로써 가능하다. 또한 Java 언어기술의 발전으로 기업에서 요구하는 항목에 대한 고객정보를 체계적으로 수집하고 분류하는 기술적인 방법들도 확산되고 있다. 즉, 고객이 찾는 상품의 종류, 고객이 온라인 상에서 특정 상품을 찾고 관심을 보이는 동안 걸린 시간의 분포 등에 대한 정량화된 정보도 자동추적을 통해 손쉽게 얻을 수 있다. 그리고 Java를 통해 얻은 정보를 기반으로 고객별로 서로 다른 서비스를 제공함으로써 고객 개인별 가격차별화를 추구할 수 있다. 예로, GE 캐피털의 경우 웹 트래킹(web tracking)이라는 자동 정보추적방법을 통해 고객이 원하는 금융상품에 대한 정보를 즉각 작성하여 제공함으로써 고객서비스를 향상시키고 고객 차별화를 시도하여 금융시장에서 자사 점유율을 확대시키고 있다.

한편, 상품차별화도 다양하게 이루어지고 있다. 정보재의 차별화는 기술적으로는 고객 개인 차원까지 쉽게 세분화할 수 있지만, 세분화에 따른 관리비용을 고려한다면 흔히 몇 개의 버전으로 나눈다. 상품차별화를 효과적으로 하기 위해서는 고객 특성에 관한 세밀한 정보 파악이 우선 필요한데, 이것은 정보통신산업의 발달에 따라 고객의 정보를 수집하고, 분류하며, 정보를 처리하는 등의 정보비용이 매우 작게 들게 됨에 따라 가능해졌다. 정보 이용자들의 회원등록 양식이나 사용요금부과를 위해 확보한 정보도 고객의 특성을 나타내는 귀중한 자료가 된다. 과거의 거래기록과 거래행태를 추적하는 것도 앞에서 얘기한 Java 기술의 발전으로 어렵지 않다. 이런 정보를 바탕으로 고객을 주요 특성 요소에 따라 분류하고 각 특성에 맞는 버전을 개발하여 정보재를 고객화(customized)한다. 이와 동시에 개인별로 차별화된 상품의 가격도 개인별로 달리 설정하고 판촉활동도 구별하여 실시한다. 이처럼 고객에 관한 세밀한 자료를 가지고 있는 기업은 고객 개인별로 다른 판촉활동을 실험함으로써 각각의 탄력성을 측정할 수 있다.

집단별로 차별화된 상품은 집단별로 다른 가격을 설정한다. 집단은 표준화의 요구 정도, 반복 사용 여부, 그리고 가격에 대한 민감성의 차이 또는 지리적 차이 등을 고려하여 구분한다. 개인용 판매와 사이트 라이선스(site license), 대여점 공급용과 가정용의 구분 등이 집단별 차별화의 예이다. 예를 들어, 아동용 비디오처럼 반복해서 보는 상품은 가정용으로 하고 한 번 보면 그만인 영화 비디오는 대여용으로 구분하여, 각각에 대해 다른 가격을 설정한다. 도서관에서 주문하는 학술잡지와 개인이 구입하는 학술잡지의 가격을 달리 설정하는 것도 집단별 가격설정의 예이다. 집단별 가격설정의 장점은 망외부성 효과와 잠금효과(lock-in effect) 그리고 공동이용(sharing) 등의 이점을 실현시킬 수 있다. 특히, 잠금효과는 교체비용(switching cost)이 크게 작용하는 경우에 기존 상품에 고착화되어 지속적으로 구매하게 되는 현상을 의미하는 것으로 정보재의 상품차별화를 위한 필수 전략이다.

집단별 차별화 가운데 정보재가 특히 용이하게 구사할 수 있는 전략은 다양한 버전의 개발이다. 다양한 특성을 갖는 고객을 겨냥하여 여러 버전을 개발하되, 고객 스스로가 자신에게 가장 잘 맞는 것을 선택하게 하는 것이다. 버전을 만드는 일은 여러 차원에서 접근할 수 있다. 실시간으로 제공되는 증권정보와 일정 시간이 경과한 후에 제공되는 증권정보의 가치 차이는 크다. 이와 같이 정보재는 제공되는 시간, 사용자 인터페이스, 이용의 편의성, 이미지 해상도, 작동시간, 복사 및 내려 받기의 용이성, 처리용량, 기능 및 형태, 내용의 포괄성, 문구 삽입, 지원소프트웨어 제공 여부 등을 기준으로 다른 버전(판)을 만들 수 있다.

새로운 버전을 만드는 방법은 먼저 고급용도의 판을 제작한 다음 적절한 저급판을 제작하는 품질저하(quality degrading)의 방법으로 제공된다. 판의 개수는 고객의 특성을 분석하여 그에 맞게 정해져야 하나 뚜렷한 대안이 없을 때는 대체로 두 세 개의 판으로 만드는 것이 일반적이다. 가격은 고급판은 적정가격보다 낮게 하고 저급판은 높게 하여 고급 고객으로부터의 수입을 최대한으로 늘리도록 하는 것이 중요하다. 이때 판촉행위를 통해 시장의 차이를 크게 하는 것이 장기적으로 더욱 큰 이익을 가져다준다.

예를 들어, 소프트웨어 시장에서 한정판, 또는 특별판이라는 이름이 붙는 소프트웨어들은 정상적인 원판에 비해 그 기능상의 차이가 크게 나지 않는 반면, 정본을 구입했을 때와는 달리 회원의 자격 등에 제한을 두면서 가격은 정본보다 크게 낮은 경우를 우리는 볼 수 있다. 학생용, 공공기관용 등으로 판매되는 이러한 소프트웨어들은 실제 원판의 기능과 거의 차이가 없고 자주 쓰는 문서서식이나 응용프로그램을 추가하거나 잘 쓰지 않는 기능을 제한한다.

또한, 무상으로 제공되는 한정판이 존재한다. 이것은 흔히 셰어웨어, 프리웨어, 시험판, 평가판 등의 이름을 가지고 시장에 제공된다. 이것들은 이용자가 사용약관에 위배되는 목적으로 사용하지 않는 이상 얼마든지 자유롭게 사용이 가능하다.

이외에 기능이나 내용이 다른 상품을 서로 다른 비율로 결합하는 묶음판매(bundling)를 실시하기도 한다. 묶음판매란 서로 구별되는 상품을 한데 묶어 판매하는 버전의 특수한 형태이다. 상품 하나하나를 별개로 판매하는 것보다 이윤이 큰 경우가 존재하는데 묶음판매는 이 경우에 이용된다. 특히, 컴퓨터와 같이 여러 상품이 하나의 시스템으로 연결되었을 때 성능이 향상되는 특성을 지닌 정보재는 묶음판매의 좋은 대상이다. 묶음판매는 다른 개별 상품을 서로 달리 평가하는 고객으로부터 수입을 보다 많이 얻기 위해 흔히 쓰이는 방법이지만, 새 상품을 소개하는 방법으로도 쓰인다. 사실 묶음판매는 여러 분야의 뉴스를 같이 다루는 잡지에서 볼 수 있듯이 내용적인 측면에서 이루어지기도 하고, 고객의 취향을 고려하여 기본 상품에다 특수한 몇 가지를 추가하는 형태로 이루어지기도 한다.

또한, 상품차별화는 디지털화의 발달로 고객과의 실시간 피드백이 가능해짐에 따라 가격차별화와 유기적으로 연결되어 둘 사이에 구별이 모호해지는 단계에까지 발전하고 있다. priceline.com과 같은 사이트에서는 고객에게 내용이 약간씩 차이나는 항공권이나 호텔예약권을 수없이 많이 시간마다 다른 가격으로 제시하는 것이 그 예이다. 이처럼, 여러 경로를 통해 얻어진 고객에 관한 정보를 바탕으로 고객이 원하는 상품버전을 만들어 다양한 가격으로 해당 고객에게 제시하는 정보재의 고객화전략이 가능하게 된 것이다.

6.2.2 수요측면: 망외부성과 잠금효과

정보재를 생산하는 기업은 자신의 상품이 비용조건에 의해 쉽게 상품화(commoditized)되는 것을 막기 위해 자사 상품에 대한 고객화(customized)를 통해 수요를 확보하고자 한다. 그러한 시도가 상품 차별화의 현상으로 나타나고, 차별화는 다시 수요측면에서 잠금효과와 망외부성의 효과로 이어지게 된다. 이미 언급한 바와 같이 낮은 한계생산비용이 공급측면에서 나타나는 정보재의 특성이라고 한다면 잠금효과와 망외부성 효과는 수요측면에서 볼 수 있는 정보재의 특성이다. 이하에서는 이들 특성을 각각 분리하여 설명하기로 한다.[68]

먼저, 잠금효과는 정보재의 대체에 따른 교체비용(switching costs)과 연관된다. 즉, 한 상품을 계속 사용하다가 다른 상품을 이용하기 위해서는 대체상품의 구입비용 뿐만 아니라 사용에 익숙해질 때까지 숙지해야 하는 습득비용도 지불해야 하는데 이것을 통틀어 교체비용이라 한다. 예를 들어, 한글의 2벌식 자판을 사용해 오던 사람들이 그 성능이 우수하다고 하여 3벌식으로 곧바로 아무런 불편 없이 전환하는 것은 불가능하다.

정보상품의 교체비용은 산업경제에서 거래되는 전통적인 오프라인 상품에서처럼 탐색비용이나 학습비용만이 해당하는 것이 아니다. 네트워크효과가 큰 상품을 사용하는 소비자가 기존의 네트워크를 이탈하고 새로운 상품으로 대체할 때 기존 네트워크의 외부효과를 같이 버리게 되는데 이것도 교체비용 가운데 중요한 요소이다. 이에 따라 새로운 상품이 성능 면에서 기존 상품에 비해 우수하다 할지라도 사용자 수가 적어 네트워크 효과를 누리기 어렵다면 소비자는 기존 상품을 계속 사용하는 것으로 만족한다.

68 망외부성이 크다면 그것은 잠금효과를 증가시키는 역할을 하기 때문에 수요 특성간에는 일정한 연관관계가 존재한다. 우리는 분석의 편의상 두 효과를 분리하여 설명하기로 한다.

정보재에서는 잠금효과가 다른 상품에 비해 두드러지게 나타난다. 정보재는 경험재이고 네트워크 효과가 크며, 더욱이 그 특성상 다양한 보완기능을 갖는 하드웨어와 소프트웨어가 하나의 시스템으로 작동할 때 비로소 제 기능이 수행되는 특성들이 있기 때문에, 일단 한 상표의 제품을 사용하게 되면 쉽게 다른 상표로 전환하기가 힘들다. IBM PC 호환기종의 사용자가 새로 PC를 구입하고자 할 때 매킨토시를 구입하기는 어렵다. 소프트웨어를 다시 구입해야 할 뿐 아니라 프린터, 사운드 카드, 통신 모뎀 등 주변기기가 맞지 않으면 그것들도 같이 새로 구입해야 한다. 이것들을 모두 갖추었다 할지라도, 그 다음에는 매킨토시에 운영되는 소프트웨어를 다시 익히기 위하여 시간과 노력을 들여야 한다. 시스템 구축에서부터 명령어 등을 새 로 익히는 것에서 그치지 않는다. IBM PC의 응용프로그램과 매킨토시의 그것들이 호환되지 않을 때 과거에 작업을 통해 작성하였던 모든 파일들을 새 프로그램에서 읽을 수 있도록 전환해야 한다.

컴퓨터를 바꾸는 것에 비해 전화서비스는 전화회사가 다르다 할지라도 통화가 가능하기 때문에 전화회사를 바꿀 때 보완적인 시스템으로 인한 비용은 지불하지 않아도 된다. 그렇지만 전화회사를 바꾸는 것이 소비자에게 전혀 불편을 주지 않는 것은 아니다. 새로운 전화번호를 받게 되면 기존에 자주 통화했던 사람들에게 새로운 전화번호를 알려 주어야 하고 자신의 명함과 서류들을 바꿔야 한다. 이러한 점에서 이동전화의 경우 번호이동성과 같은 제도는 소비자의 교체비용을 낮추고 잠금효과를 최소화하는 제도적 장치가 된다.

이처럼 정보재는 대체재로 소비를 전환하고자 할 때 소비자가 일정한 교체비용을 지불해야 하기 때문에, 전환으로부터 얻는 기대이익이 크지 않는 한, 기존의 제품을 그대로 사용하거나 기존 제품과 호환이 되는 상위 사양을 사용한다. 따라서, 잠금효과는 교체비용 때문에 성능이 보다 우수한 제품이 시장에 출시된다고 해도 소비를 쉽게 이전하지 못하는 현상을 유발하게 된다.[69]

잠금현상은 위에서 언급한 대로 망외부성과 밀접한 관계에 있다. 정보재는 망외부성의 존재로 다른 일반상품에 비해 교체비용이 높다. 다른 상품으로 이전하고자 할 때 기존에 누렸던 망외부성까지 모두 포기해야 하기 때문에 교체비용은 일반상품에 비해 클 수밖에 없다. 이와 관련하여 언급할 흥미로운 사실 하나는 망외부성에 대한 경제학자들의 관심이 시기별로 큰 변화를 보였다는 점이다. 1970년대에는 통신서비스의 긍정적인 망외부성으로 인한 시장에서의 통신 서비스에 대한 과소 소비에 집중되었으나 David(1985)가 타자기 자판배열의 사례를 들어 잠금효과 문제를 제기한 이후에는 망외부성에 따른 사회적인 잘못된 선택, 즉 경로의존성(path dependence)에 대한 관심이 더 커졌다.

정보재는 잠금효과가 강하게 나타나기 때문에 신규로 대체상품을 가지고 시장에 진입하고자 하는 기업은 고객을 확보하기 위하여 교체비용 이상의 이익을 기존 사용자에게 제공하여야 한다. 진입기업이 고객을 확보하여 진입에 성공하기 위해서는 제품의 성능이 (10배 이상) 아주 뛰어나게 좋아 기존제품의 사용자가 기꺼이 신제품으로 이전하도록 품질이 우수한 제품을 개발하여야 한다. 그렇지 않을 경우 이전을 촉진하기 위하여 진입기업이 이전에 따른 교체비용을 부

69 David(1985)는 교체비용에 의해 열등한 상품이 우월한 상품보다 시장지배력을 확보하게 되어 시장거래의 비효율성이 존재할 수 있다고 주장하고 경로의존성(path dependence)을 시장실패의 일종으로 파악하였다. 이러한 예로, QWERTY 영문자판이 Devorak 영문자판보다 열등함에도 불구하고 시장의 표준으로 등장하게 된 역사를 제시하고 있다.

담하기도 한다. 설치비를 낮추거나 이용료를 낮게 제시하기도 하고 다른 보완재를 무료로 제공하기도 한다. 예를 들면 우리나라 이동전화시장은 2000년대 이후 경쟁이 치열한 시장 가운데 하나인데, 한 회사(A)에 가입한 소비자가 다른 회사(B)로 이전하고자 하면 B사는 우선 새롭게 이전해 온 고객에게 일정기간 동안 자사의 기존 가입자에 비해 저렴한 통화료를 제시할 뿐만 아니라 고객이 A사와 계약기간이 만료되지 않은 상태에서 이전할 때 부담해야 하는 비용과 B사와 연결하는데 드는 설치비용을 보조금 형태로 주어 보전하고 있다.

다른 한편으로는 진입기업이 제품을 기존 상품과 호환이 가능하도록 제작하여 교체비용의 부담을 덜게 한다. 이에 대응하여 기존 기업은 잠금효과를 최대한 활용하여 이익을 극대화하고자 하는 전략을 선택한다. 다양한 보완재 성격의 주변기기를 개발하여 제시하고 때로는 마일리지 방식을 도입하여 고객의 교체비용을 증가시킨다. 신문이나 잡지의 경우 신규고객에게는 낮은 가격을 제시하고 기간 연장을 원하는 기존 고객에게는 정상가격을 요구한다. 또 상위 사양의 제품을 출시하면서 자신의 과거 제품과는 호환을 허용하되 다른 회사의 제품과는 호환이 되지 않도록 하는 경우도 있다.

이러한 잠금효과는 경로의존현상으로 연결된다. 즉, 보다 나은 제품이 출시되었음에도 불구하고 고객들은 새로운 우수한 제품으로 수요를 이전시키는데 드는 교체비용의 지불을 꺼려하기 때문에 시장에서는 보다 열등한 제품이 그대로 높은 점유율을 유지하고 오히려 성능 좋은 제품이 시장에서 사라지는 경우가 발생한다. 그 예로 자주 인용되고 있는 것이 타자기와 비디오 레코더이다. 현재 영문타지기의 표준은 1868년 개발된 소위 QWERTY 타지기의 자판배열인데, David(1985)에 의하면 1936년 발명된 Dvorak 타자기가 QWERTY 타자기보다 성능면에서 우수한데도 불구하고 시장에서 사라진 것은 경로의존현상이라는 것이다. 비디오 레코더도 소니(Sony)사에서 1975년에 출시한 베타맥스(Betamax)가 성능이 우수함에도 불구하고 같은 시기에 JVC에 의해 출시된 VHS에게 시장을 내주게 된 것도 역시 고착이라는 것이다. 물론 경로의존성에 의한 시장실패라는 견해에 대한 반대의견도 만만치 않다.

이러한 정보재의 잠금효과 때문에 정보재의 구매자나 판매자가 일반 상품과는 다른 전략을 가지고 거래하게 된다. 구매자의 경우 처음 어떤 상품을 구입할 때 판매자로부터 최대한의 양보를 끌어내려 하고 또 자신이 영향력이 큰 소비자인 것처럼 행위한다. 이때 소비자는 판매자의 독점적 착취로부터 자신을 보호하기 위해 상품 특성에 대한 확실한 약속을 보장받아야 하며, 다른 대체품을 확보하여 고착되는 것을 경계해야 할 필요가 있다.

반면, 판매자의 경우 기존 구매자(installed base)의 교체비용이 바로 자신의 기업가치가 된다. 즉, 기존 구매자가 많을수록 그리고 교체비용이 높을수록 기업의 수입흐름이 크게 된다. 이에 따라, 판매자는 기존 구매자를 많이 확보하는 것이 유리하기 때문에 초기에 신제품을 판매할 때 다른 제품을 사용하는 소비자의 교체비용을 보조하거나 지원하고, 신상품의 출시 가격은 처음 구입자에게 낮추어 주는 전략을 사용한다. 또한 향후 구매물량이나 주변에 대한 파급효과 측면에서나 영향력이 큰 고객에게 우선적으로 접근하여 관심을 집중시키는 것이 효과적이다. 유용성이 있는 정보를 수시로 제공하여 점진적으로 고착의 강도를 높이는 전략이나, 마일리지 보너스 제도를 시행하여 교체비용을 높이는 충성도 강화전략 등도 자주 쓰인다. 이외에 기존 제품과 보완관계에 있는 제품을 개발하여 판매함으로써 교체비용을 높이거나, 고객마다 계약종료시점을 달리함으로써 경쟁자가 고객을 일시에 많이 확보하여 규모의 경제를 실현하는 것을 차단하는 전략을 사용하기도 한다. 시사주간지와 같이 구독계약이 만료되기 전에 연장계약을 맺도록 미리 권유하는 것도 계약만료시점에서 이전을 막는 방법이다.

이제 수요측면에서 나타나는 긍정적 피드백(positive feedback) 즉 망외부성에 관련된 경영전략을 일별해 보자. 앞에서 살펴본 바와 같이 네트워크를 기반으로 하는 정보재의 가치는 고객의 숫자가 임계수준을 초과한 이후 급속히 증가하는데, 그것은 MetCalfe가 주장했듯이 사용자 수의 제곱에 비례한다는 것이 하나의 법칙으로 받아들여지고 있다. 이로 인해 긍정적 피드백은 강자를 더욱 강하게 만들고 약자를 더욱 약하게 하는 결과를 낳는다. 예를 들어 PC시장에서 인기가 한창 높았던 애플컴퓨터의 시장 점유율이 일정 수준 이상을 넘지 못하고, IBM호환제품의 수요가 다시 증가하자 이에 대한 수요는 더욱 증가하여 시장을 지배하는 위치로 다시 돌아온 반면, 애플컴퓨터의 시장은 더욱 작아지게 되었다.

공급측면에서의 규모의 경제는 고정비용의 크기에 따라 한계가 나타난다. 공급량이 최저비용 생산점(Minimum Efficient Scale)을 지나가는 어느 수준 이상에서는 규모의 경제를 잠식하는 현상이 나타나게 된다.[70] 예로, 1970년대 GM과 같은 자동차 회사가 동일 업계에서는

---

70 최저비용 생산점(Minimum Efficient Scale)은 평균비용이 최저가 되는 지점으로 평균비용과 한계비용이 일치하는 점이다. 따라서, 최저비용 생산점 이전의 생산량에서는 한계비용이 평균비용보다 작아서 생산량의 증가가 평균비용을 지속적으로 하락시키기 때문에 규모의 경제성이 발생하지만, 최저비용 생산점 이후의 생산량에서는 한계비용이 평균비용보다 높아 생산량의 증가가 평균비용을 지속적으로 증가시키기 때문에 규모의 불경제

타의 추종을 불허할 정도로 규모의 경제를 실현하였으나 전체 시장을 석권할 위치에 이르지 못했다. 자동차 시장은 독점체제로 가지 않고 과점상태에서 멈춘 것은 공급측면에서의 규모의 경제 실현에 한계가 있기 때문이다.

그러나, 마이크로소프트의 윈도우즈나 윈도우즈 NT와 같은 제품들은 전세계 시장에서 시장지배적 위치에 있는데, 그것은 마이크로소프트사의 운용프로그램 생산비용이 다른 제품보다 작아서 그런 것도 아니고 수요자가 다른 시스템을 채택하는 데 드는 이전비용이 커서 그런 것도 아니다. 거의 모든 소비자가 윈도우즈 계통의 운용프로그램을 구매하는 이유는 그것이 가장 널리 사용되어 업계의 표준이나 다름없기 때문이다. 즉, 수요측면에서의 긍정적 피드백이 그 원인이다. 수요측면에 긍정적 피드백은 공급측면의 규모의 경제처럼 일정한 한계가 있는 것이 아니라 시장 전체를 석권하는 데까지 계속된다. 수요측면에서 규모의 경제가 존재할 때 시장지배적인 특정 상품을 사용하지 않는 것은 매우 불리한 일이다.

이러한 긍정적 피드백은 산업경제에서 거래되는 상품들에서도 나타나는 현상이긴 하나 정보재에서 가장 두드러진다. 망외부성을 가지고 있는 제품의 수요는 S형태의 유형을 갖는다. 초기에 상당기간 동안 도입기가 지속되다가 일정 수준(임계 수준) 이상으로 수요가 커지면 긍정적 피드백이 작동하여 수요가 급격하게 증가한다. 수요는 이 도약기를 빠른 속도로 지나 마지막으로 포화상태에 이른다. 이미 알려진 대로 정보재는 생산에 있어서의 규모의 경제와 수요에 있어서의 규모의 경제가 복합적으로 작용함에 따라 디지털 경제에서 긍정적 피드백은 매우 강력해진다.

성이 발생한다.

정보재에서 나타나는 긍정적 피드백을 활성화하려는 기술개발전략은 크게 점진적인 호환성(compatibility) 전략과 우수한 성능(performance)을 앞세운 혁명적 전략을 나눌 수 있는데, 그것들은 서로 상충하는 관계이다. 호환성은 소비자로 하여금 새로운 상품으로 부드럽게 이동해 가도록 하는 전략인 반면, 성능의 우수성은 일종의 혁명적 방법으로 시장을 차지하고자 하는 전략이다. 호환성은 동일 기업이 자신의 기존 고객기반을 신제품으로 이어갈 수 있도록 업그레이드된 신제품과 과거 제품을 호환하는 형태로 추진되기 되기도 하고 IBM 호환PC와 같이 서로 다른 회사 제품 사이에 호환을 인정함으로써 망외부성을 극대화하는 방법도 있다. 위의 예에서와 같이 한 상품에 익숙해져 있는 소비자가 기능이 다른 제품으로 바꿀 때 교체비용을 지불해야 하기 때문에 기존 상품에 집착하는 현상을 보이고 이러한 점에서 호환전략은 소비자의 교체비용을 기업의 이익으로 연결시키고자 하는 전략이다.

그러나, 때로는 신규기업이 기존 제품과 호환이 가능한 제품을 개발하는 대신에 기존 제품과 호환되지 않은 상품을 출시하여 정면승부를 가리고자 하는 경우도 존재한다. 이때 교체비용을 지불하지 않으려는 소비자 때문에 신규제품이 항상 실패하는 것은 아니고 성능이 우수한 제품을 가지고 시장에 진입한 기업은 성공을 거둔다. 교체비용을 훨씬 능가하는 성능이 보장된다면 소비자들도 그 비용을 기꺼이 지불하고 새로운 상품으로 수요를 전환할 것인데, 이에 따라 새 제품이 시장지배적인 위치에 서게 된다. 즉, 혁명적인 방법으로 시장진입을 시도한 기업은 성공을 거둘 수 있다는 것이다. Shapiro와 Varian(1999)는 "10X 규칙"에 의해 이런 혁명이 임계 수준을 확보하여 새로운 표준이 되기 위해서는 새로운 제품의 성능이 과거 제품에 비해 적어도 10배 이상 좋아야 한다고 주장한다.

이와 동시에 긍정적인 피드백을 확대하기 위한 기술운영전략은 공개(openness)전략과 통제(control)전략으로 나눌 수 있는데, 이것들도 서로 상충관계에 있는 전략들이다. 프로그램을 일반에게 아무런 제약 없이 사용하게 하는 방식과 구입한 사람이나 자격을 갖춘 사람에게만 사용권한을 주는 방식이 그것들이다. 이 두 전략 가운데 어느 전략을 취하는 것이 바람직한가는 현재 시장에서의 지위, 기술적 우수성, 지식재산권의 통제 여부에 좌우된다. 시장에서 실현된 부가가치 가운데 자신의 몫을 늘리기 위해서는 통제전략이 유리하나 산업전체의 부가가치 자체를 키우기 위해서는 공개전략이 보다 효과적이다. 기업의 목표는 자신의 이익을 가장 크게 하는 것이고 그 이익의 크기는 시장전체에서 생기는 부가가치에 자신의 몫의 비율을 곱한 값이므로 공개전략과 통제전략을 적절히 구사함으로써 이익이 극대화되는 전략조합을 선택가능하게 된다. 그러나, 시장전체의 부가가치와 시장에서의 자신의 몫의 비율 사이에 역의 관계가 존재하므로 이러한 상반관계 속에서 적절한 선택이 요구된다.

정보재를 공급하는 기업은 상충하는 전략들을 조합하여 정보재의 긍정적 피드백을 극대화할 수 있다. 구체적인 전략조합의 선택은 동일기업의 신제품과 구제품 사이의 관계(within products competition)에서의 문제일 수 있고, 경쟁기업 상품과의 관계(between products competition) 사이에서의 문제일 수 있다. 또한, 경쟁기업 사이에는 특정 전략의 선택이 바로 전략적인 제휴로 나타나기도 하고 표준화를 위한 치열한 힘겨루기로 나타나기도 한다.

6.2.3 제도측면: 지식재산권과 정보보호

네트워크를 통해 정보재가 거래됨으로써 무한한 정보의 바다에 접근이 가능해지고 구매 및 판매 형태에 변화가 일어남으로써 판매자와 구매자 사이를 가로막고 있었던 공간적인 한계와 시간적인 제약이 현저히 감소하였다. 즉, 인터넷의 발달로 시장거래에 수반되는 정보비용과 거래비용 등이 절감되어 거래의 신속성과 합리성이 증가하였다.

그러나 인터넷이 시장거래에 미친 영향은 여기에서 그치지 않는다. 인터넷의 강점인 저렴한 정보전달비용과 정보의 동시 공유성, 그리고 전달 속도의 신속성으로 말미암아 지금까지 존재할 수 없었던 새로운 시장이 출현하고 있다. 예를 들어, 미국의 eBay.com나 한국의 옥션(auction.com)과 같이 인터넷을 통한 경매시장이 대표적이다. 또한, 역경매 시장이나 데이터 마이닝의 기법이 활용됨에 따라 인터넷 쇼핑몰 사업 등도 새로운 사업으로서 각광을 받고 있다. 인터넷 이용의 활성화로 인하여 굳이 장소의 제약이 없이도 경매 대상 물건에 대한 정보는 물론이고 경매진행과정에 대한 정보를 즉시 많은 사람들이 공유할 수 있게 되었다. 이에 따라 모든 물건에 대하여 일반인들이 직접 참여하는 경매가 인터넷 상에서 이루어지고 있다. 아직 경매결과의 이행에 관한 불확실성을 제거하는 장치가 완전히 구비되었다고 할 수는 없으나, 그것을 보완하는 수단들이 발전함에 따라 앞으로 인터넷 경매시장은 중요한 형태의 시장으로 발전할 것으로 보인다.

또한, 현재까지의 제도적인 제한을 뛰어넘는 거래형태도 출현하고 있다. MP3.com이나 Napster 등은 기존의 음반시장의 거래와는 전혀 다른 거래를 가능하게 한다. 음반제조회사가 인터넷 중개회사를 통해 음원을 회사의 웹사이트에 올려놓고 그것을 다운로드하는 다른 소비자로부터 수수료를 받는 형태의 사업이 등장하고 있다. 이러한 회사 가운데 대표적인 것이 MP3.com이다. 그것에서 한발 더 나아가 음반제조회사의 음원을 구입한 소비자가 그 음악을 자신의 웹사이트에 올려놓으면 다른 소비자가 내려받아 사용할 수 있는 프로그램을 무료로 공급하는 업체가 생겨났는데 그것이 Napster이다. 그 어느 경우나 디지털화된 음악에 대한 거래에 있어서 새로운 거래형태이다. 이러한 거래방식은 기존의 저작권의 보호라는 제도적인 장치와 충돌을 빚게 되었다.

네트워크에서 거래되는 정보재의 두드러진 특징 중의 하나는 지식을 기반으로 하여 생산되는 벤처상품이기 때문에 상품화에 드는 창조비용이 무척 큰 반면, 이미 시장에 공급되어 상품화(commoditized)된 이후에는 복제비용이 거의 들지 않는다는 것이었다. 이러한 점은 정보재가 소비자에게 유리한 특성을 가지고 있는 반면, 생산자에게는 초기 가격이 생산자의 한계 생산비 이하에서 거래될 가능성이 높다는 것을 나타낸다. 따라서, 이들 초기 상품생산자의 지식재산권을 보호하는 문제는 상품의 공급 여부를 결정짓는 중요한 논의사항이 될 수 있다.[71]

여기서, 지식재산권이란 인간의 지식활동으로 얻어진 정신적인 결과물과 창조적 사고 또는 발상에 소요되는 창작자의 노력을 일반에 공개하는 데에 대한 대가로서 부여되는 무형의 재산권으로 정의된다.[72] 지식활동은 그 보호대상이 유체물이 아닌 대부분 무체물이기

---

71 재산권과 거래비용에 대한 논의는 Coase(1937)에 의해 처음 제기되었으며, 이후 법경제학 및 계약이론의 근간이 되어오고 있다. 이에 대한 논의는 김일태·이상호(1999) 참조.

72 세계지식재산권기구(WIPO)에서는 지식재산권을 '문학·예술 및 과학 작품, 연출, 예술가의 공연·음반 및 방송, 발명, 과학적 발견, 공업의장·등록

때문에 모방 또는 도용이 용이하고, 권리가 침해되었을 때 자기소유를 판별하거나 증명하기도 어렵고 즉각적인 권리 구제가 용이하지 않다는 특징이 있다. 따라서, 지식재산권을 통해 무형의 권리를 법적으로 보호해줌으로써 활발한 지식활동과 지식정보의 공개를 진작시킬 수 있다.

구체적으로 특허권과 저작권법 등의 형태로 지식재산권을 보호함으로써 일정한 기간동안 독점권을 부여하여 창조와 혁신에 대한 보상을 하는 동시에 창작물의 내용에 대한 정보를 공개함으로써 정보의 확산을 통한 기술력을 향상시킬 수 있다. 예로, 미국은 1998년 저작권법을 개정하여 세계지식재산권기구(WIPO: World Intellectual Property Organization)의 기준을 반영하고 있다. 이에는 디지털 재화에 대한 저작권 보호기준을 강화하는 한편, 불법복제 방지에 대한 법적 제한 및 기술개발을 위한 협정을 마련하고 있다.

최근 들어 첨단 기술과 문화의 발달로 지식재산권이 점차 다양해지면서 새로운 지식재산권이 늘어날 전망이다. 대체로 지식재산권은 생각과 사상의 보호를 목적으로 하는 산업재산권과 표현의 보호를 목적으로 하는 저작권으로 대별되고, 최근에는 신지식재산권을 추가하여 분류하고 있다.[73] 이러한 지식재산권의 보호는 동태적으로 창조

상표·상호 등에 대한 보호 권리와 공업·과학·문학 또는 예술 분야의 지적 활동에서 발생하는 기타 모든 권리를 포함한다' 라고 정의하고 있다.

73 일반적으로 지식재산권은 산업재산권, 저작권, 그리고 신지식재산권 등 세 가지로 분류 할 수 있다. 먼저, 산업재산권이란 특허권, 디자인권, 상표권을 총칭하며 특허청에 출원하여 등록을 받음으로써 배타적 독점권이 부여된 권리를 말한다. 둘째, 저작권이란 인간의 사상 또는 감정 등을 독창적으로 표현한 창작물인 저작물에 대하여 창작자가 가지는 독점, 배타적인 권리를 말하며, 저작권을 특허청에 별도로 등록하지 않아도 그 권리

상품을 시장에 공급되도록 유인하는 동태적 효율성의 특성을 지니고 있으나, 동시에 일단 상품이 공급된 이후에는 상품의 독점을 일정부분 보장하는 정책으로 시장의 정태적 효율성을 상실하게 되는 단점을 지니고 있다. 따라서, 사회적인 측면에서 효율성이 극대화되도록 창조기업을 제어하는 지식재산권의 보호기간을 적절히 설정하는 것이 중요하다.[74] 예를 들어, 배타적인 지식재산권이 인정되는 일정기간동안 벌어들인 수입이 초기 창조비용을 보상할 수준으로 재산권의 인정기한이나 인정범위를 조절해야 할 것이다. 또한, 지식재산권이 형성된 이후 발생가능한 불공정거래행위와 독점권의 남용여지도 파악할 수 있어야 하며, 아울러 독점권의 실행과 이에 대한 순응과 관련하여 발생가능한 다양한 거래비용(행정비용과 소송비용 등)도 파악해야 할 것이다.

일정기간 동안 벌어들인 수입원을 평가함에 있어서 기존기업의 다양한 생존전략을 감안하고 계산해야만 지속적인 동태적 효율성이 유지될 수 있다. 예를 들면, 자사 상품의 일부 내용을 미리 홍보하여 사용하도록 하면서 초기 상품의 공개를 한다든지, 보완성이 깊은 제품을 개발하여 지속적인 고착화 현상을 추구하는 등의 경영전략이 유인일치되도록 조정되어야 할 것이다.

지식재산권의 보호는 단순히 재산권의 인정기한이나 인정범위를

를 행사 할 수 있다. 마지막으로, 신지식재산권이란 산업재산권과 저작권의 범주에 속하지 않으면서, 경제의 발전 및 변화와 함께 보호 필요성이 대두된 새로운 지식재산권을 말한다.

74 지식재산권 보호에 대한 경제이론은 Navos and Waldman(1984), Gilbert and Shapiro(1990), Scotchmer and Green(1990) 등이 대표적이며, 이들은 사회후생에 있어서 다양한 지식재산권 보호의 형태의 상쇄관계를 분석하고 있다.

정하는 것으로 해결되는 것은 아니다. 지식재산권의 침해율에 근거하여 재산권 허용을 통해 얻게 될 수익의 실제로 보존비율도 동시에 고려되어야 한다. 지식재산권 침해율은 국민의 사유권에 대한 인식이나 정부의 침해처벌 정책에 의거해 결정되는 사항이기 때문에 이것은 시간과 장소에 따라 달리 결정되어야 할 사항이다.

<그림 6.1>은 각국의 지식재산권 침해율과 국민소득과의 관계를 나타내고 있다. 대체로 국민소득과 침해율 간에는 반비례의 연관관계를 지니고 있다. 따라서, 저개발국가일수록 지식재산권의 침해율이 높으므로 이에 따른 재산권 연한과 범위는 선진국의 그것을 훨씬 능가해야 할 것이다. 어느 경우나 재산권의 연한과 범위를 결정하는 법칙은 지식재산권이 인정된 후 통상적인 경영전략 하에서 얻게 될 기업의 수입을 지식재산권 침해율로 조정한 값이 정보재의 창조비용과 같도록 정해져야 한다는 것이다.

한편, 과도한 지식재산권의 보호는 불공정한 특허상품의 시장거래를 제한하여 공정거래를 위협하는 원인이 되기도 한다. 대표적인 현

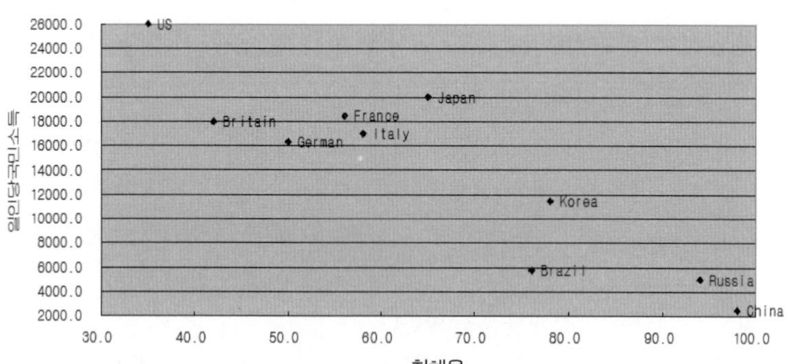

자료: Hal R. Varian(1998), "Markets for Information Goods"에서 발췌

그림 6.1 지식재산권의 침해율

실의 예가 '특허괴물(patent troll)'이다. '특허괴물'이란 가치가 있는 지식재산을 저가로 매입하여 이를 토대로 하여 특허침해소송을 제기하여 수익을 얻는 회사를 말한다. 일반적으로 회사는 생산활동을 담당하는 경제주체로서 제품의 개발이나 생산을 통하여 이익을 창출하지만, 특허괴물은 보유특허에 대한 침해소송을 제기하여 이득을 챙기기 때문에 따로 생산 공장이 존재하지 않은 경우가 많다. 특허침해소송의 경우 소송 한 건으로도 오고가는 로열티나 배상금 기타 합의금 등이 엄청나게 큰 액수이기 때문에, 일반 중소기업의 경우에는 소송 한 건에서의 패소로 인하여 도산하는 경우도 빈번하다. 이러한 특허괴물의 출현이 증가함에 따라 지식재산권을 보호하여 창작의 유인을 활성화시키고자 하는 동태적 효율성과 지식재산권의 공정한 거래를 통해 창작물의 사용을 활성화시키고자 하는 정책적 효율성의 충돌이 중요한 이슈가 되고 있다.

우리나라의 경우 산업을 발전시키고 특정인의 독점적 폭리를 방지하고자 특허의 범위를 좁게 인정하는 반면, 미국의 경우에는 특허의 범위를 넓게 인정하는 추세이기 때문에 대부분의 특허괴물들은 주로 미국에서 활동하고 있다. 따라서, 해외시장에 진출해 있는 국내 대기업인 삼성전자, LG전자 등은 특허괴물의 무차별적인 특허침해소송으로 인하여 많은 소송비용을 치르고 있다.[75] 더 나아가 최근에는 특허권을 갖고 있는 일부 제조업체가 제휴 관계에 있는 특허괴물을 대리인으로 하여 경쟁업체를 상대로 특허 소송을 내어 상대 기업을 공격하는 해적행위(privateering)가 자주 일어나고 있다. 이러한 소송남발

75 미국의 특허 조사회사인 페이턴트 프리덤(Patent Freedom)에 따르면 2013년 특허괴물로부터 삼성전자는 38건, LG전자는 27건 등 총 200여건의 특허소송을 당했다고 보고하고 있다.

과 피해보상이 급증하게 된다면 기술발전이 크게 저하되어 동태적 효율성이 저감될 뿐만 아니라 소비자에게까지 피해가 돌아가게 되어 정태적 효율성도 침해될 것으로 보인다.

현실적으로 지식재산권을 보호하는 일은 간단한 일이 아니다. 디지털화가 진전되면서 오프라인 산업에 대한 진입장벽의 완화는 탈중개화를 촉진하여 노동시장의 유연성을 가속화시키는 반면, 기업과 기업, 기업과 소비자, 민간부문과 공공부문간 직접거래가 가능해지면서 부가가치가 창출되는 가치사슬에서 소비자와 공급자의 연결을 담당하는 단순중개기능이 배제된다. 기존의 중개기능은 소비자와 공급자를 원활히 연결시켜주는 부가가치창출의 통로역할을 대신해 왔으나, 온라인의 발전은 이러한 역할을 대신하여 새로운 유통 및 판매방식을 발전시키고 있다.

또한 탈중개화가 가속화됨으로써 새로운 기술이 기존의 가치사슬에 추가됨으로써 다양한 내용의 유통채널이 형성되고 있으며, 이를 통해 보다 효율적인 유통구조를 실현하고 있다. 예로 자동차 시장의 경우 제조업자와 딜러의 유통채널에서는 불완전 정보에 의해 거래의 비효율성이 존재하였으며, 다양한 신호제공과 선별작업이 추가적인 거래비용을 유발하고 있었다.[76] 그러나, 온라인 중개상이 등장함에 따라 이러한 거래비용을 효과적으로 줄이는 역할을 담당하고 있다.

---

76 정보경제학(information economics)에 의하면, 비대칭 정보(asymmetric information)의 존재는 크게 유형(type)정보에 대한 불완비성(incompleteness)과 행위(action)정보에 대한 불완전성(imperfection)으로 구분된다. 유형정보가 비대칭적인 경우에는 역선택(adverse selection)의 문제가 발생하고 이를 극복하기 위해 다양한 신호(signal)와 선별(screen)작업이 행해지게 된다. 반면, 행위정보가 비대칭적인 경우에는 도덕적 해이(moral hazard)가 발생하고 이를 해결하기 위해 다양한 유인제도(incentive mechanism)가 개발된다.

차종선택과 품질에 대한 정보뿐만 아니라 다양한 부품, 파이낸싱, 보험과 같은 부대서비스도 제공함으로써 정보획득에 대한 거래비용을 현저하게 감소시킨다.

이처럼 가치사슬의 변화방향이 탈중개화와 분권화를 조장함에 따라 오프라인 중개상들의 직업안정성에 커다란 위협이 되고 있으며, 오프라인과 온라인간의 채널갈등을 일으키고 있다. 예를 들어, 온라인 단체들은 디지털 콘텐츠 제품의 무단복제와 부정한 사용을 방지함으로써 디지털 콘텐츠 유통을 활성화시킴과 아울러 정보화 촉진기금 등의 지원을 통해 디지털 콘텐츠 사업을 육성해야 한다고 주장한다. 반면 오프라인업계에서는 디지털 콘텐츠 보호가 오히려 시장과 기술의 변화를 효과적으로 따라 잡지 못하는 경우를 발생시킬 수 있으며 저작권자의 권리를 원천적으로 침해하는 것은 물론 저작권법 등 기존 법률과 상충될 여지가 많다고 주장하고 있는 실정이다. 이처럼 저작권의 보호 및 디지털 콘텐츠 보호에 관한 법률 제정을 둘러싸고 정부와 온라인 업계, 그리고 오프라인 업계간의 충돌이 발생하고 있다.

따라서, 정보재에 대한 저작권법은 공중과 저작권자 사이의 갈등을 조정할 수 있는 새로운 경제정책을 필요로 한다. 다시 말해, 소수의 대규모 거래를 통한 판매를 기반으로 하는 아날로그적, 인위적 희소성이 지배하는 시장에서 비롯한 배타적 권리의 문제를 인터넷을 기반으로 하는 디지털 시장에 적용하기 위해서는 정보재 거래에 적합한 저작권법이 제정되어야 한다. 이를 통해 거래비용 절감에 따른 생산성의 향상이 전체적인 경제성장을 촉진시키는 양합게임(positive-sum game)의 속성을 지닌 법제도가 보완되어야 할 것이다.

한편, 정보재의 거래와 관련한 법제도적 측면에서 사이버 범죄와 정보보안의 특성은 한층 중요해 진다. 디지털 시대가 진행될수록 인터넷을 통해 대부분의 사적 혹은 공적 정보가 공개됨에 따라 정보재의 효과적인 사용이 극대화되고 효율성이 증대되고 있다. 미국의 딸과 한국의 아버지가 실시간의 전자메일을 주고받거나, 한국의 연구팀이 미국이나 독일의 첨단 망원경이나 현미경을 들여다보면서 연구할 수 있게 되고, 연구실에 앉아서도 미국 국회도서관의 정보를 공급받을 수 있게 되었다.

인터넷이 지니는 이러한 효율성의 날개의 다른 쪽에는 부작용이라는 비인간성의 날개가 달려져 있다. 정보재는 경험에 의한 순간 거래재이기 때문에 적정한 계약사항이 성립되지 않는 경우 경제 주체가 피해를 당하게 될 가능성이 높기 때문이다. 사이버 범죄, 소비자 신용정보의 관리문제, 사생활 보호의 문제 및 청소년 보호의 문제에 이르기까지 상품의 적정한 품질을 보장하고 그것의 거래와 이전에 대한 전반적인 거래시스템을 관리하고 구축하는 것이 정보재 거래를 위한 중요한 제도적 보완사항이 되고 있다.

일반적으로 정보재의 거래는 거래시스템이 안정적이고 신뢰적이라면 순간적으로 실시간에 거래되기 때문에 거래비용이 매우 낮다. 그러나, 거래에 따른 거래시스템이 불안한 경우 거래에 따른 피해비용을 기회비용으로 파악하면 거래비용의 크기는 증가하게 된다. 이 경우 정보재의 특성이 상실되게 되고, 정보재 거래의 효율성이 감소하게 된다. 따라서, 소비자의 신용을 보호하도록 거래시스템을 유지하고 보호하는 역할을 법제도가 담당함으로써 네트워크 경제의 효율성을 극대화해야 할 것이다.

먼저, 전자상거래의 활성화와 더불어 인터넷을 통한 전자지불의 중요성이 강조됨에 따라 인터넷 비즈니스 관련 업계에서 전자지불시스템의 안정성을 강화하고 있다. 무엇보다도 위조, 변조 및 부정이용 방지를 위한 안전성 확보와 개인의 프라이버시 보호가 중요하다. 온라인 거래에 대한 상법상의 제도적 미비는 특히 사업자와 이용자 사이의 의무 및 권리 관계를 규정하는 약관의 부실을 초래하여 정보재 거래에 대한 신뢰성이나 효율성을 저하시키는 요인으로 작용할 수 있다. 따라서, 전자상거래를 할 때 소비자가 피해를 입었을 경우 보상하는 문제, 위·변조 및 도용 등의 사고시 처리문제 등을 규정에 포함시키고 온라인 이용에 관한 표준약관을 제정하는 작업이 중요하다.

한편, 컴퓨터 바이러스와 인터넷 해킹으로 대표되는 사이버 범죄에 대한 예방과 이에 대한 적절한 법적 제한책을 강구하는 것도 중요하다. 2000년 여름 전세계적으로 발생했던 러브바이러스가 수 천대의 컴퓨터를 감염시켰고, 미백악관과 연방수사국을 비롯하여 각국 정부 주요기관의 컴퓨터 시스템을 마비시켜 약 10억 달러에 가까운 피해를 입힌 바가 있다. 또한, 2013년 겨울에는 주요 카드사 및 통신회사의 국내 서버 250여개가 해킹에 무방비 상태로 당했으며, 특히 대규모 인터넷 데이터센터까지 해킹대상에 포함되었던 것으로 밝혀진 바 있다. 더군다나 무선인터넷이 활성화됨에 따라 고출력 전자파를 이용하여 전파체계를 교란시킴으로서 컴퓨터 통신, 전화, 방송, 금융거래 등을 일시에 정지시킬 수 있는 가능성도 있다. 더 나아가 국가간의 사이버 테러나 사이버 전쟁도 하나의 기우는 아닐 것이다.

사이버 범죄의 세계적인 증가추세에 따라 법적, 기술적 대응책을 마련하고 시행하는 일이 중요해 지고 있다. 우선적으로 정보보호 제품이나 서비스를 개발하고 육성해야 할 필요성이 증가하고 있다. 그러나, 우리나라의 경우 암호 알고리즘 기술, 고집적 칩 개발기술, 고속 연산기술 등 첨단기술에 대한 기술의존도가 높은 실정이다. 주로 정보보호의 핵심기술과 통신과 반도체 등의 원천기술은 미국과 이스라엘 등의 선진국이 주도하고 있는 실정이다. 따라서, 민간의 기술개발에 대한 다양한 지원책과 보완책을 강구하는 일이 시급한 실정이다. 아울러 법적 제도적 장치를 구축하고 정보보호 전문 인력의 양성과 연구인력의 저변확대를 위한 교육도 함께 추진해야 할 것이다.

마지막으로, 디지털 시장에서의 사생활 보호 및 인터넷 윤리의 문제를 생각해 볼 수 있다. 포르노그라피의 범람과 사이버 폭력의 난무, 컴퓨터 게임의 중독과 ID의 도용, 국적 불명의 인터넷 언어의 확산 등의 등장으로 디지털 사회에서의 새로운 정보 윤리가 강화되어야 할 필요성이 있다. 따라서, 개인의 사생활을 인정하고 보호하는 사고, 공동체적 표준과 질서를 유지하려는 사고 등을 포함하는 디지털 시장에서의 규범에 대한 적절한 교육과 평가가 이루어져야 할 것이다.

제7장 정보재와 가격차별전략

정보재는 상품 하나를 개발하는 데에는 많은 비용이 드나 원본을 변형하여 유사한 복제본을 만드는 것은 비교적 용이하다. 따라서, 기업은 보다 많은 소비자에게 접근하기 위하여 소비자의 기호에 따라 여러 버전(version)을 만들어 시장에 소개하고 때로는 그것을 가격차별과 연결하여 이익을 보다 크게 얻고자 한다. 이 장에서는 정보재 생산기업의 다양한 버저닝(versioning)과 가격차별 행위, 그리고 그것에서 파생되는 기업의 전략들에 대하여 살펴보고자 한다.

먼저, 망외부성이 존재하는 정보재의 가격 설정에 있어서 다양한 형태의 버전에 대한 가격차별 전략을 일반재화의 가격차별화 전략과 연계하여 설명하고자 한다. 특히, 시간에 따라 가격이 올라가는 현상을 지칭하는 도입가격(introductory pricing)에 대하여 설명하고자 한다. 그리고, 이러한 정보재의 가격설정이 독점력을 가진 내구재의 가격설정과 어떻게 다른지에 대해서도 비교한다.

다음으로 관심을 두고자 하는 것은 정보재의 버저닝과 상품차별화이다. 소비자의 기호가 변화와 고차원의 상품에 대한 요구에 부응하기 위하여 기업들은 보다 성능이 좋은 상품을 개발하여 판매하게 되는데 이때에도 기업들은 상위버전의 새로운 상품을 도입하는 시기를 전략적으로 정한다. 이익을 크게 하기 의하여 도입시기를 늦추기도 하고 빨리 하기도 하며 때로는 최신기술의 채택을 늦추기도 한다. 또한, 제한판을 무상판매하거나 서로 다른 차이가 있는 상품을 묶어 묶음판매를 시도한다. 이러한 다양한 버전과 업그레이드(upgrade) 전략, 그리고 묶음판매전략 등은 소비자의 지불의사에 따라 가격을 설정하는 속성을 지닌 정보재에 있어서 넓은 의미의 가격차별화 전략의 범위에 속하는 행위라 할 수 있다.

망외부성과 높은 교체비용을 특징으로 하는 정보재 시장에서는 서로 경쟁하는 기업 사이에 교체비용을 매개로 한 경쟁을 하는 것이 또 하나의 특징이다. 시장점유율에서 우위에 있는 기업은 새롭게 진입하는 기업에게 자신의 고객을 빼앗기지 않기 위하여 수요를 전환하고자 할 때 보다 높은 교체비용을 지불하도록 하는 조치들을 취한다. 이에 반하여 진입하는 기업은 수요전환에 수반되는 교체비용을 낮추거나 대신 지불하는 전략들을 채택한다. 또한, 기업은 제품을 출시할 때 네트워크 효과를 이용하여 서로 다른 호환성(compatibility) 전략을 실시하기도 한다. 호환성이란 서로 다른 부품이나 하부시스템이 하나로 결합되었을 때 동일한 효과를 발휘하여 별다른 오류없이 작동되는 네트워크상의 특성을 의미한다. 따라서, 호환성 효과를 적절히 활용함으로써 네트워크의 효과를 극대화할 수 있기 때문에 정보재의 버저닝 전략은 정보재 시장에서 가장 중요한 경쟁전략이 될 수 있다. 이하에서는 정보재의 가격차별화와 상품차별화 전략으로 나누어 정보재 버저닝의 경제적 효과를 구체적으로 살펴보기로 한다.

7.1 정보재와 시장구조

정보재는 앞 장에서 언급한 대로 공급에 있어서의 규모의 경제가 크다. 규모의 경제가 큰 것은 다름 아닌 상품개발비용이 높은데 비해 복제생산하는 비용이 작기 때문에 나타나는 현상이다. 예를 들어 새로운 노래를 작곡하고 녹음하여 상품화하는 데는 높은 비용이 든다. 그러나, 일단 제작한 노래를 CD나 레코드판으로 복제생산하는 데는 거의 비용이 들지 않는다. CD에 노래를 담아내는 것은 음의 디지털화에 따라 CD 구입비에 녹음비 약간을 추가하면 되기 때문에 노래상품 한 단위(노래를 담은 CD 한 장)를 추가로 생산하는데 드는 비용인 한계비용은 아주 낮다. 노래를 작곡하여 제작하는 데까지 들어간 비용은 CD를 복제생산하는 단계에서는 매몰비용이기 때문에 CD 한 장을 생산의 한계생산비용은 그것과 상관없다. 그 노래의 인기가 높아 더 많은 CD를 만들면 한계비용이 낮기 때문에 개당 평균비용은 더 낮아진다. 이러한 특성을 갖는 상품의 개발과 복제생산이 동일한 기업에서 이루어질 때, 시장구조는 독점으로 귀결되며 그것을 자연독점이라 부른다. 독점기업은 시장지배력을 가지기 때문에 주어진 수요곡선을 전제로 최대한의 이윤을 얻기 위한 가격설정 전략을 취한다. Shapiro와 Varian(1999)은 정보상품의 가격이 공급조건에 의해서가 아니라 소비자의 지불의사에 따라 가격을 설정된다고 말한다.

정보상품의 이러한 특성은 생산과정을 두 단계로 나눈 다음 가격설정전략을 분석하면 이해하기가 더 쉬어진다. 즉, 정보재의 원본을 생산하는 단계와 원본을 복제생산하여 소비자에게 공급하는 단계가 각각 다른 기업에 의해 이루어진다고 보는 것이다. 사실, 정보재의 원본을 개발하거나 창작하는 경제주체와 그것을 대량으로 복제생산하여 유통시키는 주체가 시장에서 별도로 존재하는 경우는 흔하다. 이 책의 저자와 출판사는 동일하지 않으며 가요의 작곡자와 레코드사가 동일인이 아닌 경우가 일반적이다.

Liebowitz(1982) 등에 의하면 정보재의 생산과정을 두 단계로 나누면, 정보재는 공공재적인 특성과 사적 재화의 특성을 동시에 갖는 상품이 된다. 정보재의 원본(title)은 공공재이고 복제생산된 정보재 복제본은 사적 재화다. 사실, 정보재 원본의 사용에는 공공재와 같이 비경합성(non−rivalry)이 존재한다. 어느 한 기업이 원본을 사용하여 복제본을 만들었다 하여 다른 기업이 그 원본을 다시 사용하지 못하는 것이 아니다. 이런 공공재적인 특성에 따라 어느 특정한 원본에 대한 수요는 개별수요자의 수요곡선을 수직으로 합한 것이 된다. 즉, 원본에 대한 수요는 정보재 복제본의 수요곡선과 좌표축으로 만들어진 공간의 면적과 같게 된다. 반면에 정보재 복제본의 수요는 경합성이 뚜렷이 존재하는 사적 재화이다.

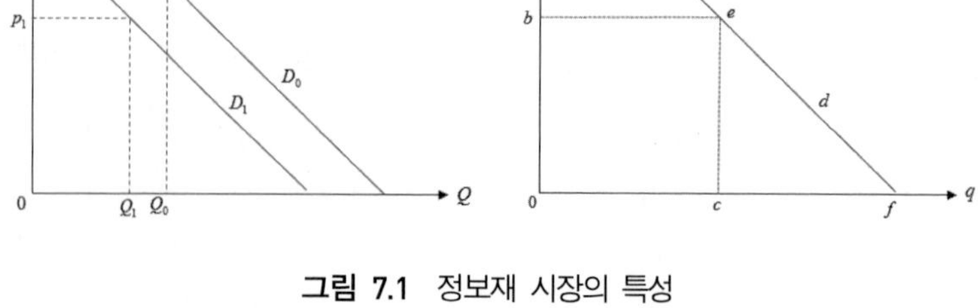

그림 7.1 정보재 시장의 특성

정보재 원본은 공공재이기 때문에 정보재 복제본을 시장에 팔아 그로부터 나오는 이익이 바로 원본에 대한 현시된 수요로 나타난다. <그림 7.1>에는 정보재 원본과 정보재 복제본 시장이 함께 제시되어 있다. 정보재 복제본의 수요는 d로 나타나 있고 정보재 원본에 대한 수요는 D_0로 나타난다. 여기서 D_0는 d로 표현된 정보재 복제시장의 수요의 면적과 직접적으로 관련되어 있다. 예로, 정보재 원본의 가격이 t라고 하자. 이 때, 정보재 복제본에 대한 개별 수요자의 지불의사에 따라 완전가격차별을 한다면 정보재 복제본 시장에서 수요량은 f점이다. 그리고, 기업의 이윤은 d의 아래 면적전체이고 이것은 곧바로 정보재 원본의 수요 D_0위의 한 점에 상응하여 정보재 원본을 생산하는 기업의 수입은 t의 가격에서 $0t \times 0Q_0$가 되어 이는 d아래 면적과 정확히 일치한다. 반면, 정보재 복제본 시장에서 가격이 0b수준으로 책정되는 경우 정보재 복제본의 수요량은 c점이고, 이에 따라 실제 현시된 수요는 D_0보다 작은 D_1이 된다. 그리고, 정보재 복제본 시장에서 기업의 이윤은 $0bec$이 되는데 이것은 정보재 원본시장에서 t의 가격에서 $0t \times 0Q_1$의 수입과 일치한다.

이 그림을 통하여 보다 명확하게 알 수 있는 것은 정보재 복제본 시장에서 완전경쟁이 이루어지면 정보재 원본에 대한 수요는 현실적으로 존재하지 않는 것이다. 즉, 정보재 복제본 생산에는 거의 비용이 들지 않기 때문에 정보재 시장이 완전경쟁이면 복제본 가격이 한계생산비인 제로 수준까지 떨어질 것이고 이로 인해 이윤이 발생하지 않으면 정보재 원본에 대한 수요는 없어지고 그에 따라 정보재의 개발은 이루어질 수 없게 된다. 따라서, 정보재가 활발하게 개발되기 위해서는 복제본 시장으로부터 이익이 충분히 발생하여야 한다. 이러한 점에서 복제본의 시장구조는 완전경쟁이 되는 것보다는 시장지배력이 존재하여 공급자가 개발비용을 확보할 수 있는 수준의 이윤이 담보되도록 하는 것이 경제 전체적으로 유익하다.

정보재의 원본과 복제본 생산이 한 경제주체에 의해 이루어진다면 정보재의 원본 개발비용이 크고 복제본 생산의 한계비용이 작은 상황에서 정보재 시장은 자연독점이 될 가능성이 높다. 일반적으로 산업경제에서는 생산되는 상품의 자연독점기업에 대해서는 정부가 이윤이 발생하지 않을 정도로 가격통제를 하는 경우가 흔하다. 그러나, 정보재의 경우는 위에서 분석한 대로 양의 이윤이 확보되는 것이 사회후생에 더 유익하므로 정부가 가격통제를 하는데 유의해야 한다. 기업에게 독점이윤을 충분히 확보하도록 하여 사회적으로 가치 있는 정보재 원본을 생산하는 인센티브가 되게 하는 것이 사회적으로 유익하기 때문이다.

따라서, 가치 있는 정보재 원본이 지속적으로 개발될 수 있도록 정부는 정보재 복제본 시장에 독점력을 인정하는 경향이 있다. 시장에서 경쟁을 제한하는 조치가 정보재의 경우는 지식재산권(intellectual property rights)이라는 형태로, 기술의 경우는 특허권(patent)이라는 형태로 도입된다. 독점시장의 사중손실(dead weight loss)이 명백함에도 불구하고 오히려 정부가 명시적으로 시장의 독점을 확보해주는 것은 정보재 원본에 대한 수요를 현시화하는 효과가 있기 때문이다.

정보재 복제본 시장에서 독점이 확보되었다고 할 때, 독점기업은 시장지배력이 있기 때문에 효과적인 가격을 설정하는 전략이 중요해진다. 진작된 수요를 바탕으로 보다 큰 이윤을 얻고자 하는 것이 기업의 목적이라고 할 때 가격차별을 할 수 없는 상황에서는 기업의 가격전략은 독점가격의 설정이다.

그러나, 독점기업은 모든 소비자에게 동일한 가격을 부과할 이유는 없다. 소비자마다 정보재의 가치를 달리 평가하기 때문에 독점기업은 가격차별을 함으로써 보다 더 큰 이윤을 얻을 수 있기 때문이다. 가격차별은 소비자 특성의 차이를 기업이 파악하는 것이 어렵지 않고 또 소비자 사이에 재판매가 불가능할 때 실효성이 있다. 가격차별에는 여러 형태가 존재하고 정보상품에 특수한 면도 있기 때문에 이에 대해서는 다음 절에서 보다 상세히 살펴보기로 하고, 시장구조에 대해 좀 더 논의해 보자.

지금까지의 설명에 따르면 정보재 시장은 독점으로 귀결되는데, 그렇다면 정보재 시장은 항상 독점이 되어야 하는가? 이에 대한 대답은 '아니오'이다. 현실적으로 우리는 유사한 소프트웨어들이 시장에 공존하는 것을 본다. 물론 책이나 음반과 같은 창작물은 저작권법의 보호로 독점을 유지한다고 할 수 있으나 가까운 대체재가 계속 개발되어 그 의미는 제한적일 수밖에 없다. 또, 한글 워드프로세서 시장에서 볼 수 있는 바와 같이 정보재 가운데는 경쟁상품 다수가 동시에 존재하여 시장구조가 독점적 경쟁구조를 지니는 경우가 흔하다.

따라서, 정보재의 시장구조가 독점이 된다는 것은 비용구조만을 보고 내릴 수 있는 결론이었으나 그 배경에는 몇 가지 가정이 전제되어 있다. 우선 시장에 나와 있는 정보재가 동질의 상품이라는 것이다. 그런데, 시장이 독점화되어 가는 것은 망외부성이 전제되지 않는다 해도 일어날 수 있는 일이다. 망외부성을 도입하면 비용면에서 우위에 있거나 상품소개시점이 앞선 기업이 독점지위를 확보하는 것은 더욱 쉬워진다. 일단 비용면에서 우위를 점하고 있는 기업이 염가로 시장을 공략하면 많은 소비자가 그 제품을 구입하고 그에 따라 그 제품의 망외부성도 커지게 되므로 더욱 많은 소비자가 관심을 가지게 되어 시장구조는 빠른 속도로 독점화되어 간다.

망외부성이 크고 정보재가 동질적이 아닐 때는 어떻게 될까? 만약 소비자의 선호가 동일하다면, 여러 상품 가운데 소비자의 기호에 더 잘 맞는 상품이 시장을 급속도로 지배하여 독점이 될 것이다. 그러나, 소비자의 선호가 동일하지 않다면 문제는 달라진다.

설명을 보다 간략하게 하기 위하여 소비자가 0과 1 사이에 다양한 형태로 분포되었다고 가정하고 시장구조가 어떻게 달라지는지 살펴보자. 정보재는 망외부성이 있기 때문에 시장점유율이 높으면 오히려 그 상품에 대한 소비자의 지불의사가 증가한다. A라고 하는 상품과 B라고 하는 상품이 유사한 기능을 수행하지만, 상품은 동일하지 않으며 서로 호환도 되지 않는다고 가정한다. 또한, 소비자는 두 상품 중에 하나만을 구입한다고 가정한다. 이때 소비자가 한 단위 정보재를 구입함으로써 얻는 효용함수는 그 상품의 시장점유율이 높으면 커지는데, 그것을 다음의 <그림 7.2>와 같이 나타낼 수 있다.

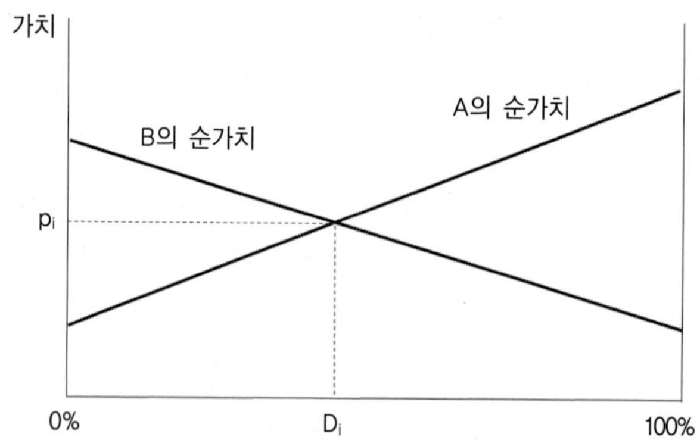

그림 7.2 개별 소비자의 선택

정보재 원본은 공공재이기 때문에 정보재 복제본을 시장에 팔아 정보재 A의 가치는 A의 시장점유율이 클수록 커진다.[77] 여기서 정보재 A의 시장점유율이 커질수록 대체재인 정보재 B의 시장점유율은 작아진다. 즉, 정보재 A의 시장점유율이 0%에서 100%로 커져감에 따라 정보재 B의 시장점유율은 100%에서 0%로 감소하게 된다. 이에 따라 정보재 B의 가치도 B의 점유율에 따라 B의 순가치로 나타난다. 이 소비자가 A와 B 가운데 하나를 구입하고자 하는 시점에 A의 점유율이 D_i보다 크면 이 소비자는 A를 소비하고 반대로 D_i보다 작으면 B를 선택한다.

소비자는 동일하지 않은 선호를 가지고 있다면 이것은 D_i의 위치로 나타내진다. 어떤 소비자는 A에 대한 선호가 <그림 7.2>에 나타낸 소비자보다 강하다면 그 소비자에게 동일한 가치를 가져다 줄 시장점유율은 Di의 오른쪽에 위치한다. A에 대한 선호가 <그림 7.2>에 나타난 소비자에 비해 약하다면 그에 동일한 효용을 주는 점은 Di 왼쪽에 위치할 것이다.

소비자의 선호가 동일하고 그들의 선호가 <그림 7.2>에 나타난 바와 같다면 시장의 균형은 <그림 7.3>과 같이 3개 존재한다. 소비자의 집적분포(cumulative distribution)를 나타내는 굵은 실선과 45도 곡선과 만나는 점이 균형점인데, 그 가운데 E1과 E3는 안정균형이고

77 그래프에서 A의 순가치라고 표기한 것에 주의할 필요가 있다. A의 순가치는 A라는 상품 한 단위가 소비자에게 주는 가치에다 A의 사용자가 많아짐에 따라 그 소비자가 얻는 네크워크 효과에 의한 가치 증가분을 합한 다음 A를 얻는데 소비자가 포기해야 하는 비용을 차감한 값이다. 따라서, 네트워크 효과가 없다 할지라도 A의 소비량 증가에 따른 공급측면에서의 규모의 경제 실현으로 가격이 하락하면 경우에도 A의 순가치는 증가할 수 있다.

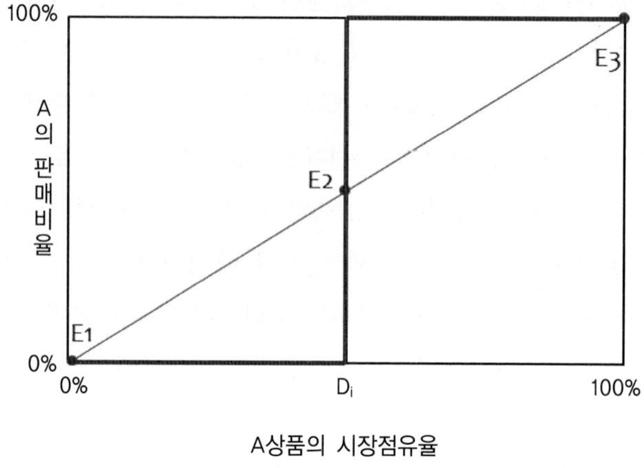

그림 7.3 정보재 시장의 균형 1

E2는 불안정균형이다. E1은 B상품이 시장을 완전히 차지하는 것을 나타내고 E3는 A상품이 시장을 완전히 장악하여 시장의 표준이 됨을 의미한다. 만약 초기에 A의 시장점유율이 D_i보다 크다면 모든 소비자는 이제 B만을 소비하려고 할 것이므로 시장균형은 조만간 A만을 사용하는 E3로 옮아간다. 반대로 당초 시장점유율이 D_i보다 작은 수준이었다면 모든 소비자가 B를 구입하고자 할 것이므로 시장균형은 시간이 지남에 따라 E1으로 접근한다.

만약 소비자의 선호가 서로 다르되 예를 들어 <그림 7.2>의 D_i가 30%에서 70% 사이에 균일하게 분포하도록 하는 형태를 띤다면 집적분포는 <그림 2.3>과 다르게 되어 <그림 7.4>와 같은 모양이 된다. <그림 7.4>에서 굵은 실선으로 나타낸 것이 이 경우의 집적분포인데, 앞에서와 같이 E2는 불안정적인 균형이고 E1과 E3는 안정적인 균형이다.

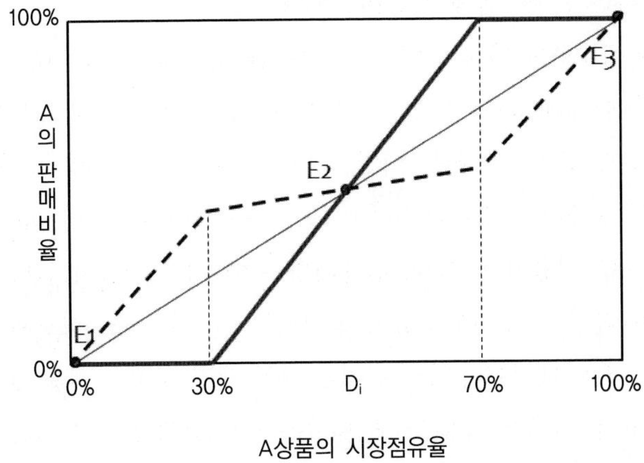

그림 7.4 정보재 시장의 균형 2

그러나, 이와는 달리 소비자의 기호가 극단적으로 차이가 나서 D_i가 0-30% 구간에 전체의 40%가 집중되어 있고 70%~100% 구간에 다시 40%가 집중되어 있으며 나머지 30~70% 구간에 20%가 분포되어 있다면, 소비자의 집적분포는 <그림 7.4>의 굵은 점선으로 표시된다. 여기에서도 균형점은 3개인데 이제 안정적인 균형이 E2 하나이고 E1과 E3는 불안정적인 균형점이다. E2는 정보재 A와 B가 공동으로 존재하는 균형점으로 시장에 기업이 두 개가 존재함을 의미한다.

이러한 결과는 망외부성이 큰 정보재라 할지라도 정보재가 충분히 차별화되어 있다면 시장구조가 독점으로 귀결될 이유가 없다는 것을 보여준다. 즉, 소비자의 기호의 차이가 커서 소비자가 양극단에 집중적으로 분포되어 있고 교체비용이 크다면, 시장에는 서로 다른 특성을 갖는 정보재가 공존하게 된다. 따라서, 현실적인 독점적 경쟁의 시장구조에서 소비자의 기호에 따라서는 몇 개의 기업이 존재하는 형태가 될 수도 있다.

7.2 정보재의 도입가격전략

정보재의 가치는 네트워크 효과가 강할수록 다른 소비자 수의 증가에 따라 더욱 커진다. 위의 <그림 7.3>에서 보았던 바와 같이 특정시점에서 시장수요는 당초의 고객기반의 크기에 크게 좌우된다. 소비자들의 기호가 차이가 큰 경우에서도 <그림 7.4>가 보여주는 바와 같이 어떤 상품을 선택할 것인가를 결정하는데 있어서 선택 당시의 시장점유율은 매우 중요하다. 당초의 소비자 (또는 가입자)가 일정수준을 넘지 않으면 신규수요를 완전히 다른 기업으로 넘겨줄 뿐만 아니라 그 추세가 지속된다면 모든 소비자를 완전히 빼앗겨 시장에서 퇴출되는 운명을 맞을 수도 있다. 따라서, 네트워크 효과가 큰 정보재의 경우 상대기업보다 먼저 일정한 규모 이상의 고객을 확보해 놓는 것이 기업의 생존에 대단히 중요하다. 이렇게 기업의 생존을 위하여 확보해야 할 최소한의 고객 규모를 임계수준(critical mass)라 부른다.

정보재의 임계수준에 관한 지적은 Economides와 Himmelberg(1994)가 제시한 모형을 통해 살펴볼 수 있다. 우선, 정보재에 대한 수요는 일반적인 상품과 같이 가격과 소득 등의 변수에 영향을 받을 뿐만 아니라, 고객의 숫자가 얼마나 될 것인가에 대한 기대에 영향을 받는다고 가정하자. 즉, 정보재에 대한 시장수요함수는 $n = f(n^e, p)$의 형태를 갖는다. 여기에서 n은 고객 수이고 p는 가격, 그리고 n^e는 고객기반을 의미하는 고객 수에 대한 기대값이다. 고객마다 한 단위의 상품만을 구입한다면 고객 수는 바로 수요의 크기를 의미한다. 위의 수요함수가 가격과 수요량의 일대일 대응함수라면 가격의 형태인 $p(n,n^e)$로 바꿔 쓸 수 있고, 가격은 여전히 n^e의 크기에 따라 달라진다. n이 n^e과 같을 때의 수요를 기대충족수요(fulfilled expectation demand)라 부르면, 기대충족수요인 $p(n,n)$는 n의 크기에 따라 증가하다가 n이 어느 수준 이상으로 커지면 한계효용이 감소하기 시작한다. 따라서, $p(n,n)$을 가장 높게 하는 n을 n^0라 하면, $n=n^0$가 임계수준이 된다. 이 임계수준보다 시장균형에서 고객의 숫자가 적을 때 실제 수요는 실현되지 않고 기업은 시장에서 퇴출당하고 만다. 따라서, 정보재를 생산하는 기업들은 언제나 임계수준 n^0 이상의 고객을 확보하도록 생산비용을 낮추거나 가격을 낮게 설정해야 한다.

기업은 자신의 생존을 위하여 임계수준 이상의 고객기반을 갖추어야 하기 때문에 실행 가능한 전략을 써서 그것을 달성하고자 한다. 이를 위해 가장 유용하게 사용하는 전략이 가격이다. 예를 들어, 고객확보를 위하여 초기에 단기적인 이윤극대화 가격보다 훨씬 낮은 가격을 설정함으로써 고객을 확보하고, 고객의 수가 임계수준을 넘으면 점점 가격을 인상하는 전략을 취한다. 이와 같은 목적으로 초기에 선택하는 낮은 가격을 도입가격(introductory pricing)이라 부른다. 현실적으로 도입가격 수준이 얼마인가는 기업이 처한 시장조건에 따라 달라지겠으나 복제본 생산의 한계비용이 제로에 가까운 워드프로세서나 컴퓨터 응용프로그램을 생산하는 기업 가운데는 자신의 제품을 무료로 고객에게 나누어주거나 소비자들이 스스로 복사하는 것을 묵인하기도 한다. 특히 새로운 소프트웨어를 소개하는 단계나 새로운 시장에 진입하는 경우에 복사를 묵인하는 경우가 많다. 현실적인 예로, 한글 워드프로세서 시장에서도 한컴이나 MS사나 자사의 소프트웨어를 처음 소개할 때는 소비자들의 무단 복사를 묵인하기도 하고 때에 따라서는 무료로 많은 양의 소프트웨어를 고객들에게 나누어주기도 하였다.

정보재 생산기업의 도입가격 전략에 대해서는 이미 오래 전부터 파악되어져 왔다. 수요의 상호의존성을 연구한 1970년대 초반의 경제학자들은 이미 그 가능성을 주장하였다. 이들은 독점기업이 새로운 프로그램을 도입하는 초기에는 기업이 이윤극대화 가격보다 낮은 수준에서 가격을 설정하는 것으로 시작하여 시간이 지남에 따라 가격을 점점 이윤극대화 가격으로 접근시켜 가는 형태를 보여 주었다. 그 후에도 도입가격의 가능성은 마케팅 분야 및 경영전략 분야에서 여러 번 제기되었으나 경제학 문헌에서 이론적인 모형을 통하여 도입가격을 설명한 논문은 1990년대에 이르러서였다.

먼저, 망외부성에 대한 정태적 모형은 Katz와 Shapiro(1985)에 의해 제안되었다. 이들은 수요가 클 것으로 예상되는 상품에 대해서 소비자가 망외부성을 기대하여 높은 가격을 지불하고자 한다는 것을 설명하였으나 한 기간만을 가정한 정태적 모형의 성격상 도입가격을 명시적으로 설명하지 못했다. Bensaid와 Lense(1996)는 망외부성이 사용자의 학습효과나 구전(口伝)에 의해서 나타난다고 가정하고, 이윤을 극대화하고자 하는 정보재를 생산하는 독점기업이 초기에 낮은 가격을 설정하고 차츰 가격을 높인다는 것을 두 단계(two-period) 게임을 통하여 보였다. 한편, 동태적 모형을 통하여 독점기업이 도입가격전략을 균형에서 선택한다는 것은 Cabral, Salant, and Woroch(1999)에 의해 설명되었다. 그들은 정보재의 망외부성이 지연되어 나중에 소비하는 자들만이 그 혜택을 누리는 것으로 가정하고 완전정보 상태에서 독점기업은 도입가격을 설정하지 않고 독점가격을 일정하게 설정하지만, 소비자들이 상대방의 지불의사에 대한 정보를 가지고 있지 않은 불완전한 정보이거나 수요가 불확실한 경우에는 초기에 가격을 낮게 설정하는 도입가격 전략을 선택한다는 것을 보여주었다. 한편, Economides(2000)는 망외부성에 동시성을 인정하고 독점기업의 가격설정 전략을 도출했을 때 기업은 다시 도입가격을 설정하지 않고 독점가격을 계속 유지한다는 것을 밝혔다. 그러나, 새로운 기업이 진입하는 경우 기존기업이 도입가격전략을 선택하기도 하는데 그것은 신상품으로부터 기존상품이 얻는 망외부성의 강도보다 신상품이 기존상품으로부터 얻는 망외부성의 강도가 클 때 일어난다.

정보재의 도입가격은 일반 상품 가운데 내구재의 가격설정과 반대의 모습을 띤다. 일반적으로 내구재를 생산하는 독점기업은 한계비용이 일정한 상황에서 초기에는 독점가격을 설정하다가 시간이 지남에 따라 지불의사가 독점가격보다 낮은 수요자로부터도 이윤을 얻기 위하여 점진적으로 가격을 낮춘다고 알려져 있다. 즉, 상품을 처음 판매하는 단계에서는 독점기업이 독점가격을 설정하여 지불의사가 높은 고객의 수요를 충족시키고(cream off), 다음 단계에는 남아있는 수요층을 겨냥하여 가격을 낮추어 지불의사가 낮은 고객의 수요를 다시 만족시킨다는 것이다. 이와 같은 시간에 따른 가격차별을 통하여 독점기업은 보다 많은 소비자의 잉여를 자신의 이윤으로 확보한다.[78]

---

78 내구재의 시간에 따른 가격차별은 공약의 신빙성 측면에서 반론이 제기되어 널리 받아들여지고 있다. 이 점에 대해 최초로 지적한 사람은 Coase(1972)이다. 그는 독점기업이 내구재를 판매할 때 시간에 따른 가격인하를 계획하는 경우 소비자의 합리적인 기대로 인해 성공할 수 없다는 것이다. 지불의사가 큰 소비자는 독점기업이 시간이 지나면 가격을 내릴

그런데, 네트워크 효과가 큰 정보재를 생산하는 기업은 이와는 정반대로 초기에 낮은 가격으로 고객기반을 임계수준 이상을 확보하고 그 다음에는 소비자의 지불의사가 증가하므로 더 높은 가격을 설정하여 이윤을 극대화한다. 이 현상은 내구성이 있는 정보재에서도 나타나는 것이므로 도입가격 전략이 일반 상품의 가격설정과 큰 차이가 있음을 의미한다. 이론적으로는 망외부성의 지연 현상이나 수요의 불확실성, 비용에 관한 불완전한 정보 등의 가정 하에서 도입가격이 설명되고 있으나, 현실에서는 도입가격의 사례를 어렵지 않게 찾을 수 있다. 도입가격을 설정한 사례로 1990년대 우리나라의 한글 워드프로세서 시장의 변화를 한글과 컴퓨터(주)와 마이크로컴퓨터사 사이의 경쟁에서도 발견할 수 있다.

7.3 정보재의 가격차별전략

가격차별은 시장지배력을 가지고 있는 독점기업이 소비지로부터 보다 많은 이익을 끌어내기 위하여 취하는 전략이다. 서로 다른 특성을 갖는 소비자에게 가격을 다르게 부과함으로써 기업의 이익이 증가하기 위해서는 우선 몇 가지 조건이 충족되어야 한다. 먼저 소비자

것을 예상하고 소비를 늦출 것이며 그렇게 되면 독점기업은 결국 한계비용 수준의 가격으로 자신의 상품을 판매할 수밖에 없을 것이다. 그러나, 조기적응자(early adaptor)처럼 소비자가 충분히 기다릴 수 없는 상황이라면 시간에 따른 가격차별화는 가능하다. 한편, 이러한 Coase의 추론을 회피하기 위하여 독점기업은 판매전략(selling) 대신 임대전략(renting)을 활용하거나 혹은 내구성을 단축하는 전략(planned obsolescence)을 취할 수 있을 것이다. 이러한 점에 대한 구체적인 수리적 분석을 시도한 산업조직론 교재로는 Tirole(1989) 및 Shy(1995)이 대표적이다.

의 서로 다른 특성을 구별하는 것이 기업에게 어렵지 않아서 다양한 소비자 그룹별로 시장분리(market segmentation)가 가능해야 한다. 다음으로는 싼 가격으로 구입한 소비자가 높은 가격의 지불의사를 가진 소비자에게 다시 파는 소비자 사이의 재정거래(arbitrage)가 불가능해야 한다. 이 두 조건이 충족되면 독점기업은 독점가격을 똑같이 모든 소비자에게 적용하는 것보다 가격차별을 통해 보다 높은 이윤을 얻을 수 있다.

이하에서는 정보재와 관련한 가격차별의 원리를 간략히 설명하고자 한다. 특히, 인터넷과 같은 정보전달비용을 현격하게 줄이는 ICT 기술의 발달에 따라 가격차별이 전통적인 상품에서 얼마나 더 일반적으로 그리고 더 효과적인 수단으로 사용될 수 있는가를 소개하고자 한다.

7.3.1 가격차별의 원리

가격차별이 성립하기 위한 필요조건이 충족된 상황에서 독점기업이 가격차별을 실시하는 이유를 간단한 그래프를 사용하여 알아보도록 하자. 수요가 <그림 8.5>처럼 주어져 있다고 하고 기업의 한계생산비용은 0으로 일정하다고 가정한다. 이때 기업은 소비자로부터 최대한 $A0Q_c$ 만큼의 잉여 혹은 소비자의 지불의사액(willingness to pay)을 끌어낼 수 있다. 그런데, 독점기업이 가격차별을 하지 않았을 때 단일 독점가격 P_m 을 설정하여 최대로 얻을 수 있는 이윤의 크기는 그림에서 $0P_mEQ_m$ 이다. 이 값이 독점이윤임에도 불구하고 독점기업은 AP_mE와 EQ_cQ_m 만큼의 소비자 잉여는 차지하지 못하고 만다. 또한, 사회후생의 측면에서 보더라도 상품을 구입한 소비자는

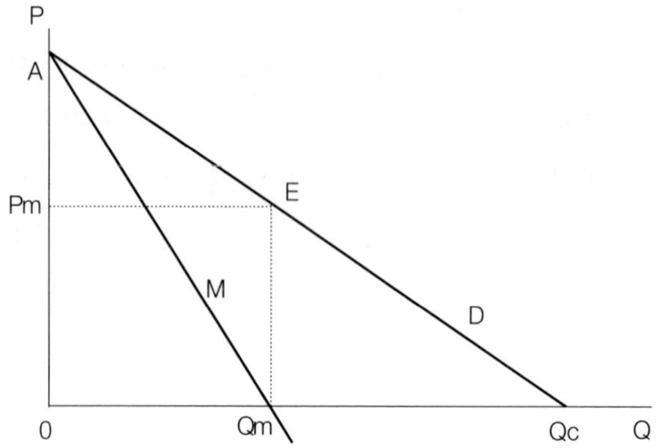

그림 7.5 가격차별의 경제학

AP_mE의 크기를 소비자가 잉여로서 가져가지만 독점가격으로 인해 상품을 구입하지 못한 소비자는 EQ_cQ_m을 향유할 수 없게 되어 이 값은 소비자나 생산자 중 어느 누구도 차지하지 못하고 사회적 손실로 없어지게 된다. 따라서, 기업의 입장에서는 할 수만 있다면 소비자에게 귀속되는 소비자 잉여는 물론이고 버려지는 잉여를 자신에게 귀속시키는 것이 목표가 된다.

만약 기업이 소비자에게 다른 가격을 부과할 수 있다면 그것이 어떻게 달라질 것인가? 기업이 각각의 소비자가 상품에 지불하고자 하는 최대가치를 알고 있고 각 소비자에게 최대의 지불의사만큼 받아낼 수 있다면 소비자의 잉여는 모두 기업에게 귀속되어 기업은 $A0Q_c$만큼의 이윤을 누린다. 이때 기업의 산출량은 Q_c가 되고 사회적인 측면에서도 전혀 버려진 것이 없이 최대의 후생이 실현된다. 이와 같이 기업이 소비자의 지불의사만큼 각각의 소비자에게 다른 가격을 부과하는 완전한 형태의 가격차별을 일차가격차별이라 부

른다.[79]

이렇게 각각의 소비자에게 다른 가격을 부과한다는 것이 불가능하다 할지라도, 기업은 독점가격에서 상품을 구입하지 않은 지불의사가 낮은 소비자들에게 독점가격보다는 낮은 가격을 제시하는 것에도 관심을 갖게 된다. 왜냐하면, 독점가격보다 낮은 가격에서 새롭게 상품을 구입하는 소비자가 있을 것인데 그로부터도 이윤의 증가를 경험할 수 있을 것이기 때문이다. 기업은 사실 독점가격을 고집할 필요가 없다. 소비자의 하나 하나의 특성은 알 수 없다 할지라도 몇 개의 특성집단으로 나눌 수 있다면, 가격을 각 집단마다 다르게 설정하여 소비자 잉여를 보다 많이 이윤으로 전환하는 것이 가능하다. 이러한 형태의 가격차별을 이차가격차별이라 한다.

소비자의 특성은 다양하므로 소비자 집단을 나누는 방법도 다양하다. 흔한 방법은 구입하고자 하는 양에 따라 구분하는 것인데, 보다 세련된 형태로 하나 구입하면 하나를 무료로 더 주는 방법이나 쿠폰 소지자에게 저렴한 가격으로 판매하기도 한다. 예를 들어, <그림 7.5>에서 Q_m 이상을 구입하는 소비자에게 가격을 할인함으로써 EQ_cQ_m의 일부를 소비자와 생산자가 잉여로 확보할 수 있게 된다.

구체적으로 구입량에 따른 할인(quantity discount)에 대해서 좀 더 살펴보자. 한 소비자의 수요함수가 <그림 7.6>에 나타난 바와 같고, 기업은 생산에 있어서 일정한 수준의 한계비용을 지불해야 한다고 가정하자. 구입량에 따른 할인을 사용하여 이윤을 극대화하고자 한

79 소비자 잉여를 모두 기업이 차지하기 방법 가운데는 소비자의 총잉여 만큼 가입비(fixed fee)로 받고 물건은 한계생산비에 소비자가 원하는 대로 양을 충분히 공급하는 방법도 있다. 이러한 가격차별 형태를 이부제 가격제도(two-part tariff)이라고 부른다.

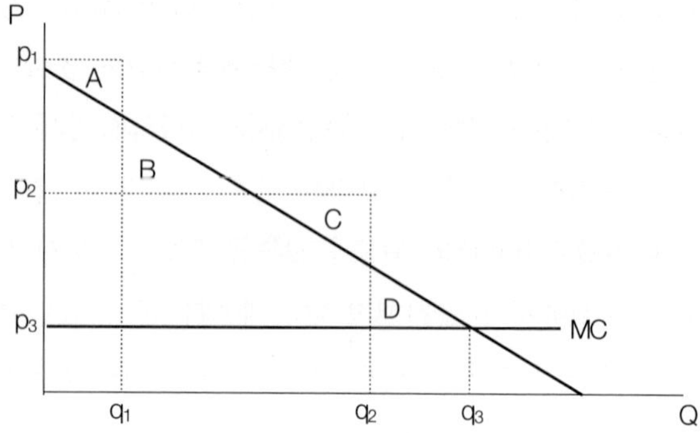

그림 7.6 구입량에 따른 할인

다면 어떤 가격구조가 그 목적을 달성하게 할까? 기업이 세 가지 단계로 가격을 설정하는 경우에 한정해서 설명해보자. 우선, q_1까지 구입하면 p_1의 가격을 받고, q_2까지 구입하면 p_2를 받고, q_3까지 구입하면 p_3를 받는다고 하자. 그런데, 그 가격구조를 그림에서 $A+B<0$, $A+B+C<0$, 그리고 $A+B+C+D \geqq 0$가 성립하도록 설정하면, 소비자는 q_3만큼을 구입할 것이다. 이때 이 소비자의 잉여는 전부가 기업의 이윤이 된다. 그러나, 만약 다른 소비자의 수요함수가 이 가격구조에서 $A+B<0$과 $A+B+C \geqq 0$가 성립하도록 된다면 그는 q_2만큼을 p_2의 가격으로 구입할 것이다. 따라서, 소비자의 선호가 매우 이질적일 때 기업은 구입량에 따른 할인의 방법을 사용하여 소비자의 잉여를 다 차지하는 것이 어렵게 된다. 따라서 이런 구입량 할인은 소비자의 기호가 동질적일 때 효과적으로 사용할 수 있다.

또한, 이차가격차별의 일종으로 다양한 메뉴방식을 채택하여 소비자로 하여금 자신의 정보를 노출시키도록 유인하는 가격차별전략이 있다. 이러한 자기선택(Self-selection)에 의한 메뉴선택형 가격차별 전략에서는 독점기업이 소비자의 유형에 대한 정보가 불완전한 경우 소비자로 하여금 자신의 정보를 노출시키기 위해 소비자의 시장참여(market participation)제약과 소비자의 유인일치(incentive compatibility)제약을 동시에 고려해야 한다.[80] 예로, 선택할 수 있는 메뉴방식에서 할인 단계를 여러 개 설정할 수도 있고 단순히 두 단계만으로 소기의 목적을 얻을 수도 있다. 즉 전부 사면 팔고 그렇지 않으면 팔지 않는다는 것(take-it-or-leave-it)이 이러한 예에 해당한다.

기업이 소비자의 속성에 관한 정보를 얻기가 용이하지 않을 때, 쉽게 발견되는 외적 요소를 기준으로 시장을 구분하고 각각의 시장에 다른 가격을 부과하여 모든 시장에 같은 가격으로 판매하는 것보다 높은 이윤을 얻을 수 있는데, 이러한 가격차별을 삼차가격차별이라 부른다. 이때는 가격탄력성이 작은 시장에 높은 가격을 설정하고 가격탄력성이 큰 시장에는 낮은 가격을 설정하되, 각 시장의 한계수입이 같아지도록 한다. 물론 이때의 한계수입은 기업의 한계비용과 같아야 이윤극대화가 실현된다.

삼차가격차별이 단일가격으로 판매하는 것보다 이윤을 크게 한다는 것을 이해하는 것은 어렵지 않다. 단일가격으로 판매할 때 수요의 가격탄력성이 낮은 시장의 한계수입이 탄력성이 큰 시장으로부터의 한계수입보다 작다. 따라서, 수요의 탄력성이 작은 시장의 판매량을 줄이고 그것을 탄력성이 큰 시장에 팔게 되면 이윤이 증가하는데 이 과정에서 수요의 탄력성이 작은 시장의 가격은 오르고 탄력성이 큰

80 자기선택전략에 대한 이론적 소개는 Varian(1992)을 참조할 수 있으며, 정보재에 있어서 다양한 버저닝과 가격차별에 대한 실례는 Shapiro and Varian(1999)를 참조하면 유익하다.

시장의 가격은 하락한다. 최종적인 판매량이 단일가격을 설정할 때보다 많아질 수도 있으나 꼭 그런 것은 아니다.[81]

이러한 삼차가격차별에 대해서 반독점법(예로 미국의 Patman-obinson Act(1936))을 적용하는 것에 대한 법적인 논란은 오래된 경제학적 이슈이다. 1980년대 이후 많은 경제학자들의 연구에 의해 밝혀진 결과에 따르면, 일정한 조건하에서는 삼차가격차별이 사회적 후생을 증대시키거나 혹은 더 나아가서 소비자 후생을 증대시킬 수 있다는 것을 밝혔다. 예로, 사회 후생이 증가하기 위한 필요조건으로 가격차별의 결과 최종 판매량이 단일가격 때보다 늘어야 하고, 소비자 잉여가 증가하기 위한 충분조건으로는 Laspeyres 가격지수가 1보다 작아야 한다.

삼차가격차별을 위해 시장을 구분하는 요소는 우선 쉽게 시장의 위치를 들 수 있다. 한국시장과 미국시장은 시장의 특성이 다를 것이고 그에 따라 다른 가격을 설정하는 것이 자연스럽다. 그 외에 성별, 시간, 연령 등이 시장을 구분하는 요소로 사용된다. 남녀 목욕탕의 구별이나 나이트 클럽에서 여성우대가격은 성별에 따른 시장구분이다. 그리고, 극장의 조조할인은 시간에 따른 시장구분의 좋은 예이다. 일반적으로 상품의 시판 초기 판매가격은 높은 가격이 설정되었다가 시간의 흐름에 따라 낮추지는 경우도 많다. 또, 어린이 할인이나 경로우대할인 등은 연령으로 시장이 구분되는 예이다.

---

81 삼차가격차별에 따른 후생효과에 대한 대표적인 이론적 분석은 Schmalensee(1981), Varian(1985), Armstrong and Vickers(1991) 등을 들 수 있다. Varian(1985, 1992)은 삼차가격차별의 결과로 최종적인 판매량이 단일가격에서의 판매량보다 더 많아야만 사회후생이 증가할 수 있는 필요조건이 충족된다고 주장하였다.

7.3.2 정보재의 가격차별

정보재에도 다른 전통적인 상품에서 보여지는 가격차별이 모두 존재한다. 그렇기 때문에 여기서는 정보재와 관련한 특징적인 사항들에만 관심을 두고자 한다. 특히, 정보재의 가격차별에서 눈에 띄게 많이 사용되고 있는 형태는 시간에 따른 삼차가격차별이다. 예를 들어, 정보재의 도입가격은 일종에 시간에 따른 가격차별이다. 동일한 제품인데 시판초기에 낮은 가격으로 판매하다가 제품의 이용자 수가 늘어 수요자 기반이 임계수준을 넘으면 가격을 이윤을 극대화하는 독점가격으로 인상하는 것이다.

정보재를 판매하는 기업이 어느 경우에나 도입가격 전략을 채택하는 것은 아니다. MS사가 새로운 단계의 운용소프트웨어(OS)를 시판하면서 처음에는 높은 가격을 설정하여 기능이 향상된 새로운 프로그램에 관심이 높아 지불의사가 큰 고객으로부터의 수요를 충족시키고 시간이 지남에 따라 가격을 차츰 내리다가, 다시 기능이 더 향상된 다음 단계의 프로그램의 출시에 임박해서는 아주 저렴한 가격으로 판매하는 것을 여러 번 경험하여 왔다. 이것은 응용소프트웨어에서도 자주 발견할 수 있는 현상이다. 워드프로세서인 한컴의 한글 프로그램이나 MS사의 한글워드의 가격도 도입가격 부분을 제외하면 그와 유사한 과정을 보였다. 업그레이드된 새 제품의 출시가 임박해서는 가격이 원래 가격의 50% 이하로 떨어진 때가 흔하다. 이것은 내구성이 있는 전통적인 상품의 시간에 따른 가격차별과 전혀 차이가 나지 않는 동일한 형태의 가격차별이다.

정보재가 다른 일반적인 상품에 비해 복제생산하는 비용이 아주 작다는 것은 여러 번 언급한 바다. 복제비용은 상품의 공급권을 가지고 있는 기업에게만 낮은 것이 아니라 일반 소비자에게도 복사를 아주 쉽게 할 수 있는 경우가 대부분이다. CD 형태로 나온 것이든 mp3 파일 형태로 나온 것이든 소비자는 모든 가요를 비교적 쉽게 복사하여 본인이 듣기도 하고 친구 사이에 서로 나누어 듣기도 한다. 서적이나 잡지의 내용은 복사기술의 발달에 따라 쉽게 할 수 있게 되었으며, 컴퓨터 소프트웨어의 복사도 아주 쉽다. 따라서, 원본을 만들어 파는 기업의 입장에서는 복사의 비용이 낮다는 것이 바로 이윤획득의 가능성을 어렵게 하는 사항이 아닐 수 없다.

이런 상황에서 기업들은 불법복사를 제한하는 장치를 개발하여 소비자가 전문인의 도움 없이는 복사를 할 수 없도록 하기도 하고 불법복사에 대한 벌칙을 강화하는 입법을 추진하기도 한다. 창작물의 보호를 위한 저작권법의 강화와 적용범위의 확장을 입법화하는 노력도 한다. 가요의 경우 상업적인 목적으로 연주할 때는 원래 저작권 소유자에게 사용료를 지불하도록 되어 있다. 방송국이나 교향악단들은 원래 저작권 소유자인 음원 회사와 해마다 포괄계약을 체결하여 저작권 사용료를 지불하기도 한다. 요즘에는 네이버 뮤직 등을 통해 매월 월정액으로 저작권 사용료를 지불하고 음악을 무제한으로 들을 수 있기도 하다.

그런데, 이렇게 복사가 손쉬운 환경에서도 가격차별을 통하여 기업은 이윤을 확보하기도 한다. 학술잡지나 서적은 구입자가 개인인지 아니면 도서관과 같은 기관인지에 따라 가격이 다르다. 학술잡지는 개인과 기관의 구독료가 50% 이상 차이나는 경우도 흔하다. 이러한 가격의 차이는 기관고객이 가격탄력성이 낮고 개인고객의 가격탄력성이 높다는 사실로부터 가능한 것이겠지만 저작권 사용료와 관련한 중요한 사실이 내재되어 있다.

최근에는 지식재산권에 대한 법적 규정이 강화됨에 따라 일반 소비자의 경우 본인이 가정에서 보고자 하는 예외적인 경우에만 저작권료를 지불하지 않고 복사할 수 있지만, 교육용을 포함하여 그 외의 경우에는 어떠한 경우라도 저작권에 대한 사용료를 자작권자에게 지불해야 한다.

사실 복사기술이 발달한 1960년대 초반에는 누구에게 저작권 사용료를 징수하는 것이 옳은가에 대한 논의도 많았다.[82] 저작권 또는 지식재산권의 사용을 제한하는 법률에는 사용료를 지불하지 않고 사용할 수 있는 것의 범위를 '공정한 사용(fair use)'이라는 용어로 규정하고 있다. 사용 목적, 복사량, 사용 형태, 그리고 경제적인 피해의 정도에 대한 규정들이 그것이다. 서적의 경우 연구목적으로 개인이 내용물의 일부를 소량 복사하는 것은 저작권 사용료를 부담하지 않아도 된다.[83] 현재의 법률에 따르면 도서관은 소장 학술잡지를 복사하는 사람의 용도를 파악하여 저작권 사용료를 대신 받아 저작권 소유자에게 넘겨주도록 규정되어 있다. 그런데 대부분의 출판사와 학회에서는 그들이 펴내는 학술잡지를 도서관과 개인고객에 동일한 가격으로 판매한 다음 도서관의 이용자들이 비치된 자료를 복사하면서 낸 저작권 사용료를 도서관으로부터 받아내는 일은 거의 하지 않는다. 대신 도서관과 같은 기관고객의 구독료를 개인에 비해 높게 함으로써 저작권 사용료를 간접적으로 징수하는 방법을 취한다. 복사하는 사람들에게 직접 저작권 사용료를 징수하지 않음으로써 지불의사가

82 복사기술은 1958년 제록스사의 신제품 발표와 함께 크게 발전하였는데, 이윤의 감소를 우려한 출판사와 각종 학회에서는 의회에 압력을 가하여 복사에 대해서 저작권료를 부과하는 법률을 제정할 것을 요구하였다. 특히, 저작권 사용료의 부과 대상을 누구로 할 것인가에 대한 논란도 많았는데, 초기에 많은 출판업자들은 제록스사가 부담해야 한다고 주장하였다.

83 저작권에 대한 논의는 7장 참조바람.

낮은 사람들도 상품을 사용할 기회를 갖게 하고 그에 따라 커진 소비자 잉여는 기관구독료를 높게 하여 차지한다. 개별 논문을 복사하는 고객은 복사하는데 따른 한계비용만 지불한다. 이러한 방식은 이부제 가격책정방식과 유사하다.

한편, 온라인 자료가 파일형태로 분리되고 활성화됨에 따라 개별 고객은 도서관에서 다운받거나 복사할 수 없는 자료는 인터넷 사이트에서 직접 가격을 지불하고 복사본을 다운받아서 활용할 수 있다. 이에 따라, 온라인판과 오프라인판을 차별화하는 삼차가격차별도 발생하고 있다.

저작권 사용료를 대신 징수하는 다른 예는 많다. 가요는 라디오나 TV로 방송되면 그것을 녹음하여 듣는 사람들이 많기 때문에 레코드 회사는 방송국에 일괄 계약을 체결하여 저작권 사용료를 징수한다.[84] 그런데, 인터넷의 발달로 불특정다수가 인터넷에 올려있는 가요를 무한정 다운받고 복사할 수 있게 됨에 따라 음악계는 과거에 복사기술의 출현으로 출판업계가 보였던 반응과 유사한 현상이 나타나고 있다.

예를 들어, MP3나 Napster 등의 인터넷 음악 프로그램 공급자들은 누군가가 자신의 홈페이지에 올려놓은 음악을 인터넷을 통하여 누구라도 자신의 컴퓨터에 내려받는 것을 가능하게 하여 음악애호가들로부터 인기를 모으고 있다. 이들 회사는 자신의 프로그램을 이용하는

84 구체적으로 방송국에 부과하는 저작권 사용료가 일반 악단이나 유흥업소에 부과하는 사용료에 비해 얼마나 높은지는 알 수 없다. 실제로 음반회사는 방송국이 자기 가요를 방송함으로써 얻는 광고효과를 생각지 않을 수 없기 때문에 설사 같은 액수를 부과한다고 해도 방송국에 매우 높은 가격을 부과하는 것으로 이해해야 한다. 즉, 저작권 사용료의 간접징수의 한 형태인 것이다.

사람들이 같은 홈페이지에 있는 광고를 보도록 하는 상업적인 회사이다.

이에 대한 음반회사의 반응은 당연히 적대적이다. 자신들의 이윤이 인터넷 음악 프로그램 공급자로 인하여 감소하였는데, 그것은 바로 인터넷 프로그램 공급자들이 음반회사가 가지고 있는 저작권을 무단으로 다른 사람들이 사용하도록 했기 때문이라는 것이다. 즉, 자신들의 저작권이 인터넷 음악 프로그램 공급자들 때문에 부당하게 침해당하여 자신들이 손실을 입고 있다고 법원에 제소하였다. 그러나 인터넷에서 음악을 내려받을 수 있는 프로그램을 제공하는 기업들은 복사기 제조회사와 마찬가지로 자신들은 내려받는 기술만을 제공할 뿐 자신들이 복사를 하는 것은 아니라고 반박한다. 여기에서 문제가 되는 것은 이익의 감소를 경험했다고 하는 음반회사들이 서적의 복사에서와 같이 저작권 사용료를 간접적으로 징수할 수 있느냐의 여부에 관한 대립이라고 하겠다.

그런데, 인터넷에서 음악을 무료로 다운로드하여 복사하는 일은 비단 음반제작사의 이윤감소라는 문제에 그치지 않는다. 사회후생을 장기적으로 축소시키는 것이 될 수 있기 때문이다. 낮은 비용으로 누구나 음악을 컴퓨터에서 내려받을 수 있을 때 극단적으로 한 사람만 음악 파일을 구입하면 된다. 그것을 컴퓨터에 올려놓으면 무료복사를 하는 소비자는 우선 이익을 볼 것이나 장기적으로는 이윤확보가 불가능한 음반제작회사의 경영악화로 새로운 음악의 작곡에 대한 유인요인이 사라져 장기적인 관점에서 사회후생이 감소한다.

한편, 정보재의 가격차별과 관련하여 무엇보다도 중요한 사실은 정보재의 가격차별이 상품의 차별화와 연결되어 광범하게 실시되고 있다는 점이다. 정보재는 큰 비용을 들이지 않고 상품의 특성이 차이가 나는 유사상품을 만들어 낼 수 있기 때문에, 정보재를 공급하는 기업은 소비자의 기호에 가장 적합한 상품의 버전을 만들어 소비자를 만족시키고자 한다. 또, 정보재가 다른 상품에 비해 범위의 경제가 크기 때문에 정보재 공급자들은 기능을 달리하는 정보재들을 묶어 한 단위로 판매하는 묶음판매에 관심이 높을 수밖에 없다. 컴퓨터 하드웨어 공급자들이 소비자들이 자주 쓰는 주요 소프트웨어를 PC에 묶어서 판매하는 것은 우리나라에서는 아주 일상화된 일이다. 운용소프트웨어 공급자로서 시장지배력이 압도적인 MS사가 인터넷 브라우저인 Internet Explorer를 자신의 운용소프트웨어인 윈도우즈 오피스에 묶어서 판매하는 행위로 미국 독점당국에 의해 제소당한 사실로 유명하다. 이와 같은 정보재의 버저닝과 묶음판매에 대해서는 다음에 보다 자세히 논의하기로 한다.

여기에서는 정보통신산업의 발달과 정보재의 비중이 확대됨에 따라 정보재 시장뿐만 아니라 다른 시장에서의 가격차별행위에 미친 중요한 영향에 대해 좀 더 살펴보기로 한다. 정보통신산업의 발달로 정보를 얻는 비용이 현저하게 감소하였다는 것은 잘 알려진 사실이다. 경제주체들의 의사결정에 필요한 정보를 얻는 것이 쉬워졌을 뿐만 아니라 정보의 전달시간이 현저하게 단축되었고 전달하는 정보의 형태도 매우 다양해졌다. 데이터뿐만 아니라 문자, 사진, 음성 등의 정보가 빛의 속도로 양의 제한을 거의 받지 않고 전해질 수 있게 되었다. 이러한 정보통신기술의 발달과 정보재의 발달은 시장지배력을 가진 기업이 가격차별을 하는 환경을 근본적으로 바꾸어 놓았다.

예를 들어, 정보통신기술이 발전함에 따라 커뮤니티를 형성하여 소비자 집단이 공동구매(joint purchase)하거나 다량구매(multiple purchase)를 할 수 있는 환경이 발전되고 있다. 이러한 소비자 집단의 전략적 행위는 기존에 독점기업만이 지니고 있는 시장지배력에 대항해 소비자의 협상력(bargaining power)을 증진시키는 효과를 가져왔으며, 이로 인해 독점기업의 가격차별의 가능성은 약화될 수 도 있다. 가격차별을 수행하기 위해서는 소비자들간의 재판매의 가능성이 없어야 하기 때문이다.[85]

그러나, 다른 측면에서 정보통신기술의 발달로 시장구분에 대한 가능성이 오히려 증가한 측면도 있다. 소비자의 특성을 시초로 시장이 구분될 수밖에 없는데 정보통신산업의 발달은 Java 등의 기술을 통해 바로 소비자의 다양한 특성에 관한 정보를 쉽게 얻을 수 있게 하였다. 예로, 인터넷을 통하여 정보를 얻고자 할 때 회원으로 가입할 것을 요구한다. 회원으로 가입하기 위해서는 요구하는 자신에 관한 정보를 입력하여 정보제공업체에 제공하여야 한다. 일반적으로 주민등록번호와 주소, 전화번호, 직장 등이 가장 흔히 요구되는 정보이다. 때로는 소득수준, 취미, 학력 등의 정보를 요구하기도 한다. 이런 정보는 아주 값싸게 정보제공업체에 주어지는데 이것은 소비자를 특성에 따라 구분하는데 중요한 자료가 된다.

연령별 또는 지역별로 소비행태의 차이가 큰 상품을 판매하는 회사는 우편번호에 관한 정보를 기초로 광고전략을 수립한다. 또 소득수준과 취미 등에 관한 정보를 바탕으로 세분화된 마케팅 전략을 세울 수 있다. 어떤 기업은 인터넷 화면에 계속적으로 특별할인 가격을 제시한다. 이것은 고객 하나하나에게 일대일로 제공하는 것으로 각 고객의 지불의사만큼을 받아내려는 완전가격차별 전략 가운데 하나이다. 미국에서는 항공권, 호텔예약권 등이 이런 방식으로 제공된다.

---

85 소비자들의 공동구입이나 다량구입이 독점기업의 가격차별에 미치는 영향에 대한 이론적 논문은 Tirole(1989)와 Alger(1999)를 참조할 수 있다.

이러한 일대일 가격제시를 통한 가격차별은 물론 새로운 것은 아니다. 주간 뉴스 잡지사들은 구독 만기에 가까운 고객에게 잡지 사이의 슬립이나 우편으로 끊임없이 특별가격(special offer)을 보내 고객의 지불의사를 찾아내는 판매전략을 사용하곤 하였다. 이것은 일종의 증진가격(promotional pricing)전략이라고 알려진 마케팅차원의 홍보전략이다. 일정기간동안 가격세일을 하거나, 쿠폰에 의한 가격세일, 그리고 일정한 조건에서 부분환불을 해주는 등의 마케팅전략이 대표적이다.

그런데, 판매자와 구매자 사이에 실시간 정보교환이 가능해진 지금은 과거부터 오프라인 시장에서 해왔던 잡지사의 행태가 비교할 수 없을 정도의 속도로 이루어지고 있다. 온라인상에서 이루어지는 이러한 형태의 가격차별은 서적뿐만 아니라 일반상품에 대해서도 이루어지고 있는데, 이것은 일차가격차별이 다양한 상품에 대하여 가능해졌다는 것을 의미한다. 판매자와 고객이 실시간 의사교환이 가능해짐에 따라, 고객에 관한 몇 가지 중요한 정보를 바탕으로 각 개인마다 다른 가격을 제시하여 구입을 권유함으로써 고객이 스스로 자신의 지불의사를 밝히도록 유도하는 것이다. 요약하면, 정보통신산업의 발달로 일반적인 상품에서조차 시장구분을 쉽게 할 수 있게 되었고, 그에 따라 가격차별은 이제 더욱 광범하게 그리고 더욱 세련된 형태로 시행되게 되었다. 특히 모든 소비자 개개인에 대해 가격을 달리 부과하는 완전한 가격차별이 전보다 더욱 용이한 일이 된 것이다.

또 개인별로 다른 가격을 제시하는 것은 어렵다 할지라도 고객을 몇 개의 집단으로 나누어 각 집단마다 다른 가격을 제시하는 것은 더욱 쉽게 되었다. 우편번호에 따라 판매전략을 달리 실시하는 것은 이제 미국에서는 흔한 일이다. 신문이나 잡지, 그리고 우편물을 통한 광고를 함에 있어서 고객의 사는 지역의 특성을 고려하여 서로 다른 전략으로 접근한다면 훨씬 효과적일 것이다. 판자촌이 밀집한 지역이나 대형아파트가 많은 지역을 가리지 않고 캐주얼과 고급 모피옷 광고지를 일괄적으로 돌리는 대신 서민들이 밀집해 있는 지역에는 평상복 할인광고지를 돌리고 고급 아파트 밀집지역에는 모피옷과 건강식품에 관한 광고지를 돌린다면, 기업의 입장에서는 비용을 절감할 수 있을 뿐 아니라 광고효과도 높이는 결과를 가져온다.

디지털 경제 이전에는 고객에 관한 이러한 귀중한 정보를 얻기 위해서는 많은 비용을 들여야 했을 것이나 정보의 전달과 저장, 그리고 처리비용이 현격하게 감소한 인터넷 시대에는 큰 비용을 들이지 않고도 그것들이 가능하게 되었다. 스마트폰과 인터넷이 일반화됨에 따라 서비스의 공급과 수요의 주체가 불분명해지고 그것을 맞바꾸는 것이 가능해진 것이 그 이유이다. 콘텐츠 제공업체로부처 서비스를 받기 위해서는 회원 가입을 요구하는데 이때 고객은 자신에 관한 몇 가지의 단순한 정보를 제공해야 한다. 이렇게 주어지는 고객 정보를 모아 데이터로 분류하여 이용가능한 자료로 활용하는 것이다. 이것이 가능하게 된 것은 정보통신산업의 발달에 따라 정보수집비용의 현저하게 감소하였고 자료를 저장하고 분석하는 능력이 향상되었기 때문이다. 기술적인 가능성의 향상과 마케팅 기술의 발달은 거의 모든 전통적인 상품과 서비스에 대해 이차 가격차별을 손쉽게 할 수 있도록 하고 있다.

제8장 정보재와 버저닝전략

산업 경제에서 일반적으로 상품에 대한 기업의 경쟁수단 가운데 가장 빈번히 사용되는 것은 가격이다. 상품이 동질적이든 차별화되어 이질적이든 판매하는 상품들 사이에 대체관계가 존재하면 가격은 기업들이 경쟁하는 중요한 수단이 된다. 또한, 기업은 가격 이외의 수단으로도 경쟁하는데 이것을 비가격경쟁으로 부른다. 비가격경쟁 수단으로는 광고, 판촉, 자금지원, 사후서비스 등 다양하지만 상품의 질을 약간씩 달리 함으로써 기호가 다른 소비자를 만족시키고자 하는 상품차별전략도 중요한 비가격경쟁의 수단이다.

디지털 경제에서 망외부성이 큰 정보재를 판매하는 기업들 사이에서 이와 같은 비가격경쟁은 중요한 의미를 지닌다. 앞에서 언급한 바와 같이 정보재는 일반 상품과 다른 독특한 특징이 다수 존재하는데, 그 가운데 첫 번째 언급된 사항은 이미 개발된 정보재 원본을 추가로 한 단위 복제 생산하는 비용은 아주 작다는 것이었다. 사실 정보재는 개발된 상품 한 단위를 복제하는데 드는 한계생산비용이 작을 뿐 아니라 약간 차이가 나는 상품을 만드는 데도 비용이 크게 들지 않는다. 상품의 기능이나 모양이 원본과 약간씩 차이가 나는 유사상품을 만드는 것이 용이하다는 것이다.

그런데, 차별화된 정보재 가운데 흔히 볼 수 있는 것이 버전(version)이다. 새로운 상품이 기존 상품과 약간 차이가 나는 차별상품이라는 점에서는 같은데 일반 상품에서처럼 차별상품이라고 부르지 않고 버전이라는 다른 용어를 쓰는 것은 정보재에서 말하는 버저닝과 전통적인 상품의 상품차별화와는 차이가 있기 때문이다. 전통적인 상품의 상품차별화는 기업간의 전략상 상호의존성이 큰 과점시장이나 독점적 경쟁시장에서 자주 관찰되는 현상인데, 이들의 상품차별화는 서로 경쟁하는 기업들이 기업마다 자신에게 고유한 차별화된 상품을 만드는 전략이다. 하나의 상품시장을 전체적으로는 보면 약간씩 차이가 나는 다양한 상품이 서로 경쟁하지만, 각 기업은 자신의 고유한 모형만을 생산한다. 즉, 전통적 상품에 있어서 상품차별화는 기업내의 상품차별화가 아닌 기업간 상품차별화라 할 수 있겠다.[86]

그러나, 정보재의 상품차별화는 개별기업이 소비자의 기호를 고려하여 기능이 약간씩 차이가 나는 다양한 제품을 제작 공급한다는 것이 특징이다. 시장구조와 상관없이 기업은 새로운 버전을 활발하게 개발하여 다양한 소비자의 기호를 충족시킴으로써 소비자로부터 보다 많은 이익을 끌어내고자 한다. 복제생산의 한계비용이 무시할 정도로 낮은 정보재는 어차피 가격이 공급자의 비용조건에 의존하지 않는다. 정보재의 가격은 고객의 지불의사에 따라 정해지는데 고객은 기호가 다양하고 또한 지불의사도 같지 않기 때문에, 상품의 내용이나 기능을 약간씩 다르게 만들어 각 상품에 대해 소비자의 지불의

86 전통적인 상품에서도 버전이라는 말을 사용하지 않는 것은 아니다. 한 자동차 회사가 특성이 다른 소비자를 겨냥하여 특정 모형을 약간씩 변형한 형식을 추가로 만드는 경우가 있는데 이때도 버전이라는 말을 쓴다. 현대자동차가 만든 엑셀의 유로버전은 이의 한 예이다.

사만큼 온전히 가격으로 받아내고자 한다.

정보재 생산기업으로 하여금 이러한 상품차별화를 용이하게 하는 중요한 요소는 새로운 상품을 차별화하는 것이 일반상품에 비해 비교적 손쉽다는 것이다. 또한, 정보재 시장이 독점화되기 쉬운 특성이 상품차별화를 촉진한다. 독점기업이 가격차별을 하는 과정과 같은 동기에서 비용이 들지 않는 상품들을 차별화하기 때문이다. 따라서, 정보재 시장에서는 시장지배력이 있는 기업이 상품차별화와 가격차별화를 동시에 실시하기도 한다. 비용조건이 같은 동질의 상품을 서로 다른 소비자에게 다른 가격으로 판매하는 원래 의미의 가격차별 대신에 상품의 질을 달리 하여 각각의 버전에 가격의 차이를 두는 차별화의 방식을 일반적으로 사용한다. 따라서, 버저닝은 가격차별과 상품차별이 융합된 개념으로 디지털 경제에서 정보재가 가는 독특한 경쟁전략으로 이해된다.[87]

정보재를 생산하는 기업의 상품차별화의 형태도 다양하다. 동일한 원본에 기초하되 내용이나 기능에 약간의 변화를 가하는 버저닝(versioning)과 다른 주변 환경의 변화나 자체적인 기술발전에 따라 과거의 상품 원본의 기능을 향상시켜 새로운 상품을 만드는 업그레이드(upgrade), 그리고 본래 개별적인 상품을 몇 가지 조합하여 한 단위 상품으로 하는 묶음판매(bundling) 등이 그것들이다. 이들에 대해서 보다 자세히 살펴보도록 하자.

87 상품차별화를 전제로 하는 독점적 경쟁모형에서는 기업간에 서로 약간씩 차이나는 상품을 동일한 균형가격으로 판매한다. 이러한 점이 전통적인 (수평적) 상품차별화와 버저닝의 차이라 할 수 있다.

8.1 버저닝

정보통신기술의 발달로 정보를 획득, 저장, 처리하는 능력의 확대와 비용의 절감, 그리고 정보 전달속도의 향상에도 불구하고, 기업이 소비자에 관한 모든 정보를 알 수 있는 것은 아니다. 기업에게 가장 직접적으로 필요한 것인 개별 소비자의 지불의사에 관한 정보는 정보시대에도 알기는 여전히 어렵다. 소비자의 지불의사에 따라 가격을 달리 부과하는 것이 기업에게 가장 큰 이익을 가져다주는 것은 분명하지만, 문제는 소비자가 자신의 지불의사를 잘 밝히려 하지 않기 때문에 지불의사에 따른 일대일 가격설정은 그만큼 실행하기 어렵다는 데 있다. 더구나, 기업이 소비자의 지불의사에 따라 가격을 부과한다고 하면 소비자는 더욱 자신의 의도를 숨기려 할 것이다. 따라서, 기업은 소비자의 의도를 스스로 밝히도록 하는 방법에 관심을 기울이게 된다.

기업은 소비자의 기호 분포에 대한 정보를 바탕으로 상품을 각 기호에 알맞게 만들어 시장에 내놓는다. 기능이 약간씩 다른 상품을 만들어 시장에 내놓음으로써 소비자로 하여금 자신에게 최적의 것을 스스로 선택하게 하여, 기호의 차이를 확인하는 전략을 취하기도 한다. 이와 같이 상품차별화는 기업이 소비자 기호의 분포에 관해서만 정확한 정보를 가지고 있을 뿐 개별적으로 각 소비자의 지불의사가 어떤지에 관한 정보가 부족할 때 유용하게 사용할 수 있다. 소비자의 자발적 선택(self-selection)을 유도함으로써 기업이 높은 이익을 취할 수 있는 것이다. 각 버전에 가격을 달리 책정하는 것은 자발적 선택에 기초한 가격차별을 실시하는 것으로 가격차별과 상품차별의 두 가지 전략을 효과적으로 연계함으로써 기업의 이익은 높이지게 된다.

이러한 점에서 버저닝은 가격차별과 차이가 있다. 가격차별은 비용조건이 같은 동일한 상품을 고객에 따라 다른 가격으로 판매하는 것을 말한다. 이에 비해 버저닝은 고객에 따라 다른 가격으로 판매하는 것은 가격차별과 유사하나 비용조건이 같지 않은 상품을 고객의 기호에 따라 달리 만들어 차별화하고 마진도 달리하는 것을 말한다.

또한, 버저닝은 상품차별과도 차이가 난다. 수평적 상품차별은 경쟁기업간에 서로 대체성이 있는 상품을 서로 약간씩 차이가 나게 생산하되 동일한 가격으로 판매한다. 그러나, 버저닝은 서로 다른 상품이지만 가격을 달리하여 가격차별을 극대화한다는 점에서 근본적인 차이가 발생한다.

버저닝의 예를 들어보자. 항공사는 소비자들의 기호에 있어서 차이가 크다는 것을 안다. 그러나, 항공권을 예약하고자 하는 고객의 기호가 어떠한지에 대한 정보는 없다. 여행의 목적이 무엇인지를 고객에게 물어보지 않고서는 알 수 없는 것이다. 그런데, 비즈니스 목적의 비행기표 값이 관광 목적의 요금에 비해 두 배정도 비싸다는 것을 알고 있는 고객은 자신의 여행목적이 사실 비즈니스임에도 불구하고 그것을 사실대로 말하려 하지 않는다. 단순히 관광여행이라고 하여 싼 값으로 여행을 할 가능성이 있음에도 기업은 그러한 고객의 속임수를 가릴 능력이 없고, 할 수 있다 할지라도 그것을 밝히기 위해서는 엄청난 비용이 든다. 이때 항공회사가 할 수 있는 수단은 상품의 질적 차이를 도입하는 것이다. 상품차별화를 통하여 소비자 스스로가 자신의 원하는 바를 선택하게 하는 것이다.

항공사는 일반 관광을 목적으로 하는 상품의 질을 떨어뜨리는 전략을 선택한다. 비즈니스 목적의 여행자는 요금보다는 시간에 맞추어 목적지에 도착하는 것에 관심이 크며 출발시간과 도착시간에 제약이 많다. 그리고 여행이 주로 주중에 종료되기를 희망한다. 반면에 친지를 방문하거나 관광을 목적으로 하는 여행자는 시간적인 여유가 있어 출발시간과 도착시간이 자유롭고 주말을 이용해도 상관없다. 이런 특질을 경험과 사전조사를 통하여 알고 있는 항공사는 소비자의 선택을 제한하는 부대조건을 많이 붙여 저렴한 항공권의 상품의 질을 떨어뜨린다. 주말이 포함되어야 할 것, 30일 이전에 예약하여 발권할 것, 여행스케줄을 바꾸지 못함, 중간에 다른 도시를 들르거나 갈아타야 함 등의 조건이 붙은 항공권을 일반 여행자를 겨냥하여 만들어 판매한다. 이렇게 하여 지불의사가 큰 비즈니스 목적의 여행자들은 부대조건이 없는 원래 항공권을 사도록 유도하고 시간 여유가 있고 가격에 민감한 일반 관광목적의 여행자들은 제약이 많은 항공권을 구입하도록 한다. 즉, 항공서비스에 차별을 만드는 것이 아니라 소비자의 선택권에 차이를 두는 방식으로 상품을 차별화하고, 차별화된 상품을 다른 가격으로 판매한다. 또한, 항공사는 항공서비스에 차이를 두는 방식의 상품차별화를 하기도 한다. 장거리 노선 비행기에는 일등석과 비즈니스석, 그리고 일반석 등의 구분이 있다. 등급에 따라 좌석의 넓이나 안락도, 그리고 기내 서비스에서 차이가 난다. 그러나, 이러한 상품차별화를 버저닝이라 부르지는 않는다.

버저닝은 소비자로 하여금 자신의 기호를 스스로 밝히도록 공급자가 사전에 디자인하여 상품의 질적 차이를 만드는 행위라 할 수 있다. 그런데, 버저닝의 구체적인 방법을 살펴보면, 위의 항공권의 사례에서와 같이, 공급자가 원래 상품의 질을 떨어뜨려 지불의사가 낮은 소비자들에게 소비의 기회를 주는 형태가 일반적이다. 소비자의 기호에 대한 사전 조사를 통하여 최고급 소비자에게 적합한 상품 원본을 개발한 다음, 특성에 따라 몇 개의 그룹으로 나누어진 각 소비자들에게 적합하게 품질을 떨어뜨리는 조치 즉, 품질저하전략(quality degrading)을 선택한다. 이렇게 질적으로 열등한 상품을 일부러 만들어 저렴한 가격으로 판매함으로써 지불의사가 낮은 소비자의 기호를 충족시키는 비저닝의 사례는 얼마든지 있다.

문서 작성용 워드프로세서는 전문가용과 일반용이 있는데, 일반용은 전문가용에서 일부 기능을 제거한 것이다. 이것은 전자계산기의 일반용이 전문가용의 일부 기능을 작동하지 못하게 한 것과 유사하다. 컴퓨터 운용프로그램인 486SX는 원래 486DX에서 공통처리장치(coprocessor)의 작동을 무력화시킨 형태이다. 시간차를 통한 상품차별화도 자주 사용된다. 소화물 배달 서비스 회사인 FedEx는 익일 오

표 8.1 버저닝의 차원

버저닝의 차원	사용자의 특성
▪ 지체(delay)	인내성 vs. 조급성
▪ 사용자 인터페이스(user interface)	초보자 vs. 경험자
▪ 제품 호환성(compatibility)	저급용 vs. 고급용
▪ 편의성(convenience)	가정용 vs. 기업용
▪ 이미지 해상도(image resolution)	소식지용 vs. 고급문서용
▪ 작동 속도(speed of operation)	저급용 vs. 고급용
▪ 사용의 신축성(flexibility)	화면용 vs. 출력용
▪ 처리능력(capability)	일반용 vs. 특수용
▪ 저장용량(storage)	무료용 vs. 회원용
▪ 구성(features and functions)	학생용 vs. 전문가용
▪ 포괄성(comprehensiveness)	일반용 vs. 전문가용
▪ 진행방해(annoyance)	시간가치의 중요성
▪ 기술적 지원(technical support)	집중적인 사용 여부

전 배달서비스와 익일 오후 배달서비스를 실시하는데, 익일 오후 배달용 소화물이 이미 도착해 있더라도 오전에 가지고 나가 배달해 주지 않고 오후에 다시 와서 배달해 준다. IBM의 레이저 프린터의 저속용 버전인 IBM 레이저 프린터 E는 원래의 레이저 프린터가 분당 10장을 출력하는데 비해 5장만을 출력한다. 두 제품은 완전히 같은 프린터 엔진을 사용하는 동일 제품인데, 다만 레이저 프린터 E에는 속도를 늦추기 위한 지체장치를 추가로 삽입했다는 것이 다를 뿐이다. 상품을 어떻게 질적으로 차이가 나게 하는가? 소비자들의 성능을 평가하는 기준이 다양한 만큼 상품의 질적 차이를 가져오는 차원도 다양할 수밖에 없다. 대체로 <표 8.1>에 제시된 바와 같이 Shapiro와 Varian(1999)에 따르면 적어도 10개 이상의 차원에서 차별화가 가능하다. 이해를 돕기 위하여 위의 각 사항에 해당하는 예를 제시해 본다.

먼저, 서비스 지체는 FedEx에서뿐만 아니라 우체국에서도 실시한다. 빠른우편의 경우 고객에게 다음 날 배달되는 서비스의 가치를 높이기 위하여 일반 우편의 배달을 지연시킨다. 또, PAWWS Financial Network는 20분 지난 주식가격에 기초한 포트폴리오 회계시스템을 이용하는 고객에게는 $8.95를 월회비로 받는데 비해 실시간 주식가격을 사용한 것에 대해서는 $50을 받는다. 늦게 서비스를 제공하기 위해서는 기업은 데이터를 저장해 놓고 있어야 하는 비용을 감수해야 하지만 소비자의 자발적 선택을 유도하기 위하여 그러한 차별화를 하는 것이다. 또한, Hollywood 영화의 경우 처음에는 영화관에서 개봉하지만, 일정한 시간이 지나면 호텔이나 비행기에서 시청할 수 있도록 하며 최후에는 가정용 홈비디오 배급하게 된다. 원서의 경우도 처음에는 hardback이 제공되지만 일정한 시간이 지나면 paperback

이 제공되는 사례도 흔하다.

인터넷에서 정보를 탐색한 경험이 많은 전문가들은 보다 완벽하게 갖추어진 탐색 인터페이스를 원한다. Knight-Ridder라는 회사는 웹에서 접근할 수 있는 데이터베이스로 DialogWeb과 DataStar라는 두 종류의 상품을 판매하는데, DataStar는 초보자를 겨냥해서 만든 데이터베이스이기 때문에 가격은 싸지만 전체 목록의 일부만을 수록한 것으로 전문가들의 관심을 끌 수 없도록 되어 있다.

OS프로그램인 Windows는 95, 98, ME 시리즈를 통해 다양한 호환성을 달리해 가면서 상품을 화려하고 편리하게 구성하고 있다. 이러한 호환성 차별화 전략은 프린터, 스캐너와 같은 장비와 일부 소프트웨어에서 볼 수 있다. 프린터 같은 경우 저가 제품은 상위 운영체제(Windows NT이상)나 기타 운영체제(리눅스나 BeOS 등)에서 드라이버가 제공되지 않아 사용하지 못하는 경우가 많다.

항공권의 예에서처럼 이용의 편의성을 달리하여 상품을 차별화하는 예도 많은데, 먼저 시간을 제한하는 것으로 비디오 대여점의 사례를 들 수 있다. 비디오 대여점에서는 대여기간을 24시간, 3일 등으로 구분하여 다른 가격으로 대여한다. 또, 사용장소를 제한하는 것도 상품의 질적 차이를 가져오는 하나의 방식인데, 도서관 내에서만 이용이 가능하도록 하는 데이터베이스 등이 이에 속한다.

PhotoDisk는 이미지 해상도로 상품의 질을 차이가 나게 한다. 상업용 잡지 등에 사용 가능한 고단위 해상도의 사진에 대해서는 가격을 높게 부과하고 일반인들의 소식지 등에 게재할 수 있는 정도의 낮은 해상도의 사진에 대해서는 낮은 가격을 부과한다. 인터넷상에서도 해상도가 낮은 그림파일은 쉽게 다운로드 받을 수 있도록 해 놓았지만, 해상도가 높은 그림파일은 가격을 지불해야 한다.

운행속도를 달리하여 버전을 만드는 예는 통계패키지 소프트웨어에서 흔히 볼 수 있다. 레코딩 프로그램인 CDR-win이나 Disk Juggler 등은 등록사용자의 경우 CD 레코더가 허용하는 배속까지를 속도를 낼 수 있지만 일반사용자의 경우 1배속으로 그 속도가 고정되어 있다. 또, IBM 레이저 프린터의 기종이 다양한 출력속도를 지니고 있다거나 컴퓨터 CPU의 경우 486SX나 486DX, 그리고 Intel의 Pentium series 등이 있다는 것을 통해서도 살펴볼 수 있다. Intel이나 Advanced Micro Devices와 같은 프로세서 제작업체나 nVidia, ATI 등과 같은 그래픽 칩셋 제조업체에서는 낮은 클럭에서부터 높은 클럭의 제품까지 다양한 제품군을 생산하고 있어 사용자가 원하는 속도와 자신의 경제사정에 맞는 제품을 고를 수 있게 제품을 다양화하고 있다.

이용자가 이용할 수 있는 포맷을 달리하는 유연성의 정도를 통해 상품차별화를 하는 경우도 많다. 정보를 화면에 띄우기만 하는 것으로부터 저장, 복사, 수정/입력, 프린트하는 각 기능을 추가하면서 각각에 가격을 달리할 수 있다. Adobe의 Acrobat reader는 읽고 저장하며 출력하는 프로그램은 무료로 내려 받을 수 있도록 하고 있으나 정보의 입력용인 Acrobat writer는 가격에 맞는 돈을 주고 사도록 하고 있다.

처리능력을 매개로 버전을 달리하는 것은 워드프로세서에서 자주 관찰되는데, 이용 가능한 폰트 수, 한자 수, 사전에 수록된 단어 수 등으로 전문가용과 일반용이 나누어진다. 대표적으로 훈글 97과 훈글 815판의 특성이 다르고, MS word의 경우도 전문가용과 일반용을 차별화하고 있다. 또한, 컴퓨터의 음성인식의 정도, 백과사전의 수록된 내용의 차이 등을 차별화하여 버저닝을 수행할 수도 있다.

무선인터넷이 발달한 시기인 지금 USB나 디스크를 가지고 다닐 필요 없이 i-Cloud 서비스를 이용하거나 무료로 e-mail address나 web directory를 주는 사이트들이 늘어나고 있다. 일반회원으로 가입할 경우 web storage 저장용량이 적을 뿐더러, 자료를 올리거나 내리는 속도가 느리며, 또한 어떤 곳은 한 번에 일정 용량이상을 저장하지 못하게끔 하고 있는 곳도 있다. 그러나, 돈을 어느 정도 지불하고 회원으로 가입하는 경우 그 속도도 빠르며 web storage도 또한 많이 준다

Quicken이라는 재무관련 계산 프로그램을 제공하는 Intuit는 수행 가능한 상품구성이나 기능을 달리하여 새로운 버전을 만든다. 전문가용에서는 뮤추얼 펀드, 모게지(mortgage), 그리고 보험 등을 계산하는 프로그램이 있으나 일반용에는 단순히 자기앞 수표를 기재하고 관리하는 기능만 있다. 앞에서 언급한 워드프로세서의 차별도 이러한 예에도 속한다.

정보의 범위로 상품을 차별화하기도 하는데, 신문이나 잡지를 편집하는 사람들은 전세계의 광범한 자료에 관심이 많은 반면 학술논문을 쓰는 사람들은 역사적으로 일관된 자료에 관심이 많다. 위에서 언급한 DialWeb과 DataStar는 이 차원에서도 구분이 가능하다.

정상적인 진행을 방해하는 것도 하나의 방법인데, 예를 들어 인터넷상에서 회원에 대해서는 자료를 곧 바로 볼 수 있게 하는데 비회원에게는 무료로 접근할 수 있는 것임에도 불구하고 화면이 바뀔 때마다 회원 가입을 권유하는 창이 끼어 들도록 하여 진행을 방해할 수 있다. 또한, 동영상을 담은 파일이나 그림파일을 화면상에서 실행하는 데 있어서 사용되는 프로그램들은 일정기간 무료로 공급되는 경우가 많은 데, 이들을 사용할 때마다 매번 가입을 요청하거나 특정한 문구를 자주 보여주는 방법을 통해 진행의 차별을 꾀한다. 이처

럼 등록사용 전까지 귀찮은 등록권고 메시지를 띄우는 버저닝의 예로 전세계적으로 가장 많은 사용자층을 가지고 있는 압축유틸리티인 Winzip을 들 수 있다.

설명자료나 애프터서비스 등을 통해 고객지원서비스를 달리하는 경우도 버저닝의 일종이다. Netscape는 인터넷을 통하여 프로그램을 무료로 내려받게 하고 있으나 매뉴얼이나 기술적인 지원을 필요로 하는 고객에게는 CD를 사도록 한다. 컴퓨터 바이러스 방지 프로그램을 제공하는 McAfee Associates도 일반적으로는 무료로 상품을 사용하게 하지만 전문가의 자문이나 기술적인 지원을 필요로 하는 고객에게는 제품의 구매할 것을 요구한다. 우리나라의 경우 이한디지털리(주)와 같은 유료사이트나 한글과컴퓨터(주), 마이크로소프트(주)와 같은 회사들이 대표적이다. 이들은 인터넷에서 일부 유료사이트와 소프트웨어개발업체에서 주로 사용하는 차별화 전략으로 사용료를 내고 등록을 하거나 소프트웨어 정품사용자로 등록을 하면 정보에 제한 없이 접근할 수 있거나 온라인 고객지원서비스를 받을 수 있다.

지금까지 살펴 본 요소들은 상품을 차별하여 다른 버전을 만드는데 자주 사용되는 매우 일반적인 것들이다. 그러나, 특정한 상품에 구체적으로 적용된 차별화의 요소는 이들이 복합적으로 사용되는 경우가 많다. 한글워드프로세서를 보면, 글자 폰드 수, 한자와 일본어 그리고 다른 언어들 자판의 내장, 그림 이미지의 수, 표 작성 및 수식 기능이나 특별한 기호의 구비, 일반적으로 사용되는 서식의 유무, 한영 및 영한사전, 맞춤법 체크 기능 등에 따라 전문용과 일반용을 구분하고, 다시 중소기업용과 공공기관용 등을 구분한다. 또, 다음에 업그레이드 소프트웨어가 출시될 때 정식회원으로 인정받을 수 있는가를 기준으로 구별하기도 한다. 프린터의 경우 칼라, 출력속도, 인쇄용지의 규격, 인쇄의 선명도(dpi) 등으로 버전을 나눈다.

한글과 컴퓨터(주)의 한글워드프로세서인 훈글 시리즈는 도스용인 1.53 버전부터 폭넓은 사용자층을 구축하여 현재는 한국에서 제작된 워드프로세서 가운데 최고의 위치를 차지하고 있다. 이들이 제공했던 특별판을 보면 훈글 2.1의 꼬마버전, 훈글 2.5와 3.0의 학생판, 훈글97의 815버전 등인데, 이 기업은 업그레이드를 할 때마다 저렴한 가격의 특별판을 제공하고 있다. 훈글97이 포함되어 있는 한컴97은 120,000원에 통신판매상에서 팔리고 있는데 반해, 한글815는 그 가격의 1/10에도 못 미치는 파격적인 가격으로 소비자들에게 제공되었었다. 이 두 상품은 업그레이드의 가능성에서 차이가 나는데, 훈글97은 기능 강화판으로 업그레이드될 수 있지만 한글815는 그것이 불가능하다.

버저닝 전략을 효과적으로 수행하기 위해서는 소비자의 특성을 제대로 파악하는 것이 무엇보다도 필요하다. 지불의사가 큰 소비자가 원하는 몇 가지의 특성들을 확실하게 파악하고 그 시장의 규모와 가격에 대한 반응, 재판매의 가능성 등에 관한 사항들을 파악한다. 이런 자료들을 바탕으로 상품을 개발하는데 이때 초기의 원본은 최상품으로 기획한다. 지불의사가 큰 고객들의 요구를 충족시키기에 충분한 상품을 만든 다음, 상품의 질을 저하시키는 작업을 가함으로써 필요한 형태와 수의 버전을 만든다. 여러 가지 버전을 만든 다음 최상위의 버전에는 가격을 내려 총수입을 극대화한다. 이때 최상위의 버전에 가격을 내리더라도 하위 버전으로부터 수입이 있기 때문에 전체적으로는 수입이 증가된다.

예를 들어, 다음의 <표 8.2>를 생각해 보자. 두 가지의 소비자 유형 A와 B가 시장에 존재하는 경우 각각 소비자 유형별로 소비자 수

표 8.2 버저닝 상품에 대한 소비자들의 지불의사

소비자 유형	소비자 수	H상품에 대한 지불의사	L상품에 대한 지불의사
A	40	100	40
B	60	50	30

와 두 가지로 버저닝된 상품 H와 L에 대한 지불의사를 나타내고 있다. 예를 들어, 소비자 유형 A는 40명이 있는데, 이들은 H상품에 대해 100원의 지불의사를, 그리고 L상품에 대해 40원의 지불의사를 지닌다고 하자. 두 소비자는 H와 L상품에서 하나만을 선택한다고 할 때, 이러한 시장상황에서 상품의 가격을 결정하는 독점기업의 가격전략을 생각해 보자. 물론 생산비용은 전혀 들지 않는다고 가정한다.

이 경우 소비자의 개인별 속성을 정확히 알고 있다면, H상품을 소비자 유형 A에게는 100원에 판매하고, 소비자 유형 B에게는 50원에 판매하면 총수입은 7,000원이 된다. 하지만, 소비자의 유형에 대한 개인별 정보가 없어 서로 차별을 할 수 없는 경우에는 상황이 다르다. 따라서, 소비자 유형별로 가격을 차별화하는 전략을 취해야 한다.

먼저, L상품만을 시장에 내놓을 경우 30원을 받으면 A와 B가 모두 구입하기 때문에 100명의 소비자가 구입할 것이고, 이 경우 총수입은 3,000원이 된다. 반면, 40원을 받으면 A유형만 소비할 것이기 때문에 1,600원을 얻는다. 또한, H상품만을 시장에 내놓을 경우 50원을 받으면 5,000원의 총수입을, 100원을 받으면 4,000원의 총수입을 얻을 수 있다. 따라서, 가격차별을 하지 않는 경우에 기업이 얻는 최대의 수입은 H상품만을 시장에 내놓고 50원을 부과해서 5,000원을 얻는 것이다.

이제, 독점기업이 H와 L 두 상품을 모두 시장에 내다 파는 경우를

생각해 보자. 두 상품을 모두 팔기 위해서 H상품에 대해 100원을 받고, L상품에 대해 30원을 받는 경우를 상정할 수 있으나, 이 경우 소비자 유형 A는 H상품을 구입하게 될 것이기 때문에 이러한 전략은 불가능하다. 왜냐하면 소비자 유형 A가 H상품 대신 L상품을 구입하면 10원을 절약할 수 있기 때문이다. 이러한 점에서 독점기업은 H상품을 10원 할인해 주면, 즉 H상품을 90원에 판매하면 자신이 원하는 대로 소비자 유형 A는 H상품을 90원에 구입하고, 소비자 유형 B는 L상품을 30원에 구입하게 된다. 이 경우 총수입은 5,400원이 되기 때문에 가격차별을 하지 않는 경우에 비해 더 높은 수입을 올릴 수 있게 된다.

이러한 결과가 지니는 경제적 시사점을 생각해 볼 수 있다. 우선, 소비자의 개인별 정보가 없어서 불완전한 정보의 상황이지만, 기업이 소비자의 유형별 정보를 파악하고 있을 때에는 지불의사가 높은 소비자를 우선적인 대상으로 하여 그들의 최대 지불의사금액을 파악해야 한다. 이 경우 지불의사가 낮은 소비자들의 수입도 고려해야 하기 때문에 낮은 지불의사를 지닌 소비자에게는 최대한의 금액을 다 받고, 높은 지불의사가 있는 소비자에게는 의도하지 않은 다른 상품으로 교체(switching)하지 않도록 일정액을 할인해주어야 한다. 결과적으로, 지불의사가 높은 소비자는 순효용을 양수(+)의 크기로 얻는 반면, 지불의사가 낮은 소비자는 순효용이 0이 된다. 이때, 지불의사금액이 높은 소비자가 얻게 되는 순효용(예에서는 10원)이 바로 정보지대(information rent)이다[88]. 즉, 정보의 비대칭성으로 인하여 발생하

88 경제학에서 사용하는 지대(rent)는 고정자산에 의해 발생하는 경제적 부가가치를 의미한다. 예로 땅을 소유하고 있는 사람은 임대료를 받을 수 있듯이, 생산설비를 보유한 공장은 판매이윤을 획득할 수 있으며, 남에 비해

는 이익을 지불의사금액이 높은 소비자가 누리게 되는 것이다.

만약, 가격차별이 이루어지지 않았다면 H상품만을 50원에 내다 파는 것이 최대의 수입을 가져오기 때문에, L상품은 시장에 공급되지 않았을 것이다. 이러한 점에서 가격차별은 새로운 시장이 개척되는 효과가 있다. 앞의 예에서는 생산비용이 0이기 때문에 사회적으로 바람직한 현상은 A와 B 모두 H상품을 소비하는 것이다. 즉, 완전정보하에서 가격차별을 하는 경우와 같은 결과이다. 하지만 불완전한 정보에서는 가격차별이 이루어지지 않는 경우가 가격차별을 하여 시장 창출하는 경우보다 오히려 사회적으로 더 바람직할 수도 있다. 다만, 앞의 예에서 소비자 유형 A가 H상품에 대해 지불하려는 의사가 150이라면 결과는 달라질 수 있다. 이에 대한 확인은 독자가 스스로 하길 바란다.

더군다나 앞의 예에서 지불의사가 낮은 소비자 유형 B는 0의 순효용을 얻었으나, 기업의 입장에서 소비자의 지불의사 금액에 대한 정보가 불확실하거나 다른 상품촉진(promotion) 전략에 의해 일정부분 할인이 이루어진다면, 이들도 후생이 증가하게 된다. 이러한 점에서 가격차별이 수행됨으로써 사회후생이 증가될 가능성이 존재한다.

여기서, 추가적으로 고려해야 할 사항은 지불의사가 높은 소비자 유형 A의 경우 50원이 아닌 90원에 지불하고 물건을 사게 되어 추가적인 40원을 지불함으로써 이들 그룹의 후생이 감소할 수는 있다는 점이다. 즉, 버저닝에 의해 추가적으로 1,600원의 소비자 잉여의 감소가 발생한다. 따라서, 버저닝으로 기업의 총수입이 5,400원으로 증

탁월한 예술적 기질이나 능력을 지닌 사람은 높은 보수를 얻을 수 있다. 마찬가지로 남에 비해 상대적으로 정보를 많이 소유하고 있는 사람은 정보로 인해 일정한 부가가치를 향유할 수 있게 된다.

가하는 경우 400원이 추가적으로 기업에게 이익이 돌아가기 때문에 사회 전체적으로는 1,200원에 해당하는 후생의 감소가 발생할 수 있다. 그러나, 이러한 결론은 기업의 비용측면을 고려하지 않고 있다는 점에서 비용과 편익의 차이를 구별해서 추가적으로 분석할 필요가 있다. 즉, 버저닝을 통해 상품H의 공급량을 60개 줄이고 대신 상품L의 공급량으로 대체하는 경우 발생하는 비용의 감소분이 1,200원 이상이라면 사회 전체적인 후생은 증가하게 된다.[89] 또한, 일반적으로 상품의 품질을 향상시키기 위한 비용은 기하급수적으로 증가하기 때문에 완전한 성능을 지닌 고품질의 상품을 공급하는 비용은 저품질의 상품을 공급하는 것보다 막대한 비용이 들 수 있다. 그러나, 정보재의 경우 완전판을 이미 생산해 놓은 상태에서 버저닝을 통해 저품질의 상품을 공급하기 위해서 오히려 추가적으로 비용이 더 들 수 있다는 점도 주의할 필요가 있다.

한편, 버전의 수는 고객의 분포에 따라 달라질 수 있기 때문에 시장의 조건을 다양하게 파악해야 한다. 여러 가지의 버전을 만드는 것은 메뉴를 유지하고 보수하는 추가적인 비용을 유발하기 때문에 편익과 비용의 측면이 있다. 또한, 여러 버전간의 시장잠식(cannibalization)효과가 존재하기 때문에 버전간의 품질조정이나 가격설정에 있어서 손실되는 부분도 고려해야 한다.

그러나, 뚜렷한 자료의 뒷받침이 없는 한 세 개의 버전으로 출발하는 것이 현명하다. 일반적으로 소비자의 선호는 극단을 회피하는 볼록형의 선호(convexity: extremeness aversion)를 지니고 있기 때문에 너무 최고이거나 너무 최저인 상품을 회피하게 된다. 따라서, 쉽게 선

89 저급화에 따른 비용이 추가되는 손상재(damaged goods)에 대한 논의는 Deneckree and McAfee(1996) 참조.

택할 수 없는 최상위급 품질에 대한 최고가격(Goldilocks pricing)을 설정함으로써 하위 버전을 선택하려는 소비자를 중간단계의 버전으로 끌어들일 수 있는 심리적 자극을 줄 수 있기 때문이다.

예로, 레스토랑에 가서 최고품의 가격을 살펴본다면 대체로 이등품의 상품을 선택하는 일은 어렵지 않다. 또는 패스트푸드점에서 음료수를 판매하는 경우에 있어서도 Large와 Small이 제공되는 경우 대개 Small을 선택하는 사람이, 추가적으로 Super Large가 제공된다면 Large로 전환하게 되는 경향이 있다. 미국의 Simonson and Tversky의 마이크로 오븐의 실험결과를 살펴보면 이러한 전략의 효과를 알 수 있다. 마이크로 오븐의 종류를 두 가지로 정하여 $109.99와 $179.99에 제공한 경우 $179.99상품의 수요가 45%정도였으나, $199.99의 최상위급을 추가로 제공하게 되자 60%로 상승하였다.

마지막으로, 온라인 버전과 오프라인 버전을 만들어 소비자들이 온라인으로 먼저 제품을 브라우즈하여 일별한 다음에 보다 완벽한 오프라인 제품을 구입하도록 유도하는 것도 효과적인 경우가 많다. 예를 들어, 과거 MS사의 Explorer와 경쟁을 했던 인터넷 웹브라우저인 Netscape는 온라인상에서 무료로 내려 받을 수 있도록 하는 동시에 디스켓 형태로 오프라인에서 유료로 판매하였다. 오프라인상에서 판매되는 Netscape는 다양한 기술적 지원 및 사용자 매뉴얼에 대한 정보가 제공되어 있기 때문에 전문적으로 그리고 효과적으로 Netscape를 사용하고자 하는 소비자에게는 더 좋은 상품으로 인식된다. 따라서, 온라인상에서 사용한 경험을 바탕으로 소비자들에게 학습효과 및 고착현상을 유발시킬 수 있으며 이를 통해 오프라인에서의 구매를 촉진시킬 수 있다. 그러나, 이 경우 주의해야 할 점은 온라인과 오프라인간의 보완효과가 충분해야 한다는 점이다. 온라인과 오프라인이 대체적인 성격을 지니고 있다면 온라인상에서 무료로 제공하는 컨텐츠는 오프라인의 수요를 충분히 격감시키게 될 것이다.

8.2 제한판의 무상공급

소프트웨어의 경우 공공기관용 혹은 학생용의 이름으로 특별판이 공급된다. 이들 제품은 정상적인 완전판에 비해 그 기능상의 차이가 크게 나지 않는 반면, 가격에 있어서는 완전판에 비해 크게 낮은 경우이다. 또한, 한발 더 나아가 셰어웨어, 프리웨어, 시험판, 평가판 등의 이름을 가지고 시장에 무상으로 제공되는 제한판이 버저닝으로 존재한다. 이들은 사용약관을 위배하지 않는 이상 얼마든지 자유로운 사용이 가능한 것들이다. 이들은 수십 가지의 기능 중에서 일부를 사용할 수 없게 하거나, 불필요한 경고문 또는 광고문이 나타나게 하거나, 사용기간을 제한하여 그 이후에는 기능을 멈추게 되거나, 실행시간을 의도적으로 지연시키는 등의 여러 가지 방식들이 사용되고 있다. 이처럼 특별판이나 제한판 등이 등장하는 것은 디지털 경제에서 특별한 형태의 버저닝으로 이해된다.

8.2.1 셰어웨어

무상제공 제한판의 가장 일반적인 형태인 셰어웨어(shareware)는 완전판을 구입하기 전에 시험사용을 할 수 있도록 특별히 무료로 제공되는 것으로 정의된다. 이를 완전판과 비교해 본다면, 그 소프트웨어의 핵심기능은 갖추고 있지만 사용상의 편의를 돕는 편리한 기능들은 제외되어 있는 것들이다. 또한 기능상의 제한 이외에도, 추가적으로 사용기간을 제한하기 위해 일정기간 이후에는 사용이 안 되도록 하거나, 시행시나 종료시에 셰어웨어임을 확실히 하는 문구 등을 보임으로써 프로그램 실행상의 지연을 주기도 한다.

그러나 핵심기능을 사용할 수 있다는 점에서 사용자들에게 쉽게 받아들여지고 있으며, 많은 경우 그것이 셰어웨어인지도 모르는 경우도 많다. 보통 셰어웨어는 원본 파일을 변화시키지 않는 조건으로 무한정 복사가 가능한 무료 소프트웨어이다. 컴퓨터 구입시 기본적으로 설치가 되어있는 경우가 많으며, 이 때문에 사용자도 모르는 가운데 컴퓨터의 상당부분을 차지하고 있는 경우가 흔하다. 이러한 셰어웨어는 자체 가격이 없는 무료제품임에도 불구하고 완전판의 판매를 촉진시키려는 뚜렷한 목적을 가짐으로써, 상업적 성격을 띠고 있다는 사실이다.

현재 한국에서 사용되고 있는 대표적인 것으로는 안철수 컴퓨터바이러스 연구소의 백신 프로그램 V3, Serome Soft의 통신프로그램인 새롬데이타맨98 IMF, 탑정보통신의 파일압축유틸리티 밤톨이2000, (주)거원시스템의 음악 재생기 제트오디오 등이다. 이 중 V3는 대다수의 컴퓨터에 설치되어 있을 만큼 사용도가 높은 프로그램으로써, 도스를 운영체계로 사용하던 시대부터 꾸준히 업그레이드된 버전을 계속하여 공급함으로써 사용자들에게 큰 인기를 끌고 있다.

의사라는 직업을 가졌던 컴퓨터 프로그래머 안철수씨에 의해서 탄생된 V3 시리즈는, 90년대 초반에 프리웨어로 많은 사용자를 확보하였다. 1995년 7월에 안철수 컴퓨터바이러스 연구소를 설립한 다음에는 V3를 셰어웨어로 전환하였고, 이듬해인 1996년 1월에는 새로운 운영체계인 윈도우95에 맞게 V3Pro 95를 발표하였다. 현재는 V3Pro 2000 Deluxe을 상업버전으로 시중에 내놓고 있으며, V3+ Neo를 셰어웨어로 무상 제공하고 있다. V3+ Neo는 윈도우용 인터페이스를 가지지 않은 도스용이라는 점 때문에 사용상 약간의 불편함이 있을 수 있으나, 2000년 6월 8일 현재의 버전이 11510이라는 점(백신프로그램에 붙는 버전의 숫자는 그 프로그램이 잡아낼 수 있는 바이러스의 숫자를 의미한다), 게다가 매 주마다 버전업을 실시하고 있다는 점 등의 이유로 국내 백신프로그램에서 독보적인 위치를 차지하고 있다.

컴퓨터게임에서는 이러한 셰어웨어를 데모버전(Demo Version)이라고 달리 부르고 있다. 과거 한국의 컴퓨터게임 업계들은 데모버전의 제공의 필요성을 무시하는 경우들이 많았고, 심한 경우에는 아예 게임을 즐길 수 없는 예고편만을 데모버전 형식으로 제공하기도 했다. 그러나 현재는 거의 모든 기업들이 데모버전을 제공하고 있으며, 전체게임 중에서 10 ~ 30%의 부분을 즐길 수 있도록 하는 것이 일반적이다.

8.2.2 프리웨어

국내에서는 공개소프트웨어라고 더 많이 불리는 프리웨어(freeware)란 한마디로 공짜 프로그램이다. 아마추어 제작자들의 손에 의해 만들어지는 것들이 많으며 시장에서 인정을 받는 경우 업그레이드 버전을 거쳐 상업화되는 경우도 있다. 또, 정식 기업체에서 간단한 유틸리티를 특별히 제작하여 무상으로 제공하는 경우도 있고 상업용이 되기 이전의 구버전들을 완전한 프리웨어로 놔두는 경우들도 있다.

프리웨어가 셰어웨어와 구분되는 가장 뚜렷한 점은 상업적인 성격이 거의 없다는 점이다. 아마추어 프로그래머들의 경우 자신들의 학업성과를 테스트하거나, 친구 등을 위해 소프트웨어를 제작하는 소박한 목표를 가진 것들이 대부분이다.

한때는 V3와 대등한 위치를 차지했던 Turbo Vaccine의 경우도 아마추어 프로그래머가 만들어 낸 것으로서, 현재는 V3에 밀려 버전업이 잘 이루어지고 있지 않으나 윈도우용까지 제작이 되어있는 프리웨어이다. 윈도우용 문서뷰어로 가장 사랑을 받고 있는 Easy Pad도 전북대의 한 대학생이 만든 것으로서 통신상에 공개한 다음 많은 사람들의 사용을 거쳐 발생가능한 여러 오류에 대한 정보를 수집하고, 수정을 거듭하고 있다. 한편 컴퓨터게임을 공개용으로 제작하는 경우가 의외로 많다. 이들 게임은 모두 상업화되어 있는 다른 게임들과 비교해서 전혀 뒤떨어지지 않는다는 평가를 받고 있다는 점에서 많은 이용자들의 지속적인 관심을 받고 있다.

그런데, 이러한 프리웨어들은 완전히 오류를 제거하는 과정을 거치고 모든 종류의 컴퓨터에서 테스트를 완료하지 않은 것들이 많아 사용자들에게 불편을 줄 수도 있는 단점이 있다. 특히 중요한 정보나 자료를 컴퓨터에 보관해두는 사용자들에게는 이를 사용함으로써 입게 될 피해에 대해서 어떠한 보상도 이루어지지 않는다는 점이 사용을 꺼리게 하는 요인이 되기도 한다. 그러나, 대부분의 프리웨어들은 용량이 작고 중요한 작업을 시행하지 않는 것들이 많아 어느 정도는 안심하고 자유로이 사용해 볼 수 있으며, 일반에 공개된 후 사용자들과의 빠른 정보교환 등으로 버전업이 오히려 상업용보다 빠를 수도 있다는 장점이 있다.

8.2.3 제한판 무상공급의 경제적 이유

이러한 제한판이 공급되는 이유는 여러 가지가 있을 수 있다. 첫째, 네트워크 효과가 중요한 이유가 된다. 소프트웨어는 독립적으로 사용하기 위해 구입되는 것이 아니라 다른 사람과의 호환성을 매우 중요시한다. 실례로, 특정 문서작성 소프트웨어를 사용하여 보고서를 작성하여 그것을 다른 사람에게 전달하여야 하는 경우, 만일 두 사람이 동일한 소프트웨어를 사용하지 않고 있다면 위의 과정이 원활하게 이루어질 수가 없다. 특히 인터넷의 발달로 국가간의 컴퓨터를 통한 문서전달이 활발한 상태에서는 이러한 애로는 쉽게 발생할 수 있는 문제이고, 이것은 현재 문서작성 소프트웨어 시장의 주요 이슈 가운데 하나이다. 그러므로 만일 무상으로 제공되는 제한판 소프트웨어를 사용하는 사람들의 수가 늘어나면 늘어날수록 완전판을 구입하여 사용하는 사람들의 효용이 증가할 수 있는 것이다. 이렇게 소비자가 얻을 수 있는 효용의 증대로 인해 해당 소프트웨어의 가치가 늘어나면, 이것은 상품의 가격을 높일 수 있으므로 결국엔 기업의 이윤에 긍정적인 영향을 준다. 만일 무상제공 제한판의 생산과 배포에 따른 비용보다 완전판의 가격 인상을 통해 증가하는 기업수입의 크기가 더 크다면, 이윤극대화 차원에서 기업은 무상제공 제한판을 생산할 것이다.

둘째, 학습효과를 촉진하는 역할을 들 수 있다. 제한판은 원래 구입하기 이전에 시험적으로 사용하는 것이 많다. 따라서, 소비자는 일단 무상 제공된 제한판을 사용해 본 뒤 완전판을 구입할 것인지 아닌지를 결정하게 된다. 이때에도 무상으로 제공하는 이유를 기업의 이윤극대화 행동과 관련되어 설명할 수가 있다. 기업은 완전판의 판매를 촉진시키기 위해 제한판을 무상으로 제공하게 되는데, 소비자는 일단무상으로 제공되는 제한판을 일정기간(또는 무한정의 기간)동안 사용하여 제품을 평가해본 다음 그 제품이 자신에게 필요하다고 판단되는 경우 완전판에 매기는 가치가 가격보다 크면 해당 제품을 구입하게 되는 것이다. 기업의 입장에서 볼 때 이것은 자신의 미래수입이 되므로 무료라고 해도 제공할 유인이 충분히 있게 된다. 보다 정확히 말하면 미래에 추가적으로 판매될 제품으로 인한 기업수입의 증가가 현 시점에서의 무상제공 제한판을 생산하는데 드는 비용보다 크다면 이윤극대화 차원에서 생산을 단행할 것이다.

셋째로 잠금효과(lock-in effect)를 생각해볼 수 있다. 잠금효과란 어떤 특정제품을 사용하던 소비자가 새로운 제품이 등장하였음에도 불구하고 기존에 사용하던 제품에 고착이 되어, 설령 새로운 제품이 기존 제품보다 여러 면에서 월등한 기능을 갖추고 있더라도 새로운 제품으로 교체하지 않는 현상을 일컫는다. 경제학에서는 이것을 기회비용의 개념으로 연관시켜 설명할 수 있다. 기존 제품에 대한 구입비 이외에 그 제품의 기능을 익히는 데 소요된 시간이나 노력을 비용 개념으로 포함하여 새로운 제품으로 이동하는 데 드는 총비용을 계산한 다음, 새로운 제품으로의 교체의 총비용이 그로부터 얻게 될 이익보다 클 경우 기존제품을 계속적으로 고수하려고 할 것이다. 소프트웨어의 수가 급속도로 늘어나는 상황에서 각각의 소프트웨어의 사용법을 새로 익혀야 한다는 것을 고려한다면 충분히 일어날 수 있는 일이다. 기업은 이러한 점에 착안하여 무상으로 소프트웨어를 사용할 수 있는 기간을 제공한다. 무상사용을 통하여 사용자의 교체비용을 증가시킨 이후에 무료사용기간이 끝나면 고객은 자사의 소프트웨어에 고착되어 결과적으로 완전판을 소비할 수밖에 없는 상황으로 유도하는 것이다.

마지막으로, 타기업과의 경쟁에서 우위를 점하기 위해서 제공할 수도 있다. 소프트웨어 시장은 다른 시장들에 비해 그 크기가 거의 무한하여 셀 수 없을 정도의 제품들이 연이어 개발되고 있다. 똑같은 작업을 수행하는 소프트웨어라 할지라도 제공하는 포맷이나 기능이 조금씩 다른 경우가 많아 소비자들이 모든 상품에 대한 정보를 갖기가 힘들다. 이러한 상황에서 기업이 자신의 시장점유율을 높인다는 것은 결코 간단한 문제가 아니다. 이점을 겨냥하여 제작되는 것이 무상제공 제한판이라고 볼 수 있다. 일단 무료라는 점에서 소비자들에게 거부감 없이 쉽게 받아들여질 것이므로 사용자의 수는 유상인 경우보다 훨씬 커질 수 있다. 비슷비슷한 소프트웨어 기업들이 무수히 존재하는 상황에서 한 기업의 무상 전략이 성공을 거둘 수 있는데, 극단적인 경우 다른 기업들의 시장점유율을 잠식하여 독점의 형태로까지 발전할 수 있다. 일단 시장을 확보한 다음에는 제한판의 무상제공이 앞에서 설명한 첫 번째나 두 번째 이유로 기업이윤의 증대에 기여하는 기반이 되어줄 수 있다.

8.3 업그레이드

기존에 사용되고 있는 제품의 성능을 향상시켜 새로운 버전의 제품을 생산하는 것을 업그레이드(Upgrade)라고 부른다. 자동차와 같은 전통적인 제품의 경우 부품의 대부분을 현재의 모형과 같은 것을 사용하면서 일부분의 기능을 향상시키거나 일부 새로운 기능을 추가하여 새 모형을 시장에 내놓는다. 예를 들어 현대자동차는 소나타, 소나타II, 소나타III, EF소나타 등의 시리즈로서 제품의 업그레이드 모형을 10여 년에 걸쳐 내놓고 있다.

컴퓨터 소프트웨어의 경우에도 운용소프트웨어나 응용소프트웨어 모두 일정한 기간이 지나면 또다른 버저닝의 일환으로 업그레이드

판을 발표한다. 윈도우즈95에서 윈도우즈98, 윈도우즈2000 등을 거쳐 현재 윈도우즈8까지 일련의 시리즈 상품은 원래 제품을 업그레이드한 것이라는 것을 나타낸다. 한컴에서는 윈도우즈 형으로 호글3.0에서 호글3.0a, 호글3.0b를 발표하다가 다시 호글97, 호글2000 등을 거쳐 현재 호글2010까지 업그레이드하였다. 서적에서도 업그레이드를 발견할 수 있는데, 업그레이드된 서적은 제목은 같지만 판(edition)을 달리 하는 것으로 구분한다. 동일한 제목의 제2판, 제3판은 초판의 내용을 수정하거나 약간 추가한 것이다.[90]

업그레이드를 통하여 버저닝된 상품의 특징은 주요 기능이나 내용이 모체가 되는 원본과 완전히 똑같지는 않다는 점인데, 이것이 동일한 원본의 복제생산과 다른 점이다. 또한, 원본의 기능을 향상시키거나 새로운 것을 추가하였다는 점이 일반적으로 다운그레이드한 버전과 다르다. 앞에서 살펴본 바와 같이 버전은 원본의 기능 가운데 일부를 수행하지 못하게 하거나 포장을 달리하여 제품의 질을 떨어뜨린 경우가 대부분이다. 실제로 원본의 업그레이드 판마다 그에 기초한 여러 버전이 존재한다. 시판되는 시점은 원본이나 그에 기초한 여러 버전들이 같을 수 있지만, 원본의 개발은 버전의 그것보다 앞서는 것이 일반적이다.

기업이 기존 상품의 업그레이드를 하는 이유는 버저닝의 이유에서 찾을 수 있다. 먼저 새로운 기능을 갖춘 상품을 소개함으로써 시장에서 우위에 서고자 하는 상품차별화 수단의 하나가 되기 때문이다. 경쟁하는 상대기업보다 소비자의 관심을 끄는 기능을 먼저 개발하여

90 국내 출판계에서는 같은 원판을 그대로 복제할 때와 내용의 수정이나 추가로 바꾸어 찍어낼 때를 구분하여 원판의 추가 복제판을 쇄(刷)로 부르고 원판의 수정판을 판(版)이라 부른다.

상품화함으로써 시장에서의 우위에 설 수 있다. 따라서, 기업은 기존 상품을 비용의 절감을 통하여 시장에서 유리한 위치에 서고자 하는 것과 같은 이유로 기능면에서 앞선 제품을 개발하여 시장의 우위를 차지하고자 하는 것이다.

기업이 업그레이드를 이용하는 또 다른 이유는 가격차별화의 한 수단이 되기 때문이다. 업그레이드를 통하여 소비자의 관심을 끄는 포장이나 기능을 제시함으로써 지불의사가 높은 소비자의 잉여를 우선적으로 차지한 다음 지불의사가 낮은 사람들은 나중에 낮은 가격에 구입하도록 한다. 구입의사가 낮은 소비자에게 낮은 가격을 제시할 때는 이미 새로 업그레이드된 제품을 시장에 내놓아 지불의사가 큰 소비자의 관심을 끌어간 다음이 될 것이다. 자동차의 경우 한 모형의 업그레이드 형식을 3-4년을 주기로 개발하는 이유 가운데 하나는 이러한 가격차별화의 효과를 거두기 위한 것이다.

컴퓨터 소프트웨어는 업그레이드 판이 자주 발표되는 상품 가운데 으뜸에 속한다. 응용소프트웨어는 물론이고 운영소프트웨어도 위에서 언급한 바와 같이 자주 업그레이드 판이 발표된다. 그것은 무엇보다도 정보통신산업의 발달에 따른 소비자의 요구 변화와 컴퓨터 사용환경의 변화 때문일 것이다. 인터넷의 활성화와 컴퓨터 용량의 확대는 소비자로 하여금 각종 소프트웨어가 보다 다양한 기능을 수행하고 상호 호환되기를 요구한다. 또 컴퓨터 용량의 확대로 다양한 기능의 수행을 위해 기본 용량이 많이 필요한 소프트웨어를 충분히 수용할 수 있도록 한다. 이에 따라 실제 프로그램의 주요 기능만을 향상시킨 것뿐만이 아니라, 경쟁에서 유리한 위치에 서게 하는데 기여하는 것이라고 판단되는 것이면 무엇이든지 기존 상품에 추가하여 업그레이드 상품을 만든다.

기업은 업그레이드의 내용과 시판 시기, 그리고 그 방식 등을 선택함으로써 경쟁에서 이기고자 하고 이윤을 증가시키고자 한다. 업그레이드 판에서 추가할 내용이나 개선할 내용은 시장조사로부터 얻어진 소비자의 요구나 경쟁사의 전략 등을 고려하여 정한다. 시장의 우위를 차지하고 있는 기업은 경쟁기업이나 진입기업으로부터의 경쟁을 이겨내고 시장의 우위를 계속 유지하기 위하여 업그레이드 내용의 선택에 유념한다.

그런데, 소프트웨어의 업그레이드 판이 자주 발표되었던 1980년대에는 소비자들 가운데 업그레이드의 내용에 대해 부정적인 평가를 하는 사람들이 많았다. 우선, 업그레이드 판이 컴퓨터 용량을 많이 요구한다는 것이 그 이유 가운데 하나였고 다른 하나는 업그레이드 판이 기존의 구판과 호환되지 않도록 했다는 것이었다. 기업의 입장에서는 보다 세련되고 가격도 높아 마진이 큰 업그레이드 판의 구입을 촉진하기 위하여 구판과 호환되지 않도록 상품을 만들었겠으나 소비자들은 그에 대해 부정적이었다. 실질적으로 중요한 기능의 향상이 거의 없으면서도 컴퓨터 용량을 많이 필요로 하는 업그레이드 판을 환영하는 소비자가 많지 않았고 그에 따라 업그레이드가 성공적이 아닌 경우가 많았다.

예를 들어 로터스1-2-3의 제2판(Lotus 1-2-3 release 2)은 원래 로터스 1-2-3에 EMS 메모리 접근기능과 수학프로세서를 추가한 점에서 소비자들의 각광을 받았지만, 다른 한편으로는 원래 로터스 1-2-3의 파일을 읽을 수 없도록 되어 있어 소비자의 불만을 샀다. 그 결과는 로터스 1-2-3의 제2판에 대한 미미한 수요로 나타났다. 용량문제로 신제품이 자신의 컴퓨터에서 제대로 운행되기 힘들 것이라는 우려와 구 파일을 읽을 수 없을 것이라는 우려가 있어서 소비자들로 하여금 기능이 향상된 업그레이드 판의 구입을 억제하였다.

더욱이 구제품 소비자들로부터 신제품 소비자가 망외부성을 전혀 얻을 수 없었다는 사실은 신제품의 수요에 부정적이었다. 이런 쓰라린 경험을 겪은 기업들은 다음부터는 업그레이드 판을 개발하면서 적어도 신제품이 구제품의 파일을 읽을 수 있도록 하는 후방호환성(backward compatibility)을 반드시 도입하였다. 즉, 구제품은 신제품에서 작성된 문서를 읽을 수 없으나 신제품은 구제품의 파일을 읽을 수 있도록 하여 소비자들의 개인적인 우려를 불식함과 아울러 과거의 고객기반으로부터 망외부성을 신규제품 수요자가 누릴 수 있게 함으로써 소비자에게 보다 높은 가격을 부과할 여지를 갖게 되었다.

후방호환성이 정상이 된 다음에도 업그레이드에 대한 소비자의 불만이 없어진 것은 아니다. 다만 그 불만의 대상이 업그레이드의 빈번성으로 바뀌었을 뿐이다. 다시 말해 업그레이드 판의 개발 및 발표시기가 너무 잦아서 소비자들이 그것을 쫓아가기가 힘겹다는 것이다. 사실 업그레이드 판이 기술적으로 한 단계 앞선 기능을 보유한 것이라면 업그레이드 판을 시장에 내놓는다는 것은 새로운 기술을 소개하는 것으로 이해되는 것이 마땅하고, 그 가치를 충분히 알고 있는 소비자들은 업그레이드 판이 자주 나오는 것에 대해 불만이 있을 수 없어야 한다. 이 경우 업그레이드 판을 언제 시장에 소개할 것인가 하는 문제는 바로 신기술을 언제 소개할 것인가 하는 문제가 된다.

그러나, 정보재들이 기존 제품을 업그레이드하면서 새로운 기능을 추가하는 경우에 업그레이드 판의 발표는 신기술의 도입으로 이해할 수도 있으나, 독점기업의 또 다른 시장지배력의 행사로 해석할 수도 있다. 우선 기술적으로 내구재의 공급을 늘리는 경우 상품에 대한 소비가 시간이 지날수록 감소하고 이에 따라 추가적인 이윤확보를 위한 매출이 격감할 수밖에 없다. 따라서, 일반적인 내구재에 대한 다양한 업그레이드 상품이 나오는 현상에 대해 상품의 내구성을 일부러 제한하려는 독점기업의 계획된 진부화 전략(planned obsolescence strategy)으로 해석할 수 있다.[91] 또한, 독점기업은 상품의 내용의 개선보다는 이윤을 확대할 목적으로 소비자의 심리부분의 진부화를 유발시켜 소비자에게 업그레이드를 강요할 수 있다. 그럼에도 불구하고 소비자가 업그레이드 판을 구입하는 이유는 만약 구입하지 않았을 때 소비자 자신이 낙후되어 새롭게 형성되는 네트워크와 호환되지 않을까 하는 우려 때문이다. Ellison and Fudenberg(1999)는 이러한 현상을 강요된 업그레이드(forced upgrade)로 불렀으며, 이 경우 소비자는 실제로는 별로 소용없는 기능이 추가된 업그레이드 판을 제때에 구입하기 위하여 높은 비용을 지불해야 한다.

기업에 의해 이루어지는 업그레이드의 속도가 사회적 최적속도보다 빠른지에 대한 이론적인 연구는 정보재 이전에서부터 있었다. 자동차와 같은 상품의 업그레이드의 합리성은 우선 가격차별의 다른 형태라는 것이다. Coase(1972)가 지적한 바대로 내구재의 시간에 따른 가격차별이 독점기업가의 약속(committment)에 대한 신빙성이 없으면 지켜지지 않는 상황에서, 기업은 업그레이드된 제품을 높은 가격으로 제시함으로써 새롭게 시장에 진입하는 소비자의 수요를

91 계획된 진부화에 대한 논의는 Bulow(1986), Waldman(1993) 등에서 지적되었고, 망외부성을 지닌 네트워크 효과가 계획된 진부화와 연계되어 정보재의 네트워크간 호환성을 결정한다는 내용은 Choi(1994), Lee and Lee(1998), Lee(2006a) 등에서 찾아볼 수 있다.

충족시키고자 한다. 이때 기존의 소비자들은 새로운 제품을 설치하고 사용하는 방법을 익히기 위한 불편을 감수하든지 그렇지 않으면 신제품을 소비하는 신규 소비자와 호환성이 없는 불편을 감수해야 한다.

따라서, 이전부터 있어온 소비자는 첫 단계의 수요를 사회적인 최적수준보다 줄일 것이고, 이때 이에 따른 기업 이윤의 손실이 다음 단계에서 얻을 이윤보다 크다면, 업그레이드는 기업이나 사회적으로 모두 손실이 된다. 이 경우에는 기업이 다음 단계에서 업그레이드를 하지 않을 것을 약속한다면 사회적으로 이익이 더 크게 된다. 그럼에도 불구하고 업그레이드를 통한 시간에 따른 가격차별이 존속하는 것은 이처럼 2단계에서 소비자의 상호일치(coordination)의 실패가 존재함에도 불구하고 독점기업이 신빙성 있는 약속을 할 수 없기 때문이다. 소비자는 업그레이드가 있을 것으로 알고 첫 단계에서 소비를 줄인 상황이기 때문에 독점기업은 업그레이드 제품을 소개해야 한다.

소비자가 이질적인 경우에는 가격차별의 동기에서 업그레이드의 속도가 사회적인 최적수준보다 빨라질 수 있다. 어떤 소비자의 망외부성으로부터 얻는 이익의 크기가 그 소비자가 구제품에서 느끼는 가치와 상승작용을 하여 커진다고 할 때, 후방호환성이 있는 신제품으로 업그레이드하지 않은 소비자는 망외부성의 손실을 감수해야 한다. 기업은 소비자 잉여가 사회적 평균보다 큰 한계구입자의 잉여를 차지하는 것에 만족하여야 하기 때문에 자주 업그레이드된 신제품을 소개하여야만 한다. 이러한 과정에 의해 업그레이드는 사회적인 최적수준보다 급속하게 이루어진다.

그러나, 업그레이드가 사회적인 최적수준보다 항상 빠르게 이루어져 소비자에게 강요됨으로써 경제 전체의 비효율을 가져오는 것은 아니다. 위의 설명들은 단지 그 가능성이 있음을 보여 준 것들이기 때문에, 그 설명들이 전제가 현실성이 없으면 그 결과도 예측한 대로 나타난다고 하기 어렵다. 업그레이드는 소비자를 더 잘 충족시키고자 하는 기업간의 동태적 경쟁의 한 수단, 즉 버저닝의 하나이기 때문이다. 경쟁하는 기업 사이에 업그레이드 경쟁을 통하여 관련 기술의 발전이 촉진되고 다양한 상품의 개발이 이루어져 그것이 바람직한 결과를 소비자에게나 사회에 줄 수 있는 가능성은 얼마든지 존재한다. 업그레이드가 사라지지 않고 자주 이용되는 것은 상품차별화와 가격차별화를 실현하는 버저닝의 한 수단으로 기업에게 가치가 있기 때문일 것이다.

8.4 묶음판매

서로 다른 몇 가지 상품을 거래할 때 한 묶음으로 묶어 거래하는 경우가 있다. 간단히 예를 들면 라디오와 자동차는 전혀 별개의 상품인데, 라디오를 자동차에 장착하여 한 패키지로 판매한다. 또, 금속의 녹을 방지하는 페인트를 칠해주는 사업과 자동차는 전혀 별개의 상품인데, 자동차는 방청 페인트를 출고 전에 칠하여 일반 소비자에게 판매된다.[92] 이와 같이 실질적으로 다른 상품을 하나로 묶어 판매하

92 금속으로 만들어진 자동차의 문제 가운데 하나는 자동차 표면의 녹을 방지하는 것이었다. 페인트 기술이 발달함에 따라 자동차의 녹을 방지하는 페인팅 사업은 매우 활발한 사업이었다. 특히, 습기가 많고 겨울에 눈이 많이 오는 지역에서 활발하였다. 그러던 중 자동차 제작회사는 자동차의 품질을 제고하기 위하여 방청페인트를 미리 하여 판매하겠다는 방침을 발표하였다. 이에 대해 방청 서비스 회사들은 자동차 제작회사들이 시장 지배력을 이용하여 자신들을 시장에서 몰아내려한다고 미국 독점당국에

는 것을 묶음판매라고 한다.

묶음판매에서는 구매자는 미리 판매자에 의해서 정해진 비율로만 거래해야 하고 때에 따라서는 그 비율만이 아니라 결합된 형태까지도 판매자가 정한대로 거래해야 한다. 컴퓨터 하드웨어에 운용소프트웨어가 장착되어 거래되는 것이 일반적이고, 때로는 프린터와 키보드, 그리고 마우스, 스피커, 모뎀 등이 하나로 묶어져 패키지로 거래된다. 컴퓨터 판매자가 이들 전부를 하나로 묶어 판매하기 때문에 구매자는 패키지 전체를 살 것인가 말 것인가를 결정해야 하는데, 이것이 묶음판매이다. 묶음판매 가운데 해당 상품들을 묶어진 형태로만 판매될 때 그것을 순수묶음판매라 하고, 판매자가 패키지로 판매하지만 구성 상품 하나 하나를 별개로도 판매할 때 혼합묶음판매라 부른다.

묶음판매와 유사한 것으로 연계판매(tie-in sale)가 있다. 연계판매는 주 상품(연계상품: tying good)과 보완적인 상품(피연계상품: tied good)을 계약에 의해 특정한 판매자로부터 구입하는 형태의 거래를 가리킨다. 물론 피연계상품을 다른 판매자로부터 구할 수 있으나 연계상품을 거래하는 조건으로 특정 판매자로부터만 구입하는 것이다. 따라서, 연계판매 형태의 거래에서는 상품의 구입량은 구매자가 자유롭게 선택할 수 있다. 연계상품이 시장지배력을 가진 경제주체에 의해 판매되는 경우 연계판매는 연계상품 판매자의 시장지배력을 피연계상품시장으로까지 확산시키려는 의도에서 행해질 수 있다. 이로 인해 반독점당국은 연계판매를 지렛대효과(leverage effect)를 확대하는 행위로 간주하여 제재 대상으로 삼기도 한다. 그러나, 연계판매는 경쟁상품에 대한 시장거래보다 효율적인 경우도 있을 수 있다. 즉,

---

고발하였다.

연계상품과 피연계상품이 각각의 시장에서 독점일 때, 각 생산자가 이윤을 극대화하는 가격설정을 하게 하는 것보다 연계판매가 오히려 소비자 후생 및 사회후생에 기여한다.

정보재는 흔히 하나 하나가 별개로 기능하는 경우가 많지 않다. 보완성을 갖는 상품들이 하나의 시스템을 이루어야만 비로소 소비자가 원하는 일을 해내는 경우가 많다. 컴퓨터는 메모리칩으로 이루어진 하드웨어에 운용소프트웨어, 자판기, 모니터, 프린터, 그리고 모뎀과 스피커 등이 하나의 시스템을 이루었을 때 제 기능을 수행한다. 그 가운데 나중의 두 개는 정보의 디지털화와 통신기능의 확대에 따라 시스템을 구성하는 품목이 늘어가는 것을 보여주는 예이다. 또한, 디지털화된 상품들은, 서로 보완성을 갖는 것이든 아니면 같이 조합될 때 서로 상승작용하여 경제적 가치가 높아지는 경우든, 묶음을 만들기가 아주 쉽고 그 방법이 다양하여 묶음판매형태로 거래되는 경우가 많다. 문서작성, 표계산, 차트 만들기 등의 소프트웨어 기능을 묶은 통합패키지가 오피스(Office)라는 이름으로 판매된다. 또, 최근에는 인터넷 브라우저가 운용소프트웨어와 결합하여 하나의 묶음을 형성한 경우도 생겨났다.

그렇다면, 묶음판매가 이루어지는 경제적인 이유는 어디에 있는가? 기업이 주어진 수요로부터 묶음판매를 통하여 보다 큰 이익을 얻을 수 있기 때문이다. 소비자들의 별개 상품에 대한 기호의 차이가 그것들을 한 묶음으로 했을 때보다 클 때, 그것들을 한 묶음으로 묶어 판매하는 것이 기업의 수입을 높인다. 예를 들어 두 개의 상품과 두 소비자가 있는데, 각 소비자의 두 상품에 대한 평가가 서로 역의 관계를 보인다면 두 상품을 결합하여 한 상품으로 하면 그 묶음에 대한 평가는 각 상품에 대한 평가의 평균이 될 것이기 때문에 두 소비

표 8.3 영화에 대한 소비자들의 지불의사

영화 이름	갑의 지불의사	을의 지불의사
A	120	80
B	100	140

자의 평가 차이가 크지 않게 된다. 이때에는 묶음판매를 하는 것이 기업의 이익을 크게 한다. 다시 말해 묶음으로 소비함수의 탄력성이 증가할 때 묶음으로 판매하는 것이 기업의 이윤을 높이기 때문에 묶음으로 판매할 이유가 되는 것이다.

<표 8.3>의 숫자 예를 들어 묶음판매의 경제적 이유를 간단히 살펴보자. 갑, 을 두 사람의 코미디영화 A와 멜로영화 B에 대한 평가가 표에 제시한 바와 같다고 하자. 영화 A와 B의 한계생산비는 0이라 하고 기업은 수입을 크게 하는 전략을 선택하자.

각각의 영화를 따로 판다고 할 때, A를 120에 판매하고 B를 140에 판매하면 A는 갑만이 구입하고 B는 을만이 구입하여 기업의 수입은 260이 된다. 만약 A의 가격을 80으로, 그리고 B의 가격을 100으로 하면 갑과 을은 모두 A와 B를 구입할 것이므로 기업의 수입은 360이 된다. 따라서 각각의 영화를 별개로 판매한다면 기업은 두 번째 방식의 가격을 선택할 것이다. 즉, 첫 번째 가격 체계에서는 소비자의 잉여는 없고 기업의 수입은 260에 그쳐 180의 소비자 잉여가 버려진다. 두 번째 가격체계에서는 소비자 잉여가 갑, 을 각각 40으로서 전체 80이고 공급자 잉여는 수입과 같은 360이다.

그런데 두 상품을 묶으면 갑과 을 모두 220까지 지불하고자 한다. 묶음상품의 가격을 220으로 하면 갑과 을이 모두 구입할 것이므로 기업의 수입은 440이 되어 어느 것보다 많게 된다. 묶음판매를 통해 기업은 소비자의 잉여 전체를 수입으로 차지하게 된 것이다. 이와 같이 역의 관계를 보이는 두 상품을 묶어 판매함으로써 기업이 완전한 가격차별을 할 때와 같은 효과를 거두었다.

묶음판매는 다양한 목적으로 광범하게 행해지고 있다. 먼저 효과적인 가격차별을 위해서 사용된다. 기업이 가격차별을 하는 이유는 앞에서 살펴 본 대로 기업이 소비자의 잉여를 보다 많이 이윤으로 차지하기 위해서이다. 소비자의 특성을 완전히 알 수 없을 때, 두 상품을 묶어 별개 가격의 합보다 낮은 가격으로 판매한다면 한 상품을 추가하는데 드는 부담은 줄어들기 때문에 싼 가격으로 그 상품을 구입하게 하는 것이다. 각각의 상품이 500원인데 그 둘을 묶어 800원에 판매한다면 두 번째 상품의 가격은 300원인 셈이다. 따로따로 팔았더라면 두 번째 상품을 구입하지 않았을 소비자가 두 상품 묶어 판매했을 때 그것을 구입했다면, 그렇게 함으로써 기업의 이윤은 증가하고 사회적인 후생도 증가하게 된다.

다음은 묶음판매가 일종의 옵션(option)거래의 기능을 하는 경우이다. MS사의 통합소프트웨어 오피스는 문서작성 소프트웨어와 표작성, 데이터베이스, 그리고 브리핑용 문서작성 프로그램들이 통합된 것이다. 오피스를 구입하는 소비자가 워드프로세서를 주로 사용하고 당장 표작성 소프트웨어인 엑셀을 사용하지 않더라도 미래 어느 시점에서 필요할 때 사용할 것이고 그때 얻게 될 가치에 대해 미리 지불하는 것이다. 소비자는 미래 시점에 엑셀을 사용하고자 할 때 무료로 사용하게 된다. 영화배급소가 방송국에 영화를 팔 때 영화 몇 편을 묶어서만 판매하는 행위나, MS사가 컴퓨터 하드웨어 공급업자와 OEM 계약을 할 때 실제 운용프로그램으로 장착된 DOS의 수가 아니라 그 회사의 컴퓨터 생산대수를 기준으로 로얄티를 받는 계약 등은 여기에 속한다.

정보재를 묶음판매로 제공하는 예도 많다. 그의 두드러진 예는 종합주간잡지와 신문사 포털사이트를 들 수 있다. 각 잡지 한편에는 다양한 분야의 기사가 실려 있다. 독자는 그 가운데 특정의 기사에는 흥미를 느끼지만 다른 기사에는 관심이 없다. 각 기사를 따로따로 소비자에게 판다면 소비자는 자기의 관심에 따라 구입여부를 결정할 것이다. 거래비용을 고려하지 않는다 할지라도 위의 <표 2.3>의 예시에서와 같이 이런 거래방식은 기업의 이윤에 도움이 되지 않는다. 따라서, 기업은 다양한 분야와 지역의 기사를 한 잡지 속에 넣어 편집한다. 또한, 잡지를 낱권으로 팔지 않고 일정기간동안 정기구독을 하게 하는 것도 확장된 형태의 묶음판매이다.

이러한 묶음판매는 정보통신기술의 발달과 정보의 디지털화에 따라 고객의 기호에 맞춘 고객화된 묶음판매(customized bundling) 형태로 발전하고 있다. 가요 리스트 가운데 고객이 선정한 일정 숫자의 가요만을 CD에 담아 판매하는 기업이 성공을 거두고 있다. 또한, 고객이 밝힌 관심분야들에 해당하는 기사만을 골라 편집하여 배달하는 개인용 신문(personalized newspaper)이 전자신문에서 활용되고 있으며 학술잡지나 심지어 서적까지 고객의 취향에 따라 따로따로 편집하는 방향으로 발전하고 있다. 예를 들어, 세계적인 신문인 미국의 Wall Street Journal에서는 2001년부터 개인용 신문 제작 소프트웨어를 회원들에게 무료 제공함으로써 이 서비스를 시작하고 있다.

제9장 온라인 경쟁과 거래비용

9.1 오프라인과 온라인의 거래비용

인터넷의 발전에 따라 이메일과 웹브라우저를 활용하여 정보를 획득하는 소비자와 기업체가 확산되면서 전자상거래 시장은 급속한 속도로 성장을 하고 있다. 2002년 현재 미국의 경우 전자상거래 시장은 100억 달러정도를 차지하고 있으며 전 세계적으로도 2,000만개 이상의 상업용 웹사이트가 등록되어 있다. 우리나라의 경우도 전자상거래 시장의 규모가 계속 증가하여 1998년부터 2004년까지 연평균 성장률은 200%를 넘고 있으며 전체 소매업 유통채널 매출의 20% 정도인 것으로 알려지고 있다.

이처럼 정보통신기술의 발전과 온라인 기업의 등장은 오프라인 거래의 형태를 변화시키고 경쟁구도를 가속화시킴으로써 새로운 유통 및 판매방식을 창출하고 있다. 대체로 전자상거래 시장의 경쟁초기에는 온라인 기업간 혹은 오프라인 기업과의 단순한 가격경쟁의 형태로 시장의 경쟁양상이 진행되었으나, 최근에는 다양한 상품차별화 및 가격차별화 전략, 다채널의 확보 및 전략적 제휴의 강화 등이 점차 두드러진 특징으로 나타나고 있다. 또한, 오프라인 시장에 있는 많은 기업들이 온라인 기업들을 겸업하거나 인수, 합병하는 현상이 발생하고 있다. 주요 소매업체들은 오프라인과 온라인을 아우르는 다채널을 확보함으로써 다양한 소비자 접촉점을 확대하는 동시에 공동상품의 관리 및 공동운영의 시너지 효과와 효율을 기할 수 있어서 그 추세는 점차 증가하고 있는 실정이다.

전자상거래 시장의 경쟁양상에 있어서 소비자들과 기업들의 반응은 온라인과 오프라인 상의 거래비용의 상대적인 크기에 의해 중요한 영향을 받게 된다. 온라인 거래의 경우 오프라인에 비해 상품정보에 대한 접근의 용이성 및 주문, 제품에 대한 결제, 그리고 배송을 원스탑 서비스로 제공하는 구매의 간편성 등이 있는 반면, 오프라인과 달리 소비자가 구매 전에 제품의 품질을 직접 확인하는 것이 어렵고, 제품의 인도기간이 있어서 구매 즉시 사용할 수 없고, 개인의 신용정보에 대한 보안상의 문제점도 있다. 또한 온라인은 오프라인 방식에 비해 창고 및 매장관리에 드는 비용은 적은 반면 제품을 소비자에게 전달하기 위한 배송비용이 추가적으로 발생한다는 특징이 있다. 따라서, 오프라인을 이용하는 소비자의 거래비용이 상대적으로 클 경우 온라인을 통한 인터넷 거래가 활성화되는 반면, 온라인 거래를 이용하는 기업의 거래비용이 충분히 작지 않다면 온라인을 통한 전자상거래는 성장의 한계를 지니게 된다.

경제학 문헌상 전자상거래의 발전과 더불어 발생하는 다양한 온라인 시장에서의 경쟁현상에 대한 분석은 1990년대 후반에 들어와서야 시작되었다.[93] 먼저, 온라인 기업과 오프라인 기업간의 거래비용의

93 Weisman(2000)과 Kauffman and Walden(2001)은 인터넷의 발전에 따른 경제적 이슈들을 종합적으로 정리하여 재구성하고 있다. 자세한 최근의 연구동향은 이상호·조수미(2013) 참조

차이에 따른 가격차이에 대한 연구와 실증적인 분석방법으로 설문지 데이터를 통한 가격차이를 검증하는 연구들이 주를 이루고 있다. 예를 들어, 동일한 제품을 판매하는 온라인 업체가 오프라인 경쟁업체와 차별화할 수 있는 가격전략을 세우거나 거래비용의 개념을 활용하여 전자상거래 시장에서 소비자의 선택모형을 개발하고 어떤 제품 또는 서비스가 전자상거래 시장에 적합한지를 연구하였다. 이외에도 도서 및 음반을 판매하는 온라인 업체와 오프라인 소매업체의 가격결정 형태에 관한 실증연구를 통하여 오프라인 소매업체에 비하여 가격 변경이 용이한 인터넷 업체가 보다 효율적으로 가격조절을 해나갈 것이라고 주장하였다. 또한, 인터넷 마케팅에서 검색비용과 가격민감도의 관계에 관하여 연구하고 이론과 사례연구를 통하여 오프라인 소매업체와 온라인 판매업체의 가격결정에 영향을 미치는 비용요소들 간의 연관성에 관하여 분석하였다.

온라인과 오프라인의 판매채널 간의 전략적 경쟁모형에 대해서는 Hotelling(1929)의 선형도시모형을 기본으로 하여 많은 연구가 진행되어 왔다.[94] 예로, Cho *et al.*(2001)은 온라인 판매업체와 오프라인 소매업체간의 가격경쟁에 있어서 판매채널 간 상대적인 효율성의 변화에 따른 최적 가격결정 방식 및 이익의 변화를 분석하였으며, Dumans(2002)는 오프라인 소매업체와 온라인 업체간의 경쟁에 있어서 온라인을 선택할 경우 가격 외에 소비자가 추가적으로 부담하게 되는 불확실성에 대한 거래비용과 인터넷 업체의 배송비용이 가

94 원래 Hotelling의 모형은 동질적인 재화를 판매하는 순수 소매업체들 사이의 차별화된 경쟁전략을 분석하는 방법으로, 온라인 경쟁과 관련하여 Cho *et al.*(2000), Zettelmeyer(2000), Dumans(2002), Chun and Kim(2005), Cho and Lee(2006) 등의 연구에서 찾아볼 수 있다.

격경쟁에 미치는 영향에 대하여 연구를 하였다. 이외에 Chun and Kim(2005)은 오프라인과 온라인 거래의 상대적 효율성이 기업의 전략적 균형에 미치는 영향을 분석하였으며, Cho and Lee(2006)는 온라인 채널을 통한 거래행위의 변화가 가져오는 후생효과를 검토하고 있다.[95]

온라인 구매와 오프라인 구매에서 발생하는 거래비용의 문제를 서로 다른 세 가지 관점으로 나누어 설명할 수 있다. 구체적으로 교통비용과 배달비용, 기성제품과 맞춤제품, 그리고 품위비용과 보안비용으로 분류하여 제시하고자 한다.

먼저 온오프라인 거래를 물리적인 거래비용이라는 직접적인 관점에 초점을 맞추어 볼 수 있다. 이때, 각 소비자는 단위 거리당 교통비용(transportation cost)이 발생함으로써 오프라인 채널 기업으로부터 제품을 한 단위를 구매할 수 있는 반면, 온라인 채널 기업은 전체적으로 소비자로부터 제품을 주문받고 이를 배송하기 위해 배달비용(delivery cost)이 발생한다. 그래서 구매자의 교통비용 감소와 판매자의 배달비용 증가 간에 상충관계가 존재한다.

구매자의 교통비용은 각 개별소비자가 상품을 구매할 경우 개별적으로 이동을 해야 한다는 점에서 소비자 각각의 거리에 비례하여 한계적으로 증가하게 된다. 반면, 판매자가 총합적으로 정보를 관리하고 상품을 제공하는 경우의 배달비용은 자사의 물류시스템을 통해 주문된 상품을 일괄적으로 배송할 수 있다는 점에서 배달비용은 배송되는 총거리에 일정할 수 있다. 따라서, 교통비용은 한계비용의 특성을 지닌 반면, 배달비용은 평균비용의 특성을 지니게 된다. 이러한

95 이외에 Varian(2000), Goolsbee(2000), Shy(2001), Lee(2006) 등은 전자상거래 시장에 대한 조세부과와 이에 따른 정부재정의 문제를 검토하고 있다.

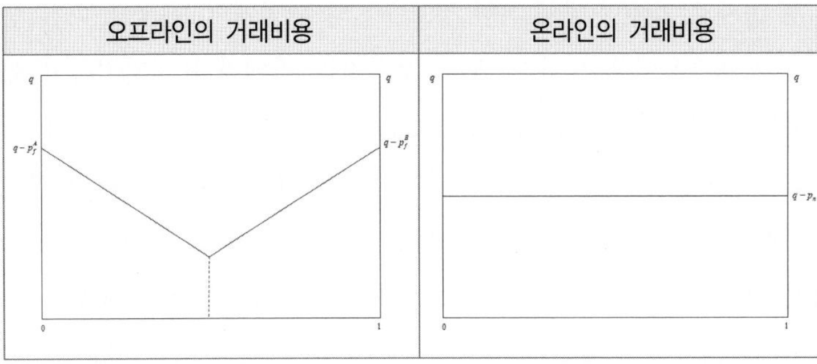

그림 9.1 오프라인과 온라인의 거래비용

경우 물류시스템의 규모의 경제성에 따라 e-비즈니스의 확대에 따라 물량공급이 충분히 많은 경우 평균비용의 경제성은 중요해진다.

<그림 9.1>에서는 소비자의 순효용이 오프라인과 온라인 거래비용에 따라 어떻게 달라지는지를 보여주고 있다. 오프라인 거래에서는 소비자의 순효용은 동일한 유보효용(q)수준에서 거리에 비례하여 한계적으로 감소하는 형태로 나타나는 반면, 온라인 거래에서는 거리에 관계없이 평균적으로 거래비용이 발생하는 것으로 표현되고 있다.

오프라인을 통한 거래비용에 대한 분석은 경제학 문헌상에 1990년대 후반부터 등장하기 시작하였다. 온라인 기업과 오프라인 기업간의 거래비용의 차이에 따른 가격차이를 간단한 경제분석적 모델을 사용하여 분석과 온오프라인 구매간의 제품가격의 차이를 데이터 분석을 통한 실증분석을 통해 검증하였다. 특히, 오프라인 업체에 비하여 가격변경이 용이한 온라인업체가 보다 효율적으로 가격을 조절할 수 있다고 주장하거나 오프라인과 온라인 거래의 상대적 효율성이 기업의 전략적 균형에 미치는 영향 등을 분석하였다.

두 번째로, 상품거래를 위한 정보수집의 관점에서 보면 또 다른 형태의 거래비용이 발생한다. 모든 소비자는 판매자가 디자인하고 제공하는 기성상품(commoditized product) 을 오프라인 채널을 통해 구매하고 있다. 즉, 생산자와 소비자가 분리되어 개별적인 제품의 시장거래가 이루어지게 된다. 반면 온라인 채널에서는 소비자의 디지털화된 온라인 정보에 기초하여 소비자 지향적인 맞춤형 제품(customized product)을 공급할 수 있다. 다시 말해서, 온라인 상품은 생산과 소비가 결합된 프로슈머(prosumer)의 형태를 통해 생산자와 소비자의 상호작용이 훨씬 더 활발하게 이루어져 제품을 만들게 된다. 그렇기 때문에 소비자 지향적인 상품을 디자인할 가능성이 높고 또한 소비자에게 더 좋은 서비스를 제공할 가능성이 높다.

그러나, 판매자의 관점에서는 온라인 거래를 함으로써 구매자의 선호도를 반영하는 정보수집비용은 줄일 수 있지만, 이렇게 수집한 정보관리비용의 증가하기 때문에 상충관계가 존재한다. 온라인 채널은 고객관계관리기술(Customer Relationship Management)에의 고정적 투자비용과 정보관리비용이 대단위로 필요하기 때문이다. 이러한 고정비용은 온라인 거래가 평균비용을 증가시키는 영향으로 작용한다.

특히, 최근에는 빅데이터가 비즈니스의 형태를 변화시키고 있으며 금융, 마케팅, 온라인 유통, 그리고 헬스케어 등 다양한 분야에서 활용되고 있다.[96] 마케팅 분야에서는 고객들의 구매패턴을 분석하고, 소셜미디어 분석을 통한 사회 트랜드를 파악한 후 소비자가 원하는

---

96 빅데이터는 기존 기술로는 분석 및 처리가 어려울 정도로 방대하고 복잡한 데이터를 말하며, 최근 IT가 발달하면서 빅데이터를 활용해 사회현상을 분석하고 기업경영 및 질병연구에 이용하는 기법들이 개발되고 있다. 이에 대한 논의는 제10장에서 소개하고 있다.

신제품을 개발한다. 즉, 경험과 상식을 바탕으로 한 의사결정에서 구체적인 사실과 데이터를 바탕으로 한 의사결정으로 전환되는 기업환경에 직면하고 있다. 온라인 유통분야에서는 빅데이터의 분석을 통해 실시간으로 고객의 행태를 파악하고 제품 배송을 보장하고 있다. 이처럼 기존의 데이터베이스 시스템으로는 수집, 저장, 관리, 분석하기 힘들만큼 방대한 양의 데이터를 관리해야 한다. 따라서 기업의 입장에서 이러한 데이터에 대한 분석을 할 수 있는 전문가 확보와 관련 인프라를 구축하는데 따른 추가비용이 발생한다.

다른 한편으로 온라인 제품을 구매하는 구매자도 제품에 대한 웹적합도(web-fit)문제가 존재할 수 있다. 즉, 온라인 제품이 구매자의 선호에 딱 들어맞지는 않는 위험비용이 발생하게 된다. 따라서 구매자의 관점에서 기성상품을 구매함으로써 발생하는 제품적합도의 비효용을 감소시키는 것과 온라인 상품 구매로부터 발생하는 웹적합도의 비효용간에 상충관계가 존재한다. Strader and Shaw(1997)은 전자상거래의 거래비용에 대해 논의하고 있으며 온라인 거래에서 발생하는 위험(risk)은 온라인의 거래비용으로 파악하고 있다.

마지막으로 상품 거래의 안전성을 고려한 거래비용의 측면을 고려해 볼 수 있다. 오프라인 거래는 구매자와 판매자가 대면거래를 통해 서로 얼굴을 보고 상호간의 거래가 이루어지는 반면, 온라인 거래는 전자적 처리장치를 통해 익명으로 거래가 이루어진다. 예를 들어 소비자가 사회적으로 반감을 가질 수 있는 성인용품, 향정신성 의약품, 또는 사치스러운 상품과 같은 개인적인 제품을 구매하는 경우 오프라인에서 구매를 하게 된다면 체면을 구기는 비효용에 대한 대가를 치러야 한다. 반면, 온라인에서 구매를 하게 되면 직접 대면하지 않고 구매를 할 수 있기 때문에 이 비용을 피할 수 있다는 온라인 구매의 장점이 있다. 또한, 반대의 경우로 오프라인에서 구매를 하는 경우 타인에게 자신의 과시욕을 표현할 수 있는 체면용 효용(Veblen effect)가 발생하지만, 온라인에서는 이러한 과시욕이 줄어들 가능성도 있다. 예를 들면, 귀금속이나 명품 같은 과시상품의 경우에는 오프라인 구매를 통해 체면을 세우는 효용을 얻을 수 있는 반면, 온라인 구매는 체면효과를 잃게되는 거래비용이 존재하게 된다.

이와 반대로, 온라인 거래가 활성화됨에 따라 온라인 판매자들은 소비자의 안전을 보호하기 위한 안전관련 기술과 컴퓨터 해커로부터 소비자의 프라이버시를 지키는데 필요한 투자를 해야 한다. 특히, 온라인 거래가 급속도로 증가하면서 거래의 안정성을 담보하고 소비자의 신뢰를 확보할 수 있는 보안과 인증에 대한 투자비용이 막대하게 늘어나고 있다. 이러한 비용은 고정적인 비용으로 온라인 거래가 평균비용적 특성을 갖게 하는 요인으로 작용한다. 따라서 온라인 거래를 하게 되면 구매자 측면의 품위 효과와 판매자 측면의 개인사생활 보호를 위한 안전기술 구축비용 간에 상충관계가 존재하게 된다.

9.2 온라인 거래비용의 분석

9.2.1 수평경쟁

상품차별화 시장을 분석하는 대표적인 모형인 Hotelling(1929)의 선형도시모형을 생각해 보자. 소비자는 단위거리 1의 선형거리에 거주하며 소비자는 이 거리에 일정하게 분포되어 있다. 각 점에는 한 명의 소비자가 존재하며, 소비자의 위치를 x로 표기하면 $x \in [0, 1]$이며 이는 원점으로부터의 거리를 나타낸다. 선형도시의 양 끝점에

2개의 오프라인 판매업체가 있으며, 원점인 0에 위치한 오프라인 기업을 A로 표기하고, 1의 위치에 위치한 오프라인 기업을 B로 표기하기로 한다. 이들은 동질의 상품을 생산하고 있으며, 이들의 생산비용은 비교의 편의성을 위해 0이라고 가정한다. 또한, 이들의 가격은 각각 p_f^A와 p_f^B로 표기하기로 한다.

소비자는 오프라인 기업에게서 상품을 구입하기 위해서는 상품가격뿐만 아니라 일정한 교통비용(transportation cost)을 지불하게 된다. 거리당 교통비용을 τ로 정의하면, x에 위치한 소비자는 오프라인 기업 A에게서 상품을 구입하기 위해서는 τx만큼, 오프라인 기업 B에게서 상품을 구입하기 위해서는 $\tau(1-x)$만큼의 교통비용을 지불하게 된다. 따라서, 소비자의 총지출비용은 $p_f^A + \tau x$ 혹은 $p_f^B + \tau(1-x)$로 표현된다. 여기서 $\hat{x}$을 양쪽의 어느 오프라인 기업에게서 물건을 구입하더라도 총비용이 동일하여 무차별한 소비자의 위치로 정의하기로 한다. 이런 경우, $p_f^A + \tau x = p_f^B + \tau(1-x)$에서 $\hat{x} = \dfrac{p_f^B - p_f^A + \tau}{2\tau}$을 구할 수 있다. 반면, 특정한 위치가 없이 동질의 상품을 판매하는 온라인 기업을 상정해 보자. 온라인 기업의 생산비용은 마찬가지로 0으로 가정하며, 판매가격은 p_n으로 정의한다.[97] 그러나, 온라인 기업은 상품주문 이후에 배송추적 및 확인, 그리고 배달완료에 이르는 모든 경비를 지불해야 하므로 추가적으로 배달비용 d가 발생한다.[98]

---

97 전자상거래 시장의 생산비용의 차이에 대한 논의는 Lynch and Ariely(2000)과 Chun and Kim(2005) 등에서 찾아볼 수 있다. 본 연구에서 생산비용을 고려하더라도 결론에 커다란 변화가 없기 때문에 분석의 편의성을 위해 모두 0으로 가정하기로 한다.

98 Price Waterhouse Cooper에 의하면 온라인 기업들이 배송완료에 의한 배달비용으로 지불하는 비용은 전체 매출액의 10% 이상을 차지한다고 보

한편, 온라인 접속이 가능한 소비자는 온라인 상품가격 p_n과 오프라인 총구입비용을 비교하며 상품을 선택하게 된다. 여기서, x_A는 온라인 기업과 오프라인 기업 A를, x_B는 온라인 기업과 오프라인 기업 B를 무차별하게 평가하는 소비자의 위치로 정의할 수 있다. 여기서, $p_f^A + \tau x = p_n$를 통해 $x_A = \frac{p_n - p_f^A}{\tau}$를, $p_f^B + \tau(1-x) = p_n$를 통해 $x_B = 1 - \frac{p_n - p_f^B}{\tau}$, 그리고 x_A와 x_B를 통해 $x_B - x_A = 1 + \frac{p_f^A + p_f^B - 2p_n}{\tau}$를 각각 얻을 수 있다.

균형을 분석하기 위해 오프라인 기업과 온라인 기업이 모두 판매활동을 하게 되는 공존균형(coexistence equilibrium)을 대상으로 분석하기로 한다. 구체적으로 <그림 9.2>에서 보듯이 균형에서 $0 < x_A$

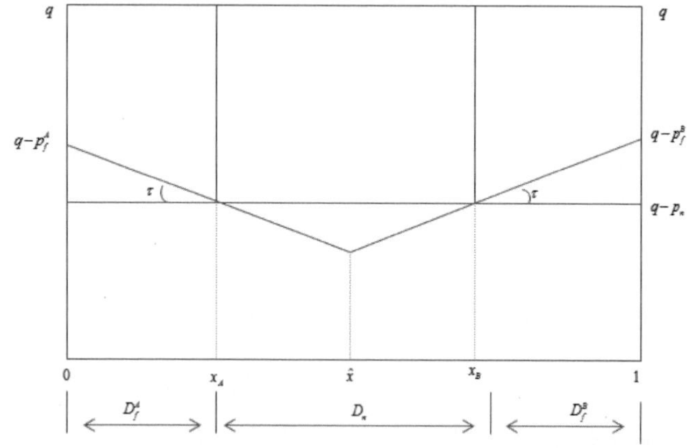

그림 9.2 온라인 기업과의 경쟁

고 했다.

$< x_B < 1$이 성립하며 각 기업은 정상이윤 이상의 이윤을 획득하게 된다.

이제 <그림 9.2>에서 q를 소비자가 상품구입에서 얻게 되는 편익으로 정의하면 각 기업의 수요함수를 구할 수 있으며, 이 수요함수를 통해 각 기업의 이윤극대화 일계조건을 통해 균형가격을 구할 수 있다. 여기서 균형가격은 $p_n^* > p_f^* > 0$이 성립하는데 이는 온라인 기업의 가격이 오프라인 기업의 가격보다 더 높다는 것을 의미한다. 그러나 교통비용과 배달비용이 일정조건($\tau < 4d$)하에서는 온라인 기업의 가격마진은 오프라인 기업의 가격마진보다 낮다.

이제, 순수 온라인 경쟁의 후생효과를 파악하기 위해 <그림 9.3>을 이용하여 거래비용 및 배달비용의 크기를 살펴보기로 하자. 즉, Hotelling모형에서 모든 소비자가 상품을 1개씩 구입하는 경우이므로, 순수 온라인 경쟁에서 발생하는 사회적 비용은 오프라인 거래에서 발생하는 교통비용과 온라인 거래에서 발생하는 배달비용의 합(<그림 9.3>에서 빗금친 부분)으로 표시할 수 있다.

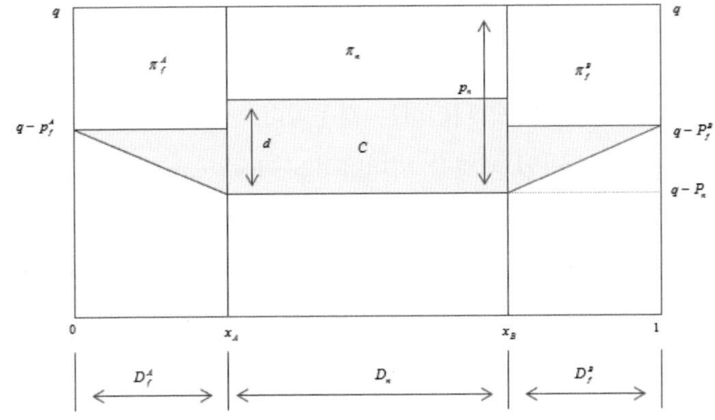

그림 9.3 순수 온라인 기업과의 경쟁

다음으로 전자상거래 시장이 확대되면서 온라인 채널을 확보하는 복합기업(hybrid firm)이 등장하고 있다. 경제학에 있어서 복합기업의 경쟁에 관한 이슈는 크게 2가지로 구분할 수 있다. 첫째, 온라인 채널의 효율성으로 인해 많은 기업들이 온라인 채널을 확보하게 되어 치열한 가격경쟁이 이루어질 것으로 예측하는 견해이다. 둘째, 온라인 채널의 확보로 추가적인 채널의 설치 및 관리비용, 그리고 기존의 오프라인 시장의 잠식현상 등을 우려하여 소수만이 등장하여 가격경쟁이 치열하게 이루어지지 않을 것으로 예측하는 견해이다. 이와 아울러 기존 오프라인을 이용한 고착화 효과(lock−in effect) 및 네트워크 효과(network effect)를 확대할 수 있는 방법으로 복합기업이 진행될 것으로 예측하고 있다.

먼저, 모든 오프라인 기업들이 자유롭게 진입하여 온라인 채널을 확보하는 대칭적 경우를 분석하여 후생효과를 파악하기로 한다. 이 경우는 대칭적 온라인 채널경쟁이 이루어지는 경우로 독립적인 순수경쟁에 비해 경쟁효과가 더 크게 나타나는 경우이다. 또한, 두 번째 시나리오로 소수의 오프라인 기업만이 온라인 채널을 확보하는 비대칭적 경우를 분석하여 후생효과를 비교하기로 한다. 이 경우는 비대칭적 온라인 채널경쟁이 이루어지는 경우로 독립적인 순수경쟁에 비해 경쟁효과가 더 작게 나타나는 경우이다.

구체적으로 온라인 채널을 비대칭적(blocked entry),으로 도입하는 경우를 살펴보자. 먼저 두 개의 오프라인 기업 중 기업 A만이 온라인 채널을 확장하는 반면, 기업 B는 기존의 전통적 오프라인 채널만을 운영하는 경우를 분석하기로 한다. 이 경우 기업 A의 이윤식은 $\pi_A = p_f^A D_f^A + (p_n - d)D_n$ 이지만, 기업 B의 경우에는 $\pi_B = p_f^B D_f^B$ 이다. 따라서, 수평경쟁에서의 수요함수식을 이용하여 이윤극대화를 통한 비대칭적 공존균형(asymmetric coexistence equilibrium)을 구할 수 있다. 비대칭적 경쟁에 있어서 오프라인 상품가격과 온라인 상품 가격간의 차이는 다양하게 나타나는데 온라인 채널을 비대칭적으로 도입하는 경우의 가격마진은 오프라인 기업의 오프라인 거래의 가격 마진보다 낮다. 따라서, 비대칭적인 온라인 채널이 등장하게 되면 독점력이 강화되어 혼합기업의 시장가격을 증가시키는 효과가 있으며, 이로 인해 소비자 잉여는 항상 감소한다. 이러한 결과는 오프라인 기업과의 경쟁적인 온라인 채널을 제거함으로써 가격경쟁의 효과가 줄어들었기 때문이다.

다음으로 온라인 채널을 대칭적(free entry)으로 도입하는 경우 즉, 두 개의 오프라인 기업이 온라인 채널을 확보하여 버트란트(Bertrand) 형태의 가격경쟁을 하는 경우를 살펴보기로 한다. 이 경우 복합기업의 이윤함수는 $\pi_i = p_f^i D_f^i + (p_n^i - d) D_n^i$, $i = A, B$로 나타낼 수 있다. 이윤극대화의 결과는 온라인 채널의 확장은 가격경쟁을 치열하게 만들어 가격인하 및 소비자 잉여의 향상을 가져온다. 그리고 치열한 가격경쟁으로 인하여 온라인 채널을 대칭적으로 도입하는 경우 온라인 시장수요는 증가할 것이다. 또한 온라인 채널을 대칭적으로 도입하는 경우 산업이윤은 감소한다.

이제 사회후생의 변화를 비교하기 위해 순수 온라인 경쟁, 비대칭적 온라인 채널 도입, 대칭적 온라인 채널 도입의 경우 사회적 비용을 비교분석해 보면, 먼저, 순수 온라인 경쟁과 대칭적 온라인 채널 도입의 경우를 비교하면, 교통비용이 배달비용에 비해 충분히 크다면 대칭적인 복합기업의 등장은 순수 온라인 기업의 경쟁에 비해 사회적 비용을 감소시키는 효과가 있다. 반면, 순수 온라인 경쟁와 비대칭적 온라인 채널 도입의 경우를 비교하면, 교통비용이 배달비용에 비해 충분히 크지 않다면 복합기업의 등장은 순수 온라인 기업의 경쟁에 비해 사회적 비용을 증가시키는 효과가 있다. 따라서, 오프라인 교통비용이 온라인 배달비용에 비해 충분히 크거나 혹은 충분히 작다면 복합기업의 등장이 사회적 비용을 감소시키는 효과가 있지만, 그렇지 않은 경우에는 복합기업의 등장으로 사회적 비용은 증가하게 된다.

이처럼 자유로운 진입에 의한 대칭적 복합기업의 등장이 항상 사회후생을 증진시키는 것은 아니며 일정조건하에서만 사회후생이 증가한다. 따라서, 순수 온라인 기업의 등장에 비해 오프라인 기업의 온라인 채널 확장으로 인하여 사회적인 비용이 증가할 가능성이 더 높게 존재한다는 것을 알 수 있었다. 이는 순수 온라인 기업과 전통적 오프라인 기업과의 경쟁에 비해 다양한 형태의 복합기업에 의한 온라인 채널의 확장은 사회적 비용을 증가시킬 수 있는 가능성이 높다는 것을 의미한다. 특히 온라인 배달비용이 오프라인 교통비용에 비해 상대적으로 큰 경우 복합기업에 의한 온라인 시장의 확장은 사회적 비용을 증가시키게 된다. 또한, 독립적인 순수 온라인 채널의 구축에 의한 차별화된 제한적 시장경쟁이 사회적 비용을 가장 적게 들이는 결과를 나타내고 있다. 따라서, 일반적으로 복합경쟁의 등장에 의한 제한된 경쟁이나 자유로운 경쟁이 순수경쟁에 비해 사회후생을 악화시킬 가능성이 높다고 평가된다.

한편, 여기서는 온라인 채널의 시장잠식효과에 초점을 맞추었으나, 네트워크 효과나 고착효과 등의 온라인 채널이 가져다주는 동태적 경제적 효과를 파악해야 하는 문제가 남아있다. 예를 들어, 오프라인 기업이 온라인 채널을 확대하여 자사의 브랜드명이나 기존 고객에 대한 정보를 이용한 고객기반 서비스의 개발, 효과적인 온라인 마케팅, 시장 확대에 따른 창고비용의 절감이나 물품배달을 위한 물류시스템의 공동활용 등의 효과를 얻게 된다면 온라인 채널의 등장에 있어서 또 다른 경제적 편익이나 전략적 관계가 고려되어야 할 것이다.

9.2.2 수직경쟁

이제 소매 생산자간에 수직적 구조를 갖는 경우를 고려하자. 그러나 온라인 상품을 소비자에게 제공하는 주체는 두 그룹이 있다. 하나는 온라인 상품을 상류기업이 제공하는 경우이고, 다른 하나는 하류기업이 제공하는 것으로 이들은 수직적 구조를 가지고 있다.

수직적 통합은 일반적으로 중간재의 공급자(생산자)와 최종재의 요소로서 최종재를 사용하는 생산자간의 통합으로 정의된다. 일반적으로 상류기업은 중간재의 공급자이고 하류기업은 최종재의 생산자가 되는 기업으로 설명된다. 따라서 중간재 시장에서 독점력을 가지고 있는 상류기업과 그 상품의 사용자인 하류기업간의 관계를 말한다. 이 경우 독점자는 그 자신 혼자 스스로는 최종 사용자로서 상품을 제공할 수 없다. 왜냐하면 하류기업이 상류기업의 고객이기 때문에 상류기업은 자신이 상품을 제공하는 부문이나 비용구조에 있어서 하류기업과는 차별하기를 기대한다. 하지만 상류기업과 하류기업을 고려할 때, 생산자로서 상류기업은 하류기업에게 최종재를 판매하거나 그 시장에 직접 들어가는 방법을 택하기로 한다.

먼저 독점적 상류기업과 두 하류기업을 상정하자. M으로 표시되는 생산자는 두 하류기업 A와 B에게 동일한 상품을 판매한다. 이때 상류기업과 하류기업이 버트란트 가격경쟁을 한다면, 모든 기업은 수직적 통합이 발생하기 전과 후에 이윤이 0이 되는 것을 쉽게 보여줄 수 있다. 이런 상황을 풀기 위해 호텔링 모형을 가정하면 기업의 이윤은 0보다 크게 된다. 모든 기업은 동시에 품질을 선택하고 동시에 가격경쟁을 하게 된다.

이제 순수 온라인 경쟁을 하지 않는 생산자로서의 상류기업과 판매자로서 두 하류기업을 고려하여 모형을 분석하기로 한다. 첫 번째 모형은 전자상거래 시장에 들어가지 않은 상류기업이 하류기업에게 상품을 판매하는 경우로 두 하류기업은 소비자에게 동일한 상품을 판매한다고 가정한다. 두 번째 모형은 상류기업이 생산자와 판매자의 역할을 동시에 하는 경우를 고려한다. 즉, 상류기업이 소비자에게 직접 온라인 상품을 판매하고 다른 오프라인 기업과 가격경쟁을 하는 상황을 고려한다. 마지막 모형은 상류기업은 하류 오프라인 기업 A을 통합하고 다른 오프라인 기업 B와 경쟁을 하는 수직적 통합을 하는 모형이다. 분석을 위하여 모든 소비자가 상류기업 또는 하류기업으로부터 1단위의 상품을 구매하는 시장이 청산되는 상황을 가정한다. 수직적 통합 효과나 사회후생 측면에서는 상반된 효과가 존재한다. 후생적 측면에서는 소비자 잉여가 증가하는 반면 수직적 통합으로 인하여 경쟁하는 오프라인 기업 B에게 더 높은 가격을 부과하게 함으로써 시장경쟁을 감소시킬 유인이 존재한다.

먼저 <그림 9.5>에서와 같이 하류기업의 오프라인 채널간의 독립적 경쟁이 이루어지는 경우를 생각해 보자. 상류에 하나의 독점공급자가 있고 이 독점공급자로부터 상품을 구매하는 두 오프라인 소매업자를 상정하자. 여기서 독점공급자는 도심에서 유일하게 공장을 가동하고 있으며 도심의 끝에 있는 오프라인 소매업자에게 상품을 공급하며 이 소매업자는 최종상품을 판매한다고 하자. 또한 분석의 편의를 위하여 모든 기업은 생산비용과 고정비용은 없으며 동일한 상품을 판매한다고 하자.

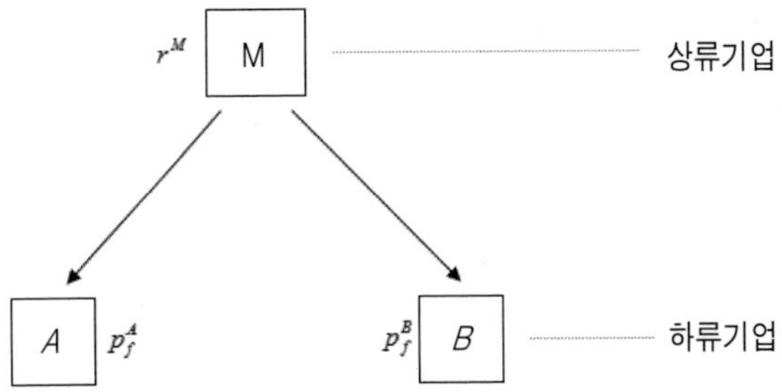

그림 9.4 하류기업의 오프라인 채널 경쟁

독점공급자가 제공하는 가격은 r^M, 0에 위치한 오프라인 기업 A의 가격은 p_f^A, 그리고 1에 위치한 오프라인 기업 B의 가격은 p_f^B이다. 여기서 오프라인 기업으로부터 상품 1단위를 구매하는 소비자는 상품가격과 단위거리당 발생하는 비용 τ를 지불해야 한다. 예를 들어, x에 위치한 소비자는 오프라인 기업 A로 상품을 구매하기 위해 오프라인 교통비용 τx를 지불하고, 기업 B로부터 상품을 구매하는 소비자는 $\tau(1-x)$의 비용을 지불한다. 결국, 소비자가 오프라인 기업 A에서 상품을 구매한다면 x에 위치한 소비자의 순효용은 $q_f - p_f^A - \tau x$이고, 오프라인 기업 B에서 상품을 구매하는 경우의 순효용은 $q_f - p_f^B - (1-x)\tau$가 된다. 여기서 q_f는 온라인 채널을 통해 상품을 구매함으로써 발생하는 소비자의 총편익이다. 내부해(interior solution)를 보장하기 위해 각 소비자의 총편익은 자신의 오프라인 비용보다는 충분히 크다는 가정이 필요하다.

두 오프라인 소매업자는 상류 독점공급자의 가격 r^M을 주어진 것으로 받아들이고 자신의 이윤을 극대화하기 위해 p_f^A와 p_f^B를 선택한다. 이때, 오프라인 기업 A와 B에서 상품을 구매한 무차별한 소비자의 위치를 $\hat{x}$라고 하자. 즉, $q_f - p_f^A - \tau\hat{x} = q_f - p_f^B - (1-\hat{x})\tau$라는 한계소비자 식으로부터 $\hat{x} = \dfrac{p_f^B - p_f^A + \tau}{2\tau}$를 얻을 수 있다.

시장청산 가정을 하는 공존균형에서 오프라인 기업의 수요함수가 주어지면, 소매업자는 대칭적 균형가격을 결정한다. 즉, $p_f^A = p_f^B = r^M + \tau$. 이때, 두 오프라인 기업이 대칭적이기 때문에 수요가 같다.

독점적 공급자는 소매업자의 최적 반응과 소비자 수요에 대한 제약하에서 자신의 이윤을 극대화하기 위해 가격을 선택한다. 이때, 시장청산 가정하에서 독점공급자의 가격이 올라갈수록 독점공급자의 이윤은 증가한다. 즉, 독점자는 이윤을 극대화하기 위한 도매가격을 설정하는데 대칭적 균형에서 소비자가 두 소매업자의 상품간에는 무차별하기 때문에 독점공급자는 총잉여를 취할 수 있다. 그러면 두 소매업자의 대칭적 균형가격을 고려하는 경우 독점적 공급자는 자신

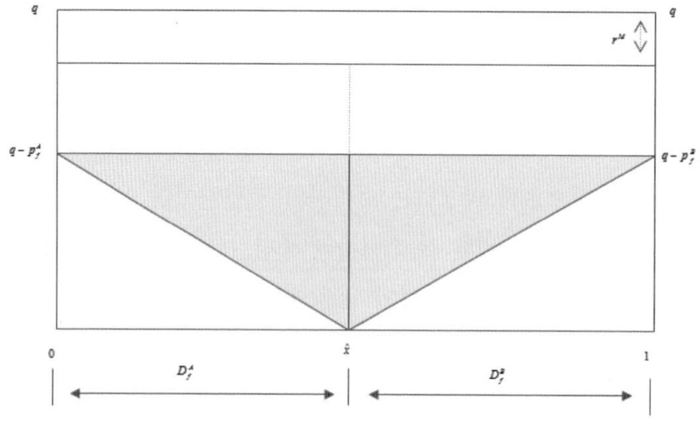

그림 9.5 오프라인 경쟁의 사회적 후생

의 가격을 설정함으로써 소비자 잉여 전체를 회수할 수 있다. 이때 독점적 공급자의 가격이 결정된다. 따라서 공존균형과 두 오프라인 소매업자의 대칭적 균형가격을 고려하여 균형가격을 구할 수 있다.

한편, 균형가격으로부터 오프라인 소매업자와 독점적 공급자의 이윤을 얻고, 대칭적 균형에서 모든 소비자 잉여는 소비자의 교통비용을 제외하고는 이들 기업에게 이전된다. 따라서 사회적 비용은 모든 소비자가 제품을 구매하는데 소비한 총 오프라인 비용의 합으로 정의되며 <그림 9.5>에서 빗금친 영역으로 표시할 수 있다.

두 번째로, <그림 9.6>에서와 같이 상류에 있는 독점적 공급자와 하류에 있는 두 오프라인 소매업자 가운데 한 기업과 합병을 하는 수직적 통합의 경우를 고려하자.

비교의 편의를 위해서 오프라인 기업의 위치는 수직적 통합을 한 후, 단기적으로 고정되어 있다고 하자. 또한 독점적 공급자는 수직적 통합을 하지 않은 다른 오프라인 기업을 배제하지 않으며 도매시장에서 최종 독점 공급자의 시장지배력을 방지하기 위해서 예를 들어 반독점법에 의해 이들 오프라인 소매업자를 통합할 수 없다고 하자

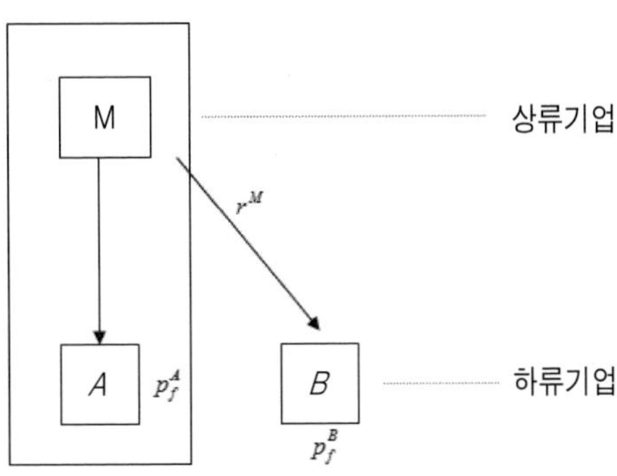

그림 9.6 수직적 통합

따라서 독점적 공급자가 오프라인 기업 A를 통합하는 경우 효율성 측면에서는 중립적이다.

9.2.3 이중채널의 혼합경쟁

독점공급자(M)는 오프라인 채널(A, B)을 통해 소비자에게 제품을 판매하는 소매업자에게 제품을 판매할 뿐만 아니라 직접 소비자에게 온라인 채널(N)을 통해 제품을 판매하는 이중채널(dual channel)을 고려하자. 소매업자(A, B)는 자신의 가격을 업데이트함으로써 온라인 시장과 경쟁을 하게 된다. 소비자는 전통적인 소매업자에게 제품을 구매하거나 온라인 채널을 통해 직접 제품을 구매할 수 있다.

여기서 온라인 채널을 통해 온라인 상품을 구매하는 소비자의 경우 web-fit문제에 직면할 수 있다. 즉, 온라인 상품이 소비자의 선호에 딱 들어맞지 않을 때 소비자가 느끼는 가치는 평가절하될 수 있는데 이를 web-fit문제라 한다. 한편, q_n는 온라인 상품을 구매함으로써 발생하는 소비자의 총편익이라고 하자. 그러면 오프라인 상품과 온라인 상품간의 편익 $\delta = q_f - q_n$는 web-fit 효과로 쓸 수 있다. 즉

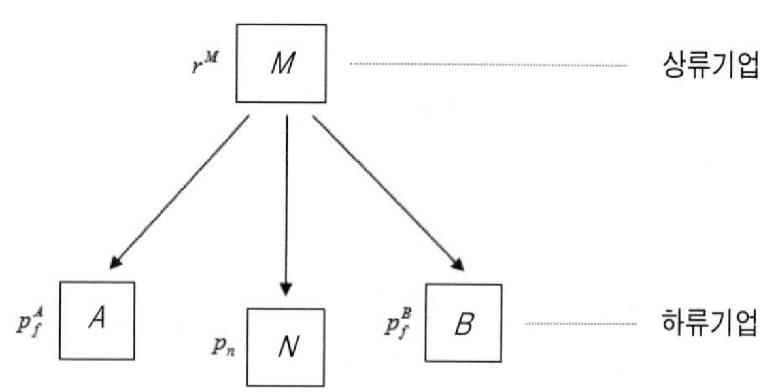

그림 9.7 온라인 채널 경쟁

온라인 상품에 대한 web-fit으로부터 발생하는 가치절하의 정도이다. 이제, 이중채널간 공존균형에 대한 내부해가 존재한다고 가정하자.

시장수요는 온라인 채널과 오프라인 채널로 분리되어 정의된다. $x_A(x_B)$는 온라인 채널 또는 오프라인 채널 A(B)로부터 상품을 구매하거나 구매하지 않을 때 소비자가 무차별하다고 생각하는 생각하는 점이며, p_n^M은 생산비용과 온라인 배달비용으로 구체화된 독점적 공급자에 의해 설정된 온라인 채널의 결합가격이다. 그런 다음 온라인과 오프라인 채널로부터 구매하는 상품간을 무차별하다고 느끼는 한계소비자는 동일한 효용을 갖게 된다. 즉 $q_f - p_f^A - \tau x_A = q_n - p_n$이다. 여기서 오프라인 소매업자 A의 수요는 $x_A = \dfrac{\delta + p_n - p_f^A}{\tau}$이다. 마찬가지로 $q_f - p_f^A - \tau x_B = q_n - p_n$는 $x_B = 1 - \dfrac{\delta + p_n - p_f^B}{\tau}$로 주어지며 시장청산가정하의 공존균형에서 시장수요가 주어진다.

먼저 순차게임에서 오프라인 소매기업과 온라인 독점적 공급자가 동시에 자신의 이윤을 극대화하기 위해서 가격을 결정한다. 독점적 공급자의 이윤함수는 $\pi^M = r^M(D_f^A + D_f^B) + (p_n^M - d)D_n^M$이다. 여기서 d는 온라인 거래비용이다. 또한 오프라인 소매업자의 이윤함수는 $\pi_f^i = (p_f^i - r^M)D_f^i$, $i = A, B$이다. 온라인 비용은 온라인 채널에서 단위당 수요에 의해 측정된다. 따라서 독점적 공급자는 시장청산균형에서 한계소비자의 모든 소비자잉여를 흡수할 수 있는 가장 높은 도매가격을 설정한다.

이 결과로부터 얻을 수 있는 시사점은 첫째, 수직적 구조하에서 온라인 채널을 도입하지 않은 경우보다 온라인 채널을 도입하는 경우 독점적 공급자와 오프라인 소매기업의 균형가격이 더 높아진다. 따라서 이중채널은 온라인 채널로 인하여 경쟁효과를 완화시킬 수 있고 온라인 채널로부터 더 많은 이윤을 얻을 수 있다. 둘째, 온라인 채널을 직면한 오프라인 채널의 수요는 온라인 채널로 인한 경쟁효과 때문에 온라인 판매가 없는 경우의 오프라인 채널의 수요보다 더 작다. 셋째, 수직적 구조하에서 독점자의 이윤은 온라인 판매로 인하여 증가하지만, 소매업자의 이윤은 온라인 판매로 인하여 감소한다. 즉, 독점적 제조업자의 온라인 채널과 소매업자의 오프라인 채널간에 채널갈등(channel conflict)이 존재한다는 것을 의미한다.

마지막으로 사회적 비용은 <그림 9.8>의 빗금친 부분과 같이 모든 소비자가 온라인 채널을 통해 제품을 구매하는 데 소비하는 총 교통비용, 제조업자가 온라인 채널을 통해 제품을 판매하는데 드는 총 거래비용, 그리고 온라인 제품이 소비자의 선호와 맞지 않았을 때 소비자가 감수해야할 web-fit으로 인한 가치절하의 합으로 나타낼 수 있다. 특히 오프라인과 온라인 상품을 소비했을 때 발생하는 편익에

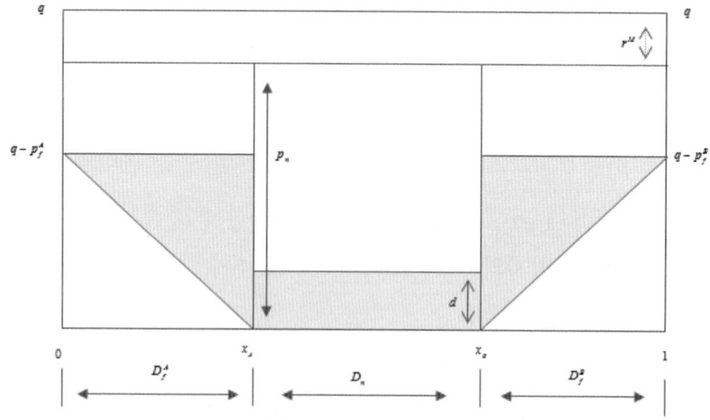

그림 9.8 온라인 채널 판매로 인한 사회후생

차이가 없을 경우 즉, δ가 0일 때, 이중채널은 온라인 비용이 낮을 때에 효율적인 결과를 초래하고, 온라인 비용이 큰 경우에는 비효율적인 결과를 초래한다.

이제, <그림 9.9>에서와 같이 독점적 공급자가 오프라인 소매기업 B와 경쟁하기 위해서 오프라인 소매기업 A와 통합을 하고 동시에 온라인 채널을 통해서도 상품을 공급하는 경우를 고려하자. 이 경우 독점적 공급자의 이윤함수는 $\pi_f^{AM} = p_f^A D_f^A - r^M D_f^B + (P_n^M - d)D_n^M$인 반면, 오프라인 소매기업 B의 이윤함수는 $\pi_f^B = (p_f^B - r^M)D_f^B$이다.

따라서, 비대칭적인 균형가격으로부터 수직적으로 통합된 온라인 경쟁의 경우 균형가격이 수직적 통합을 하지 않은 경우 온라인 경쟁의 균형가격보다 크다.

또한, 독점 공급자의 가격이 올라갈수록 이윤이 증가하기 때문에 $q_f - p_f^A - \tau x_A = q_f - p_f^B - (1 - x_B)\tau = q_n - p_n = 0$이다. 여기서 $x_A = \dfrac{d+\delta}{2\tau}$과 $x_B = \dfrac{2\tau - d - \delta}{3\tau}$이다. 이때 독점 공급자는 도매

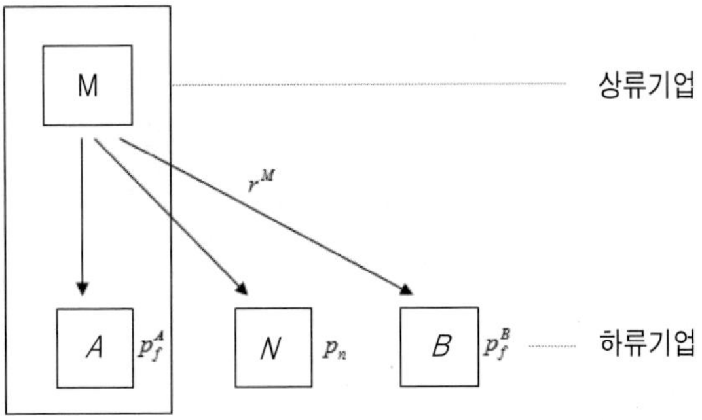

그림 9.9 온라인 판매와 수직적 통합

가격을 설정하므로, 통합된 오프라인 소매기업 A의 가격이 경쟁적인 오프라인 소매기업 B의 가격보다 더 높게 책정된다. 왜냐하면 수직적으로 통합된 기업은 오프라인 기업과 온라인 기업간의 경쟁효과를 감소시키기 때문이다. 그리고 수직적으로 통합된 기업은 독립적으로 경쟁하는 경우의 도매가격보다 더 낮게 설정될 수 있다. 셋째, 온라인 소매기업의 균형은 같지만 오프라인 소매기업의 균형은 다르다. 특히, 수직적으로 통합된 오프라인 소매 기업의 오프라인 가격은 독립적인 경쟁을 하는 경우보다 더 높게 책정이 되고 경쟁적인 오프라인 소매기업 B의 가격은 독립적인 경우의 가격보다 더 낮게 책정된다.

한편, 각 기업의 균형수요를 통해 독점 공급자가 온라인 채널에서 상품을 판매하지 않는 순수 온라인 기업에게 상품을 공급만 하는 독립적인 경우, 수직적 통합하에서 오프라인 채널의 수요는 올라가는 반면 온라인 채널의 수요는 감소함을 알 수 있다. 결국 독점공급자가 직접 온라인 채널에서 상품을 판매하는 경우 온라인 채널의 경쟁효과가 더 촉진된다는 것을 알 수 있다.

온라인 채널에서 상품을 제공하는 독점적 공급자는 수직적 통합을 했을 때의 이윤이 증가할 수 있다면 오프라인 기업 A를 통합할 것이다. 또한, 온라인 채널을 수직적으로 통합함으로써 자신들의 이윤을 나눌 수 있기 때문에 채널간의 갈등은 감소하게 된다.

마지막으로 <그림 9.10>에서 보는 바와 같이 수직적 통합으로 인한 후생효과를 파악하기 위한 사회적 후생은 빗금친 부분이다. 특히 δ가 0일 때, 온라인 비용이 높으면, 독점공급자가 수직적 통합을 하지 않은 상태에서 이중채널을 가지고 있는 독립적인 경우와 비교한다면 수직적 통합을 하는 경우가 더 효율적인 결과를 가져온다는 것

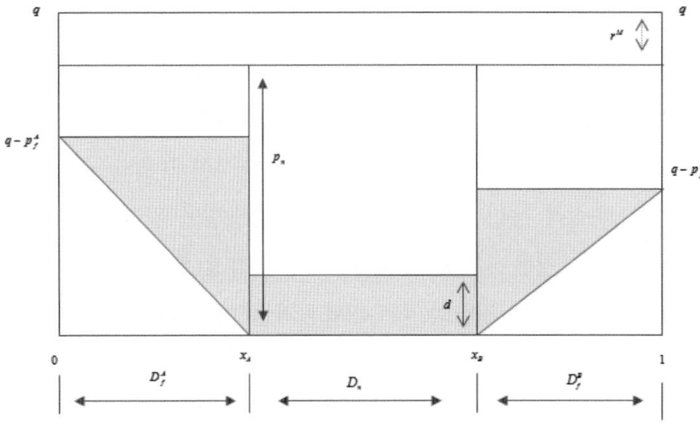

그림 9.10 이중채널 독점공급자의 사회적 비용

을 알 수 있다.

이중채널과 수직적 통합의 효율성을 고려하기로 하자. $\delta = 0$으로 가정하면 다음과 같은 결과를 얻는다. 첫째, 오프라인 채널 경쟁은 온라인 비용과는 독립적이지만 독립적인 온라인 채널 경쟁과 온라인 채널이 존재하는 상황에서의 수직적 통합을 한 경우는 온라인 거래비용에 대하여 오목함수로 정의된다. 즉, 온라인 비용의 상대적인 크기에 의존하여 온라인 판매의 사회적 비용이 최고점에 도달하게 되는데 온라인 비용이 사회적 비용에 대한 비용대체효과로서 작동한다는 것을 의미한다. 둘째, 오프라인 채널 경쟁과 독립적인 온라인 채널 경쟁을 비교해보면, 온라인 비용이 충분히 작을 때 온라인 비용이 감소하기 때문에 오프라인 채널의 균형가격은 감소하고 따라서 온라인 채널의 수요는 증가한다. 이는 비용대체효과가 사회적으로 이롭다는 것을 의미하며 그렇게 때문에 사회적 비용은 감소한다. 그러나 온라인 비용이 충분히 크다면, 오프라인 채널의 균형가격과 온라인

채널의 수요는 온라인 비용이 증가함에 따라 감소한다. 즉, 비용대체효과가 사회적으로 이롭지 못하다는 것을 의미하며 그렇기 때문에 사회적 비용은 증가하게 될 것이다. 셋째, 독립적인 온라인 채널 경쟁과 온라인 채널이 존재하는 상황에서의 수직적 통합을 한 경우를 비교하면, 수직적 통합이 비용대체효과의 출발점을 왼쪽으로 옮기는 효과가 있다는 것을 알 수 있다. 따라서 수직적 통합하에서 사회적 비용에 대한 온라인 채널의 비용대체효과는 다소 약하다는 것을 알 수 있다. 특히, 온라인 비용이 작다고 하더라도 수직적 통합 효과는 온라인 상품을 판매하는 정의 비용대체효과를 감소시킬 것이다. 반대로 온라인 비용이 충분이 큰 경우 수직적 통합효과가 온라인 판매로 인한 음의 비용대체효과를 감소시킬 것이다. 따라서 채널갈등, 비용대체효과 그리고 수직적 통합효과가 존재하는 두 경쟁효과를 온라인 판매로 인한 사회적 비용으로 설명할 수 있다.

이상의 결과에서 다음과 같은 시사점을 파악할 수 있다. 먼저, 온라인 비용이 충분히 작다면, 비용대체효과는 수직적 통합과 오프라인 판매와 비교하여 온라인 시장을 확대시키기 때문에 사회적으로 더 이롭다. 다음으로, 온라인 비용이 충분히 클 때에는 수직적 통합은 음의 비용대체효과보다 더 가치가 있다. 그래서 온라인과 오프라인 모두 판매하는 경우와 비교하여 온라인 시장을 축소시킴으로써 사회적 비용을 감소시킨다. 마지막으로 거래비용의 상대적인 크기가 중간적인 범위에서는 오프라인 채널 경쟁의 사회적 비용이 가장 낮다. 즉, 비용대체효과는 온라인 비용이 충분히 낮지 않기 때문에 사회적으로 이롭지 않다. 뿐만 아니라 수직적 통합효과는 온라인 시장을 충분히 감소시키지 않는다면 시장지배력을 증가시킨다. 따라서 온라인 판매와 수직적 통합 모두 사회적 비용을 증가시키다.

따라서 온라인 판매를 하는 수직적 통합의 효율성은 온라인과 오프라인 비용간의 상대적 크기에 의존한다. 온라인 비즈니스의 효율성은 오프라인과 온라인 거래비용간의 상대적 크기에 의존하여 재조명 되어야 할 뿐만 아니라 수직적 구조의 통합패턴도 고려해야 한다.

9.3 온라인 경쟁과 글로컬 전략

온라인 채널을 통한 e-비즈니스 거래는 고정비용의 투자와 밀접한 관계가 있다. 따라서, 온라인 거래에서 발생하는 평균비용을 하락시키기 위한 규모의 경제성과 네트워크의 경제성을 확보하는 것이 중요한 전략이 되고 있다.

e-비즈니스는 규모의 경제와 네트워크의 경제를 동시에 지니고 있기 때문에 글로벌 비즈니스에서 기업이 이윤을 증가시키기 위한 기회는 상당히 많다. 규모의 경제는 산출량을 증가시킴에 따라 평균비용을 하락(비용절감효과)시킬 때 달성될 수 있는 반면, 네트워크의 경제는 다양한 재화와 서비스(제품 다양성 효과)간의 핵심 자원과 용량으로부터 네트워크간 시너지를 레버리지함으로써 달성될 수 있다. 즉, 글로벌 온라인 확장으로 인하여, 규모의 경제가 상당히 커진 기업들은 글로벌 웹사용자의 인터페이스, 핵심용량, 그리고 지역특화된 솔루션을 제공하기 위해 모듈화된 제품디자인을 지렛대삼아 세계시장에서 이윤을 증가시킬 수 있다.

따라서, e-비즈니스가 세계시장으로 진출할 수 있는 지렛대 역할을 하기 때문에 네트워크에 대한 통합의 중요성을 강조하면서 글로벌 시장의 확대를 통해 거래의 평균비용을 최소화함으로써 규모의 경제성을 확보하고 네트워크간 결합을 위한 정책적 지원이 필요하다.

표 9.1 글로컬화와 온라인 거래비용

구분		온라인 거래비용의 영향
글로컬 전략	글로버 시장창출	글로벌 시장의 확대를 통해 거래의 평균비용을 최소화함으로써 규모의 경제성을 확보하기 위한 전략
	글로벌 네트워킹	글로벌 e-비즈니스의 레버리지를 통해 네트워크 경제성을 확보하기 위한 전략
	글로벌 법제도	표준화된 글로벌 법제도를 통해 거래의 안정성을 확보함으로써 거래의 보안비용을 절감하기 위한 전략

또한 글로벌 시장진출을 위한 다양한 전략 즉, 글로벌 제휴를 통해 네트워크 경제성을 확보하고, 구매자와 판매자간의 신용, 사회문화적 환경을 고려한 지역화가 필요하다. 그리고 표준화된 글로벌 법제도를 통해 세계적인 법적 기준을 마련하고 거래의 안정성을 확보함으로써 거래의 보안비용을 절감해야 한다. 특히 기업의 관점에서 현지화 전략에 대한 특화의 필요성을 제시할 수 있다.

e-비즈니스의 글로벌화를 통한 성장은 새로운 비즈니스의 기회를 제공하고, 온라인 시장에 익숙하게 만들며, 잠재고객으로 하여금 온라인에 통합할 수 있도록 하고, 고객에 대한 다양한 지원을 제공하게 된다. 따라서, e-비즈니스를 통한 글로벌 시장의 창출을 지원하기 위해서는 제반 오프라인 거래에서의 지원서비스가 온라인에서도 실현되어야 한다. 특히, 온라인 거래라는 특징에서 생각해보면, 지역사회의 문화와 온라인 미디어와의 조화, 온라인 사업모델의 안정적인 보수, 그리고 온라인 계정으로의 통합 등은 글로벌 시장에 대한 창출을 지원하기 위해 거래비용을 낮추어주는 기본적인 서비스라고 볼 수 있다.

Singh(2012)는 글로컬라이제이션의 과정에서 사회문화적 환경은 다른 국가의 웹사이트가 그 국가 또는 지역에서 보편화된 문화와 커뮤니케이션 스타일을 반영하고 있기 때문에 웹을 통한 커뮤니케이션 과정에서 중요한 역할을 담당한다고 하였다. 특히, 모든 문화에서 가장 대중적인 측면은 그 지역 특유의 언어이다. 따라서, 글로벌 e-비즈니스에서 효과적으로 의사소통을 하기 위해서 각 나라의 웹사이트는 각 국가의 시장에서만 볼 수 있는 색다른 콘텐츠와 디자인을 갖추고 있어야 한다. 결국, e-비즈니스를 하기 위해서는 각 기업들이 지역의 현지 통화, 콘텐츠 번역과 변환, 현지 언어를 활용한 고객 지원 그리고 지역 도메인 이름 등의 현지 지역화를 위한 창의적인 판로를 제공해야 한다.

글로벌 e-비즈니스를 위한 현지 지역화 전략은 현지의 문화적 반발을 무마하고, 그 국가의 문화적 정서에 맞춰 내용과 포맷 등을 수정하는 고도의 현지 적응 전략이 다. 즉, 지역적인 특성을 고려하는 또 하나의 세계화 전략인 것이다. 대표적인 예로 디즈니(Disney)를 들 수 있는데, 디즈니는 영국의 메이드스톤(Maidstone)에서 세계 각국을 대상으로 운영되는 어린이 채널로 Disney Channel에서 방영될 프로그램을 스튜디오에서 제작한다.

멕시코에서 방영될 스페인 버전, 브라질어, 프랑스어, 이탈리아어, 독일어 버전이 그것으로 모두 216개의 개별 프로그램을 6개 국어로 만든다. 하나의 포맷을 각 국가의 특성에 맞게 재제작하는 아이디어는 프로그램에 그 국가의 정서를 담게 한다. 이 연속물의 약 5분의 3은 국가별 버전에서 동일하게 이용되는 내용이고 나머지 부분만 국가별 특성에 맞게 다시 만들어진다. 그러나 제작비용은 각 국가별로 그 프로그램을 만들어 낼 때 소요되는 비용의 3분의 1 수준으로 이 프로그램을 시청하는 국가들의 국내 시청자들은 이 프로그램을 자국

의 프로그램으로 생각하고 있다

글로벌 e-비즈니스는 제품을 개발하고, 제조하고, 유통시키고, 지원하기 위하여 이미 형성된 네트워크로 세계적인 상업적 공동제휴를 견인할 수 있다. 네트워크는 초기에는 투자비용은 매우 많이 들어가지만 일단 플랫폼이 갖춰지고 나면 사용자 증가에 따른 추가 변동비의 증가는 미미하다. 따라서 이미 형성된 플랫폼을 글로벌 제휴를 통해 하나의 네트워크 사용자가 다른 네트워크 사용자에게 기술, 콘텐츠, 사용자 기반 그리고 지역화 상품과 같은보완 서비스를 제공할 수 있게 한다. 이러한 세계적 네트워크 제휴와의 레버리지 효과는 협조비용을 낮추고, 배분적 효율성을 강화하며, 보완 자산에 접근할 수 있도록 하고, 정보와 지식 자원을 공유하는 것 등을 포함한다.

한편, 글로벌 e-비즈니스는 세계적으로 구매자와 판매자간 거래에서 형성된 신용이 아주 중요하다. 글로벌 마켓으로 시장이 확대되면서 경제주체들간의 비대칭적인 정보가 중요한 문제로 등장하게 될 것이며, 기업은 이미 형성되어 있는 글로벌 신용과 평판에 초점을 맞출 필요가 있다. 온라인 마케팅, 온라인 고객서비스 제공, 지불과 환불제도 세팅, 온라인 계정과 온라인 주문의 통합에 대한 사업적 기회는 모든 글로벌 e-비즈니스에 적용될 수 있다. 일단 이런 모든 것들이 제자리를 찾게 되면, 네트워킹의 긍정적 피드백의 효과에 의해 e-비즈니스는 훨씬 더 빠르고 폭넓은 접근과 e-비즈니스를 운영할 수 있는 잠재성을 가진 글로벌 플랫폼을 가질 수 있게 된다.

특히, 이러한 과정에서 글로벌 소셜 네트워크 서비스(SNS)는 디지털 경제에서 임계치(critical mass)에 근접하고 긍정적인 피드백을 만드는데 중요한 역할을 할 것이다. 최근 글로벌 기업들을 중심으로 SNS를 기업경영에 적극 활용하려는 움직임이 부각되고 있다. 글로벌

500대 기업의 86%가 SNS 계정을 보유하고 있으며, 그 중 63%는 3개 이상의 복수 채널을 운용하고 있다. 특히, CS 활동에 트위터, 페이스북, 유튜브 등을 적극 도입하여 최근 5년간 기업성과가 크게 증대된 Best Buy는 SNS 활용의 대표적 성공사례로 내부적으로 SNS에 기반한 신속한 고객서비스를 지속 성장원동력으로 보고 있다.[99] 또한 일본의 대표적인 자동차기업인 닛산자동차는 Twitter, Facebook에 각각 닛산의 전기자동차인 '리프(leaf)'의 계정을 개설해 운영하고 있다. 닛산 자동차는 짧은 CF 시간동안 전기자동차의 특성을 모두 알리는 것은 힘들기 때문에 CF를 사용하지 않는 대신 양방향 소통이 용이한 SNS를 활용해 마케팅 활동을 하는 한편, 리프를 구매하려는 사람의 궁금한 점이나 소유자의 궁금한 점 등 고객의 의견을 SNS를 통해 모니터링하는데 활용하고 있다.[100]

e-비즈니스는 온라인 거래를 하고 있는 기업의 신뢰를 기반으로 하여 인터넷 상에서 수행되는 비즈니스 모델로 거래에 따른 글로벌 기준을 통해 보안비용을 최소화하는 것이 중요한 전략이 된다. Online Fraud Report(2010)의 보고서에 따르면, 2006년에서 2008년 사이 온라인 수입에서 사기거래로 인하여 손해를 입는 비중이 크고, 온라인 상인들은 지불사기로 인하여 평균 수입의 1.4% 손실을 본다고 보고하고 있다. 그러나 미국과 캐나다의 경우, 온라인 사기거래로 인

---

99 전자신문, "SNS 마케팅, 경쟁기업 따라하기만 하면 실패"(LG경제연구원 'SNS 활용법' 보고서), 2011.10.

100 일본 기업의 SNS 이용은 일본 국내 SNS인 믹시(mixi), 그리(GREE), 모바게(mobage)의 지속적인 성장과 글로벌 SNS인 페이스북과 트위터의 급성장이 주된 요인이다. 일본의 시장조사기관인 후지키메라 연구소의 자료에 따르면 일본 SNS 이용자수는 2011년말 기준 1억720만명, 2016년에는 1억 6,000만명으로 증가할 것으로 전망하였다.

한 손해의 총액은 e-비즈니스가 지속적인 성장을 함에 따라 증가했다고 보고하였다. 따라서 e-비즈니스의 보안비용을 줄여나가기 위해서는 e-비즈니스에 대한 성과를 보완할 수 있는 책임규칙에 대한 세계적인 법적 기준을 마련할 수 있도록 글로벌 전략을 선제할 필요가 있다.

Steennot(2008)의 연구에 따르면 과실책임(liability)은 안전조치를 파괴할 가능성이 있거나 온라인 거래로 인한 손해가 커질 때 부과한다. 그러나 이런 법적 기준은 소비자, 비즈니스의 주체인 생산자, 그리고 국가의 여러 가지 측면을 고려함으로써 글로벌 시장에서 조화를 이룰 수 있어야 한다. 예를 들어, 글로벌 e-비즈니스의 위험과 피해를 최소화하기 위하여 법적제도에서 피해의 손실에 의존하여 미국처럼 고객측 또는 EU처럼 기업측에 책임을 부과할 수 있다. 유럽 국가들은 온라인 거래로 인한 과실책임 여부를 결정하는 핵심요인을 고객으로 보고 있다.

영국과 독일은 온라인 거래를 수행하는 카드소유자가 과실이 없음을 증명할 수 있고, 법률제정자가 과실이 존재할 수 있다는 것을 금지하지 않는다면, 모든 지불서비스 제공자(payment service provider)가 150유로가 넘는 모든 거래에 대해서 책임을 져야한다. 즉, 총체적인 과실의 존재를 가정하고 있다.

그러나 유럽국가들과는 반대로 미국의 경우에는 고객에게 책임을 부과할 때 카드소유자가 부주의하게 행동을 했는지의 여부와는 관련이 없다. 다만, 고객의 책임은 손실이 발생했을 때 시간내에 관련기관에 알렸는지에 의존하게 된다. 일단 2일 이내에 알렸다면 카드소유자는 더 이상 책임이 없다. 알리기 전에 발생한 모든 거래는 카드소유자의 책임이 50달러로 항상 제한되어 있다. 만일 고객이 접속디바이스의 분실 및 도난을 알고 난 후에도 2일 이내에 관련 기관에 알리지 못한 경우 고객의 책임은 500달러를 초과할 수 없다. 그러나 60일 이내에도 보고를 하지 못한 경우 고객은 모든 거래에 대한 책임을 지게 된다.

이와 같은 사항들은 e-비즈니스에서 발생하는 거래비용이 전적으로 사회문화적 배경과 각 국가들의 지역의 법적체제에 영향을 받는다는 것을 의미한다. 따라서, e-비즈니스의 모델은 향후 글로벌 네트워크의 형성에 있어서 법적 제도가 유사한 네트워크간의 경제성을 극대화하는 동시에 세계적인 거래표준에 대한 법제도를 제정하여 거래비용을 낮출 수 있도록 글로벌 법제도를 설계하는데 선제하는 전략을 협조적으로 강구해야 한다

9.4 온라인 경쟁과 환경후생

e-비즈니스를 통한 온라인 거래가 에너지와 환경체계에 영향을 미칠 수 있는 방법은 매우 복잡하고 상호연관이 되어있다. 그러나, 분석의 단순화를 위해 에너지와 환경에 영향을 미치는 대상을 중심으로 다음과 같은 직·간접적인 영향으로 나누어 볼 수 있다. 먼저 e-비즈니스와 환경과의 직접적인 측면은 교통 또는 물류시스템을 통한 공급체인의 관리를 들 수 있다. 이는 물리적인 거래비용이 직접적으로 에너지와 환경문제에 영향을 미치는 부분이다. 또한, 맞춤형 형태의 프로슈머식 거래형태가 발전하면서 소비와 생산의 경계가 줄어들고, 이에 따른 거래비용의 변화는 제품디자인과 프로세스의 혁신을 가져오게 되는데, 이는 에너지의 절감 및 환경에 점차 확장적으로 적용될 것으로 보인다. 다음으로 보다 넓은 범위에서 e-비즈니스가 간

접적으로 IT기술을 통해 환경과 에너지에 미치는 영향을 생각해 볼 수 있다. 예를 들어, 화력 및 전력기술의 에너지 흡수 개선 등으로 산업부문에서 종이의 사용을 줄이거나 시멘트 제품을 절약할 수 있게 한다거나 토지의 이용 및 도시계획으로 인해 기존의 도심과 도시 외곽의 건물에 대한 재건축과 재배치가 이루어져 사람들의 통근환경에도 영향을 미치게 된다.[101]

이하에서는 직·간접적으로 실질적인 경제시스템 환경에 영향을 미치는 e-비즈니스의 관점을 물류시스템, 에너지 절감, 그리고 제품 프로세스 디자인이라는 3가지 대상별 영역으로 나누어 설명하기로 한다.

정책적인 측면에서 거래비용과 이를 적용한 환경 및 에너지와 글로컬 전략에 미치는 영향을 제시할 수 있다. 거래비용 측면에서는 소비자와 판매자간에 발생할 수 있는 비용간에는 상충관계가 존재한다. 정보관리비용과 관련하여 구매자는 온라인 정보 제공으로 인하여 자신이 원하는 맞춤형 상품을 구매할 수 있다. 판매자는 이들 데이터에 대한 관리기술에 투자해야 하는 등 상충관계가 존재하지만, 추가적인 긍정적 측면을 포함하고 있다. 거래비용을 적용한 환경적 측면에서는 ICT를 이용하여 에너지 효율을 최적화할 수 있기 때문에 e-비즈니스에 미치는 영향은 장단기적으로 커질 것으로 보인다. 따라서 저비용의 에너지 절감을 위한 e-비즈니스 정책을 확대하고, 물류화를 위한 적극적인 지원이 필요하다. 그리고 e-비즈니스 기업은 소비

101 기후그룹(Climate Group, 2008)에 따르면 ICT의 가장 큰 기회는 스마트 자동차 시스템, 물류시스템(지능교통시스템 포함) 스마트 빌딩, 스마트 그리드 그리고 비물질화(dematerialisation) 즉, 물리적 제품과 활동이 디지털 제품 또는 가상 제품으로 대체되는 것이라고 하였다.

표 9.2 환경 및 에너지와 온라인 거래비용

구분		온라인 거래비용이 미치는 영향
환경 및 에너지	물류 시스템	배달비용의 최소화를 위한 물류시스템의 변화가 환경 및 에너지에 미치는 영향을 살펴봄
	제품 프로세스 디자인	맞춤제품화에 따른 거래비용의 변화가 환경 및 에너지에 미치는 영향을 살펴봄
	에너지 절감	ICT를 통한 e-비즈니스가 간접적으로 환경과 에너지 절감에 미치는 영향을 살펴봄

자들이 환경자원을 더 효율적으로 재활용을 할 수 있는 인프라를 구축할 필요가 있다.

9.4.1 물류비용

고객의 욕구가 다양화됨에 따라 다품종, 소량, 정시, 신속성, 그리고 유통가공 등의 문제가 발생하고 있으며, 이를 반영하기 위해 각 기업들은 적시공급, 직출하 방식 등을 실시하고 있으나, 이러한 물류활동은 기업의 성과에는 효율적이지만 환경에는 부정적인 영향을 미치게 된다. 이러한 물류활동으로 야기되는 환경문제로 인해 자원이 고갈되고, 지구온난화가 가속되며, 토양 및 대기 오염은 심각해지고 있다.

이렇듯 환경은 물류에 대한 의사결정을 하는데 있어서도 상당한 영향을 미친다. 왜냐하면 배송시스템은 제공하는 시설용량에 있어서 포화상태가 될 수 있는 도로, 철도, 그리고 항공 네트워크에 의존하며, 고객에 의한 이용량이 많으면 많아질수록 오염이 유발된다. 따라서 지속발전 가능한 사회를 구축하기 위해서는 공급체인에서 물류부문의 역할이 재조명될 필요가 있으며 e-비즈니스는 이러한 물류시스템의 효율성을 개선시킬 수 있다. 즉, 디지털화되고 네트워크화된 e-공급 체인 허브가 전통적인 물류시스템의 비효율성을 개선시킬 수 있기 때문이다.

사례로 컴팩코리아(Compaq Korea)를 들 수 있는데, 컴팩코리아의 e-비즈니스에 대한 비전은 연쇄 공급망 관리시스템(Supply Chain Management System)에서 볼 수 있다. 컴팩코리아의 경우 "Everything to Internet"을 슬로건으로 내걸고 있다. 컴팩의 SCMS는 컴팩 코리아의 싱가폴 허브에서 지정 포워터가 제품을 픽업하는 동시에 해당 데이터가 SCMS에 전송되면서부터 시작된다. 항공기 선적항 출발시간, 수입지 공항 도착시간, 공항 도착 후 보세 운송시간, 보세창고입고시간, 수입신고 및 수리시간을 각 물류과정이 담당하고 있는 판매자가 소요시간과 물류비용 등을 SCMS에 입력, 공항 도착 후 컴팩의 물류센터까지 제품이 입고되는 상황을 인터넷을 통해 실시간으로 모니터링 하고 있다. 또한 물류센터 입고 후 본사에서 고객으로부터 받은 배송주문서를 자동으로 전송받아 픽업하고 출하준비를 한다. SCMS 상에서는 고객주문에 대해 제품출하 요청시간, 제품 픽업시간과 도착예정시간, 실제 도착시간을 체크할 수 있다. 이것이 가능한 것은 배송기사들이 출발시간과 도착시간을 iPAQ라는 Palm PC를 통하여 인터넷으로 전송하기 때문이다. 이처럼 컴팩의 SCMS는 포워더, 보세운송, 보세창고, 관세사, 창고 등을 연계하여 수입화물 위치확인을 실시간으로 파악하여 업무의 효율화를 기하고 국내배송과정을 시스템으로 통제함으로써 기존의 전화나 팩스 확인 업무가 대폭적으로 줄어들었다. 이처럼 e-비즈니스는 환경의 질적인 측면에서 긍정적인 효과가 있을 뿐만 아니라, 인터넷 상에서의 디지털화된 정보재(information goods)를 소비함으로써 해당지역으로 상품을 구매하러 다니는 비용을 감소시킬 수 있다.

그러나, 사람들이 인터넷을 통해 디지털화되지 않은 제품을 많이 구매하면 구매할수록 공급시스템 및 배송을 위한 네트워크의 이용은 변화할 수밖에 없다. 온라인 쇼핑에 대한 이용 증가로 비행기나 트럭으로 인한 트래픽이 증가하게 된다. 즉, 야간배송이 배송의 기준이 되며, 이로 인해 환경의 질적 측면에는 부정적인 영향을 미치게 된다. 뿐만 아니라 많은 소비자들이 온라인 상품에 대한 주문을 확정할 때, 해당 상품에 대한 경험은 오프라인 상점에 의존할 수밖에 없다. 이러한 소비자의 행위는 공급시스템 및 환경에 추가적인 부담을 주게 된다. 따라서 e-커머스의 환경에 대한 긍정적 효과와 부정적 효과간에는 상충관계가 존재한다.

한편, 고도로 성장하고 있는 지역은 도시 외곽에 전통적인 소매점들이 자리를 잡게 됨에 따라 장기적으로 도심과 도시 외곽간에 구조물에 대한 재건축과 재배치가 이루어지게 되고 이로 인하여 사람들의 일상적인 통근환경과 에너지 자원의 활용에도 영향을 미치게 된다.

9.4.2 에너지 효율

에너지 소비의 관점에서 e-비즈니스와 환경간의 관계는 유의미한 관계라는 점은 증명되었다. 대표적인 예로, 에너지를 절감하는 스마트 그리드와 관련된 e-비즈니스 모델은 스마트그리드 빌딩을 들 수 있다.[102] 스마트 그리드는 정보통신기술(ICT)를 이용해 전기와 에너

102 스마트 그리드 빌딩이란 에너지관리시스템(EMS, Energy Management System)을 기반으로 한다. EMS란 전력계통의 원격 감시및 제어기능, 자

지 효율 을 최적화하는 것으로, 빌딩이 초고층으로 진화됨에 따라 이에 따른 에너지 소비량 절감이 전세계적인 관심사가 되었다. 미국은 지난해 2020년까지 빌딩에너지 효율을 대폭 향상시키기 위하여 "Better Building Initiative(더 나은 빌딩 이니셔티브)"를 발표한 바 있다. 우리나라의 경우도 서울 SK텔레콤 T타워, 삼성물산 본사사옥, 그리고 POSCO에 에너지관리시스템(EMS)을 적용함으로써 기존 대비 에너지 사용량의 24% 이상을 절감하였다.

경제적인 관점에서 분석한 연구에서는 에너지 소비수준에 대한 ICT의 영향에 대해 제시하고 있다. Cho *et al.*(2007)의 연구에서는 ICT가 에너지 수요에 어떻게 영향을 미치는지에 대한 두 가지 이론을 제시하고 있다. 먼저, ICT 확산으로 인하여 전력소비(소득효과 측면)가 더 높아지고 둘째, ICT 사용으로 생산과정이 개선되어 최적화됨으로써 에너지 효율성이 높아지고 주어진 산출량 수준에서 전력소비(대체효과 측면)가 낮아진다고 하였다.

Laitner(2000)와 Laitner *et al.*(2001)는 1996년과 2000년사이 미국의 에너지 집약도가 연간 3.25% 이상 떨어졌다고 하였다.[103] Takase와 Murota(2004)는 일본과 미국에서 에너지 사용에 대한 ICT의 영향을

동발전제어, 경제급전기능, 전력계통 해석기능, 자료의 기록 및 저장기능, 급전원 모의훈련기능 등을 수행하는 급전용 종합 자동화시스템이다. 이러한 EMS가 빌딩(building)에 적용되면 빌딩용 에너지관리시스템(BEMS), 공장에 적용되면 FEMS(공장용 에너지관리시스템)이 된다.

103 에너지 집약도(Energy Intensity)는 국가 경제의 에너지 효율성을 측정한 것이다. 단위당 GDP에 대한 에너지 단위로 측정되는 것으로 GDP 1,000 달러를 생산하기 위해 투입되는 에너지의 양으로 측정된다. 따라서 에너지 집약도가 높다는 것은 GDP에서 에너지로 전환되는 가격 또는 비용이 높다는 것을 의미한다. 여기서 우리는 에너지 사용 집약도(EUI: Energy Use Intensity)와 혼동하지 말아야 한다.

분석하였는데, 그들의 논문에서 ICT의 자본스톡이 커질수록 에너지 생산집약도가 2~4%가 낮아진다고 하였다. ICT는 또한 에너지 사용에 대한 CO_2 배출을 감소시키는 것으로 추정하였다. Collard *et al.*(2005)의 논문에서 프랑스 서비스 부문에 있어서의 전력집약도는 컴퓨터와 소프트웨어의 사용과 함께 증가되었으며, 커뮤니케이션 디바이스의 확산으로 감소되었음을 밝혔다. 그러나 Collard *et al.*(2005)은 일반적으로 경제성장이 ICT와 통합됨으로써 환경비용을 낮게 유지할 수 있었다고 하였다.

이와 같이 많은 연구자들은 ICT의 빠른 성장이 이와 같이 많은 연구자들은 ICT의 빠른 성장이 에너지 집약도를 하락시키는 중요한 부분으로 고려되고 있다.

만일 e-비즈니스에 의해 초래되는 효율성과 ICT화 경향이 종이 및 시멘트 제조업 및 물류산업과 같은 다른 부문에도 결합된다면, 앞으로의 전망은 훨씬 더 상승할 것으로 보인다. 이러한 점에서 에너지에 대한 e-비즈니스의 영향은 단기에는 상당히 클 것으로 보이며, 장기적으로도 시간이 지남에 따라 경제시스템에 점차 적용될 것으로 보인다. 이와 더불어 최근에는 에너지 절감을 통한 기후변화문제를 다루기 위하여, ICT와 결합된 적응과 감축에 대한 반응이 기술적으로 요구되고 있다.[104]

---

104 적응(Adaptation)은 안벽(sea walls) 구축과 가뭄방지작물 재배와 같이 위해를 초래하는 것을 감소시키기 위하여 인간사회에의 적응을 모색함으로써 기후변화의 영향을 줄여나가는 것을 의미한. 반면, 감축(Mitigation)은 온실가스 배출감소를 위하여 기후변화를 늦추는 방법을 모색함으로써 기후변화의 원인을 줄여가는 것을 의미한다.

9.4.3 제품 프로세스 디자인

e-비즈니스는 전자상거래를 도입하고 있는 제조업체들을 중심으로 디지털 시대의 새로운 경영방식, 혁신적인 디지털 비즈니스 모델로 수용되어 가고 있다. 이러한 디지털 기술의 발전이 기업환경의 변화에도 영향을 미쳐 기업경영방식의 변화가 제품이나 서비스의 생산기술과 생산방식 등을 혁신적으로 변화시키고 있다. 따라서 이러한 기업환경의 디지털화 현상은 제조기업의 제품개발 환경에도 크게 영향을 미친다.

과거의 물리적 프로세스에서 디지털 프로세스의 비중을 증대시킴에 따라 더 많은 사업들이 e-비즈니스를 채택하게 되고, 환경적으로도 제품에 대한 최종 전략을 계획하는 것 즉, 어떻게 제품을 재활용할 것인지 뿐만 아니라 제품과 제조과정에도 e-비즈니스에 대한 기회를 확대하고 있다. e-비즈니스의 도입으로 인해 고객은 자신이 원하는 제품을 직접 주문하고 디자인 및 제작까지에 까지 참여할 수 있다. 이른바 고객중심의 제품개발방식이 도입되지 않을 수 없게 만든다. 따라서 제품개발을 위한 디자인 프로세스도 디지털화된 도구 및 시스템으로서 기능할 수 있는 것이 요구되고 있다.

뿐만 아니라 e-비즈니스는 원재료에 대한 관리를 개선하고, 디지털화된 정보재를 제공함으로써 제조과정에 있어서도 실질적인 효율성을 창출할 수 있는 잠재력을 가지고 있다. 즉, 종전의 전통적인 제조업체에서는 생산목표에 따라 판매하는 선생산, 후판매 방식에서 기획, 디자인, 설계, 생산, 영업 등 제품개발과 관련된 모든 부문을 통합정보시스템과 네트워크로 연결하여 동시병행적인 업무추진이 가능해진 실시간 생산방식과 미리 수요자의 주문을 받아 주문받은 만큼 생산하는 선주문 후생산 방식으로의 변화함으로써 효율성을 발휘할 수 있다.

이처럼 디지털 정보기술은 제품개발 프로세스상에서 디자인의 자동화, 시뮬레이션의 시스템화, 추적 시스템화, 의사결정 분석 시스템화, 그리고 조직간 커뮤니케이션 시스템화를 가능하게 하는 역할을 함으로써 이전의 프로세스와는 다른 새로운 구조의 모델을 탄생시킬 것이다.

또한 인터넷의 활용성 및 급속한 확산 등의 영향으로 사용자의 온라인 참여욕구가 증대되고, 커뮤니케이션 방법이나 채널이 다양화되었으며, 사용자 니즈의 포착방법도 변화하였기 때문에 이러한 사용자의 아이디어나 니즈를 효율적으로 포착 및 실제 디자인으로 수용하기 위해서는 사용자를 보다 적극적으로 참여시킬 수 있는 디자인 프로세스가 요구된다.

마지막으로, 디지털화된 정보의 재사용 비용이 실제로 제로(0)이기 때문에 e-비즈니스는 훨씬 더 환경자원을 효율적으로 사용, 재사용, 그리고 재활용할 수 있을 것으로 기대된다.

제10장 소셜 네트워크 서비스와 빅데이터

21세기는 스마트 시대로 인류의 삶을 디지털화해 나가는 다양한 시도들이 발전할 것이다. 가장 대표적인 변화는 온라인 커뮤니티를 통한 소셜 네트워크 서비스(Social Network Service: SNS)의 발전이다. 대표적인 소셜 네트워킹 웹사이트인 페이스북(Facebook)은 하버드대학생인 마크 주커버그에 의해 2004년에 시작하여 그해 말에 이미 백만명의 사용자를 확보했다. 2008년에는 1억명 이상의 사용자를 넘어갔으며 2013년 말에는 전세계 12억명의 사용자를 갖게 되었다. 하루 평균 게시글도 10억개를 넘어서고 있다.

SNS는 온라인 커뮤니티 회원 상호간에 지식을 쌓고 문제를 해결하기 위해 정보와 지식을 공유하는 새로운 형태의 커뮤니케이션의 하나로 인터넷 환경에서 중요한 사회문화적 현상으로 등장하고 있다. 즉, 스마트 폰을 이용하여 언제 어디서나 네트워크에 연결하여 자신들의 사고와 감정을 소통하는 새로운 영역의 가상적 공간이 형성되고 있는 것이다.

여러분은 왜 SNS에 가입하기 원하는가? 그 이유는 수많은 다른 친구들이 가입했기 때문이다. 더 많은 친구들이 가입할수록 해당 웹사이트는 새로운 주변의 뉴스를 제공하고 친구들과 정보를 교환하는

데 더 큰 가치를 갖게 된다. 가입자수가 증가할수록 누군가가 올린 사진이나 의견을 접하게 되는 청중들이 많아지고, 그 내용도 더 다양해지고 풍부해지게 된다. 즉, 페이스북의 성공을 가져다 준 핵심적인 요인은 강한 망외부성이다. 망외부성을 바탕으로 가입자 증가라는 선순환의 경로를 거치면서 고착효과가 강하게 구축되고 있기 때문이다. 이러한 망외부성은 여러 해에 걸쳐 많은 현대적 첨단기술들이 나타나게 만든 기술발전의 강한 촉진제로 작용해 왔다.

한편, 소셜 네트워크라는 가상공간에서 교류되는 정보는 정형화되어 있지 않은 방대한 분량이다. 문자와 메시지를 넘어서서 사진과 동영상 등을 교환하면서 개개인의 생각과 감정이 실시간으로 교환되는 엄청난 분량의 정보가 발생하고 있다. 이에 따라 최근에는 빅데이터(big data) 분석을 통해 방대한 양의 정보를 데이터 마이닝과 추론, 그리고 예측기법 등에 활용하고 있다. 따라서, 21세기 디지털 경제가 직면하는 새로운 환경변화는 SNS의 발달과 이를 활용한 빅데이터의 영향력을 파악하는 것이 될 것이다.

10.1 소셜 네트워크 서비스

초고속 통신망의 보급과 온라인 서비스의 대중화로 인터넷을 기반으로 하는 다양한 미디어가 등장하고 있다. 기존 미디어의 일방적인 성격과는 달리 SNS의 등장은 다양한 디지털 미디어를 기반으로 양방향 사용자에 의한 콘텐츠의 소비와 생산을 가능케 함으로써 사회와 문화의 새로운 패러다임을 이끌고 있다. 이러한 인터넷이 가져온 변화 중의 하나는 사회적 관계의 구성방식과 유지 방식의 변화로, 인터넷이 제공하는 다양한 방식의 커뮤니케이션을 통해 기존 관계의 유지가 가능한 통로가 마련되었고, 더 나아가서는 새로운 인맥형성의 기회를 제공해 주고 있다. 따라서 SNS의 발전은 정치 사회적 문제를 해결하기 위한 사회적 합의의 과정을 변화시킨다. 자유로운 소통과 협의를 통해 집단지성을 발휘할 수 있게 되어 디지털 경제에서 사회적 민주주의를 향상시키게 될 것이다.

10.1.1 소셜 네트워크 서비스의 정의와 성질

Social은 사회라는 영어 단어로 “사람들이 모여있다”는 의미이고 network는 사람들이 일련의 관계에 의해 모인 연결망을 뜻한다. 따라서 소셜 네트워크는 사람과 사람 사이의 연결망을 뜻하며 SNS는 사람과 사람 사이를 이어주는 서비스를 지칭한다. 다시 말해서, 온라인 상에서 공통의 관심사를 가진 사용자간의 관계 맺기를 지원하고 축적된 지인 관계를 통해 인맥관리, 정보공유 등 다양한 커뮤니티 활동을 할 수 있도록 하는 서비스를 말한다.

이 때문에 SNS는 온라인 커뮤니티와 혼용되어 사용되기도 한다. 그러나 커뮤니티가 주로 비슷한 관심사의 사람들이 한 장소에 모여 활동하는 폐쇄성의 그룹중심의 커뮤니티 서비스를 지칭한다면, 소셜 네트워크 서비스는 개인이 중심이 되어 다른 개인과 관계를 맺고 이러한 개개인의 관계가 모여 축적됨으로써 개방지향형의 더 큰 네트워크를 형성하는 구조를 갖는다.

초기 SNS는 학교 웹페이지에서 동창들이 함께 활동하는 집단 온라인 커뮤니티의 성격을 띠었지만 개인의 친구목록을 보여주는 기능을 제공하면서 개인과 개인간의 관계라는 개념을 처음으로 도입하여 축적할 수 있도록 하는 서비스를 제공한 것이 그 시초라 할 수 있다. 그 이후 개인의 신상정보, 관심사, 소개정보가 담긴 프로필을 만들고 이를 통해 다른 사용자와의 관계를 맺는 지인관계의 축적에 집중하였으며 초대에 의한 폐쇄적인 방식으로 2002년 출시한 프렌드스터(Friendster), 2004년 1월 구글의 오르쿠트(Orkut)와 같은 1세대 소셜 네트워크 서비스가 이루어졌다.

한편, 2세대 소셜 네트워크 서비스는 콘텐츠와 결합하여 축적된 관계의 활용에 집중하는 특성을 보이며 폐쇄된 지인간의 관계맺기를 넘어서 축적된 관계를 적극적으로 활용하여 콘텐츠를 생산·공유·배포한다. 이러한 신뢰네트워크에 기반한 새로운 콘텐츠 유통 시스템으로 마이스페이스(myspace.com)가 있으며 가입절차가 까다롭지 않고 콘텐츠 공유가 용이하여 한동안 사용자의 지지를 얻었고, 이후 2004년 2월 하버드대 재학생만을 위해 시작되어 현재 전세계 가입자를 가장 많이 보유한 페이스북(Facebook) 등 수 많은 서비스들이 출시되면서 SNS가 붐을 이루고 있다.

우리나라의 경우 SNS는 초기 인터넷 문화의 핵심으로 인터넷의 확산에 주된 역할을 수행하였다. 1999년 6월 다음(Daum)은 카페 한메일(Cafe hanmail) 서비스를 중심으로 국내 포털업계 1위로 급성장하였고 1999년 9월 서비스를 시작한 싸이월드(Cyworld)는 2001년 미니홈피 서비스를 시작하면서 급성장하였으나 페이스북이 부상하면서 주춤하고 있다.

SNS가 갖는 몇 가지 성질을 살펴보자. 먼저, SNS는 신속성을 지니고 있다. 기존의 전통미디어와 달리 소셜 미디어는 정보의 수평적 전달과 네트워크를 통한 확산이 가능하다. 개개인의 관심사에서부터 이란의 반정부 시위, 일본 지진과 같이 폭 넓은 방면에서 신속성과 파급력을 지니고 있는 것이 바로 소셜 미디어로 개인적 관심을 통한 기사작성과 기존 저널리즘 뉴스의 뉴스를 필터링하는 방식으로 저널리즘적인 행동을 하고 있다. 다음으로 들 수 있는 특성은 개인성 혹은 직접성으로 개인적인 경험을 타인과 공유하는 것에 초점을 두고 확산되는 것이다. 일방적으로 조작되거나 정의된 기초 미디어의 정보전달 내용과 달리 직접적인 소통을 통해 사적 지식이나 감성에 대한 개인의 정보가 여과없이 교류될 수 있다. 마지막으로 정보의 개방성과 양방향성을 들 수 있다. 콘텐츠 게시에 대한 제한이 없고 자유롭게 스크랩이나 링크가 가능하며 각각의 개인이 맺고 있는 사회적 네트워크가 공개되어 투명성을 나타내고 있다. 이용자들은 개방형 소셜미디어를 통하여 인터넷에 제공되고 있는 다양한 정보들 중에서 자신에게 맞는 정보를 손쉽게 검색할 수 있으며 다른 이용자들의 게시물을 보관, 공유를 할 수 있고, 네트워크 구축의 용이성을 기반으로 정보의 공유와 유통을 양방향으로 빠르게 전달 및 수용할 수 있다는 특성을 지니고 있다.

10.1.2 소셜 네트워크의 진화

사용자들의 상호작용과 관계에 의해 콘텐츠가 생성되고 확산되는 메커니즘을 갖고 있는 SNS는 다양한 서비스들이 존재한다. <표

표 10.1 SNS의 유형

구분	내용	예
소셜네트워킹	소셜 프로필 관리	페이스북, 싸이월드
소셜 협업	실시간으로 동시에 작업을 가능하게 하는 기술	위키피디아
소셜 퍼블리싱	콘텐츠 저장소에 접근가능	블로그, 마이크로 블로깅
소셜 피드백	커뮤니티로부터 피드백과 의견 수렴	

10.1>에서 보듯이 SNS는 제공하는 기능에 따라 미국의 가트너 그룹에서는 SNS의 유형을 다음의 4가지로 구분하였다.

먼저 소셜 네트워킹은 이용자가 소셜 미디어 웹사이트에 가입하면서 기본적으로 제공하는 개인정보를 바탕으로 개인의 정체성을 확립하여 이용자간의 네트워크를 구성할 수 있도록 해주는 소셜 네트워크 서비스이다. 대표적인 예로는 페이스북, 싸이월드를 들 수 있다. 두 번째로, 소셜 협업(Social Collaboration)은 사용자가 생산해 낸 콘텐츠나 자신의 소셜미디어 웹사이트에 연결한 외부 콘텐츠를 다시 공유하거나 추천, 배포하고 나아가 협업을 통해 또 다른 의미 생산에 참여할 수 있도록 창구를 열어주는 서비스를 의미한다. 이러한 소셜 협업 사이트들은 위키피디아, 북마킹, 소셜 뉴스 등으로 분류할 수 있다. 셋째, 소셜 퍼블리싱 서비스는 해당 서비스에 참여하기 위해 기본적으로 제공한 프로필 정보 이외에 텍스트, 사진, 동영상 등 사용자가 시스템안에서 콘텐츠를 생산해 낼 수 있도록 하는 서비스를 말한다. 소셜 퍼블리싱에는 블로그(Blogs), 마이크로 블로깅(Micro Blogging), 콘텐츠 공유 유형, 라이브 캐스팅(Livecasting) 등이 포함된다. 넷째, 소셜 피드백은 사용자가 커뮤니케이션 중심으로 자신과 유사한 분야의 비즈니스 목적을 둔 사람들과 인맥관계를 만들어, 비즈니스에 관련된 정보를 공유하고 다양한 커뮤니티 활동을 하거나 취미나 관심분야가 일치하는 사용자들끼리 모여 온라인상에서 자유롭게 커뮤니티를 형성하게끔 도와주는 서비스를 제공하는 사이트를 말한다. 소셜 피드백에는 리뷰 & 오피니언 유형, 커뮤니티 Q&A 유형이 포함된다.

이처럼 SNS는 초기의 소셜 네트워킹→소셜 협업→소셜 퍼블리싱→소셜 피드백 등의 다양한 유형의 서비스가 제공되면서 비약적인 발전을 하고 있다. 향후에는 더욱 더 편리하고 상업적으로 이용되는 추세에 맞춰 소셜 커넥션이나 증강현실, 위치기반서비스(LBS) 등으로 현재보다 더 발전된 형태로 소셜 네트워크 서비스가 진화될 것으로 예상된다.

이러한 SNS는 스마트폰의 확산과 맞물려 폭발적인 성장을 함과 동시에 급속한 변화를 겪고 있다. 최근의 변화들에 대응하면서 발전해 가는 SNS의 진화과정을 정리할 수 있다.

먼저, 다양한 콘텐츠 교류의 공간이었던 웹서비스 기반의 1세대 SNS는 인터넷의 보급과 함께 SNS의 시초라 할 수 있는 Sixdegrees.com과 같은 웹서비스의 등장으로 인해 시작되었다. 인터넷상의 마을 주민으로 입주한다는 Beverly Hills Internet 서비스가 SNS의 컨셉을 제공하였으며 이후 인연들과 교류기회를 주며 구독료를 받는 SNS 비즈니스 모델을 세운 Classmate.com과 Sixdegrees.com 등의 서비스들이 등장하기 시작했다. 초기의 SNS는 다양한 콘텐츠를 주고 받는 공간이자, 싸이월드와 같이 개인공간을 꾸미는 PR공간으로도 활용되었다. 페이스북(Facebook)이나 마이스페이스(Myspace) 등의 성공 속에서 간단한 인스턴트 메시징을 통해 인맥을 연결시켜 주는 트위터(Twitter)가 또 하나의 SNS로의 대안을 제시하였다.

스마트폰의 확산은 언제 어디서나 콘텐츠 생성, 소비, 교류를 가능하게 하면서 SNS가 소셜로서의 역할을 강화할 수 있게 한다. 모바일 기기와 결합된 경우를 2세대 SNS라 할 수 있다. 자신만의 공간이나 캐릭터를 꾸미는 행위보다는 빠르고 간단하게 메시지, 사진, 영상 등의 콘텐츠를 생산할 수 있는 행위 위주로 SNS의 사용 행태가 변화하고 있다. 점차 모바일 환경에 최적화된 사용성을 제공하는 서비스만이 생존하는 추세이다. 트위터(Twitter) 140자 이내의 간단한 메시지를 주고받는 기존 컨셉을 모바일로 그대로 전환시켜 나감으로써 PC 웹 서비스에서의 강점을 극대화시키고 있으며, 페이스북(Facebook)은 모바일 환경에서 최적화된 인터렉티브한 화면구성, 심플하고 직관적인 인터페이스 뿐만 아니라 웹페이지와 연계되는 사용자 경험 제공으로 서비스 확장에 성공하였다.

기존의 SNS의 과도한 개인정보 노출과 정보의 범람에 따른 피로도 증가로 이를 해결하기 위해 등장한 새로운 유형의 SNS가 2.5세대 SNS로 기존 SNS에서 진화한 형태이다. 소수의 친밀감이 강한 인맥과 소통을 위한 폐쇄형(private) SNS가 개방형 SNS의 대안으로 등장하면서 새로운 시장을 형성하고 있다. 또한 개인의 관심 분야, 주제에 집중하여 양질의 콘텐츠를 공유하거나, 이미지 등 콘텐츠 형태를 특정화하여 보다 간편하고 특화된 스타일로 공유할 수 있는 버티컬 SNS가 빠르게 성장하고 있다.

기존의 퍼블릭 SNS는 플랫폼화를 통해 새로운 서비스에 대응하며 시장입지를 굳건히 하려는 노력 전개하고 있다. 퍼블릭 SNS는 자신만이 할 수 있는 영역을 찾아 개별 SNS 출시와 함께 음악, 뉴스, 비디오, 게임, 쇼핑 등 여러 분야의 서비스까지 품어 플랫폼적인 성격으로 변모하고 있다. 페이스북(Facebook)은 그동안 'Like'를 통해 각종 콘텐츠와 서비스 확산을 주도한데 이어 더 높은 자유도의 오픈그래프를 개발자에게 제공하여 더 많은 트래픽을 유발하고, 사용자 유치 효과를 얻어 플랫폼으로서의 확고한 입지를 마련할 계획을 하고 있다. 트위터(Twitter)는 사용자들이 좀 더 자연스럽게 사용하는 서비스로 입지를 굳히기 위해 최근 특정인의 트윗을 알려주는 트윗 푸시 기능, 대기알림 등의 기능을 업데이트하였고, 특히 애플의 iOS의 기본 기능으로 트위터(Twitter)를 연동 제공하여 플랫폼으로 지속적인 발전을 꾀하고 있다.

우리나라에서 선풍적인 인기를 누린 소셜 네트워킹 서비스인 싸이월드는 모바일로의 전환에 실패하여 시장에서 다른 SNS에 밀리고 있는 상황으로 동일한 서비스라도 이를 사용하는 환경과 방식이 변하면 그에 맞춰 서비스 자체도 적절한 변화를 반영할 필요가 있다. 또한 지금까지는 메시지, 사진과 같은 정지된 이미지 콘텐츠를 통해 자신의 상태나 활동을 알리고 댓글을 통해 소통하는 방식의 SNS가 주를 이루었는데 LTE 확산 등의 서비스 환경 변화로 동영상 콘텐츠 활용이 늘어날 전망으로 동영상 콘텐츠 제작, 활용의 용이성 제공 및 영상 기반의 최적 소통 방안 등에 대한 고려를 할 필요가 있다.

한편, 소셜 커머스는 SNS를 통해 이루어지는 새로운 전자상거래 방식이다. 즉, 특정제품이나 서비스에 일정 참가자 이상이 구매신청을 하면 가격을 할인해 주는 비즈니스 모델이 등장하고 있다. 2005년 11월 야후를 통해 처음 사용된 소셜 커머스는 2008년 10월 시카고의 온라인 할인 쿠폰 할인업체인 그루폰의 등장으로 선풍적인 인기를 끌었다. 그루폰의 비즈니스 모델은 데일리 쿠폰 등을 통해 음식점 등의 서비스 분야에서 기간 한정조건으로 할인을 실시하여 신규고객을 유치하기 위한 캠패인을 하는 서비스로 시작되었다. 국내 소셜 커머스로는 티켓 몬스터, 쿠팡, 쿠펀지, 쿠폰모아 등이 있다.

10.1.3 소셜 네트워크 서비스의 성공사례

스마트폰이 대중화되면서 모바일이 SNS의 성패를 좌우하는 주요 요인이 되고 있다. 대표적인 사례가 페이스북이다. PC 기반의 페이스북은 한때 모바일에 적응하지 못할 것이란 우려에 주가가 급락하기도 했으나 최근 이러한 우려를 말끔히 해소했다. 페이스북의 매출 중

모바일 매출 비중이 증가하면서 웹을 넘어 모바일 환경에도 제대로 적응했다는 평가를 하고 있다. 하버드 대학생 마크 주커버그가 2004년 2월 기숙사에서 만든 페이스북은 10년만에 13억명 이상이 사용하는 SNS로 성장하였다.

반면, 우리나라의 경우 페이스북을 사용하기 이전에 "버디버디"나 "싸이월드"와 같은 PC 기반의 미니홈페이지 서비스를 중심으로 온라인상의 소셜 네트워크 서비스가 활용되고 있었다. "싸이월드"는 네이트온(NateOn)이라는 메신저와의 통합서비스를 제공하는 한편 가입자의 미니홈페이지를 기반으로 다른 가입자와의 인적 네트워크를 연결시켜주는 쇼셜 네트워크 서비스 기본적인 모델을 보여준 대표적인 사례이다. 특히 디지털카메라가 보급되어 일반화되면서 소비자들은 개인의 미니홈페이지에 사진을 업로드시킬 뿐만 아니라 인적 네트워크가 형성되어 있는 다른 가입자들의 사진도 감상할 수 있어서 망외부성을 극대화할 수 있었다.

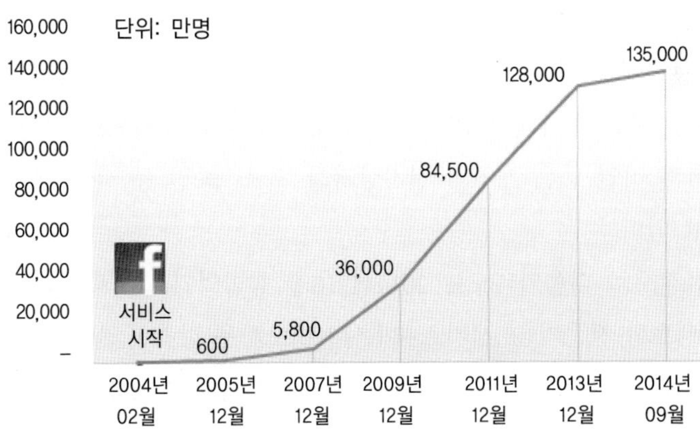

그림 10.1 페이스북 이용자수

그러나, 2010년 이후에 들어서서 전세계적으로 스마트폰 가입자가 폭발적으로 증가하면서 페이스북은 모바일 시장에 신속히 적응한 반면, 싸이월드는 스마트폰 시장에 미숙하게 대처함으로써 자사가 보유한 잠금효과를 고착화시키지 못하여 사업실패에 직면하게 되었다. 특히, 페이스북은 피드방식을 활용하여 자신의 모바일과 인적 네트워크가 있는 다른 팔로워(follower)의 정보를 자동적으로 자신의 스마트폰에 연동시켜줌으로써 소셜정보를 손쉽게 확인할 수 있도록 하였다. 즉, 페이스북은 피드방식을 통해 스마트폰의 모바일 플랫폼의 특성을 강화하고 소셜정보의 직접적인 노출방식을 적극 활용하였다. 이러한 능동적인 모바일 전략은 싸이월드처럼 가입자의 미니홈페이지를 방문해야 소셜정보를 확인할 수 있는 번거로움을 제거해주었다. 이로 인해 소비자들이 소셜 네트워크 서비스를 활용하는 데 있어서 싸이월드에서 페이스북으로의 급속한 교체를 가능하게 만들었다.

반면 '세계인의 소통 창구'로 활용되고 있는 트위터는 온라인에서 막강한 영향력에도 불구하고 광고 외에는 뚜렷한 수익모델을 내놓지 못하고 있다. 모바일을 뼈대로 삼고 있는 토종 SNS들은 초기 소통 기능에서 지금은 각종 콘텐츠 유통의 핵심 플랫폼으로 진화하고 있다. 무료 문자메시지와 채팅, 화상통화 등을 주력으로 하던 카카오톡과 라인 등은 게임과 전자상거래, 뉴스, 증권 등 사업 영역을 넓히고 있다.

대표적으로 다음카카오는 2014년 10월 통합법인으로 출범하였으며 콘텐츠와 전문기술, 서비스-비즈니스 노하우 강력한 플랫폼 경쟁력을 갖춘 모바일 라이트 플랫폼 기업으로 새롭게 출발하였다.[105] 다

105 다음카카오는 온라인 검색포털 사이트인 다음(daum)의 콘텐츠와 국민 모바일 메신저 카카오(Kakao)를 바탕으로 다양한 플랫폼을 구축해 온라인

음카카오는 3,700만명 카카오톡의 국내 이용자를 기반으로 한 서비스를 통해 플랫폼 경쟁력 강화와 성장동력을 확보함으로써 중장기적인 성장을 도모하고 있다. 특히, 국내 O2O(Online to Offline) 시장이 확대됨에 따라 처음 시행한 카카오페이 뿐만 아니라 뱅크월렛 카카오, 이미지 인식·검색 기능, GPS를 통한 주차 공간 자동인식 기술 등 모바일 플랫폼 연결에 바탕을 둔 신규 서비스 출시를 준비하고 있으며, 검색 서비스 기반기술 개선에 중점을 두고 지속적인 정답성 검색, 버티컬 검색 등 사업다각화도 함께 강화함에 따라 다음카카오가 성장할 것으로 기대된다.

10.2 빅데이터

10.2.1 빅데이터의 정의와 성질

2011년도에 전 세계에서 생성된 디지털 정보의 양은 1.8ZB에 이른다고 한다.[106] 이는 2,000억개의 고화질 HD 영화를 4,700만년동안 시청할 수 있는 정도의 정보량으로, 5,000만명에 이르는 대한민국의 모든 사람들이 54만년 동안 (혹은 60억명의 전 세계 인구가 4,500년 동안) 쉬지 않고 매 1분마다 트위터에 1개의 글을 게시하는 양과도 같다고 한다. 뿐만 아니라 현재를 살아가는 인류는 매일 2.5퀸틸리언 바이트(2.5×10^{18})의 데이터를 생산하고 있으며, 이러한 데이터의 생산속도는 점점 증가하고 있다. 기후정도 측정센터, 소셜 미디어, 디

과 모바일의 커뮤니케이션, 검색, 광고, 정보 등 다양한 산업의 글로벌 플랫폼 기업으로 성장하기 위해 합병하였다.

106 1.8 Zeta bytes는 1.8×10^{21} bytes로 1.8조 GB에 해당한다.

지털 사진과 동영상, 인터넷 쇼핑기록, 휴대전화기와 GPS 신호 등 세상 모든 곳에서 정보가 만들어지고 있다. 향후 2020년에는 현재에 사용하는 정보량의 50배 이상이 증가할 것으로 예측되고 있다. 실로 정보의 홍수라고 불릴 만큼 빅(Big) 데이터이다.

빅데이터는 어떻게 정의할 수 있을까? 사실 아직까지 빅데이터에 대해서 구체적이고 정량적인 정의가 합의된 바는 없다. 세계적인 컨설팅 기관인 McKinsey & Company는 2011년 5월에 발간한 보고서 'Big Data : The Next Frontier for Innovation, Competition, and Productivity'에서 "빅 데이터의 정의는 기존 데이터베이스 관리 도구의 데이터 수집, 저장, 관리, 분석하는 역량을 넘어서는 데이터셋Dataset 규모로, 그 정의는 주관적이며 앞으로도 계속 변화될 것이다. 또한 데이터량 기준에 대해 산업분야에 따라 상대적이며 현재 기준에서는 몇 십 테라바이트에서 수 페타 바이트까지가 그 범위이다"라고 설명하고 있다.

<표 10.2>에서 보듯이 '빅데이터'란 단지 데이터의 크기와 양이 거대한 데이터만을 의미하는 것이 아니라, 자료나 문자, 음성이나 그

표 10.2 빅데이터의 종류

종 류	내용
정형 데이터 (Structured)	▪ 정된 필드에 저장된 데이터 ▪ 관계형 데이터베이스 및 스프레드시트 등
반정형 데이터 (Semi-Structured)	▪ 고정된 필드에 저장되어 있지는 않지만 메타데이터나 스키마를 포함하는 데이터 ▪ XML이나 HTML 텍스트 등
비정형 데이터 (Unstructured)	▪ 고정된 필드에 저장되어 있지 않은 데이터 ▪ 텍스트 분석이 가능한 텍스트 문서 및 이미지, 동영상, 음성 데이터 등

림, 음악이나 동영상 등 형식이 다양하고 데이터의 크기가 거대해지고 구조가 복잡해지며 순환속도가 빨라 기존에 사용했던 분석방법으로는 다루기가 어려운 데이터를 통칭한다.[107] 즉, 데이터를 저장하고, 검색하고, 분석하고, 시각화하는데 어려움이 있다는 것을 의미하며 이는 복잡하지만 막대한 미래적 잠재가치를 지닌 자료의 보고라고 할 수 있다. 또한 거대하고 복잡한 새로운 종류의 데이터로부터 새로운 지적 통찰력을 찾아낼 수 있는 기회가 등장하게 된다. 그동안 인류가 경험해보지 못했던 데이터 구축으로 인하여 인류가 그 데이터로부터 새로운 지식을 찾아낼 수도 있다.

최근 들어, 비정형 데이터의 증가속도는 누구도 예측할 수 없는 정도이며, 비교적 선형적으로 증가하던 정형 데이터도 연간 40~60%의 증가세를 보이고 있다. 따라서, 빅데이터에 대한 기술의 발전에 따라 이러한 비정형화된 데이터를 분석할 수 있기 때문에 이로 인하여 다양한 사회현상을 분석하는 토대가 되고 있다.

빅데이터의 특징은 크게 세 가지로 대별된다. 먼저, 기본용량이 테라바이트(10^{12} bytes)를 넘어서는 압도적인 규모의 크기이다. 둘째, 실시간 스트림의 흐름이 지속되는 속도의 연속성이다. 마지막으로 정형화되고 구조화되어 있는 기존데이터를 넘어서서 비정형화되어

107 정보를 담고 있는 형태에 따라 데이터는 정형 데이터와 반정형 데이터 그리고, 비정형 데이터로 구분된다. 정형 데이터는 통계적 활용이 용이한 전통적인 데이터를 의미하며 이름, 나이, 주민등록번호, 카드번호, 은행 비밀번호 등 주로 숫자와 짧은 단어로 구성된 비교적 단순하고 정형화된 정보를 담고 있다. 반정형 데이터는 XML이나 HTML 텍스트 등을 말한다. 반면, 비정형 데이터는 영상, 사진, 문서, SNS 대화, 의료기록, 음성, 지문 등과 같이 다양한 형태와 구조가 복합적인 데이터로, 정형화된 데이터에 비해 훨씬 민감하고 방대한 정보를 담고 있다.

있는 다양한 형태를 띠고 있다.[108] 여기에는 이메일, 영상이나 음악과 같은 멀티미디어, SNS 등의 정보들을 모두 포함한다. 이들 정보의 속성을 보면 위치나 크기, 방향이나 사진, 지불결제정보 등과 같은 일반적인 표준데이터 이외에 카카오톡이나 페이스북, 게시판 댓글 등과 같은 사용자의 감정데이터도 포함하고 있다.

미국의 시장조사기관인 가트너는 2011년에 발간한 "Big Data Analytics"에서 기존 데이터 처리와 빅데이터 처리에 관한 차이점을 <그림 10.2>와 같이 설명하고 있다. 첫째, 기존 데이터와 빅데이터의 가장 큰 차이점은 상대적인 의사결정속도(Speed of Decision Making)이다. 기존의 데이터 처리와 달리 빅데이터의 경우 빠른 의사

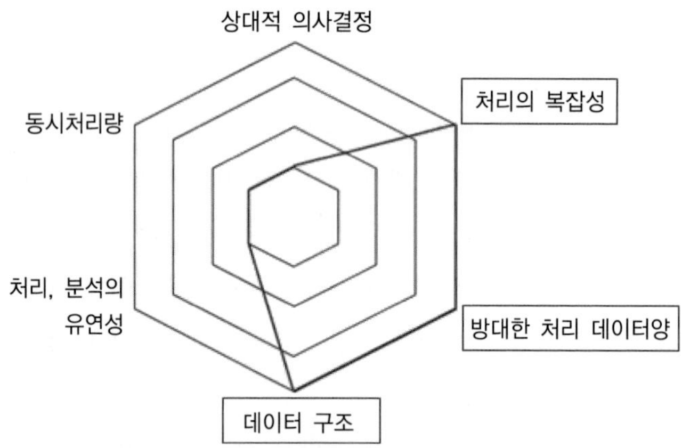

그림 10.2 기존 데이터 처리와 빅데이터 처리의 차이점

108 펄그럼 리서치에 따르면 현재 기업이 보유하고 있는 전체 정보 중 약 20%만이 데이터 베이스의 테이블이나 칼럼서 정의할 수 있는 정형화된 정보로 이루어져 있고, 나머지 80%의 정보가 데이터베이스에 정의할 수 없는 형태의 비정형화된 정보로 이루어져 있다고 하였다.

결정이 상대적으로 덜 요구된다. 빅데이터의 경우 대용량의 데이터에 기반을 둔 분석 위주로 장기적, 전략적 접근이 필요하다. 다시 말해서 기존 데이터 처리에 요구되는 즉각적인 처리속도와는 달리 즉각적인 의사결정이 빅데이터의 경우에는 상대적으로 덜 요구된다. 둘째, 빅데이터는 처리의 복잡성이 높다. 즉, 빅데이터는 단순 프로세싱 모델이 아닌 다양한 데이터 소스, 복잡한 로직 처리, 대용량 데이터 처리 등으로 처리 복잡도가 매우 높으며, 이를 해결하기 위해 통상적으로 분산처리 기술이 필요하다. 셋째, 빅데이터는 처리해야할 데이터의 양이 방대하다. 예를 들어 클릭 스트림(Clickstream) 데이터의 경우, 고객 정보수집 및 분석을 장기간에 걸쳐 수행해야 하므로 기존 방법과 비교하여 처리해야 할 데이터양이 방대하다. 넷째, 빅데이터는 소셜미디어 데이터, 로그파일, 클릭 스트림 데이터, 콜센터 로그 등 비정형 데이터 파일의 비중이 높기 때문에 처리의 복잡성을 증대시키는 요인으로 작용하기도 한다. 다섯째, 주어진 데이터 모델이나 파악된 데이터 상관관계, 주어진 절차 등이 없어 기존 데이터 처리방법과 비교하면 처리, 분석의 유연성이 높은 편이다. 새롭고 다양한 처리방법이 수용을 위해 수연성이 기본적으로 보장되어야 한다. 마지막으로 빅데이터는 동시처리량이 낮다. 즉, 대용량 및 복잡한 처리를 특징으로 하고 있기 때문에 동시에 처리가 필요한 데이터양은 낮은 편으로 실시간 처리가 보장되어야 하는 데이터 분석에는 적합하지 않다.

빅데이터의 출현은 Wibro와 4G에 이르는 무선망의 기술진화에 힘입어 네트워크가 고도화되고 스마트폰이 일상화되면서 나타난 현상이다. iCloud 기법 등의 출현과 저렴한 컴퓨팅 비용에 의해 이제는 우리 삶의 일상에서도 디지털화가 90% 이상으로 진전되고 데이터가 축적되어 가면서 빅데이터의 활용은 급증하고 있는 실정이다. 빅데이터에 대한 관심은 불과 5년 정도밖에 안되었지만, 이제는 빅데이터의 인지와 실험단계를 넘어서서 정보분석과 활용을 통해 경영전략과 기회창출의 도구로 점차 확대되어가고 있다.

빅데이터의 출현이 디지털 경제에 미치는 영향은 다양하게 나타난다. 경제발전적 차원에서 보면 산업혁명과 정보통신의 혁명을 넘어서서 모바일 스마트혁명을 선도하는 핵심자원으로 활용되고 있다. 각 개개인은 정보를 선별하고 파악하는 검색창구로서 빅데이터를 활용할 수 있다. 과거처럼 사전이나 책처럼 정형화된 자료를 통해 파악하던 정보를 실시간 검색을 통해 수많은 사람들이 어떻게 생각하고 인지하는지 그리고 현장에서는 어떻게 활용하는지를 실시간으로 파악할 수 있다. 또한, 빅데이터라는 정보재를 담고 있는 소셜네트워크는 다른 사업자들에게는 플랫폼으로서 활용될 수 있기 때문에 다양한 앱의 작동기반이 될 수 있다. 이중에서도 비즈니스 관점에서 광고와 소비자 심리분석에서 가장 활용도가 높을 것으로 보인다. 최근 소셜네트워크를 통한 비즈니스 모델로 리타겟팅 마케팅이 활발히 사용되고 있다.[109] 사회과학 분야에서 활용되는 빅데이터의 사업모델은 연관규칙을 학습하거나 유형분석, 유전 알고리즘의 구조화, 회귀분석과 검정, 소셜네트워크의 분석 등 다양하게 진화되고 있다.

그렇다면 실생활에서 발생하는 다양한 빅데이터들이 상업적인 용도로 어떻게 쓰이는 것일까? 아마존 이용고객이라면 해당 인터넷 사

---

109 리타겟팅 마케팅이란 기존에 웹사이트를 방문한 경력을 컴퓨터에 저장된 쿠키값을 이용하여 보관하고 있다가 다른 웹사이트를 방문할 때 특정 배너광고를 노출시키는 방법이다. 페이스북의 FBX가 대표적인 사례로서 최근에는 스마트폰 단말기에 따라 광고를 다르게 노출시키고 있다. 즉, 삼성 갤럭시 노트 사용자 혹은 LG G2 사용자에 따라 개별적으로 차별화된 광고를 다양하게 제공하는 방법을 사용하고 있다.

이트를 로그인 할 때, 추천도서가 뜬다는 것을 알고 있을 것이다. 이때 추천도서는 일괄적인 것이 아니라 로그인 한 회원마다 달리 나타난다. 아마존은 과거 고객이 구매한 장르, 클릭한 장르 등 방대한 자료를 분석하여 맞춤형 서비스를 제공한다. 이처럼 빅데이터 분석을 통해 산업부문, 특히 제조업에서 개발·조립 비용의 절감을 크게 기대할 수 있다. 이에 빅데이터 선도기업인 구글, 애플, 페이스북 등은 빅데이터 분석업체를 확장적으로 인수해 오고 있다.

10.2.2 빅데이터의 분석방법 및 시사점

최근 소셜미디어 등 비정형 데이터의 증가로 인해 분석기법들 중에서 텍스트 마이닝(Text Mining), 오피니언 마이닝(Opinion Mining), 소셜 네트워크 분석(Social Network Analytics), 군집분석(Cluster Analysis) 등이 주로 사용되고 있는데, 이러한 빅데이터의 분석방법은 기존의 통계적 분석방법을 초월하는 새로운 접근방식을 제안한다. 먼저 텍스트 마이닝은 비정형 및 반정형 텍스트 데이터에서 유용한 정보를 추출 및 가공하는 것을 목적으로 한다. 다음으로 오피니언 마이닝은 평판분석으로 불리우는데 소셜미디어 등 정형 및 비정형 텍스트의 긍정, 부정, 중립의 선호도를 판별하는 기술로 특정 서비스 및 상품에 대한 시장규모 예측, 소비자의 반응, 입수문 분석 등에 활용되고 있다. 정확한 분석을 위해서는 전문가에 의한 선호도를 나타내는 표현 및 단어 자원에 대한 축적이 필요하다. 소셜 네트워크 분석은 수학의 그래프 이론에 근거하여 소셜 네트워크 연결구조 및 연결강도를 바탕으로 사용자의 명성 및 영향력을 측정하여 소셜 네트워크 상에서 입소문의 중심이나 허브 역할을 하는 사용자를 찾는데 주로 활용된다. 마지막으로 군집분석은 비슷한 특성을 가진 개체를 합쳐가면서 최종적으로 유사 특성군을 발굴하는데 사용된다. 예를 들어 트위터 상에서 주로 사진 및 카메라에 대해 이야기하는 사용자군이 있을 수 있고, 자동차에 관심이 있는 사용자군이 있을 수 있다. 이러한 관심사나 취미에 따른 사용자군을 군집분석을 통해 분류할 수 있다.

이와 같이 기존의 샘플링에 의한 통계적 분석이라는 전형적인 20세기 분석방법론은 빅데이터를 통해 모수에 의한 전체 분석이라는 새로운 분석방법론으로 대체되어 갈 것이다. 이러한 점에서 빅데이터의 설명력과 활용도는 감히 혁명적이라고 할 만큼 막대하다고 할 수 있다. 기존의 통계적 방법론에서는 다른 변수는 일정하게 고정시켜놓고 인과성이 있는 변수들간의 부분균형적이고 연역적인 분석방법론을 활용하는 반면, 빅데이터 분석방법론에서는 모든 전체 변수를 유동화시켜서 이들 변수간의 연관성을 추론해 나가는 종합적이고 귀납적인 분석방법론을 활용한다. 이러한 분석방법론은 경제학뿐만 아니라 다른 사회과학적 분석방법론에 커다란 도전이 되고 있다.

빅데이터를 전략적으로 사용하는 분야는 크게 네 가지 분야로 나누어 볼 수 있다.[110] 첫째는 과거 데이터로부터 규칙성을 분석하여 미래의 수요 및 리스크를 추정하는 것이다. 패션기업 '자라(ZARA)'는 전 세계 환경정보, 품목별 특징과 전시위치, 판매실적 등을 실시간 집계하여 매장·품목별 적정재고를 산출하고 이를 주문 가이드에 이용한다. 미국 'T-mobile'은 빅데이터를 이용하여 리스크를 경감시킨 사례이다. 다른 통신사로 옮긴 고객이 사전에 보였던 특유 이용패턴을 발견하고 이를 실시간으로 포착하는 시스템을 구축, 고객 이탈을 사전에 감지 및 대처했다. 그 결과 이탈고객 수는 시스템 구축 전의 절반으로 낮아지는 성과를 이뤘다. 둘째, 고객의 무의식적 니즈에 대

110 조하연(2014.3) 한국경제연구원 칼럼 참조.

한 발견이다. 소비자의 일상이 담긴 정보에서 경쟁사 혹은 고객 스스로 인지하지 못한 새로운 패턴의 니즈를 발견할 수 있다. 미국 '하라스 호텔(Harah's Hotel)'은 매년 3,000만 명에 달하는 고객의 행동패턴을 분석하여 카지노 주 고객층이 관광객이 아닌 평범한 지역주민임을 알아냈고, 가족오락공간으로 맞춤형 마케팅을 통해 업계 1위를 달성했다. 셋째, 빅데이터를 통해 고도의 맞춤형 서비스를 제공할 수 있다. 빅데이터를 활용한다면 인구통계학적 분류 외에 맥락기반의 분류가 가능해져 개별 상황에 적합한 서비스를 제공할 수 있다. 미국의 소셜네트워크 서비스사인 '태그드 닷컴(Tagged.com)'은 사용자 1억 명의 데이터로 고객의 친구 및 대화상대까지 파악하여 실시간 개인맞춤형 데이팅 서비스를 제공하고 있다. 앞서 언급한 아마존의 도서추천시스템도 빅데이터를 이용한 맞춤형 서비스의 대표적인 예이다. 마지막으로 빅데이터의 활용전략은 비용절감이다. 기술투자비의 상당 부분을 빅데이터 관련 연구에 투입하고 있는 미국 운송업체 'UPS'는 적절한 부품 교체로 차량 고장을 최도체기업 '마이크론'은 장비에 유입되는 제품의 순서를 조합해 최적화된 공정일정을 세워 생산시간의 10%를 단축, 약 수백억대의 비용 절감을 달성할 수 있었다.

그러나, 빅데이터의 가치가 커질수록 빅데이터가 지니는 문제점도 동시에 증가하고 있다. 가장 큰 문제점은 '빅브라더'로 불리는 개인정보침해와 보안 측면의 문제이다. 빅데이터는 수많은 개인들의 정보 집합이다. 때문에 빅데이터를 수집, 분석할 때에 개인들의 사적인 정보까지 관리하는 빅브라더의 모습이 될 수 있다. 그리고 이와 같은 방법으로 수집된 데이터가 보안 문제로 유출된다면 이것 역시 거의 모든 사람들의 정보가 유출되는 것이기 때문에 큰 문제가 될 수 있다. 즉, 빅데이터는 대량의 개인정보가 수집 및 관리되므로 사업자의 고의 또는 과실에 의해 개인정보가 침해 혹은 누설될 수 있다. 방송통신위원회의 '빅데이터 개인정보보호 가이드라인'이 있지만 현행 개인정보보호법에 위배될 수 있고, 인권 침해 가능성이 있다. 따라서 빅데이터의 성공적인 활용은 개인정보침해에 대한 대책이 얼마나 잘 수립되어 있는가에 달려있다. 빅데이터를 산업발전에 유익하게 사용하려면 개인정보침해에 대한 강화된 대책이 필수적이다. 이를 위해서는 정보보안기술 자체의 개발도 중요하지만, 특히 체계적인 정보보안전략의 수립이 필요하다. 결국 디지털 사회가 진전됨에 따라 지속적으로 빅데이터를 활용하는 새로운 사업기회를 포착하는 동시에 정보보안 리스크에 대한 대책마련에도 힘써야 할 것이다.

맺음말 디지털 경제에서의 경쟁정책

정보통신기술의 발달은 과거 산업사회에서 불가능했던 것들을 디지털 공간이라는 새로운 거래방식을 통해 소통과 거래를 가능하게 함으로써 상상으로나 꿈꾸었을 것들을 현실로 바꾸어 놓고 있다. 정보 교환의 속도가 이전 시대에 비해 비교할 수 없을 정도로 빨라졌고 전달되는 정보의 내용도 대폭적으로 다양해졌다. 무선통신의 비약적인 발전은 개별화된 단말을 하나의 네트워크로 통합시킴으로써 한 지점에서 다른 지점으로 문자, 데이터, 음성, 영상에 이르기까지 각종 형태의 정보를 빛의 속도로 세계 방방곡곡에 전달할 수 있게 된 것이다.

네트워크 시장의 발전과 정보의 온라인화는 정보생성과 전달, 그리고 정보의 부가가치 창출의 측면에서 디지털 혁명이라 부를 수 있는 큰 변화를 가져왔다. 디지털 혁명의 시대는 이전 시대에 비하여 정보화 과정에서 나타날 수 있는 불확실성이나 시간, 그리고 비용 등이 현격하게 낮아진 시대로 특징지어진다. 디지털 혁명을 통해 그 영향이 사회적인 전 부문으로 확산되어 자원배분의 효율성의 증대는 물론이고 사업방식이나 제도적 틀의 변화를 요구하고 있다.

네트워크 시장에서 발생하는 새로운 경쟁형태와 기업행위에 대해서 기존의 경쟁법이나 경쟁정책을 적용하는 것이 아직도 유효한 것인가 아니면 새로운 경쟁규범이 필요한 것인가에 대하여 정책 당국과 관련 학자들 사이에 중요한 관심사가 되고 있다. 대체로 주류의 경제학자들은 현재 일어나고 있는 새로운 경쟁형태와 기업행위는 기존의 경쟁형태와 근본적으로 다른 것이 아니라는 것이다. 현재의 경쟁환경은 기술혁신이 더욱 강조되고 있는 것은 사실이지만 기존의 경쟁법이나 경쟁정책을 가지고도 이러한 현상을 충분히 제어할 수 있기 때문에 새로운 경쟁규범은 필요하지 않다는 견해이다. 이에 대해 기술경제학자들은 새로운 경제환경 하에서는 기존의 경쟁법과 경쟁정책을 적용하기에 문제가 있으므로 새로운 경쟁규범이 필요하다는 의견을 내놓고 있다. 이들은 디지털 경제체제에 적합하도록 새로운 경쟁법이나 경쟁정책의 역할을 재정립해야 한다고 주장하고 있다. 특히, 기술혁신에 따른 패러다임의 변화가 급격하게 일어나고 또한 시장의 불확실성이 높은 상태에서는 아주 명확하게 경제적 효율성을 높이는 경우를 제외하고서는 가능한 한 기존의 경쟁정책의 적용을 삼가는 "정부 규제의 최소개입 원칙"을 주장한다.

현재 미국의 경우 공공투자(public investment)와 규칙제정(rule making)이라는 두 가지 중요한 표제를 네트워크 시장에 대한 정책목표로 설정하고 있다. 먼저, 공공투자는 정보통신기술의 발전에 필요한 인적, 물리적, 재정적 자산을 창출하기 위해 기초 연구, 선진 공학 및 교육에 대한 정책을 시행하고 있다. 또한, 규칙제정은 개방과 경쟁을 확립하고 유지하는 데 초점을 맞추고 있다. 즉, 시장경제 원칙 아래 민간이 산업활동을 주도하고 정부는 법·제도 정비에 국한하여 정부의 직접적인 개입을 최소화하는 데 있다. 그 한 예로 미국은 세계 각국에게 인터넷을 통한 상거래에 대해서 무관세 협정을 요구하며 필수적인 상거래를 인터넷을 통해 하도록 유도하고 있다.

이러한 미국의 입장은 전세계적인 자율화와 시장개방의 뿌리가 되고 있으며, 유럽, 일본, 호주 등을 포함하여 동유럽이나 아시아에도 개방화와 경쟁화의 추세를 확산시켜 나가고 있다. 앞으로 세계적인 수준에서 디지털 산업의 개방과 경쟁이 가속될 것이며, 이에 따른 디지털 산업의 영향력은 급속도로 확대될 것으로 전망된다. 또한, 향후 유무선 서비스의 통합 및 대체현상이 급속도로 진전될 것으로 예측하고 이들 서비스의 통합 및 사업자의 인수와 합병 등에 대한 적절한 경쟁정책을 개발하는 것을 중요한 디지털 산업의 정책과제로 삼고 있다.

디지털 경제를 대비하는 경쟁체제를 재정비하는 작업에 있어서 몇 가지 고려해야 할 사안이 있다. 첫째, 패킷방식의 정보전송으로는 음성이나 동영상 같은 실시간 전송이 중요한 빅데이터를 전송하기에는 기술적 한계가 있다. 또한, 정보량이 방대해지는 정보의 홍수 속에서 이를 적절히 관리하고 보호할 수 있는 기술적 보안이 필요하다. 따라서, 시장에서 개발되는 기술력이 제대로 시장내에서 적절히 활용될 수 있도록 민간에 의한 네트워크 시스템의 구축과 시장환경을 제공하는 제반 관련 제도를 시장중심적으로 개정 및 제정되어야 한다.

둘째, 인터넷 네트워크는 전화망이나 PC통신망과 달리 네트워크의 투자가 공적으로 혹은 사적으로 발달되어 연결되어 있다.[111] 혼재된

---

111 산업사회가 발달함에 따라 막대한 고정설비투자를 기반으로 한 네트워크 산업의 영향력이 커져가면서 대부분의 국가에서는 네트워크 서비스에 대한 품질을 중요한 정책변수로 규제하고 있다. 특히, 정보사회로 이행되어 가면서 망설비의 공동사용은 망사업자의 서비스 품질결정에 있어서 중요한 경제적 요인으로 작용하고 있다. 망설비의 공동사용은 진입기업의 비용절감차원에서 긍정적인 효과가 있으나, 기존기업의 투자유인을 훼손시

네트워크의 연결로 인해 운용주체가 명확치 않아 망중립성의 논쟁을 불러일으키고 있으며 이로 인해 통신망의 병목현상 등 네트워크 운용에 대한 종합적 대처가 필요해지고 있다. 따라서, 네트워크 시스템 관리에 대한 신뢰성을 확보하는 방안이 중요하며, 이를 위해서는 적절한 네트워크의 소유권을 정의하여 책임소재를 명확히 하는 작업이 필요하다.

마지막으로, 디지털 시장이 개방화되고 경쟁화되면서 정보재가 국경을 초월해서 전세계적으로 거래되고 소비되는 상황에 직면하고 있다. 개방화나 국경 없는 경쟁의 조류가 정보기술의 발전과 정보재의 활성화에 따른 결과이기 때문에, 정보재의 거래를 국제적 차원에서 적절히 규제하는 것은 디지털 산업정책의 주요한 제약이 될 수 있다. 따라서, 규제완화와 자율화의 추세 속에서 원활한 시장경쟁을 확보하기 위한 제반 경쟁정책을 효과적으로 지원하고 아울러 개방경제에 대비해 각종 국제상거래상의 표준을 준용할 수 있어야 할 것이다. 각국의 정부는 세계적인 경쟁 및 자율화 정책을 반영한 적절한 산업정책의 입지를 찾는 것이 중요해지고 있다.

이하에서는 네트워크 시장에서 거래되는 온라인 경쟁에서 벌어지는 기업의 전략적 행위에 대해 개략적으로 살펴보고 이에 대응한 경쟁정책의 방향을 논의해보기로 한다.[112]

킬 가능성이 있어서 서비스 품질에 왜곡이 발생할 수 있다. 또한, 망설비를 공동사용하게 되면 진입기업의 서비스 품질이 기존기업이 제공하는 서비스 품질기준에 의존하게 되어 공정경쟁의 중요한 논쟁거리가 되고 있다.

112 디지털 시장에서의 공정경쟁 확보를 위한 경쟁정책에 대한 경제학적 분석은 산업조직론 이론에서 개발한 많은 논의들을 활용할 수 있다. 본 서적에서는 구체적인 이론적 분석은 가급적 피하고 전체적인 관점에서 파

먼저, 반경쟁적 행위를 생각해 볼 수 있다. 디지털 경제에서 거래되는 정보재의 두드러진 특성인 상품차별화 및 고착현상과 연관되어 이에 대한 적절한 경쟁정책을 강구하는 것이 중요한 문제가 될 수 있다. 예를 들어, 초기 투자비용이 무척 크고 상품생산의 공급비용이 매우 작은 정보재의 경우, 대량고객의 할인, 상용 이용자의 우대, 초기 설치비용의 무료 공급 등의 현상이 다반사로 발생한다. 이러한 다양한 경쟁전략이 경쟁관계에 있는 기업에게 시장진입에의 장벽으로 작용하여 "공정경쟁"을 저해할 수도 있다. 실례로, 최근 마이크로소프트사가 Windows98을 보급하면서 자사의 인터넷 웹브라우저인 Explorer를 끼워팔아 경쟁사인 Netscape사로부터 반경쟁적 행위로 제소를 당한 바 있다. 사실 다양한 가격 차별화와 상품 차별화가 특징적으로 심한 정보재 시장에서 이러한 문제는 앞으로 빈번하게 나타날 가능성이 있는 현상이다.[113]

이에 대한 해결은 디지털 산업의 정책목표와 수단의 의의를 명확히 하는 것에서 출발해야 한다. 효율성에 근거한 규범론으로 보았을 때, 정부가 산업정책을 실시하는 기본적인 목표는 특정 산업에서 창출되는 국민 후생을 최대화하는 것이다. 그리고, 국민후생을 최대화하는 일차적인 수단과 방법은 시장의 경쟁을 활성화하여 경쟁의 효율성을 추구하는 것이다. 시장 경쟁의 효율성은 두 가지의 긍정적인 역할을 담당한다. 첫째는 시장의 적절한 수요와 공급간의 가격균형을 달성함으로써 정태적인 효율성을 성취할 수 있다는 것이고, 다른

악하기로 한다.

113 마이크로소프트사의 Explorer에 대한 사례와 관련한 공정경쟁 이슈는 기업결합, 번들링 및 끼워팔기, 시장간 레버리지, 약탈적 가격 및 가격차별 등이 해당된다. 이에 대한 산업조직론적 분석은 김희수 외(2000), 최용수 외(2000), 손용엽, 이상호(2001) 등을 참조할 수 있다.

하나는 지속적으로 시장의 경쟁구조를 유지함으로써 동태적인 효율성을 추구할 수 있다는 점이다. 따라서, 산업정책의 방향은 강자를 벌하거나 약자를 보호하는 데 있지 않고, 오히려 이들 간에 공정한 관계를 유지함으로써 지속적으로 효율성을 추구할 수 있도록 유인하는 데 있다.

특정산업의 독점현상이나 다양한 상품차별화 현상이 시장균형의 결과이거나 혹은 자연스런 경쟁의 과정을 통해 이루어진 것이라면 정태적인 관점에서 효율적이라고 평가할 수 있다. 예를 들어, 고정비용이 막대하게 들어가는 비용체감산업의 경우 시장에 무수히 많은 공급자가 등장할 수 없으며 이는 자연독점의 결과를 유발하게 된다. 따라서, 문제의 핵심은 독점 그 자체에 있지 않으며, 오히려 독점을 유지하기 위한 반경쟁적 행위가 있었는가의 여부와 밀접한 관계가 있다. 즉, 산업정책의 기준은 우선적으로 독점기업이 시장경쟁의 결과로 이루어진 것인지를 평가해야 할 것이며, 다음에는 그렇게 생긴 독점기업이 다시 독점화 유지정책을 사용하고 있는가 아니면 경쟁의 과정을 준수하면서 경영전략을 사용하는가를 판별해서 공정경쟁의 여부를 밝혀야 할 것이다.

결국 마이크로소프트, Intel, Cisco 등 기존의 독점기업뿐만 아니라 새로이 이들 기업이 제공하는 상품시장에 뛰어 드는 경쟁기업들에게 공히 적용될 수 있는 경쟁규칙에 의해 경쟁 혹은 경쟁의 결과를 보호하도록 산업정책이 추진되어야 할 것이다. 예로 상품차별화 전략의 경우, 이로 인해 소비자의 상품 소비가 증대되어 소비자 후생이 증가되었거나, 혹은 시장지배력이 감소되어 경쟁기업에게 이러한 전략이 경쟁적 산물이라는 점을 입증할 수 있다면, 상품차별화 전략은 반경쟁적이라고 볼 수 없다.

한편, 정보통신기술의 발전으로 유무선 서비스간의 융합현상이 가속화됨에 따라 세계적으로 정보통신산업 자체뿐만 아니라 방송, 영화, 금융, 보험 등 관련산업들의 인수와 합병이 활발히 진행되고 있다. 동종 서비스를 제공하는 사업자간의 인수합병은 지역적 커버리지를 확대할 목적으로 이루어지고 있으며, 이종 서비스를 제공하는 사업자간에는 디지털 서비스의 번들링을 통한 서비스 내용과 가입자 기반을 확대하기 위해 전개된다. 이들 인수·합병은 최근 점차 대형화되고 과거의 적대적 인수합병보다는 우호적이면서 주식을 교환하는 방식이 증가하고 있다.[114]

디지털 시장에서 인수·합병을 추진하는 기업이 내세우는 인수·합병의 표면적인 이유는 시너지효과에 의한 경제적 효율성의 증대와 그에 따른 요금인하나 서비스 품질의 향상 등과 같은 소비자 혜택의 증가이다. 그러나, 기업규모의 확대나 경쟁기업의 제거를 통한 시장 지배력의 확대 및 경쟁력 강화 의도도 그 이면에 깔고 있다. 반면에 규제당국이 기업결합을 승인하기 위해 예의 주시하는 부분은 시장지배력 강화로 인한 지배력 남용이나 반경쟁적 불공정행위의 가능성과 이용자보호에 반하는 마케팅 및 사업전략의 전개 가능성이다.

---

114 산업조직론 측면에서 기업간 합병은 수평결합과 수직결합, 그리고 혼합결합으로 구분할 수 있다. 일반적으로 시장점유율이 낮은 기업간 결합은 법적으로 허용되나 기업결합을 통해 시장지배적 사업자로 등장하게 되는 경우 법적 제한을 받게 된다. 그러나, 산업조직론 이론에 의하면 일정한 조건하에서는 시장의 효율성 측면에서 독점적인 경우라고 하더라도 기업결합이 허용되는 것이 바람직하다. 예를 들어, 수직결합의 경우 이중의 마진효과(double marginalization)를 제거하게 되는 경우와 수평결합의 경우 거래비용 감소에 따른 기업의 생산효율성의 증가가 일어나는 경우를 상정할 수 있다.

그러나, 경제적 논리에 근거하여 움직이는 기업과는 달리 규제당국이나 소비자 단체가 직면하는 문제는 그들이 상대적으로 정보가 부족할 수밖에 없다는 것이다. 더구나 최근 규제당국의 규제행위의 추세가 과거 시장구조규제 중심의 사전적, 경제적 규제에서 탈피하여 점차 사후적, 사회적 규제로 발전해 간다는 점에서 문제의 심각성이 더욱 커진다. 따라서 사업자의 시장행위를 관찰하고 평가한 후에 규제에 대한 판단이나 결정하는데 있어서 정보의 부족과 그를 근거로 한 결정이 가져오는 사회적 영향력은 단순한 문제가 결코 아니다.

또한, 기업 결합의 규제는 다양한 전략적 행위(예를 들어, 수직적 제한행위나 사업의 다각화 등)를 불러일으킬 수 있다. 기업의 대응적 변화가 실질적으로 제한되지 않는다면 기업결합의 방지는 오히려 기업 거래비용을 상승시킬 뿐 실질적인 경제적 효과는 미비할 것이다. 이런 점을 고려할 때 실질적인 규제효과가 나타나지 않는 것으로 보이는 부분에서 규제개혁을 추진하는 이도 중요하며, 시장의 반응을 고려한 효율적인 정책방향을 설정하는 것도 필요하다.

결국 디지털 시장에서의 인수·합병은 비록 오랜 시간에 걸쳐 허용여부와 허용의 형식 등에 대한 검토가 있었지만 현재 세계적인 추세는 글로벌 경쟁력을 확보하기 위한 인수·합병은 허용하는 방향으로 나아가고 있다. 최근 미국의 FCC에서 적극적으로 정보통신사업자 인수합병을 승인하고 있는 것도 그러한 추세를 여실히 보여주고 있다. 이러한 산업정책의 기본원리는 디지털 시장에서 경쟁하는 강자를 벌하거나 약자를 보호하는 데 있지 않고, 오히려 이들간에 공정한 관계를 유지함으로써 지속적으로 효율성을 추구할 수 있도록 유인하는 데 있다는 것이다. 공정경쟁과 소비자 보호를 기반으로 하여 사업자의 글로벌경쟁력 강화에 규제기관이 걸림돌이 되지는 않는 중립적인 산업정책이 강구되어야 한다. 이를 위해서는 공기업의 민영화와 자율권 확보를 위한 제반 사전적 규제 정책과 제도의 정비와 아울러 반경쟁적 행위에 대한 사후적 규범이 확립되어야 한다.

한편, 인수합병을 통한 기업결합은 규제감독의 감시가 강하고 시장의 거래비용을 많이 초래하기 때문에 다양한 공동제휴를 통한 벤처 사업에의 확장을 도모하는 일이 다반사로 일어나고 있다. 특히 기업간 제휴는 정보재의 표준화 작업을 선도하는 과정에서 빈번히 발생하고 있다. 이러한 표준화 작업은 디지털경제에 두 가지의 상반된 효과를 가져다준다.

먼저, 표준화를 통한 시장 선점은 특정시장의 독점적 지위를 확보하게 된다는 점에서 부정적인 역할을 한다. 그러나, 표준화의 과정이 경쟁적 과정을 통해 이루어졌다면, 이것은 수요가 일정할 때 비용 효율적이라고 볼 수 있으며 이들 기업에 의한 시장독점은 효율적이라고 평가할 수 있다. 다만, 표준화 이후 경쟁적 기업에 대한 접속 거부, 배타적 거래 등의 반경쟁적인 불공정행위를 제한하는 공정경쟁정책의 역할이 뒤따라야 효율성을 지속적으로 유지할 수 있다.

반면, 표준화를 통해 다양한 상품간의 호환가능성이 발생함에 따라 망외부성이 확장된다는 긍정적인 역할이 존재한다. 먼저, 망외부성의 확장으로 생산 효율적이라는 수요 측면의 효과를 극대화할 수 있다.[115] 일정한 비용을 들여 최대한 규모의 동일 망을 유지함에 따라 이로 인해 소비가 확장된다는 점에서 효율성의 조건을 만족한다.

115 기업간 전략적 제휴를 통한 표준화의 확장은 비용효율성과 생산효율성을 동시에 달성한다는 점에서 효율적인 것으로 평가할 수 있다. 다만, 이러한 시장결과가 독점화라는 점에서 독점에 의한 사회적 비용의 문제를 고려해야 할 것이다.

또한, 호환가능성의 증가는 특정기업의 상품에 대한 소비자의 고착화 현상을 줄여 경쟁적인 시장상황을 유발한다는 의미에서 긍정적인 효과도 동반한다. 이것들을 종합하여 생각하면, 효율성을 추구하는 산업정책에서 표준화의 의의를 긍정적으로 평가해야 할 것이지만 표준화의 과정이 시장의 경쟁을 저해하지 않도록 주시해야 할 것이다.

이에 더해, 표준화를 통한 망의 확장은 효율성 측면에서뿐만 아니라 형평성의 가치를 같이 보유하고 있다는 점에서 그 의의가 깊다. 정보통신산업에 대한 형평성의 논의는 이미 100년 전 유선통신 산업이 제공되면서 등장한 "보편적 서비스"의 개념과 연계되어 있다. 전화서비스는 국민의 의사표현의 자유와 아울러 삶의 기본적인 필수재라는 점에서 모든 국민에게 적절히 보급되어야 한다는 철학적 기조를 수반하고 있는 것이 보편적 서비스 개념이다. 따라서, 정보재가 주도하는 디지털 경제체제에서 소득 수준이나 지역 등에 상관없이 정보재에 대한 자유로운 접근과 사용을 보장함으로써 국민의 자유로운 의사표현을 보장한다는 측면과 아울러 동등한 기본권을 배분한다는 점에서 망중립성과 표준화의 의의가 있다. 더군다나 디지털 경제가 진전됨에 따라 정보에 대한 소유와 획득이 소득배분에 결정적인 영향을 미친다는 점을 감안하면, 디지털 격차(digital divide)를 해소하는 문제가 중요하게 등장하고 이에 따라 보편적 서비스의 내용은 한층 더 중요한 의미를 지니게 된다. 이때, 서비스가 표준화된다는 것과 표준화된 서비스를 접속하고 사용한다는 것 모두 가격요소에 영향을 받기 때문에 정부의 표준화를 위한 산업정책은 접속과 사용에 대한 적절한 교차보조나 기업간 유인정책까지 포함해야 할 것이다.

네트워크 시장에서 표준화를 위한 법제도를 설정하는 일은 기존의 법체계와의 조화와 일관성 유지라는 차원에서 규범론적으로 무척 어려운 일이다. 더군다나 법제도의 제정과 관련해 부처별, 이해집단별 갈등의 증폭으로 발생하는 정치적 부담은 표준화를 위한 법제도의 정비가 실증론적으로도 난해한 일이다.

그럼에도 불구하고 21세기에는 전세계적으로 디지털 경제의 발전이라는 커다란 글로벌화(globalization)로의 전진은 가속화될 것이다. 디지털 정보화와 네트워크화에 의해 정보의 생산, 유통 및 전달비용이 급격하게 하락함으로써 세계적 차원의 디지털 시장에서 탐색하고 거래하는 제반 거래비용이 절감되는 이른바 "한계비용 제로사회"라는 경쟁시장의 환경에서는 디지털 산업에 대한 정부규제가 개선될 것으로 기대되고, 아울러 기업의 창의적인 활동에 대한 정부개입의 국가권력이 축소될 것으로 예측된다.

그러나, 정보력의 차이에 따라 협상력이 좌우되고 거래와 소비에 있어서 정보격차의 비대칭성이 심화될 것이기 때문에 개별 경제주체간의 다양한 협상을 보호하고 진작시키는 법체계가 필연적으로 개발되어야 한다. 즉, 디지털 산업의 발전과 기술발전을 촉진하면서 기존의 소비자 후생의 보호를 목적으로 하는 경쟁정책의 목표를 달성하기 위해서는 디지털 경제의 특성을 고려한 적합한 정책수단을 고안해 낼 필요가 있다.

예를 들어, 시장거래의 온라인화와 거래유형의 변화, 온라인과 오프라인간의 유통채널간 갈등과 경쟁정책, 독과점적 시장지배력에 대한 반경쟁법 규제문제, 지식재산권의 확대와 특허의 적절한 관리, 기업의 내부조직적 구조 변화, 기업결합에 대한 반경쟁법 규제와 기술개발 문제, 인터넷 거래에 대한 관세부과 및 거래 안정성의 확보 문제, 첨단 기술에 대한 표준화 설정과 확보의 문제, SNS 및 빅데이터의 활용에 따른 소비자의 정보보호 문제, 디지털 경제에서의 소득분

배 문제 등이 중요하게 부각될 것이다.

결국 디지털 경제의 발전을 위해서 높은 효율성의 결과 나타나는 독점을 규제하는 대신 기술발전을 저해하거나 소비자 후생에 반하는 기업의 반경쟁적 행위를 억제하여 공정경쟁을 유지하는 것에 경쟁정책의 무게를 두는 것이 바람직하다. 또한, 세계적 경쟁환경 하에서 국가 전체의 이익을 확대시키기 위해서는 국제적 협력을 기반으로 국제적 변화방향에 신속하고 능동적으로 대처함으로써, 디지털 산업의 발달과 그를 통한 효율성의 극대화를 촉진시키는 방향으로 정부 정책의 합리적인 조정이 필요하다. 특히, 네트워크 시장에서 온라인 정보의 원활한 시장거래를 진작시키기 위해서는 규제의 신속성이나 규제제도 변화의 유연성이라는 속도의 경제성(economies of speed)을 근간으로 하는 디지털 경제의 규범원칙이 매우 중요하게 될 것이다.

참고문헌

1. 국내 문헌 및 서적

공정거래위원회 (2000), "지식기반경제시대의 경제정책방향에 관한 연구", 정책개발기획단.

권명중 (2000), "디지털 경제에서의 새로운 경쟁규범", 한국경제연구학회.

김광현·이효영·전병원 (1994), 멀티미디어: 신산업 혁명-미국·일본·유럽·한국의 동향, CM비지니스.

김도훈 (2009), "독점적 망사업자에 대한 망중립성 정책의 타당성 분석: 양면시장 관점에서 바라본 망중립성 이슈", 정보통신정책연구 16(2), 1-45.

김봉주·이상호 (2005), "Product Quality of the Monopolist with Network Externalities," 경제연구 23(3), 229-259.

김성환·이내찬·김형찬 (2008), "망중립성의 배경 및 이론의 이해", 정보통신정책연구 15(1), 95-133.

김성현·김아람, "양면시장 관점에서 본 IPTV서비스와 망중립성 규제정책의 효과", 2008.

김영세 (1998), 게임이론: 전략과 정보의 경제학, 박영사.

김영세 (2000), 전략과 정보: 게임이론적 접근, 박영사.

김용근 (2000), 디지털제국의 흥망: 인터넷 시장터 별들의 전쟁, 나남출판.

김재철·이상호 (1993), "통신산업의 경쟁도입에 따른 접속에 대한 시각의 비교 연구" 산업조직연구 2, 85-109.

김재철·이상호 (1994), “통신망 상호접속 규제정책에 대한 소고”, 전자공학회지 21(11), 9-17.

김종량 (1997), 디지털 경제, 창현출판사.

김희수 외 (2000), “정보통신 기술혁신에 대응한 공정경쟁정책 연구”, 보통신정책연구원.

류한호 (2000), 2000년 경영 신조류, 21세기북스.

미래창조과학부, 무선통신 가입자 통계('14. 10월말 기준).

박성욱·조수미·박철희·이상호 (2009), “Service Competition with Virtual Network Operators”, 산업혁신연구 25(3), 59-78.

박성욱·조수미·이상호 (2006), “가상이동통신사업자의 시장진입과 경쟁정책”, 상경연구 22(2), 67-91.

박용찬 (2000), e-비즈니스 파워, 시그마인사이트닷컴.

보스톤 컨설팅 그룹 번역 (2000), 기업해체와 인터넷 혁명, 세종서적.

산업자원부 (2000), 전자상거래백서, 산업자원부.

삼성경제연구소 (1999), “산업지도를 바꾸는 인터넷 비즈니스”

삼성경제연구소 (2000) “한국 음반산업연구”

손용엽·이상호 (2001), 사이버 시장의 경쟁원리, 시그마인사이트컴 출판사.

신동기 번역 (1999), 디지털이코노미, 씨앗을 뿌리는 사람들.

신선 (2012), “MVOIP 서비스 망중립성 정책에 따른 사회후생 분석”, 2012정보통신정책학회 학술발표회 발표논문집, 정보통신정책학회, 165-185.

이상규(2010), “양면시장의 정의 및 조건”, 정보통신정책연구 17(4), 73-105.

이상규(2012), “교차네트워크 외부성하에서 망중립성 규제의 후생효과”, Telecommunications Review 22(1), 100-112.

이상호 (1999), “독점적 네트워크 상품간의 호환성 선택문제”, 산업조직

연구 7(1), 107–126.

이상호 외 (2000), "우리나라 시장환경에 적합한 접속료 도입방안에 관한 연구", 한국전자통신연구원.

이상호 (2002), 과학기술 혁신체제를 위한 지방과학기술정책, 전남대학교 출판부

이상호 (2003a), "소프트웨어 이중 구매와 호환성 선택", 경제학연구 51(2), 261–286.

이상호 (2003b), "인터넷 산업에서 경쟁과 협조의 가격전략: 전자상거래 시장의 후생효과", *Telecommunications Review* 13(4), 605–615.

이상호 (2004), "A Further Analysis on the Online Information Market: The Efficiency of Strategic Vertical Alliances", 지역개발연구 36(1), 263–273.

이상호 (2005), "온라인 채널의 등장이 오프라인 거래에 미치는 경쟁효과분석", 경영논총 30, 79–101.

이상호 (2007), "통신 네트워크 접속료 규제와 장기증분 원가방식에 대한 경제적 평가", 경영논총 32, 65–90.

이상호 (2011), "전자상거래와 환경후생", 한국경영과학회지 36(1), 1–11

이상호·박성욱 (1997), "통신산업의 경쟁정책과 접속료 규제정책", 정보통신논문지 1(1), 95–110.

이상호·이훈현 (2004), "소비자의 이중구매와 결합상품의 가격차별화", 경제연구 22(3), 137–160.

이상호·정충영·이현우 (1996), "통신상품간 시장잠식현상과 경쟁도입의 효과분석", 한국경영과학회지 21(1), 51–69.

이상호·조수미 (2013), "e–비즈니스와 거래비용: 환경과 글로컬화에의 적용", 디지털정책연구 11(4), 109–119.

이상호·조수미·박성욱·윤동근 (2000), "정보통신산업의 유인규제개혁과 접속료 산정방안", 산업경제연구 24, 66–94.

이상호·최은진 (2001), "차별화된 온라인 정보재 시장에서 기업간 결합과 반독점 정책", 지역개발연구 33(1), 5-25

이수봉·이돈희 (2003), "e-비즈니스환경에서의 제품디자인 프로세스에 관한 기초연구", 디자인학연구 16(1), 182-198.

이재하 (2000), "네트워크 디지털 경제", 한국경제신문.

장대철·정영조·안병훈 (2006), " 양면시장의 진입가능성 연구", 한국경영과학회지 31(4), 105-123.

장세진 (1996), 경영전략, 박영사.

정충영·김성연 (1997), "비대칭적 정보하에 있는 독점기업의 소프트웨어 가격결정에 관한 연구," 산업조직학회 정기학술대회 발표논문.

천세학·김재철 (2005), "전자상거래에서의 오프라인과 온라인 소매기업의 가격경쟁 모델에 관한 분석", 경영정보학연구 15(3), 1-7.

천세학·김재철 (2007), "전자상거래하에서의 하이브리드 마케팅 채널의 믹스 전략에 관한 연구", 경영정보학연구 17(2), 83-94.

최대식 (1999), "인터넷 차시장의 현황과 전망", 자동차경제, 한국자동차산업연구소.

최용제·김상택·이원규 (2000), "정보통신 서비스시장 경쟁구도 분석", 정보통신정책연구원.

한국경제신문 (2000. 12.) "2000년 기획취재 시리즈: 세계는 지금 e-표준 전쟁"

한국전자통신연구원 (2000) 정보통신 기술경영연구소 세미나 자료집.

한국정보통신진흥협회 (1998), 98년 정보통신산업통계연보.

홍동표 (2000), "디지털 경제와 경쟁정책 이슈", 정보통신정책연구원.

홍동표·이원준·이재성 (2000), "디지털 경제에서의 기업 및 산업구조와 경쟁정책", 정보통신정책연구원.

2. 외국 논문

Adams, W. J. and J. L. Yellen (1976), "Commodity Bundling and the Burden of Monopoly," *Quarterly Journal of Economics* 90, 475–498.

Alger, I. (1999), "Consumer Strategies Limiting the Monopolist's Power: Multiple and Joint Purchases," *RAND Journal of Economics* 30, 736–757.

Armstrong, M. (2004), "Competition in Two–sided Markets," Mimeo

Armstrong, M. and Vickers, J. (1991), "Welfare Effects of Price Discrimination by a Regulated Monopolist," *RAND Journal of Economics* 22, 571–580.

Artle, R. and C. Averous (1973), "The Telephone System as a Public Good: Static and Dynamic Aspects," *Bell Journal of Economics* 4, 89–100.

Ausubel, L. M. (1991), "The Failure of Competition in the Credit Card Market," *American Economic Review* 81, 50–81.

Bacchiega, E., L. Lambertini, and A. Mantovani (2010), "On MQS, Innovation and Market Coverage," *Economics Letters* 108, 26–27.

Bakos, J. Y. (1997) "Reducing buyer search costs: implications for electronic marketplaces," *Management Science* 43, 1676–92.

Beggs, A. and P. Klemperer (1992), "Multiperiod Competition with Switching Costs," *Econometrica* 60, 651–666.

Bernheim, B. D. and Whiston, M. D. (1998), "Exclusive dealing," *Journal of Political Economy* 106, 64–103.

Bensaid, B. and J. P. Lesne (1996), "Dynamic Monopoly Pricing with Network Externalities," *International Journal of Industrial Organization* 14 : 837–855.

Bensen, S. and J. Farrell (1994), "Choosing How to Compete: Strategies and Tactics in Standardization," *Journal of Economic Perspectives* 8,

117–131.

Besanko, D., S. Donnenfeld, and L. J. White (1987), "Monopoly and Quality Distortion: Effect and Remedies," *Quarterly Journal of Economics* 102, 743–763.

Besanko, D., S. Donnenfeld, and L. J. White (1988), "The Multiproduct Firm, Quality Choice, and Regulation," *Journal of Industrial Economics* 36, 411–429.

Brynjolfsson, E. and Smith, M. (2000), "Frictionless commerce? a comparison of Internet and conventional firms," *Management Science* 46, 563–85.

Bulow, J. I. (1982), "Durable Goods Monopolists," *Journal of Political Economy* 90, 314–332.

Bulow, J. I. (1986), "An Economic Theory of Planned Obsolescence," *Quarterly Journal of Economics* 101, 729–749.

Business Week (1999), Global 100, The Business Week.

Cabral, L. M. B., D. J. Salant, and G. A. Woroch (1999), "Monopoly Pricing with Network Externalities," *International Journal of Industrial Organization* 17, 199–214.

Carvalho, V. M. (2014) "From Micro to Macro via Production Networks," *Journal of Economic Literature* 28(4), 23–48.

Cattani, K. D., Gilland, W. G., Heese, H. S., and Swaminathan, J. M. (2006), "Boiling Frogs: Pricing Strategies for a Manufacturer Adding a Direct Channel that Competes with the Traditional Channel," *Production and Operations Management* 15, 40–56.

Cheng *et al.*, (2011), "The Debate on Net Neutrality: A policy Perspective, Information," *Systems Research* 22(1), 60–82

Cho, Sumi and Sang–Ho Lee (2007), "Online Channel Strategies of Hybrid Firms and Social Cost," *International Journal of Management*

Science 13(1), 55−72.

Cho, Sumi and Sang−Ho Lee (2010), "Transaction Cost in a Dual Channel and Vertical Integration," *Telecommunications Review* 20(4), 696−707.

Cho Y. S., J. S. Lee and T. Y. Kim (2007), "The impact of ICT investment and energy price on industrial electricity demand: Dynamic growth model approach," *Energy Policy* 35, 4730−4738.

Choi J. P. and B. C. Kim (2010), "Net neutrality and investment incentives," *Rand Journal of Economics* 41(3), 446−471

Choi, J. P. (1994), "Network Externality, Compatibility Choice, and Planned Obsolescence," *Journal of Industrial Economics* 42, 167−182.

Choi, S. C. (1991), "Price competition in a channel structure with a common retailer," *marketing Science* 10, 271−296.

Chou, C. F. and O. Shy (1990), "Do Consumers Always Gain When More People Buy the Same Brand," working paper, SUNY−Albany.

Chun, S. H. and Kim, J. C. (2005), "Pricing strategies in B2C electronic commerce: analytical and empirical approaches," *Decision Support System* 40, 375−388.

Church J. and N. Gandal (1992), "Network Effects, Software Provision, and Standardization," *Journal of Industrial Economics* 40, 85−103.

Coase, R. H. (1972), "Durability and Monopoly," *The Journal of Law and Economics* 15, 143−149.

Collard, F., Fe`ve, P., and Portier, F. (2005), "Electricity consumption and ICT in the French service sector," *Energy Economics* 27, 541−550.

Crampes, C. and A. Hollander (1995), "Duopoly and Quality Standards," *European Economic Review* 39, 71−82.

Crémer, J., P. Rey and J. Tirole (2000), "Connectivity in the Commercial

Internet," *Journal of Industrial Economics* 48, 433–472.

Davis, P. (1985), "Clio and the Economics of QWERTY," *American Economic Review* 75, 332–337.

Denecker, R. and P. McAfee (1996), "Damaged Goods," *Journal of Economics and Management Strategy* 5, 149–174.

Desiraju, R. and Moorthy, S.(1997), "Managing a distribution channel under asymmetric information with performance requirements," *Management Science* 43, 1628–44.

Donnenfeld, S. and S. Weber (1995), "Limit Qualities and Entry Deterrence," *Rand Journal of Economics* 26, 113–130.

Economides, N. (1989), "Desirability of Compatibility in the Absence of Network Externalities," *American Economic Review* 79, 1165–1181.

Economides, N. (1996), "The Economics of Networks," *International Journal of Industrial Organization* 14, 673–699.

Economides, N. (1999), "Durable Goods Monopoly with Network Externalities with Application to the PC Operating Systems Market," mimeo.

Economides, N. and F. Flyer (1996), "Technical Standards Coalitions for Network Goods," working paper, NYU.

Economides, N. and F. Flyer (1998), "Compatibility and Market Structure for Network Goods," working paper, NYU.

Economides, N. and C. Himmelberg (1994), "Critical Mass and Network Evolution in Telecommunication," mimeo.

Ecomonides, N. & T. Tag (2007), "Net Neutrality on the Internet: A Two-sided Markets Analysis," Working Paper #07-40(NYU Center for Law and Economics)

Eisenmannn, T., G. G. Parker, & M. W. van Alstyne (2006), "Strategies for Two-Sided Markets," *Harvard Business Review*, October Issue,

2–11.

Ellison, G. and D. Fudenberg (1999), "The Neo–Luddite's Lament: Excessive Upgrades in the Software Industry," Discussion Paper No. 1870, Harvard Institute of Economic Research, Harvard University.

European Commission (2009), "ICT impact on greenhouse gas emissions in energy–intensive industries," *Sectoral e–Business Watch Study Report* No. 01/2009.

Farrell, J. and G. Saloner (1985), "Standardization, Compatibility, and Innovation," *RAND Journal of Economics* 16, 70–83.

Farrell, J. and G. Saloner (1986), "Install Base and Compatibility: Innovation, Product Preannouncement, and Predation," *American Economic Review* 76, 940–955.

Farrell, J. and C. Shapiro (1988), "Dynamic Competition with Switching Costs," *RAND Journal of Economics* 19, 123–137.

Farrell, J. and G. Saloner (1986), "Standardization and Variety," *Economics Letters* 20, 71–74.

Foros, Ø. and B. Hansen (2001). Competition and Compatibility among Internet Service Providers," *Information Economics and Policy*, 13(4), 411–425.

Gabszewicz, J. and J. F. Thisse (1980), "Entry and Exit in a Differentiated Industry," *Journal of Economic Theory* 22, 327–338.

Garella, P. G. (2006), "Innocuous Minimum Quality Standards," *Economics Letters* 92, 368–374.

Gilbert, R. and C. Shapiro (1990), "Optimal Patent Length and Breadth," *RAND Journal of Economics* 21, 106–112.

Goolsbee, A.(2000), "In a world without borders: the impact of taxes on internet commerce," *Quarterly Journal of Economics* 115, 561–576.

Goolsbee, A. and J. Zittrain, (1999), "Evaluating the Costs and Benefits of Taxing Internet Commerce," *National Tax Journal* 52(3), 413–428.

Hagiu, Andrei, (2006), "Pricing and Commitment by Two–Sided Platforms," *RAND Journal of Economics,* 37(3), 720–37.

Hart, O. D. and Tirole, J.(1990), "Vertical integration and market foreclosure," *Brookings Papers on Economic Activity, Microeconomics,* 205–86.

Harrington, J. E. (2001), "Comment on Reducing buyer search cost: implications for electronic marketplaces," *Management Science,* 47(12) 1727–1732.

Hermalin, B. E. and M. L. Katz (2007), "The economics of product–line restrictions with an application to the network neutrality," debate. *Information Economic Policy* 19, 215–248

Hemphill, C. Scott, (2008), "Network Neutrality and the False Promise of Zero–Price Regulation," *Yale Journal of Regulation* 25(2), 135–179

Hotelling, H. (1929), "Stability in competition," *Economic Journal* 39, 41–57.

Hung, N. M. and N. Schmitt (1988), "Quality Competition and Threat of Entry in Duopoly," *Economics Letters* 27, 287–292.

Jackson, M. O. (2014) "Networks in the Understanding of Economic Behaviors," *Journal of Economic Literature* 28(4), 3–22.

Jayashankar, M. Swaminathan and Sridhar R. Tayur, (2003), "Models for supply chains in E–business," *Management Science* 49(10), 1389–1406.

Ji, H. and I. Daitoh (2008), "Interconnection agreement between internet service providers and the optimal policy intervention: the case of Cournot–type competition under network externalities," *Japanese*

Economic Review 59: 228−40.

Jinji, N. And T. Toshimitsu (2004), "Minimum Quality Standards under Asymmetric Duopoly with Endogenous Quality Ordering: A Note," *Journal of Regulatory Economics* 26(2), 189−199.

Kalmus, P. and L. Wiethaus (2010), "On the competitive effects of mobile virtual network operators. *Telecommunications Policy* 34, 262−269.

Katz, M. L. and C. Shapiro (1985), "Network Externalities, Competition, and Compatibility," *American Economic Review* 75, 424−440.

Katz, M. L. and C. Shapiro (1986), "Technology Adoption in the Presence of Network Externalities," *Journal of Political Economy* 94, 822−884.

Katz, M. L. and C. Shapiro (1994), "Systems Competition and Network Effects," *Journal of Economic Literature* 8, 93−115.

Kauffman, R. and E. A. Walden (2001), "Economics and Electronic Commerce : Survey and Directions for Research," *International Journal of Electronic Commerce* 5(4), 5−116.

Kim, J. H. (1996), "Quality Choice of Multiproduct Monopolist, and Spill−Over Effect," Ph. D. dissertation, Korea Advanced Institute of Science and Technology.

Kim, J. C. and K. B. Chang (1991), "Multiproduct Monopolist and the Veblen Effect," working paper, Korea Advanced Institute of Science and Technology.

Klemperer, P. (1987), "Markets with Consumer Switching Costs," *Quarterly Journal of Economics* 102, 375−394.

Ku, H. M. and S. H. Lee (2007), "Location Value and Price Leadership in a Product Differentiation Model," *International Journal of Management Science* 13, 99−116.

Kuhn, M. (2007), "Minimum Quality Standards and Market Dominance in Vertically Differentiated Duopoly," *International Journal of Industrial Organization* 25, 275−290.

Laitner, J. A. (2000), "The Information and communication technology revolution: can it be good for both the economy and the climate?," Discussion paper, Environmental Protection Agency, Office of Atmospheric Programs, Washington D. C.

Laitner, J. A., J. G. Koomey, E. Worrell, and E. Gumerman (2001), "Re−estimating the annual energy outlook 2000 forecast using updated assumptions about the information economy," Presentation paper, Annual Conference of American Economic Association, New Orleans, LA.

Lambertini, L. and C. Scarpa (2006), MQS Regulation and Predatory Behaviors. in: Lambertini, L. (ed.), The Economics of Vertically Differentiated Markets, Edward Elgar.

Lee, I. H. and J. Lee (1998), "A Theory of Economic Obsolescence," *Journal of Industrial Economics* 46, 383−401.

Lee, S. H. (2002), "Pricing, Quality−setting, and Order of Plays in an Online Information Market," *International Journal of Business and Economics* 1(3), 179−191.

Lee, S. H. and B. J Kim (2005), "Product Quality of the Monopolist with Network Externalities," *Journal of Economic Studies* 23(3), 229−259.

Lee, S. H. (2006a), "Durable Goods Monopolist and Backward Compatibility," *Japanese Economic Review* 57(1), 141−155.

Lee, S. H. (2006b), "Price Competition between Online and Offline Firms in an E−Commerce Market and Discriminatory Taxation," *Hitotsubashi Journal of Economics* 47(1), 37−49.

Lee, S. H. (2006c), "Comparative Statics on Online Competition and Internet Taxation," *Singapore Economic Review* 51(2), 229−240.

Lee, S. H. and L. D. Niem (2010), "A Note on Durable Goods Monopolist: Commitment to Forward Compatibility," *Japanese Economic Review* 61(4), 558–564.

Lee, S. H. and R. K. Phuyal (2013), "Strategic Entry Deterrence by Limiting Qualities under Minimum Quality Standards," *Japanese Economic Review* 64(4), 550–563.

Li, C. and J. Song, (2009), "Technology Licensing in a Vertically Differentiated Duopoly," *Japan and the World Economy* 21, 183–190.

Li, C. and J. Wang (2010), "Licensing a Vertical Product Innovation," *THE ECONOMIC RECORD*, 86, 517–527.

Liang, T. P. and Huang, J. S. (1998), "An empirical study on business acceptance of products in electronic markets: a transaction cost model," *Decision Support Systems* 24, 29–43.

Liebowitz, S. J. and S. E. Margolis (1990), "The Fables of the Keys," *Journal of Law and Economics* 33, 1–26.

Liebowitz, S. J. and S. E. Margolis (1994), "Network Externality: An Uncommon Tragedy," *Journal of Economic Perspectives* 8, 133–150.

Lutz, M. B. and S. Lutz (2010), "Preemption, Predation, and Minimum Quality Standards," *International Economic Journal* 24, 111–123.

Lutz, S. (1997), "Vertical Product Differentiation and Entry Deterrence," *Journal of Economics* 1, 79–102.

Lutz, S. and M. Pezzino (2014), "Vertically Differentiated Mixed Oligopoly with Quality–dependent Fixed Cost," *Manchester School* 82(5), 596–619.

Maskin, E. and J. Riley (1984), "Monopoly Selling Strategies with Incomplete Information", *RAND Journal of Economics* 15, 171–196.

Mathewson, G. F. and Winter, R. A. (1984), "An economic theory of vertical restraints," *Rand Journal of Economics* 15, 27–38.

Moorthy, K. S. and I. P. L. Png (1992), "Market segmentation, Cannibalization, and the Timing of Product Introductions," *Management Science* 38, 345–359.

Motta, M. (1993). Endogenous Quality Choice: Price vs. Quantity Competition," *Journal of Industrial Economics* 41, 113–132.

Munshi, K. (2014) "Community Networks and the Process of Development," *Journal of Economic Literature* 28(4), 49–76.

Mussa, M. and S. Rosen (1978), "Monopoly and Product Quality," *Journal of Economic Theory* 18, 301–317.

Mukhopadhyay, S. K., Yue, X. and Yao, D. (2008), "Information sharing of value–adding retailer in a hitech mixed channel supply chain," *Journal of Business Research,* 61(9), 950–958.

Navos, I. and M. Waldman (1984), "The Effects of Increased Copyright Protection: An Analytic Approach," *Journal of Political Economy* 92, 236–246.

Nelson, P. (1970), "Information and Consumer Behavior," *Journal of Political Economy* 78, 311–329.

Noh, Y. H. and G. Moschini (2006), "Vertical Product Differentiation, Entry–Deterrence Strategies, and Entry Qualities," *Review of Industrial Organization* 29, 227–252.

Oh, C. J. and S. G. Chang (2000), "Incentives for Strategic Vertical Alliances in Online Information Product Markets," *Information Economics and Policy* 12(2), 155–180.

Oliner, S. D. and D. Siche (2000), "The Resurgence of Growth in the Late 1990s: Is Information Technology the Story?," *Journal of Economic Literature* 14, 3–22.

Online Fraud Report (2010), RSA.

Park, W. G. and J. C. Ginarte (1997), "Intellectual Property Rights and Economic Growth," *Contemporary Economic Policy* 15, 51–61.

Peleg, B. and Lee, H. L.(2002), "Secondary markets for product diversion with potential manufacturer's intervention," Working paper, Department of Management Science and Engineering, Stanford University

Rhee, B and Park, S. Y. (2000), "Online stores as a new direct channel and emerging hybrid channel system," Working paper, HKUST

Robin S. Lee and Tim Wu (2009), "Subsidizing Creativity through Network Design: Zero–Pricing and Net Neutrality," *Journal of Economic Perspectives* 23(3), 61–76.

Rochet and Tirole (2004), "Two–sided markets: An Overview, Mimeo

Rochet and Tirole (2006), "Two–sided markets: a progress report," *RAND Journal of Economics* 37(3), 645 - 667.

Rohlfs, J. (1974), "A Theory of Interdependent Demand for a Communications Service," *Bell Journal of Economics* 5, 16–37.

Ronnen, U. (1991), "Minimum Quality Standards, Fixed Costs, and Competition," *RAND Journal of Economics* 22, 490–504.

Rosen R. (2004), "Two–sided Markets: A Tentative Survey," *Review of Network Economics* 4(2), 142–160.

Rubinfeld, D. (1998), "Antitrust Enforcement in Dynamic Network Industries," *Antitrust Bulletin.*

Schewick B. van, (2007), "Towards an Economic Framework for Network Neutrality Regulation," *Journal on Telecommunications and High Technology Law*, 5(2), 329–392.

Schmalensee, R. (1981), "Output and Welfare Implications of Monopolistic Third–Degree Price Discrimination," *American Economic Review* 71, 242–247.

Schmalensee, R. (2000), "Antitrust Issues in Schumpeterian Industries," *American Economic Review* 90, 192–196.

Scotchmer, S. and J. Green (1990), "Novelty and Disclosure in Patent Law," *RAND Journal of Economics* 21, 131–146.

Shaked, A. and Sutton, J. (1982), "Relaxing Price Competition through Product Differentiation," *Review of Economic Studies* 49, 3–13.

Shapiro, C. (1999), "Competition Policy in the Information Economy," mimeo.

Spence, M.(1976), "Nonlinear Prices and Welfare," *Journal of Marketing Research* 29, 281–295.

Squire, L. (1973), "Some Aspects of Optimal Pricing for Telecommunications," *Bell Journal of Economics* 4, 515–525.

Srinagesh, P. and R. M. Bradburd (1989), "Quality Distortion by a Discriminating Monopolist," *American Economic Review* 79, 96–105.

Strader, T. J. and Shaw, M. J. (1997), "Characteristics of electronic markets," *Decision Support System* 21, 185–98.

Steennot, R. (2008), "Allocation of liability in case of fraudulent use of an electronic payment instrument: the new Directive on payment services in the internal market," *Computer law & security report* 2008: 24, 555–561.

Strader, T. J. and Shaw, M. J. (1997), "Characteristics of electronic markets," *Decision Support System* 21, 185–98.

Tabuchi, T. and J.F. Thisse (1995), "Asymmetric Equilibria in Spatial Competition," *International Journal of Industrial Organization* 13, 213–227.

Takase and Murota (2004), "The impact of IT investment on energy: Japan and US comparison in 2010," *Energy Policy* 32, 1291–1301.

Teece, D. and M. Coleman (1998), "The Meaning of Monopoly: Antitrust

Analysis in High-Technology Industries," *Antitrust Bulletin* 43, 801-858.

Tsay, A.A. and Agrawal, N. (2004), "Channel Conflict and Coordination in the E-Commerce Age," *Production and Operations Management* 13, 93-110.

Valletti, T. (2000), "Minimum Quality Standards under Cournot Competition," *Journal of Regulatory Economics* 18, 235-245.

Varian, H. (1980), "A Model of Sales," *American Economic Review* 70, 651-659.

Varian, H. (1985), "Price Discrimination and Social Welfare," *American Economic Review* 75, 870-875.

Varian, H. (1993), "Economic Incentives in Software Design," *Computational Economics* 6, 201-217.

Varian, H. (1995), "Pricing Information Goods," working paper, University of California, (Berkeley http://www.sims.berkley.edu/resources/in7foecon/).

Varian, H. (1997), "Versioning Information Goods," *Digital Information and Intellectual Property*, Harvard University.

Varian, H. (1998), "Markets for Information Goods," *working paper*, University of California, (Berkeley http://www.sims.berkley.edu/resources/infoecon/).

Varian, H. and R. Roehl (2001), "Circulating Libraries and Video Rental Stores," *First Monday* 6(5).

Waldman, M. (1993), "A New Perspective on Planned Obsolescence," *Quarterly Journal of Economics* 108, 273-283.

Waldman, M. (1996), "Planned Obsolescence and the R&D Decision," *RAND Journal of Economics* 27, 583-595.

Watanabe, S. (2000), "Electronic Commerce, Internet Taxation, and Tax

Administration," *Hitotsubashi Journal of Economics*, 41(1), 53–64.

Williamson, O. E., "Economies as an Antitrust Defense: The Welfare Tradeoffs," *American Economic Review* 58, 1968, 18–36.

Wauthy, (1996), "Quality choice in models of vertical differentiation," *Journal of Industrial Economics* 65, Blackwell Publishing, 345–353.

Yan, R. (2008), "Profit sharing and firm performance in the manufacturer–retailer dual–channel supply chain," Transaction Cost in a Dual Channel and Vertical Integration, 706 *Electron Commerce Research* 8, 155–172.

Zettelmeyer, F. (2000), "Expanding to the Internet: pricing and communications strategies when firms compete on multiple channels," *Journal of Marketing Research* 37, 292–308.

3. 외국 서적

Armstrong, M., Cowan, S., and J. Vickers (1994), *Regulatory Reform: Economic Analysis and British Experience*, The MIT Press.

Arthur, W.B. (1994), *Increasing Returns and Path Dependence in the Economy*, The University of Michigan Press.

Brock, G.W. (1994), *Telecommunication Policy for the Information Age,* Harvard University Press.

Brousseau, E. and N. Curien (2007), *Internet and Digital Economics: Principles, Methods, and Applications*, Cambridge University Press.

Russel Cooper, Gary Madden, Ashley Lloyd, and Michael Schipp (2006), *Contributions to Economics–The Economics of Online Markets and ICT Networks*, Physica–Verlag Heidelberg, Germany.

Choi, S. Y., D. O. Stahl and A. B. Whinston (2003), *The Economics of Electronic Commerce: Essential Economics for Doing Business in the*

Electronic Marketplace, Macmillan Technical Publishing.

Coase, R. H. (1988), *The Firm, the Market, and the Law,* Chicago University Press, (김일태, 이상호 번역 (1998), *기업, 시장, 그리고 법*, 전남대학교출판부).

Evans, P. and T. S. Wurster (1999), Blown To Bits, Harvard Business School Press, (보스톤 컨설팅 그룹 번역 (2000), *기업해체와 인터넷 혁명*, 세종서적).

Laffont, J. and J. Tirole (1993), *A Theory of Incentives in Procurement and Regulation,* The MIT Press.

Laffont, J. J. and J. Tirole (2000), *Competition in Telecommunications*, The MIT Press.

Liebowitz, S. J. and S. E. Margolis (1999), *Winners, Losers, and Microsoft: Competition and Antitrust in High Technology*, The Independent Institute.

Martin, C. (1999), *Net Future*, McGraw-Hill Book Co.(e-Business practice 팀 번역(1999), *e비즈니스.com*, 21세기 북스)

Morton, M. S. (1991), *Information Technology and Organizational Transformation*, Oxford University Press, Inc. (김효근, 문윤지 번역 (2000), *MIT 정보화미래기업 보고서*, 시그마인사이트닷컴)

OECD (1999), *The Economic and Social Impact of Electronic Commerce: Preliminary Findings and Research Agenda.*

Shapiro C. and H. R. Varian (1999), *Information Rules: A Strategic Guide to Network Economy*, Harvard Business Press.

Shy, O. (1995), *Industrial Organization: Theory and Applications*, The MIT Press.

Sidak, J. G. and D. F. Spulber (1998), *Deregulatory Takings and the Regulatory Contract*, Cambridge University Press.

Singh, N. (2012), *Localization Strategies for Global E-Business*, Cambridge

University Press.

Spulber, D. F. and C. S. Yoo (2009), *Networks in Telecommunications: Economics and Law*, Cambridge University Press.

Tapscott, D. (1997), *The Digital Economy: Competing in the New Networked Economy*, McGraw-Hill Book Co. (김종량 번역 (1997), *디지털 경제*, 창현출판사)

Tirole, J. (1989), *The Theory of Industrial Organization*, The MIT Press.

U.S. Department of Commerce (1998), *The Emerging Digital Economy*, U.S. Department of Commerce. (신동기 번역 (1999), *디지털 이코노미*, 씨앗을 뿌리는 사람)

Varian, H. (1992), *Microeconomic Analysis*, 3rd ed. Norton.

Varian, H.(1999), *Intermediate Microeconomics*, 5th ed. Norton.

Varian, Hal, Joseph Farrell, and Carl Shapiro (2004), *The Economics of Information Technology: An Introduction*, Cambridge University Press.

Waldman, D. E. and E. J. Jensen (2007), *Industrial Organization: Theory and Practice*, Pearson.

Weisman, A. E. (2000), *The Internet Economy : Access, Taxes, and Market Structure*, Brookings Institution Press.

Xu J. and M. Quaddus (2010), *E-Business in the 21st Century: Reality, Challenge, and Outlook,* World Scientific.

색인

ㅇ

ㅈ

ㅊ

ㅋ

네트워크 시장과 정보재

Networked Markets and Information Goods

인쇄 | 2015년 1월 21일
발행 | 2015년 1월 26일

저자 | 이상호
발행인 | 지병문
발행처 | 전남대학교출판부

등록 | 1981. 5. 21. 제53호
주소 | 500-757 광주광역시 북구 용봉로 77
전화 | (062) 530-0571~2 **마케팅** 530-0573
팩스 | (062) 530-0579
홈페이지 | http://www.cnup.co.kr
이메일 | cnup0571@hanmail.net

값 20,000원

ISBN 978-89-6849-174-0 (93320)

이 도서의 국립중앙도서관 출판예정도서목록(CIP)은 서지정보유통지원시스템 홈페이지(http://seoji.nl.go.kr)와 국가자료공동목록시스템(http://www.nl.go.kr/kolisnet)에서 이용하실 수 있습니다.
(CIP제어번호 : CIP2015002347)

이 저서는 2012년 정부(교육부)의 재원으로 한국연구재단의 지원을 받아 수행된 연구임(NRF-2012S1A6A4018381) (원과제명) 네트워크 시장: 정보재와 온라인 경쟁